运动康复评定学

Exercise Rehabilitation Assessment

钱菁华　主编

北京体育大学出版社

策划编辑：佟　晖
责任编辑：佟　晖
责任校对：韩培付
版式设计：杨　俊

图书在版编目（CIP）数据

运动康复评定学 / 钱菁华主编. -- 北京 : 北京体育大学出版社, 2021.4
ISBN 978-7-5644-3244-7

Ⅰ. ①运… Ⅱ. ①钱… Ⅲ. ①康复评定—教材 Ⅳ. ①R49

中国版本图书馆CIP数据核字(2019)第225356号

运动康复评定学
YUNDONG KANGFU PINGDINGXUE

钱菁华　主编

出版发行：北京体育大学出版社有限公司
地　　址：北京市海淀区农大南路1号院2号楼2层办公B-212
邮　　编：100084
网　　址：http：//cbs.bsu.edu.cn
发 行 部：010-62989320
邮 购 部：北京体育大学出版社读者服务部 010-62989432
印　　刷：北京昌联印刷有限公司
开　　本：787mm × 1092mm　　1/16
成品尺寸：185mm × 260mm
印　　张：23.75
字　　数：608千字
版　　次：2021年4月第1版
印　　次：2021年4月第1次印刷
定　　价：90.00元

编委会

主　　编： 钱菁华

副 主 编： 刘冬森

编　　委：（以姓氏笔画排序）

王立娟　卢　玮　阮　槟　刘冬森

张恩铭　高　颀　钱菁华

前　言

随着人们健康意识的增强和中共中央、国务院《“健康中国2030”规划纲要》的发布并实施，“体医融合”在“健康中国”战略中的地位更加明确与突出。运动康复专业作为体育和医学交叉结合的前沿学科，在竞技体育和健康促进领域发挥着日益重要的作用。培养高质量人才以回应时代要求是高等院校的历史使命和社会担当，近年来国内开设运动康复专业的高校数量快速增多，编写出版规范的专业教材是保障高水平人才培养质量的关键。作为我国最早开设运动康复专业的高校之一，北京体育大学为推动专业建设持续发展，总结课程建设经验，汇聚学术研究成果，吸收国内外发展精粹，紧密结合运动康复实践应用，编写了本教材。

“运动康复评定学”是运动康复专业核心必修课程，旨在为学生提供系统、全面的康复评定理论与技术的知识架构，为进一步学习各类疾病或损伤的运动康复治疗奠定基础。编写组在总结既往教学经验的基础上，以国际教育标准体系为参照，结合我国专业发展需求，紧扣人才培养目标，对教材内容进行了重新梳理与编写。

本教材共十六章，分为运动康复评定总论与各关节的运动康复评定方法两篇。第一篇介绍了运动康复评定的流程及注意事项，对疼痛、身体姿势、平衡、协调、步态的评定做了详细阐述。第二篇从实践应用角度出发，创新性地以人体各关节部位的功能评定为主线，以常见伤病为重点，注重知识整合，评估内容全面、系统。为贴近临床应用，本教材还增加案例分析，现实指导意义较强。

本教材由北京体育大学运动康复学专业教师撰写。钱菁华主编，刘冬森副主编，各章节参与编写的成员如下：第一篇第一章、第三章，钱菁华；第一篇第二章，第二篇第三章、第五章，阮槟；第一篇第四章、第五章，第二篇第二章，刘冬森；第一篇第六章，第二篇第四章、第六章，卢玮；第二篇第一章、第十章，高颀；第二篇第七章、第八章，张恩铭；第二篇第九章，王立娟。感谢研究生司翔月、刘淳珑、段春宇在文本编辑和照片拍摄过程中的辛苦工作。

本教材内容理论基础扎实、实用性强，适用于运动康复、物理治疗、康复治疗等专业学生及运动医学相关领域人员学习和参考。

由于编写人员水平有限，不当之处在所难免，敬请同行专家、广大师生与读者在使用过程中批评指正，以期后续修订时更臻完善。

目录 CONTENTS

第六章　步态的运动康复评定

第二篇　各关节的运动康复评定方法

第一章　髋关节功能评定

第二章　膝关节功能评定

第三章　踝关节及足部功能评定

第四章　肩关节功能评定

第五章　肘关节功能评定

第六章　腕关节及手部功能评定

第七章　颈椎功能评定

第八章　胸椎功能评定

第九章　腰椎功能评定

第十章　骨盆功能评定

『第一篇』

运动康复评定总论

第一章 运动康复评定概论

本章教学提示

1. 掌握运动康复评定的基本概念、流程和常用方法；
2. 熟悉评定在制订运动康复治疗计划中的作用和地位；
3. 了解评定方法的新进展。

第一节 基本概念

运动康复评定是康复诊疗学的重要内容，是以运动功能为中心展开评定，明确功能诊断，了解功能障碍对运动生活的影响程度，分析原因并确定治疗思路的过程。

在运动康复治疗过程中，通过多次的运动康复评定了解患者功能水平是否发生变化，从而做出决策，是继续治疗还是重新调整治疗方案；当再次评定明确达到功能康复目标时终止治疗。因此，运动康复始于评定，止于评定，评定是运动康复治疗的重要环节。

一、运动康复的特点

（一）以功能为中心

运动康复的母学科是康复医学，康复医学是提倡以功能为中心的医学，通过功能评估、功能训练、功能补偿、功能增强、功能代替、功能适应等康复手段和方法，促进功能障碍者实现功能康复。康复医学的服务对象是功能障碍者，包括肌骨系统病损、心肺系统病损、神经系统病损、慢性病患者及老年人等；康复医学重视功能评估和分析，着眼于恢复功能障碍者的功能和能力，以促进功能障碍者重新成为社会中自立的一员作为最终目的；康复治疗方法以各种有效的功能训练为主，或与康复工程相结合，以工程技术辅助功能评估和康复治疗，进行功能代偿和功能重建等。

运动康复主张以运动功能为中心，通过对运动功能要素进行评定，了解功能障碍对运动生活的影响程度，采取以运动治疗为主的方式，实现重返运动生活的目标。与运动相关的身体功能包括：肌肉功能（muscle Performance）、心肺耐力（cardiopulmonary endurance）、灵活性（mobility）与柔韧性（flexibility）、神经肌肉控制（neuromuscular control）与协调（coordination）、稳定性（stability）、平衡（balance）与姿势均衡（postural equilibrium）。运动康复评定就是结合患者主诉情况，针对以上运动功能要素进行检查、评估和记录的过程。

（二）重视主动运动，促进全面康复

运动康复关注患者的运动能力的恢复与重塑，着重采取主动运动的方式对患者进行功能训练，最大限度地使其复原身体、精神、社会、职业和经济的能力，促进患者全面康复。

在肌肉骨骼康复领域，运动康复师结合功能评定结果及损伤恢复的时期，急性炎症期适当限制主动活动负荷，组织修复期和功能重塑期则大量选用主动运动的方式，采取关节活动度训练、稳定性训练、协调训练、肌肉功能训练、平衡训练等主动运动形式，循序渐进地促进患者的走、跑、跳、投等基本运动能力的全面康复，重返运动生活。

在运动损伤预防与康复领域，运动康复师与运动防护师及体能训练师密切联系，围绕运动员的功能水平开展评估，采取预防与康复训练和主动治疗性训练等手段，共同推动运动员的全面康复，提升运动表现力，安全重返赛场。

在心肺及慢性疾病康复领域，运动康复师对心肺耐力、活动能力、生活方式、心功能、呼吸功能等进行评定，制定明确运动强度、运动频率、运动持续时间及运动方式的运动处方，促进患者提升心肺功能和活动能力，减少慢性疾病的影响，提升身体健康状态，促进患者全面康复。

在神经康复领域，运动康复师评定患者运动功能障碍的严重程度，坚持主动康复理念，强化神经可塑性，采取主动与被动运动结合的多种形式，促进患者身体活动能力重塑，实现运动能力最大限度的改善和适应，最终实现重返社会。

（三）以重返运动生活为治疗目标

运动康复应用各种运动相关措施，最大限度地减轻功能障碍对运动能力的影响，恢复患者独立生活、学习、工作和运动的能力，以重返运动生活作为最终治疗目标。

由于损伤或疾病的影响，出现疼痛、关节活动度受限、肌力不足、关节失稳等功能障碍，运动能力下降，不能完成某些动作，或运动时伴有疼痛，动作完成质量不佳等实际情况，可能是患者就诊时最常见的主诉及最想解决的问题。因此，通过运动康复治疗，最终目标是恢复患者运动功能，推动患者重返运动生活。

二、ICF模式及运动康复应用

（一）ICF模式

ICF（international classification of functioning, disability and health），即世界卫生组织制定的《国际功能、残疾和健康分类》，2001年初次出版，是在生物—心理—社会医学模型下对功能及健康理念的描述，是世界范围内健康相关专家的通用语言。如图1–1所示，ICF将人体功能分为身体功能和结构、活动、参与的损伤与障碍，从三个层面上分析患者的功能丧失状况，以利于通过康复治疗，帮助患者达到功能最大化的目标。

身体功能是指身体各系统的生理及心理功能。身体结构是指身体解剖部位，如器官、肢体及其组成成分。损伤是指身体功能或结构出现的问题，如显著的偏差或丧失。

活动是指由个人执行的动作、任务或活动。活动受限是指个人在进行活动时遇到困难。

参与是个人的生活情景及状态，包括自我照顾、家庭责任、工作场所、社区及娱乐、休闲和社会活动参与等，其与健康状况、身体功能和结构、活动和背景因素息息相关。参与受限是指个人的生活情景中出现问题。

个人因素包括：性别、年龄、健康状况、生活方式、生活习惯、教育程度。

环境因素包括：自然环境、社会和态度环境（即支持和关系、态度、服务、制度、政策）。环境因素会对功能产生正面或负面的影响。

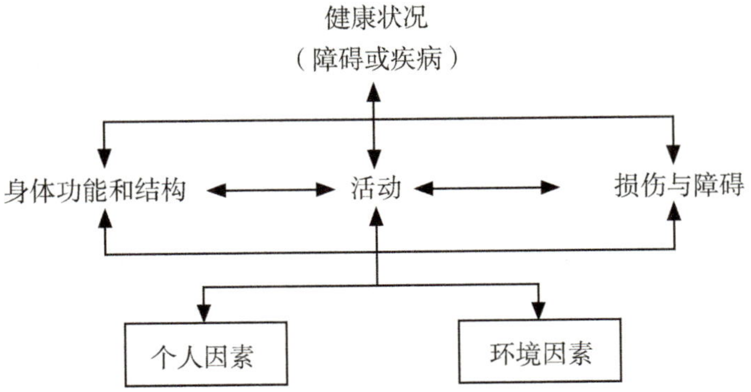

图1-1 ICF模式

（二）在运动康复中的应用

1. 身体功能和结构损伤

通过观察、触诊或影像学检查明确身体结构的损伤。例如，通过观察可以直接发现截肢、水肿、皮肤疤痕、局部瘀青、颜色改变、开放性伤口等问题；触诊能够发现肌肉紧张、体表骨性标志物位置异常、局部粘连等问题；而影像学检查则可以直观地发现深层身体结构的变化，例如韧带撕裂、半月板损伤、关节间隙变窄等问题。

身体功能损伤需要通过主客观检查得出，常见以下情况：肌肉骨骼源性的疼痛、肌肉损伤、协调障碍、时序异常、动作发展迟缓、肌张力异常、无效或低效率的运动策略；心血管或呼吸源性：有氧能力下降、循环受损、持续身体活动伴发疼痛（间歇性跛行）；皮肤源性活动不足（疤痕粘连或不活动）。

身体功能和结构的损伤可能是原发性损伤或继发性问题，也存在复合性损伤。准确分析引起损伤的潜在原因，才能选择适合的治疗方法。例如，患者主诉肩上举动作终末端会引起肩部疼痛，运动康复师检查明确患者肩关节是否存在活动受限、肩周肌力如何、肩屈曲动作模式是否异常、是否存在姿势异常、肩胛骨活动节律是否异常等问题。损伤表现会有个体差异，分析所发现的问题与患者主诉之间是否存在直接的因果关系，从而针对损伤潜在原因、损伤本身和功能障碍采取行之有效的运动治疗方法。

尽管损伤会影响部分日常生活能力，但并不是所有结构和功能损伤一定导致活动受限或参与受限，也不是所有结构异常都会出现功能问题。运动康复的治疗目标应以解决患者的主要问题为方向，通过改善动作模式、纠正身体姿势及教育就可能解决困扰患者的身体慢性疼痛问题，不是必须改变结构才能解决问题。

2. 活动受限

活动包括日常生活活动、学习及工作相关的技能、家务活动、娱乐活动等。常见的基本活动包括：伸手取物、抓握、弯腰、翻身、上下楼梯、坐下或站起、走路、下蹲、跳跃等，这些日常生活中的功能动作受到部分限制或伴发疼痛，将会限制患者的活动。大多数情况下，活动受限与身体功能损伤之间是相互关联的，如高处伸手取物困难与肩关节活动受限有关，步行速度减慢、坐站转移困难与下肢力量降低有关。

从本质上说，个体的活动受限可能是身体、社会和心理因素的结果。在处理患者活动受限时，需要关注患者个体的整体需求，了解社会和心理因素也会限制个体的活动能力。运动康复师应针对患者日常生活，对功能有最大不良影响的损伤和活动受限进行处理。长期慢性腰痛的患者，可能会有强烈的自我限制意识，在评定时拒绝执行与既往腰痛急性发作时有关的诱发动作，这种情况下的评定和治疗需要充分重视心理因素。患者心目中的治疗是否有效，取决于是否解决了活动受限的功能问题，而不是治疗师对肌肉力量、关节活动度或身体结构功能方面的考虑。

活动受限的评定是通过动作分析，判断患者难以执行动作的原因，分析潜在的功能损伤，从而采取对应措施解决活动受限问题。可以通过观察患者的活动完成情况，必要时拆分动作或改变动作完成速度；活动伴发疼痛的患者，评定时注意不要激惹疼痛，在无痛范围内进行，也可以依据患者的描述做出粗略判断。

3. 参与受限

参与能力包括自我照顾、社区活动性、工作任务、学校相关技能、居家管理、娱乐及休闲活动、社交生活、社会责任与服务等。参与受限涵盖了在个人看法与环境背景下，履行社会期望、完成个人或社会责任及义务相关的问题，涉及与他人互动和角色扮演，是每个人生活中的重要部分。

运动员在发生损伤后，多长时间能够安全重返赛场，不仅需要运动康复师通过评定，从损伤愈合及康复规律上进行判断，还需要来自受伤运动员的自我反馈，只有运动员对此充满信心，并经历完整、及时、循序渐进的运动康复治疗，达到预期的康复目标，才能最终重返训练和比赛场。

总之，运用ICF的思路，准确评价患者身体结构和功能损伤、活动受限及参与受限情况，深入分析潜在原因和问题之间的关联性，是运动康复评定及治疗的临床决策过程。

三、运动康复评定的思路

（一）评定目的

评定过程中，运动康复师应该确定以下情况：患者的一般健康状况，对功能的影响，问题的急慢性与严重性，身体结构和功能的损伤程度，哪些损伤与哪些活动受限有关，比较患者目前整体的身体功能程度和患者所期望的功能性能力，身体功能障碍对于社会、情感功能的影响，环境对患者功能的影响，患者的社会支持系统等。评定主要实现以下目的：

（1）确定损伤部位及受损原因。

（2）评价损伤组织、结构的完整性和功能状况。

（3）确定患者的日常生活、工作、休闲活动能力受影响情况。

（4）为制订正确的治疗计划和判断疗效提供依据。

（5）明确功能诊断。

（二）基本流程

运动康复评定是指收集评定对象的病史和相关资料，进行检查和测量，再对结果进行比较、综合、分析、解释，最后形成结论和功能诊断，以此确定康复目标的过程。

患者处理过程包括以下要素：完整检查，评估收集到的资料，根据身体结构与功能损伤、活动受限、参与受限做出功能诊断，以患者为中心制定目标，明确预后及治疗计划，实施治疗。

（三）功能诊断

功能诊断是在医学诊断的基础上确定其功能性后果的诊断，又称为障碍学诊断，是康复评定的重要内容，对治疗策略提出导向。以障碍为诊断名称，完整的功能诊断应包括功能障碍诊断、能力障碍诊断、社会参与障碍诊断。

《物理治疗师实践指南》中的肌肉骨骼系统的功能诊断分类如下：骨质健康问题、姿势受损、肌肉功能受损，结缔组织功能障碍相关的关节灵活性、动作功能、肌肉功能与活动度受损，局部炎症相关的关节灵活性、动作功能、肌肉功能与活动度受损，脊椎问题相关的关节灵活性、动作功能、肌肉功能、活动度与反射完整性受损，骨折相关的关节灵活性、肌肉功能与活动度受损，关节成形术相关的关节灵活性、动作功能、肌肉功能与活动度受损，骨头或软组织相关的关节灵活性、动作功能、肌肉功能与活动度受损，截肢相关的动作功能、肌肉功能、活动度、步态、移动能力及平衡受损等。

四、循证实践

运动康复评定方法的选择及执行过程应遵守循证实践的要求。循证实践是基于正确的临床推理及治疗应用知识，做出正确的临床决定，以循证实践原则为基础，在治疗过程中引导运动康复师的决策过程。在评估过程中对发现做出选择与解释，然后依据科学证据完成有效治疗程序，而非传闻、意见或临床传统，促使患者达到可能的最佳预后。循证实践的具体步骤包括：

（1）确认患者主诉，转化成具体问题。

（2）搜索文献，收集相关问题的临床科学研究。

（3）分析文献发现的相关证据，并对研究的品质与信息做出准确判断，以分辨患者问题。

（4）结合临床专业的证据、经验及患者的特殊情况等信息做出决策。

（5）将发现及决策整合到患者问题处理中。

（6）评估治疗的预后结果，必要时再提出其他问题。

第二节　运动康复评定内容与记录

一、主观检查

主观检查是运动康复评定的基础，通过问诊和查询病历，了解患者的主要问题及相关病史，症状或功能障碍的表现，以症状为主线，获取更多的相关信息，包括疼痛的严重程度、部位、性质、深浅、症状加重或减轻因素、昼夜模式；询问与工作、运动、爱好及家庭相关的问题；了解现病史、既往史、个人史、家族史、遗传史、用药史、手术史等。

（一）主诉及现病史

了解就诊原因，明确患者的主要问题，通过询问症状表现、损伤原因、变化经过及治疗过程，了解症状与损伤部位的关系，引起疼痛或不适加重或减轻的因素，是否与姿势或体位有关，对日常生活饮食、运动、睡眠等方面的影响程度，以及患者最迫切希望解决的问题及达到的目标等。

（二）既往史

了解既往病史及诊治经过，尤其关注与本次损伤有关的情况，如功能性踝关节不稳可能与既往反复踝关节扭伤相关；慢性疼痛患者既往症状急性发作特点及治疗经历等。

（三）个人史

患者的职业、运动生活、兴趣爱好可能会与损伤相关，而且在治疗过程中也需要参考个人情况制订个性化康复方案，如运动项目、运动年限、利手等信息，是否有吸烟、酗酒等不良生活嗜好。必要时了解患者生活环境因素，社区活动便利程度。

（四）家族史

了解与症状相关的家族疾病史，与健康相关的危险因素，如强直性脊柱炎有遗传倾向，年轻男性腰痛，有家族史者可能具有更高的罹患风险。

二、客观检查

（一）观察

先观察患者的身体姿势，是否保持特定体位，躯干及四肢的力线如何，负重模式是否对称，是否有保护性动作等。再对损伤局部进行观察，是否有肢体功能畸形、肌肉萎缩情况。

功能活动观察，对下肢损伤重点进行步态分析。治疗师从正面、背面和侧面观察患者步态稳定性、协调性以及不同步态周期的下肢各关节活动等，还可以选择背向走、足跟走、足趾走、内翻走、外翻走等形式进行观察。完成下蹲活动，观察身体姿势、动作完成质量和速度，是否有膝内扣、足跟不能着地等异常模式，能否纠正，下蹲角度对疼痛的影响。跑步姿态分析，了解支撑相及摆动相的时间、着地模式、腾空高度、速度等因素。双脚跳起落地时患侧承重情况、落地声音、缓冲情况，单脚跳时跳跃高度及远度、疼痛变化情况、落地时姿势，如膝关节内扣、屈髋角度不足等。

（二）触诊

患者处于舒适放松体位，多在仰卧位即非负重体位进行触诊，感受局部皮温、水肿、皮肤出汗过多或干燥，检查瘢痕粘连程度。根据体表标志触诊，了解骨性结构的位置，肌肉张力，辨别组织的质地、形状和结构，是否有骨化性肌炎等异常，健患侧比较对称性。必要时也可以在负重位下触诊。

肢体围度测量，健患侧对比，急性期了解受伤部位的肿胀程度。肌腹围度测量，了解肌肉的萎缩情况。触诊局部解剖结构判断有无损伤，肌肉肿胀、萎缩、凹陷、压痛、紧张程度，是否有扳机点、韧带压痛、关节间隙压痛、挤压痛等情况，是否有感觉减退、感觉过敏等感觉异常情况。

（三）主动运动

主动运动是患者主动收缩肌肉完成的动作，与关节活动范围、运动控制、肌力以及患者完成运动的主观意愿都有密切联系。评定时健患侧对比，观察动作模式，测量主动活动度，注意记录以下情况：主动运动中有无出现疼痛，出现疼痛的时间、角度及程度，运动是否改变疼痛的程度或性质，出现疼痛后能否继续运动及运动范围，患者对疼痛的反应，活动受限程度，运动模式，动作完成的速度和质量，患者的配合程度等。

（四）被动运动

被动运动的检查包括被动生理运动、附属运动和负荷运动的检查。

以健侧的被动运动作为基线，进行患侧检查比较。了解关节活动范围，并在活动终末端感受运动终末感，可能出现软组织抵抗感、骨性抵抗感或虚性抵抗感等，分析异常终末感出现的原因（疼痛或肿胀、关节骨性结构异常、粘连、挛缩、拮抗肌张力过高），在被动关节运动时有无出现疼痛，出现疼痛的时间、角度及程度，运动是否加重或改变疼痛的性质，活动受限的类型等。附属运动检查的目的是判断附属运动的活动范围及疼痛诱发情况。负荷运动是在被动运动的基础上施加外力负荷以实现诱发症状的目的，常用于排外检查。

（五）抗阻运动

应用徒手肌力检查方法进行主要肌群的肌力检查，确定肌力分级，对健患侧进行对比。三级以上肌力加抗阻，注意在抗阻过程中是否出现疼痛，观察肌肉主动收缩时症状的表现特征，见表1-1。不同肌肉收缩形式（向心、离心、等长收缩）出现疼痛情况表现可能不同。如果肌力不足以抵抗阻力，去阻力改变体位检查，记录肌力分级水平。

表1-1　徒手肌力检查方法

级别	名称	标准
0	零（zero，0）	无可见或可感觉到的肌肉收缩
1	微收缩（trace，T）	可扪及肌肉轻微收缩，但无关节活动
2	差（poor，P）	在去除重力姿势下能做全关节活动范围的运动
3	可（fair，F）	能抗重力做全关节活动范围的运动，但不能抵抗阻力
4	良好（good，G）	能抵抗重力和一定的阻力
5	正常（normal，N）	能抵抗重力和较大的阻力

（六）特殊检查

特殊检查用于确定从病史和前述检查的发现中推测的诊断，解释有疑问的症状和体征，或用于鉴别诊断，包括韧带应力检查、肌腱应力检查、神经张力检查以及与损伤诊断直接相关的功能检查等内容。特殊检查要谨慎，如果在严重疼痛、关节不稳、严重神经症状或患者有恐惧感等情况时一定要停止检查。

（七）临近关节检查

为进一步明确症状来源，排除临近关节问题的影响，需要对临近关节进行筛查试验。例如肩痛问题需要排除颈椎和肘关节的影响，膝痛需要排除髋关节和踝关节的问题。

三、评定结果记录

将评定项目、患者主观感受、客观指标如实地按照SOAP格式进行记录。

S（subjective）：主观资料，是患者及其亲属的陈述，内容主要包括对症状、部位、损伤机制、既往史等情况的说明。

O（objective）：客观资料，记录运动康复师观察、检查或测量的结果，用星号标注阳性结果或与伤病紧密相关的结果，也是治疗过程中再次评定的内容。

A（assessment）：评定，运动康复师对各类资料进行整理、分析、综合后得出专业判断。

P（plan）：治疗计划，包括总体的康复方案、短期及长期目标以及具体治疗方法。

第三节　运动康复评定的注意事项

一、病史采集要全面

详细了解患者健康状况和疾病史，提取重要信息，逐渐形成功能诊断假设。

主观检查应采取开放性问答方式进行，听取患者描述，提取关键信息，及时打断不相关信息，语气坚决但注意礼貌，和谐的医患关系对获得优化评估结果很重要。提问时尽量避免使用术语，用简洁且容易理解的言语进行交流。

评定过程中需要了解与预后相关的问题，包括年龄、性别、种族、身高、体重、先天性疾患、家族史等生理因素；久坐生活方式，文化偏见，吸烟、酗酒或使用药物，营养状况，动机与适应性，压力，情绪等行为或心理因素；住家、社区、学校或工作场所的建筑环境因素；经济地位、教育程度、家庭及社会支持等社会经济因素。

二、客观检查要系统

遵循运动康复评定方法的基本流程，依序完成检查，既要收集伤病相关的全部信息，又要避免收集不必要信息。明确评定方法的适应证和禁忌证，选择信度、效度高的评测方法及工具，保证测试的正确性和有效性。从病史信息中决定评定方法的优先排序，以获取关键问题的深入信息。合理安排评定计划，如果时间有限或患者病情限制，可以分次完成全部评定内容。对收集到的信息进行系统性回顾，有利于判断运动康复的应用范围并合理制订治疗计划。综合初次检查的信息建立基线，作为治疗过程中再次评价的重点。

三、决定患者满意度的因素

运动康复师在提供以患者为中心的医疗服务模式时，需要注意为患者服务过程中的细节，直接决定了患者的满意度，主要包括以下要素：运动康复师处理人际关系的特质，包括沟通技巧、专业精神、乐于助人、同情心等，与患者的关系，临床技巧和专业技能的熟练程度，治疗期间患者功能改善的程度，患者在治疗计划中目标设定的参与程度，初诊时患者问题的剧烈程度，运动康复服务的便利性以及相关其他问题，包括治疗的连续性、治疗计划的灵活程度、每次治疗的等待时间、治疗时间及费用等，都会影响患者满意度。

四、明确患者目标定位相关信息

在以患者为中心的诊疗模式中，为实施优化治疗方案，准确了解患者预期与治疗所能达到的最佳预后，需要与患者沟通，详细了解以下信息：

哪些活动对你在家、学校、工作单位、社区或休闲场所是最重要的？哪些活动是你希望独立做到，而现在是需要帮助的？发现有困难或完全无法做的活动中，哪个你希望做得更好或者再做一次？在所有问题中，哪个是你想优先解决或减缓的？独立执行的活动中，你认为遇到的最大问题是什么？你的治疗目标是什么？你对治疗经过的设想是什么？你认为什么会有效促进实现治疗目标？你希望多长时间实现治疗目标？

五、警惕评定“红旗征”

如果病史采集中发现存在以下情况，需要及时联系专科进一步检查以明确诊断：夜间持续性疼痛，不明原因的体重下降，食欲减退，不明肿块或过度疲劳，需要警惕恶性疾病；气短，头晕眼花，胸部疼痛或压榨感，局部跳痛，非外伤性肢体肿胀，需要警惕心血管系统疾病；经常腹痛、恶心呕吐、消化不良，应考虑胃肠系统问题；听力改变、头痛、视力改变、平衡协调失常、容易跌倒、失语、突然无力感，需警惕神经系统问题。如果遇到以上“红旗征”，建议患者及时到专科就诊。

思考题

1. 举例说明面对不同疾病的患者，运动康复师的工作重点有哪些不同。
2. 根据ICF分类系统，如何理解人体功能损伤或受限？
3. 简述运动康复评定的工作流程。

参考文献

[1] 王玉龙.康复功能评定学（第2版）[M].北京：人民卫生出版社，2013.
[2] 恽晓平.康复疗法评定学（第 2 版）[M].北京：华夏出版社，2014.
[3] DAVID I P. *Orthopedic Rehabilitation, Assessment, and Enablement*[M]. New York:Springer，2007.
[4] 黄晓琳.康复医学（第 6 版）[M].北京：人民卫生出版社，2018.
[5] 李建军.康复医学导论（第 2 版）[M].北京：华夏出版社，2012.

第二章
疼痛的运动康复评定

本章教学提示

1.掌握疼痛的定义、疼痛评定的基本方法和流程；
2.熟悉疼痛的分类。

第一节　疼痛概述

一、疼痛评估概述

疼痛被认为是继心率、血压、脉搏、体温之后的“第五生命体征”，它是人体对实际或潜在组织损伤的主观不愉快和不愿忍受的感觉，会受到自身情绪、外界环境等多因素的影响。2016年国际疼痛学会（International Association for the Study of Pain，IASP）将疼痛定义为：“疼痛是具有感觉、情绪、认知和社会层面的实际或潜在组织损伤所引起的痛苦体验。”临床上，疼痛是患者前来就诊的常见原因，也是导致功能障碍的重要因素之一。诊疗时，疼痛评定是判断疼痛来源及机体功能障碍发生原因的重要方法，也是运动康复评定中的重要组成部分。临床诊断中，通过对疼痛部位、性质、发展进程等方面的准确评估，可以准确判定疼痛与解剖结构之间的联系、对日常生活活动能力及运动功能的影响，从而为康复治疗及定量判断治疗效果提供依据。

二、疼痛分类

根据疼痛的原因、部位、性质和时程，可将其分为伤害性疼痛（nociceptive pain）和病理性疼痛（pathological pain）。伤害性疼痛分为浅表痛和深部痛，而病理性疼痛分为炎症性疼痛（inflamatory pain）、神经病理性疼痛（neuropathic pain）和功能性疼痛（functional pain）。

根据伤害感受器刺激源的不同，可以分为机械性（物理性或力学性）疼痛和化学性疼痛。机械性疼痛是由于机械应力对末梢神经伤害感受器的刺激超过疼痛阈值时产生的疼痛。化学性疼痛是在组织损伤后，调节疼痛传导的化学物质，如组胺、缓激肽、白细胞三烯等渗出到细胞外组织，刺激神经末梢的伤害感受器而引起的疼痛。

根据疼痛的持续时间可以分为急性疼痛和慢性疼痛。急性疼痛的持续时间小于3个月，慢性疼痛的持续时间大于3个月。急性疼痛可能是扭伤、骨折、切割伤、撞击伤等引起的；而慢性疼痛往往是慢性损伤引起的，如骨关节炎、慢性肌肉劳损等。急性疼痛对伤害起着防卫预警的作用，而慢性疼痛除了这个作用外，还反映着疾病本身的性质及症状。慢性疼痛是急性疾病或一次损伤的疼痛持续时间超过正常所需的治愈时间造成的，它在心理反应和疼痛之外的各种功能障碍上与急性疼痛有很大差别，且完全缓解的可能性极小。慢性疼痛造成机体异常改变包括以下方面：（1）疼痛组织的代谢改变，如局部血液循环下降、肿胀增加、营养不良、局部肌肉缺血等；（2）运动控制功能不良和代偿动作产生，如运动技术动作改变、本体感觉水平下降等；（3）自主功能不良，如自主反应不良、肌张力增高、感觉过敏等；（4）中枢神经系统功能不良，如疼痛耐受性降低。

当患者主诉某一部位疼痛时，并不意味着此部位一定是全部或部分疼痛产生的源头。造成骨骼肌肉疼痛主要有三大结构，分别是关节（包括韧带）、肌肉（包括肌腱和腱鞘）和神经系统。对于骨骼肌肉损伤而言，大多数是结构的痛觉敏感神经末梢受到刺激，并且损伤越严重，受到破坏的可能性越大，产生疼痛信号越强。此外，损伤处疼痛持续时间越长，为了完成活动，机体运动模式改变越大，其他部位进行代偿性运动越多，从而增加其他部位的工作负担，进而造成组织损害并引起疼痛。

第二节　疼痛评定方法

一、疼痛相关的病史采集

对于检查者来说，获得关于疼痛尽可能多的信息对于疼痛评定是十分重要的，不仅有助于确定损伤的实质，还可以帮助进行针对性的治疗。在采集信息时，需要了解患者的病史资料，包括现病史、既往史、家族史及外科手术史、用药史（是否服用过镇痛类药物）、吸烟与饮酒史等。这些信息的获取可帮助治疗师更好地判断疼痛的原因，明确治疗时的注意事项，从而更好地处理疼痛。

二、疼痛的部位

让患者指出疼痛发生的确切部位，是局限于某一点或是某一区域，是在浅表还是深部。有时患者会主诉某个部位或区域不舒服，不是疼痛，而是一种说不上来的感觉，此时检查者也应给予关注，这可能表明其损伤范围较为广泛，缺乏特异性，也有可能存在牵涉痛等情况。为了更好、更全面地确认疼痛部位，可以用人像图记录疼痛的部位，疼痛偏向于外侧标记（E），疼痛偏向于内侧标记（I），如果内外侧都感受到疼痛则标记（EI）。

三、疼痛的性质

由于损伤的组织和部位不同，疼痛的性质并不完全一致，可表现为钝痛、酸痛、胀痛、闷痛、刺痛、锐痛、切割痛、灼烧痛、绞痛、放射痛、牵涉痛等。针刺样疼痛、麻木、灼烧痛通常为神经损伤，刺痛、锐痛通常为肌肉或骨骼的病变。身体浅表部的疼痛来源于皮肤及皮下组织，通常表现为刺痛或灼烧痛；身体深部的疼痛来源于肌肉、筋膜、韧带、血管等，常表现为刺痛、闷痛、酸痛、锐痛等；疼痛的部位与疼痛实际的来源部位不同，通常属于牵涉痛，如有时候上臂及前臂前后侧的疼痛可能是斜角肌的扳机点引起的，而并不是上肢本身的病变造成的；放射痛与牵涉痛有些许不同，最常见的放射痛，如腰椎间盘突出压迫神经根的患者，不仅腰部产生疼痛，其臀部甚至下肢也会产生相应症状。

四、疼痛程度的评定

（一）视觉模拟评分法（visual analogue scale，VAS）

视觉模拟评分法是目前临床上最常用的评定方法。其适用于需要对疼痛的强度及强度变化情况进行评定的患者，不适用于对感知直线和准确标定能力差或对描述词理解能力差的患者。

在一张白纸上画一条10厘米长的线段，左端表示“无痛”（0），右端表示“极痛”（100）。患者根据自身感受疼痛的程度，在直线上标记出最符合疼痛程度的位置，测量从“无痛”端至记号之间的距离，即为评分分数。一般VAS评估要进行2次，取其平均值。

（二）数字评分法（numeric rating scale，NRS）

数字评分法用 0~10 代表不同程度的疼痛，0表示“无痛”，疼痛较强时增加点数，10表示“最剧烈的疼痛”。治疗师要求患者给自己的疼痛打一个分值，或让患者自己圈出一个最能代表自身疼痛程度的数字。在评估患者疼痛时，我们通常会采用此方法，它比VAS更为直观，便于患者理解，且方便省时，但患者容易受到数字和描述字的干扰，而降低灵敏性和准确性。

（三）口述分级评分法（verbal rating scale，VRS）

口述分级评分法又称作言语评分法，它是由一系列用于描述疼痛的形容词组成，这些形容词以无痛到最强的疼痛顺序排列，被测者根据自身的感受从量表中的描述选择自己的疼痛程度，是“无痛”“轻度疼痛”“中度疼痛”“重度疼痛”“剧烈疼痛”还是“无法忍受”。

（四）面部表情评分法（faces pain scale，FPS）

FPS由六种不同的面部表情和0～10分（或1～5分）组成，笑脸表示“不痛”（0分），哭脸表示“疼痛难忍”（10分或5分），康复对象根据自身感受选择最能表示疼痛程度的面部表情。这种方法经常应用于儿童的疼痛评估中，因其形象、具体的表情可以帮助儿童判断。

五、疼痛的发展进程

在疼痛的评估中，需要对疼痛的发展进程进行了解，可通过问诊获得以下信息：

（1）疼痛是持续的还是间断的？

（2）疼痛是发生在活动前、活动中还是活动后？疼痛的性质是怎样的？

（3）是否有晨起痛和夜间痛和/或一天工作完后疼痛变化情况？

（4）是急性疼痛还是慢性疼痛？ 有无伴随的功能障碍？

（5）疼痛发生后，有无接受过治疗？治疗后疼痛的变化情况如何？

一般持续性的、一天工作完后及夜间加重且影响睡眠的疼痛往往是由炎症引起的。其疼痛不会随身体运动产生或消失，由于一天工作负荷的逐渐累积及夜间外界刺激的减少，疼痛感觉会更加强烈。对于一些晨起性疼痛或是活动前疼痛、活动后缓解的患者，可能也存在一些慢性炎症，维持睡姿等长时间的静态姿势，炎性物质堆积，使得在改变姿势时产生疼痛，而活动后，疼痛会随着新陈代谢的加快而减轻。间断性的，尤其在活动时会产生及加重的疼痛，多数与运动系统损伤相关。

急性疼痛可以利用理疗、药物等方法缓解。对于慢性疼痛的急性发作，不仅需要进行疼痛控制的相关治疗，还需要在疼痛缓解后进行评估，寻找导致疼痛的根本原因，进一步进行针对性治疗。

通过询问关于疼痛采取过的治疗方法和改善程度，可在一定程度上为康复评估提供思路，更好地找到疼痛的问题所在。

六、疼痛加重和缓解的因素

了解患者何种体位、姿势或在做什么动作时疼痛会缓解或加重，可以为损伤的诊断和制订康复方案提供依据。在制订康复方案的过程中，如果患者疼痛的激惹性较高，则应当尽量避免加重疼痛的体位、姿势和动作，多采用一些疼痛缓解的动作来降低激惹性。

疼痛评定是判定损伤程度、找到损伤原因、明确疼痛对日常生活和运动功能等影响的重要评定方法，为选择正确的治疗方法提供依据。影响疼痛的因素非常多，年龄、情绪、注意力、个人经历、个人心理特征、社会文化背景、疼痛的经历、损伤性质、康复需求，等等，因此，只有通过全面准确的信息采集，才能更好地分析疼痛原因，从而制订出更具针对性、最优化的康复方案。

七、疼痛的结果记录

疼痛评定结果要点记录遵循“SAND”原则，S（severity）是指疼痛的严重程度，例如VAS 3/10，是指有3分疼痛；A（area）是指疼痛部位，在人体图上将患者指认的准确部位进行标注；N（nature）是指疼痛的性质，例如钝痛、刺痛、灼痛等类型，以及疼痛是持续的还是间断的；D（deepth）是指疼痛的深度，是深部的还是表浅的，通常表浅疼痛患者能够准确定位，而深部疼痛患者定位不清。

思考题

1. 在临床中如何使用 VAS方法评定疼痛？
2. 简述疼痛评定的内容。
3. 简述疼痛评定的“SAND”原则。

参考文献

[1] 王玉龙.康复功能评定学（第2版）[M].北京：人民卫生出版社，2013.

[2] 恽晓平.康复疗法评定学（第 2 版）[M].北京：华夏出版社，2014.

[3] DAVID I P. *Orthopedic Rehabilitation, Assessment, and Enablement*[M]. New York:Springer，2007.

[4] 韩济生.疼痛学[M].北京：北京大学医学出版社，2012.

[5] 宋文阁.Pain实用临床疼痛学[M].郑州：河南科技出版社，2008.

第三章 身体姿势的运动康复评定

本章教学提示

1.掌握姿势评定的基本方法、流程及正常姿势特征;
2.熟悉常见异常姿势的特征及姿势诊断;
3.了解与姿势相关的其他检查方法。

第一节　姿势评定方法

姿势评定是通过对人体姿势的观察，获得结构方面的相关信息，判断是否存在异常姿势并分析潜在原因，以纠正异常姿势为目标的方法。人体的姿势依靠骨骼、肌肉、韧带、筋膜等解剖结构来维持，同时站立、坐位或行走中的姿势是后天习得的，也与习惯有关。

进行姿势评定时，首先要向患者说明评定目的和方法，以获得配合；操作者应熟悉人体解剖学的体表标志，按照一定顺序进行观察，例如，站立姿势观察时，患者自然站立，操作者通常按照从上到下的顺序进行观察，也可以从下到上进行观察，以排除下肢异常对躯干姿势的影响，严格按照评定方法进行操作，不遗漏评定要点，将观察结果准确记录。

人体的静态站立姿势左右对称、力线完美即为正常姿势。在正常姿势下，关节排列正常，人体所承受的压力能够分散到各个关节，软组织不需要额外增加张力，肌肉不需要额外做功来调整。评定人体姿势时，通常利用铅垂线对人体静态站立时的正面、后面以及侧面进行观察和测量。姿势正常时，铅垂线和人体一系列标志点在同一直线上。

一、正面观

（一）正常表现

头颈直立；双肩等高，斜方肌厚度对称，肩锁关节、锁骨和胸锁关节等高并对称，肋弓对称；双侧手臂自然下垂，与身体等距，双侧肘关节、腕关节等高；躯干挺拔直立；双侧髂前上棘等高且对称；双侧大腿的肌肉形状相似；双侧髌骨朝向正前方且等高，双侧腓骨头在同一高度，双侧小腿直立且肌肉形状相似；双侧内踝等高，双侧足弓对称。如图3-1所示。

（二）铅垂线通过的标志点

沿着人体前正中线，分别经过前额→鼻→下颌→胸骨柄→剑突→肚脐→耻骨联合→双膝关节内侧连线中心→双侧内踝连线中心。

二、侧面观

（一）正常表现

四个生理弯曲，即颈椎前凸、胸椎后凸、腰椎前凸、骶骨部有较大程度的后凸。

侧面观，头颈位于肩关节正上方，即耳垂和肩峰连线垂直于地面；骨盆处于自然解剖位，即髂前上棘和耻骨所在平面与地面垂直；髋关节、膝关节保持中立位伸直，足纵弓正常。如图3-2所示。

（二）铅垂线通过的标志点

耳垂→肩峰→股骨大转子→膝关节中央偏前方（髌骨后方）→外踝前约2厘米。

三、后面观

（一）正常表现

头颈正直，无侧倾或旋转；双侧肩峰高度相近，肩胛骨对称且平贴胸廓，双侧肩胛下角等高，没有旋转；脊柱无侧弯；双侧髂后上棘等高且对称，双侧股骨大转子等高，臀纹等高；双侧腘窝在同一水平线上，小腿直立，胫骨无弯曲；双侧内踝等高，外踝等高，跟骨直立，跟腱垂直于跟骨底。如图3-3所示。

（二）铅垂线通过的标志点

沿着人体后正中线，经过枕骨粗隆→脊柱棘突→臀裂→双膝关节内侧连线中心→双踝关节内侧连线中心。

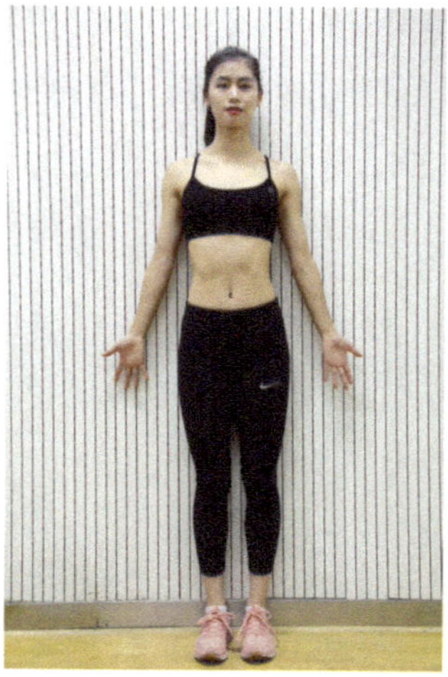

图3-1　人体正常正面观

图3-2　人体正常侧面观

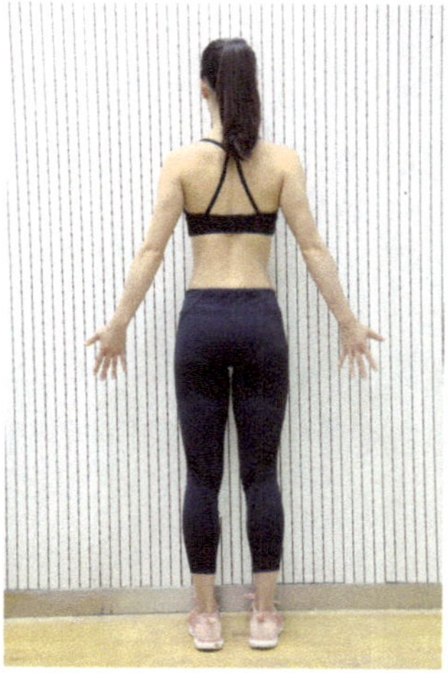

图3-3　人体正常后面观

第二节　常见异常姿势

正常的人体姿势使得关节、肌肉还有韧带等组织处在最优化的状态。当人体处于异常姿势时，软组织的张力增加使得肌肉额外做功来平衡，导致关节排列异常，身体结构发生改变。另外，身体结构的损伤也会引起异常姿势的出现。因此，异常姿势是身体结构变化的外在表现，两者互为因果。

一、头颈部异常姿势

（一）头颈部倾斜

头颈部倾斜最明显的表现就是双耳不等高。观察时，患者露出双耳以便观察，从后面进行观察，看头部是否倾斜至一边，并注意颈部是否有侧弯。如图3–4所示。

双耳不等高可能代表颈椎有倾斜或侧弯。颈椎侧弯是由弯曲侧的肌肉缩短导致。例如，若头颈偏向右侧，这说明右侧斜方肌上束过于紧张。同时，右侧的肩胛提肌、胸锁乳突肌和斜角肌也可能紧张。需要注意的是，有些肩痛患者会不自主地将头偏向疼痛侧。

（二）头颈部旋转

头颈部旋转也是一种常见的头颈部异常姿势。从正面和后面均可以进行观察，头部是否朝向正前方，有无偏转至某一侧。有时患者的旋转角度很小，不易发现，可通过仔细比较双侧头面部的对称性来明确，如正面观察额状面呈现的脸部左右是否对称，或者从后面观察双侧下颌所露出的部分是否对称。如图3–5所示。

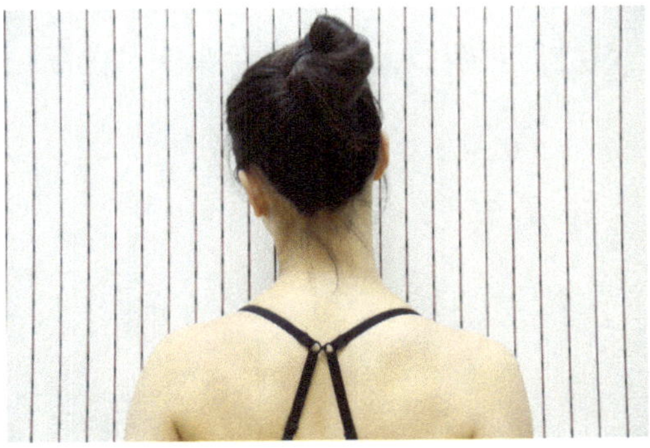

图3–4　头颈部倾斜

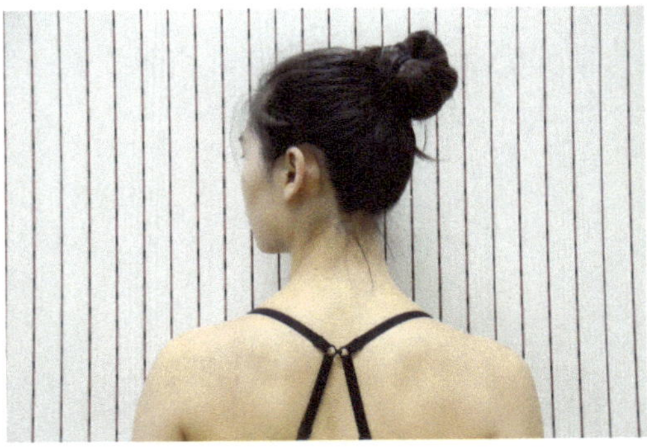

图3–5　头颈部旋转

胸锁乳突肌和斜角肌的功能是带动头部做旋转运动。比如，当右侧的胸锁乳突肌和左侧的斜角肌紧张，就会导致头向左侧旋转。某些头痛的患者也会出现颈部旋转的情况。

（三）颈椎排列紊乱

在进行此项评估时，要注重颈椎的排列而不是头颈的位置。有时候仅靠观察并不能完全发现颈椎排列的问题，需要加入触诊来判断。从后方观察，双侧颈后肌群的肌腹轮廓是否对称，结合触诊判断肌肉的紧张度，轻柔地触诊颈椎的棘突，判断所有的颈椎棘突是否在同一条直线上。如图3–6所示。

颈椎排列紊乱的发生率相当高，几乎每个人都有或多或少的问题。颈椎两侧的肌肉张力不同，会引起某一节段颈椎的旋转，使得颈椎的棘突不在同一条直线上。

（四）头前伸

头前伸姿势是最常见的头颈部异常姿势之一。从侧面观察，耳垂位于肩峰前方，下巴向前探出。如图3–7所示。

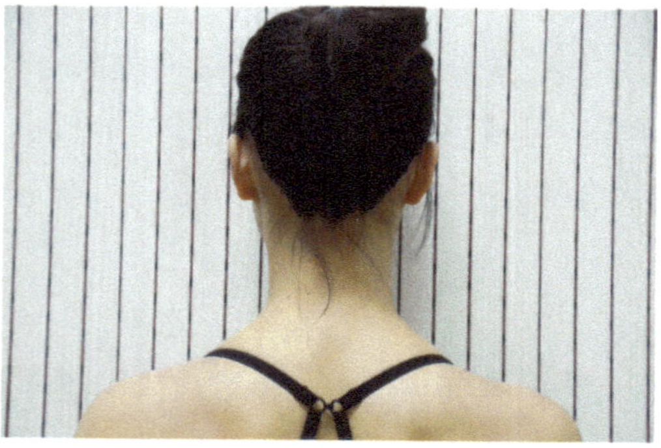

图3–6　颈椎排列紊乱

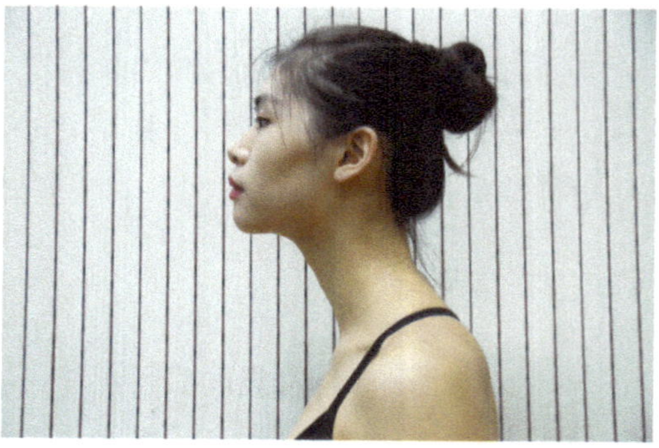

图3–7　头前伸

头前伸的姿势可由颈部肌肉不平衡导致。一般认为，颈深屈肌群和颈伸肌的不平衡可以引起头前伸症状，表现在胸锁乳突肌、斜角肌、斜方肌上束以及肩胛提肌紧张，伴随颈深屈肌群（头长肌和颈长肌）较弱。

二、上肢异常姿势

（一）上肢与躯干夹角不对称

患者按照自己认为放松且自然的姿势进行站立，从后面进行观察，比较两侧上肢与身体之间的空隙是否相等。如图3–8所示。

出现上肢与躯干夹角不对称的原因大致有三种：（1）躯干侧弯，侧弯侧腰方肌的紧张可能导致躯干的侧弯；（2）两侧骨盆不等高；（3）空隙较大的一侧上肢处于外展位，可能提示三角肌以及冈上肌紧张。

（二）肘关节位置不对称

从后面进行观察，肘关节位置的不对称主要存在两个方面：（1）双侧肘关节是否等高，如图3-9所示，提示双侧肩关节不等高或者躯干有侧弯；（2）双侧鹰嘴是否朝外，如图3-10所示，提示盂肱关节是否有旋转。

肘关节不等高可能是由肩关节不等高引起的，也有可能是脊柱侧弯引发上肢不对称从而导致肘关节不等高。鹰嘴朝外通常可以提示盂肱关节的内旋，盂肱关节内旋肌群（肩胛下肌、大圆肌、胸大肌等）紧张。

（三）手部位置异常

从后面进行观察，手掌或手背露出部位的范围双侧是否相等，如图3-11所示。若观察到手掌的范围大，可以说明：（1）肱骨内旋程度大，提示盂肱关节内旋肌群紧张；（2）前臂旋前程度大，提示旋前圆肌紧张。

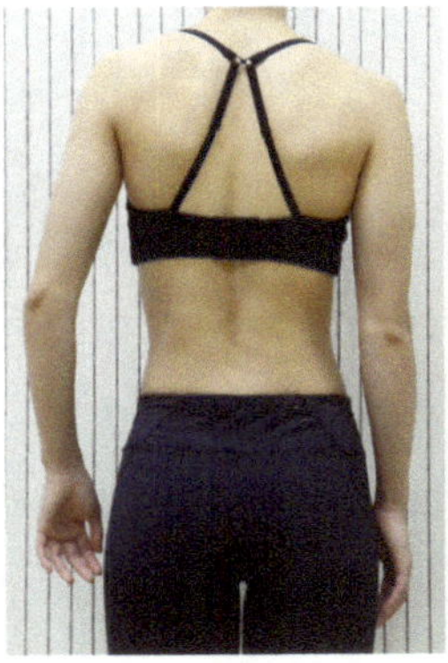
图3-8　上肢不对称

图3-9　肘关节不等高

图3-10　鹰嘴朝外

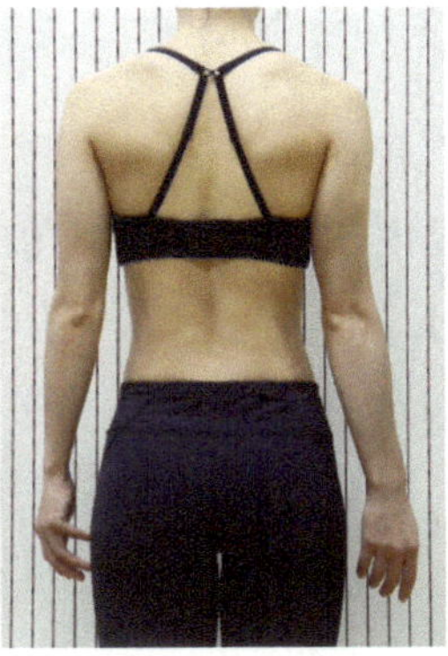
图3-11　手部位置异常

三、肩胛带姿势异常

肩胛带的异常姿势有多种类型，且多与肩痛和颈痛有关。通过调整肩胛带的异常姿势，使得肩胛带处于相对正确的位置，可以改善肩胛带周围的症状。

（一）高低肩

高低肩是一种发生率非常高的异常姿势，几乎每个人都存在，只是程度不同。从正面或后面均可以进行观察，看两侧肩峰和肩胛下角的高度是否相等。从静态的姿势很难判断是哪一侧的肩峰高，哪一侧的肩峰低。简单的验证方法是，先耸肩然后放松，再观察哪一侧的肩峰高。同时也应该了解被测量对象的生活习惯以及运动习惯，如哪一侧是优势侧，运动项目是否属于单侧重复性运动等。如图3-12所示。

肩胛提肌和上斜方肌的紧张可能会导致肩胛骨上抬，同时也会存在肩胛下角抬高的情况。若存在肩胛骨上抬的情况，从正面也可以看到锁骨抬高。在神经性问题中，可能会存在肌张力低导致肩部下沉的情况。通常，优势侧上肢会轻微下沉且伴有轻微内旋的情况。单侧重复性运动，如网球、乒乓球等，也存在持拍侧肩峰较低的情况。

（二）肩胛骨前伸

从后方观察两侧肩胛骨内侧缘到脊柱中线的距离，来判断肩胛骨是否存在前伸或后缩的情况。肩胛下角到脊柱中线的距离大，提示肩胛骨前伸。通常肩胛骨前伸的情况较多。如图3-13所示。

肩胛骨前伸可由肩胛带的不平衡导致。詹达（Janda）教授指出，静态站立位时两侧肩胛骨与脊柱之间的距离超过7.6厘米时，提示较弱的菱形肌、斜方肌中下束与较强的斜方肌上束和胸大肌。此外，日常生活中的懒散坐姿也会导致肩胛骨前伸。

（三）肩胛骨旋转

肩胛骨的上回旋和下回旋也是肩胛骨异常姿势的常见类型。从后方进行观察，观察肩胛骨内侧缘和肩胛下角的位置，从而判断肩胛骨是否处于上、下回旋的状态。肩胛骨上回旋时，肩胛上角靠近脊柱，肩胛下角和肩胛骨内侧缘远离脊柱；下回旋时相反。如图3-14所示。

肩胛骨的旋转是由肌肉等软组织的张力变化造成的。肩胛骨上回旋时，肩胛提肌、斜方肌上束紧张，斜方肌中下束、前锯肌、菱形肌较弱。肩胛骨下回旋时，肩胛提肌、菱形肌紧张，前锯肌和斜方肌下束较弱。

（四）翼状肩

翼状肩也是肩胛带异常姿势的常见类型。从后方进行观察，可以看到肩胛骨内侧突起，像翅膀一样突出。如图3-15所示。

图3-12　高低肩

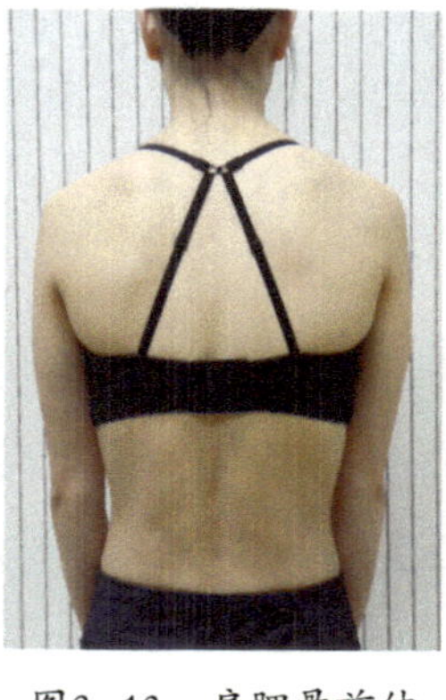
图3-13　肩胛骨前伸

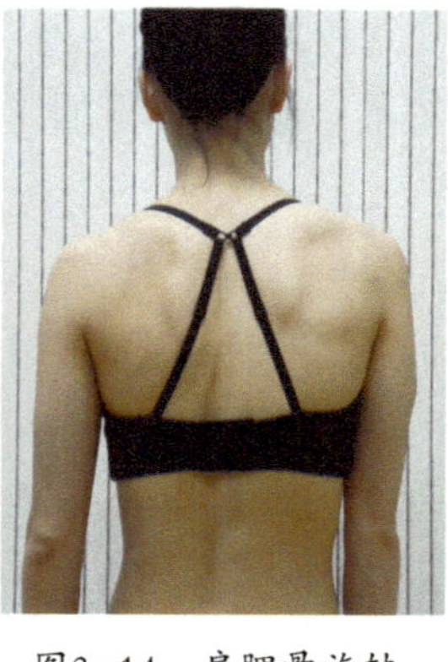
图3-14　肩胛骨旋转

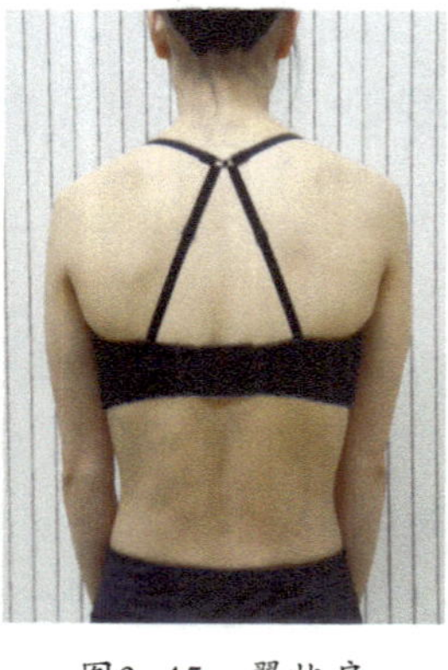
图3-15　翼状肩

翼状肩是因为肌肉的不平衡所致，常见前锯肌无力而无法将肩胛骨拉回胸廓上。此外，胸大肌和肩胛下肌紧张也会将肩胛骨拉向前方，同时伴有斜方肌中下束无力，前锯肌无力。

四、骨盆带异常姿势

骨盆带相当于人体的基座，骨盆异常姿势会影响人体的整体姿势的平衡性。将骨盆调整至正确位置可以帮助改善上、下半身的不平衡。

（一）骨盆倾斜

评估骨盆是否倾斜可以从正面和后面进行观察。从正面看，观察两侧髂嵴和髂前上棘是否等高，腰方肌是否有短缩；从后面看，观察髂后上棘的高度是否相同，双侧臀线是否相同。若有不等高的情况可提示骨盆倾斜。如图3-16所示。

骨盆倾斜，腰椎可能会增加侧弯来代偿。例如，右侧髂嵴高于左侧髂嵴，可以提示骨盆左倾斜，腰椎向右侧弯代偿，右侧腰方肌和竖脊肌缩短，髋关节的位置发生变化，左侧臀线较低且变深，右髋关节内收，右侧内收肌缩短，下肢长度发生变化。

（二）骨盆旋转

骨盆旋转可由侧面观和前面观来确认。从前面观察时，比较患者骨盆左、右侧与观察者之间的距离是否相等。双侧髂前上棘对称的正常骨盆，膝关节朝向正前方，足部内外侧的压力平均分散。如果整个骨盆旋转到右侧，膝关节没有朝向前方，则右足外侧压力增加；如果整个骨盆旋转到左侧，膝关节没有朝向前方，则左足外侧压力增加。如图3-17所示。

骨盆的旋转会影响到下肢。若从正面观察患者骨盆左侧离观察者更靠近，说明骨盆旋转至右侧，左腿内旋，左足旋前增加；右腿外旋，右足旋后增加，外侧压力增加。反之亦然。

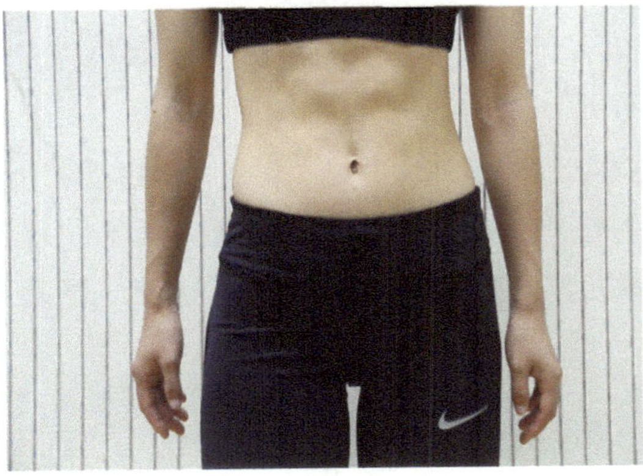

图3-16　骨盆倾斜

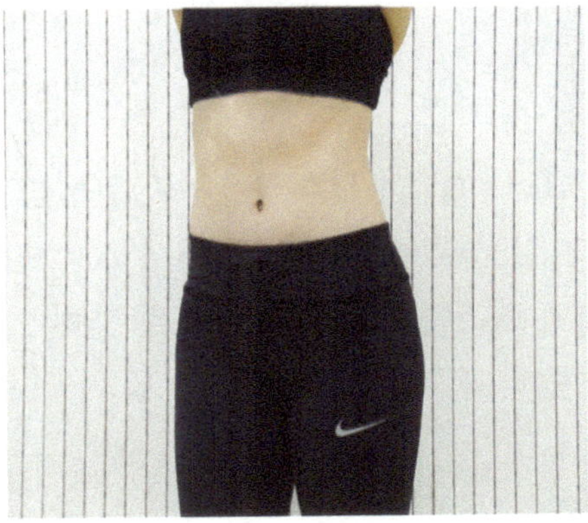

图3-17　骨盆旋转

（三）骨盆前后倾

骨盆前后倾的异常姿势可以从侧面进行观察。主要由髂前上棘和耻骨联合的位置关系进行判断。髂前上棘和耻骨联合形成的平面垂直于地面，骨盆处于中立位，如图3-18（a）所示；髂前上棘的位置向前移动至耻骨联合前上方，说明骨盆前倾，通常伴随腰椎前凸增加，如图3-18（b）所示；髂前上棘向后移动至耻骨联合后上方，说明骨盆后倾，通常伴随腰椎曲度变小，如图3-18（c）所示。

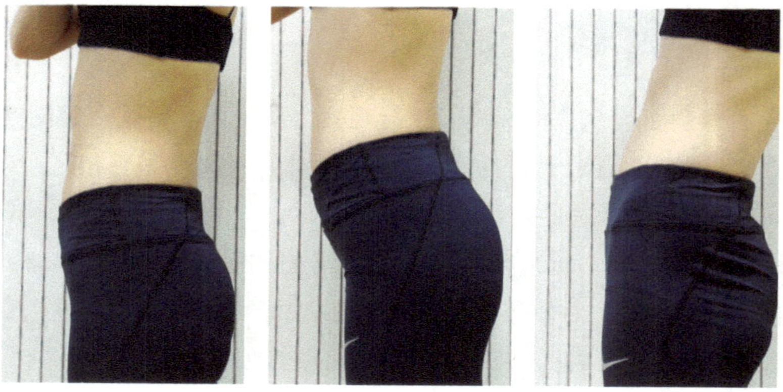

（a）正常骨盆　（b）骨盆前倾　（c）骨盆后倾

图3-18　骨盆位置

骨盆带前后肌肉不平衡会引起骨盆前后倾。骨盆前倾伴随腰椎前凸增加，提示前侧的髂腰肌、股直肌和后侧的竖脊肌较紧，腹直肌和臀大肌较弱；骨盆后倾伴随腰椎曲度减小，提示臀大肌和腹直肌较紧，髂腰肌、股直肌以及竖脊肌较弱。

五、下肢异常姿势

（一）X形腿、O形腿

X形腿和O形腿非常普遍。从后面进行观察，让患者双腿并拢，观察腘窝的朝向，同时测量两侧膝关节或双足的间距大小。X形腿两侧膝关节可以并拢，双足间距离大于1.5厘米，并伴有膝外翻（腘窝向外）；O形腿双脚可以并拢，两侧膝关节距离大于1.5厘米，同时伴随膝内翻（腘窝向内）。如图3-19所示。

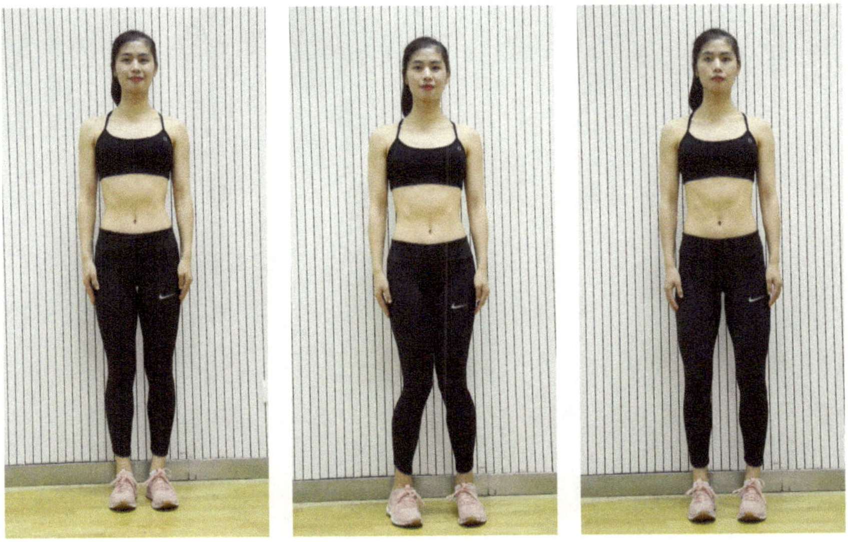

正常腿型　　　　X形腿　　　　O形腿

图3-19　腿型

腿型异常多为先天所致，但长期从事某些体育运动，如足球等，也会对腿型产生一定影响。X形腿（膝外翻）和O形腿（膝内翻）不仅影响膝关节本身，也对肌肉有影响。从结构上来说，膝外翻的大腿外侧肌肉比内侧肌肉紧，关节外侧压力增加；膝内翻的内侧肌肉比外侧肌肉紧，关节内侧压力增加。

（二）Q角过大

Q角描述骨盆、股骨和膝关节之间的关系，是髌骨中点与胫骨粗隆的连线与髌骨中点和髂前上棘连线之间的夹角，在某些膝关节损伤的预防中是很重要的。从正面进行评估，（1）找到髌骨中点；（2）沿着股骨，画出髂前上棘与髌骨中点连线；（3）找到胫骨粗隆；（4）画出髌骨中心与胫骨粗隆连线，并与第一条直线交叉，形成夹角即为Q角。正常的Q角是15°~20°。如图3-20所示。

Q角有性别差异，女性的Q角更大。Q角过大，在下肢进行运动时，髌腱会有更大的拉力，也会拉着髌骨向外运动，导致髌骨的运动轨迹变化产生膝痛。此外，足旋前增加会导致胫骨内旋，导致Q角不正常。

（三）膝过伸

侧面观是判断膝过伸最好的方法。从左侧面观察的时候，若能看见较多的右侧小腿范围，那表示右侧膝关节有过度伸直的情况。股骨长轴与胫骨长轴应在一条垂线，若在前方形成夹角则为膝过伸。如图3-21所示。

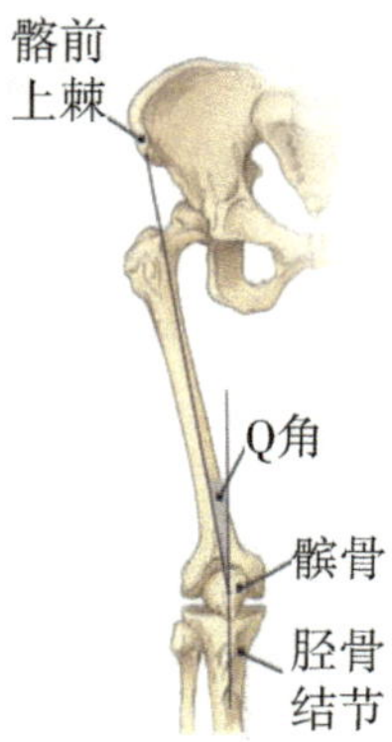

图3-20　Q角过大

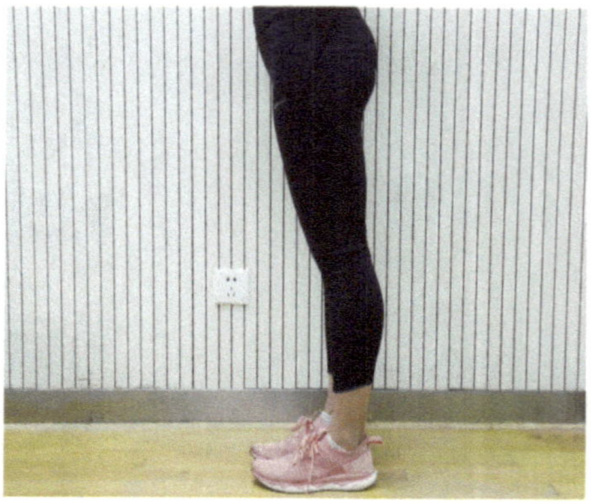

图3-21　膝过伸

膝过伸与股四头肌紧张和腘绳肌、腓肠肌被拉长有关，髋关节伸展角度增加、屈曲角度减少。膝关节后方关节囊拉力增加，髌股疼痛综合征的发生率增加。

（四）扁平足和高弓足

身体重量应该平均分布在足的内外侧。观察足部踩在地面上时足弓距离地面的空间大小，如图3-22（a）所示。扁平足是指整个脚底紧贴地面，足弓距离地面的空间很小或没有空间，如图3-22（b）所示；反之，高弓足是指内侧足弓距离地面空间较大，如图3-22（c）所示。

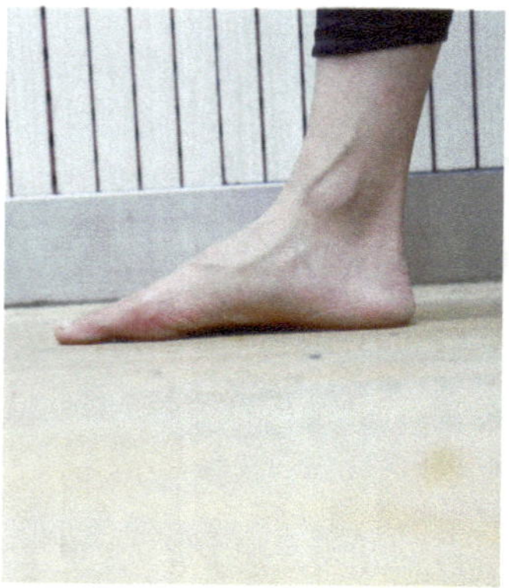

（a）正常足弓

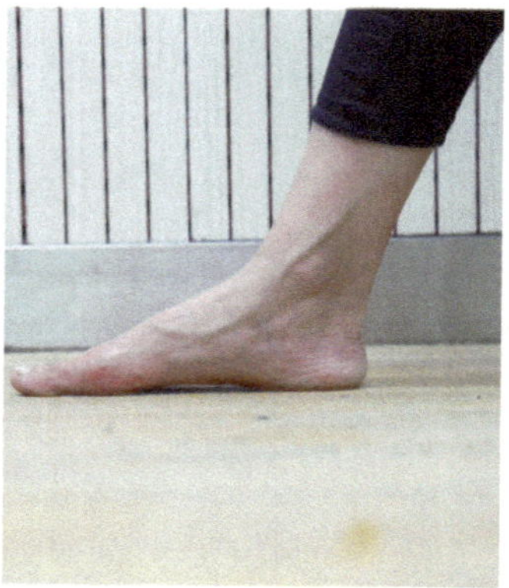

（b）扁平足

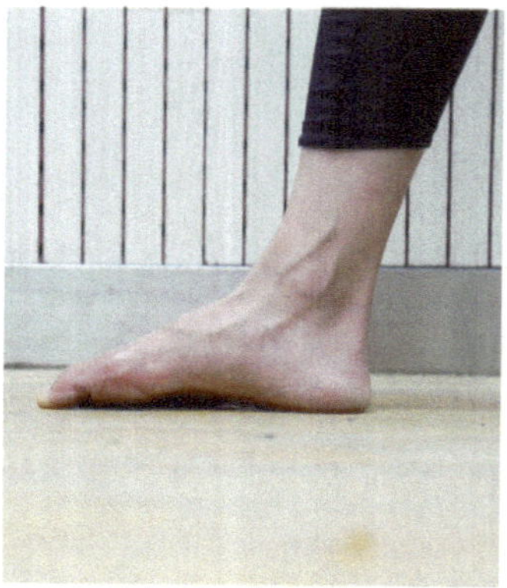

（c）高弓足

图3-22　足弓

足底肌和韧带可以影响足弓高度。扁平足可以提示足旋前，距骨滑动到脚跟骨内侧的位置，足底肌弱，足底筋膜和韧带松弛；高弓足则可以提示足旋后，足内在肌和足底筋膜紧张。

思考题

1. 简述常见的肩胛带姿势异常及原因。
2. 对脊柱侧弯患者进行姿势评定，可能会看到哪些问题？
3. 简述姿势评定从正面观察到的内容。

参考文献

[1] FLORENCE P K. *Muscles Testing and Function with Posture and Pain*[M]. Philadelphia: Lippincott Williams & Wilkins, 2005.

[2] JASON I D. *Assessment and Treatment of Muscle Imbalance: The Janda Approach* [J]. Journal of the Canadian Chiropractic Association, 2012.

[3] JANE J.姿势评估：治疗师操作指引[M]. 张钧雅，译.台北：合记图书出版社，2014.

[4] 吉尔·索伯格.姿势异常与骨骼肌肉功能失调[M]. 杨瑞祺，译.台北：台湾爱思唯尔有限公司，2008.

第四章
平衡的运动康复评定

本章教学提示

1. 掌握平衡的相关基本概念和生理机制；
2. 掌握平衡功能评定方法；
3. 熟悉平衡评定的目的、适应证和禁忌证；
4. 了解不同疾病所致的平衡功能障碍的特征。

第一节　平衡概述

一、基本概念

平衡是人体维持姿势与体位，完成日常生活活动，尤其是转移、行走、跑跳等复杂运动的基本保证。理解平衡及有关概念是了解平衡功能和功能障碍的基本前提。

（一）平衡

平衡是指在不同的环境和情况下维持身体处于一定姿势的能力。一个人的平衡功能正常时，能够保持体位，在运动或受到外力干扰时自动调整并维持姿势。人体保持平衡的条件是人体重心（body' s center of gravity，COG）必须垂直地落在支持面范围内，否则会出现跌倒或维持平衡的动作。平衡就是维持重心于支持面上方的能力。人体重心与支持面如图4-1所示。

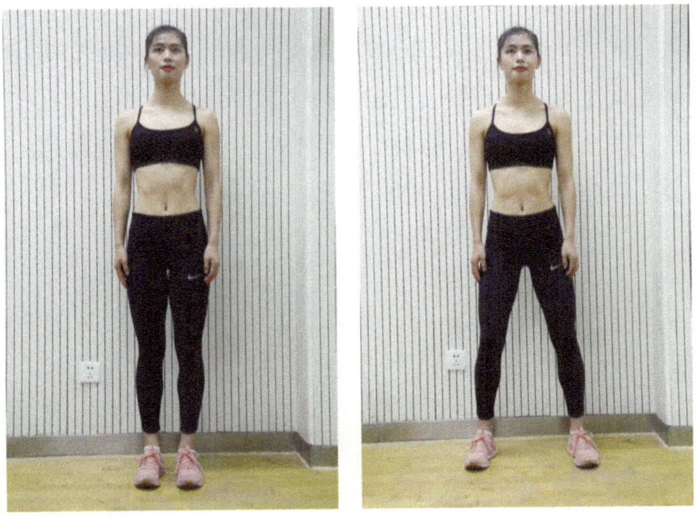

图4-1　人体重心与支持面

（二）支持面

支持面是指人在各种体位（卧、坐、站立、行走）下所依靠的表面，即接触面。站立时的支持面为两足底加两足间的面积。支持面的面积和质地均能影响身体平衡。支持面不稳定、支持面面积小于足底面积、支持面质地柔软或表面不规整等因素会使双足与支持面的接触面积减少，身体稳定性随之下降。如图4-2所示。

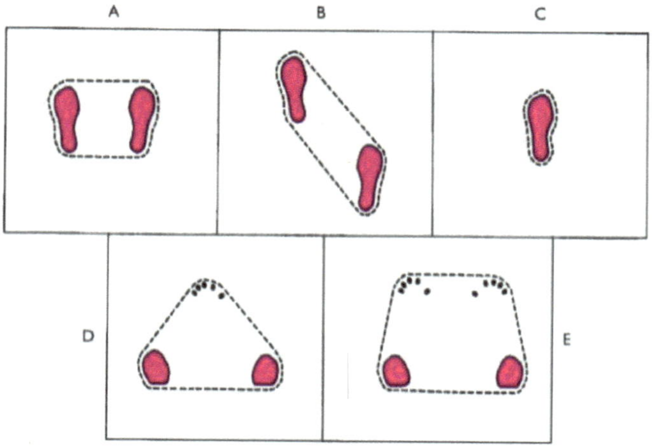

图4-2　支持面

（三）稳定极限

稳定极限（limit of stability，LOS）是指站立时身体能够倾斜的最大角度，是判断平衡功能的一个重要指标。在稳定极限范围内，身体平衡不被破坏，人体重心能够安全移动，且无需借助迈步或外部支持来防止跌倒。LOS的大小由支持面的大小和性质决定。正常人双足自然分开站在平坦坚硬的地面上时，LOS的周长围成一个椭圆形。人体重心在前后方向的最大摆动角度约为12.5°，在左右方向的最大摆动角度约为16°。如果重心摆动超出稳定极限，平衡便被破坏，此时需要及时跨出一步以防止跌倒。如图4-3所示。

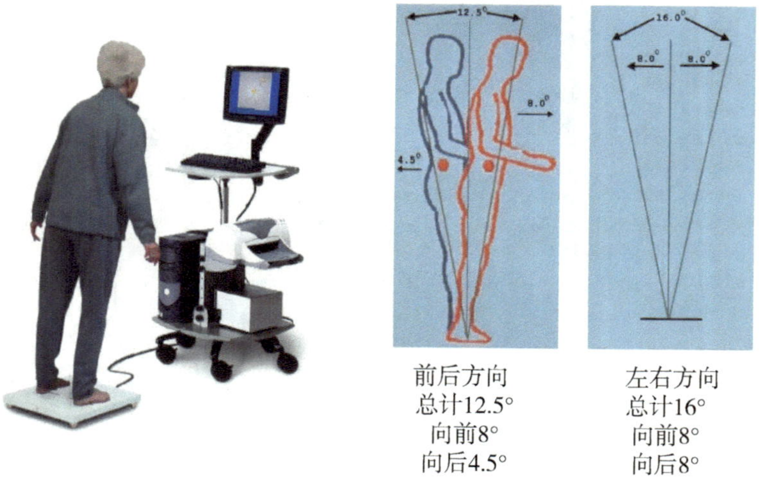

图4-3　稳定极限

（四）平衡功能的分类

静态平衡指身体不动时维持身体处于某种姿势的能力，如站立、单腿站、坐、半蹲等。

动态平衡指在运动过程中人体调整和控制身体姿势稳定性的能力。动态平衡也反映了人体对随意运动控制的水平。不同体位下进行各种活动、坐下、行走等动作都需要具备动态平衡能力。

反应性平衡指人体由于外力干扰等因素平衡受到影响时，人体为维持或建立新的平衡做出的保护性调整反应，如迈步反应、保护性伸展反应等。

二、平衡的生理学机制

人体能够在包括来自自身及外界环境变化等在内的各种情况下保持平衡，得益于中枢神经系统控制下感觉系统和运动系统的参与、合作与相互作用，如图4-4所示。感觉系统包括躯体感觉系统、视觉系统和前庭系统，这三个系统在维持平衡的过程中起着不同的作用，各自扮演着不同的角色。

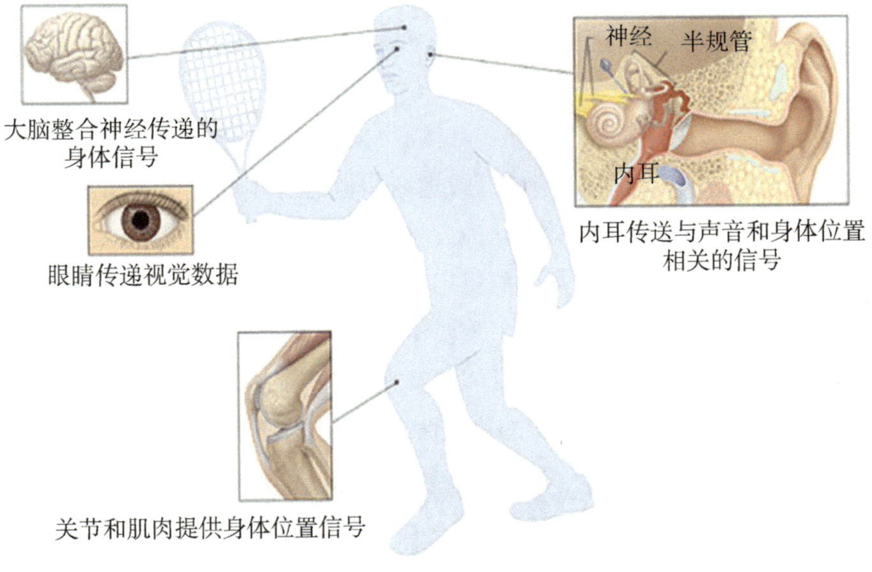

图4-4　平衡的生理学机制

（一）躯体感觉系统

机体平衡的躯体感觉输入包括皮肤感觉输入和本体感觉输入。位于皮肤内的触觉、压觉感受器和位于肌梭、关节内的本体感受器共同感受人体的位置和运动，以及身体各部位的相对位置和运动。在维持人体平衡和身体姿势的过程中，接触支持面的皮肤触觉、压觉感受器向大脑皮质输入体重分布情况和身体重心位置的有关信息，位于肌梭、关节内的本体感受器向大脑皮质传递随支持面变化而出现的身体各部位的空间定位和运动方向的相关信息。这些感受器在支持面产生轻微变化时能够迅速反应。

研究结果显示，正常人站立在固定支持面上时起主导作用的是足底皮肤的触觉、压觉以及踝关节的本体感觉输入，身体姿势的控制主要依靠躯体感觉系统，即使去除视觉信息输入人体重心也不会增加明显的摆动。如果足底皮肤感觉和下肢本体感觉输入完全消失，人体就会失去感受支持面情况的能力，严重影响姿势的稳定性，闭目站立时身体产生倾斜和摇晃，容易跌倒。截肢患者的姿势和平衡的控制能力与截肢平面密切相关，例如，大腿截肢的患者，由于丧失了踝关节和膝关节两个关节的本体感觉输入，相较于小腿截肢的患者，大腿截肢的患者站立时的平衡控制能力明显更低。

（二）视觉系统

视觉感受器主要提供头部相对于环境的定位以及位置变化的信息。通过视觉输入，人能够看见特定环境下某物体的位置，判断自己与物体之间的距离，判断物体是静止或运动。在视环境静止不动的情况下，视觉系统能够准确感受眼睛和头部相对于环境的视空间定位和物体在环境中的运动。在环境处于动态的情况下，视觉输入受到干扰而使人体产生错误的反应。

在“摇摆房子”（swing room）实验（如图4-5所示）中，当一个被检查者站在一个墙壁可以移动的房间中的时候，无论墙壁靠近或远离，他的身体都会出现明显晃动。墙壁向前（远离）移动时，被检查者产生错觉，认为此时自己正向后摆动，因此会通过主动向前晃动来维持身体平衡。实验说明站立时身体的稳定性受视觉信息影响。当躯体感觉受到干扰和破坏而影响身体平衡时，视觉系统就发挥了重要作用。它通过颈部肌肉收缩来保持水平视线并使头保持向上直立位，由此保持或恢复身体的直立位，从而达到新的平衡。如果去除视觉输入，如闭眼站立，相较于睁眼站立姿势的稳定性会显著下降。

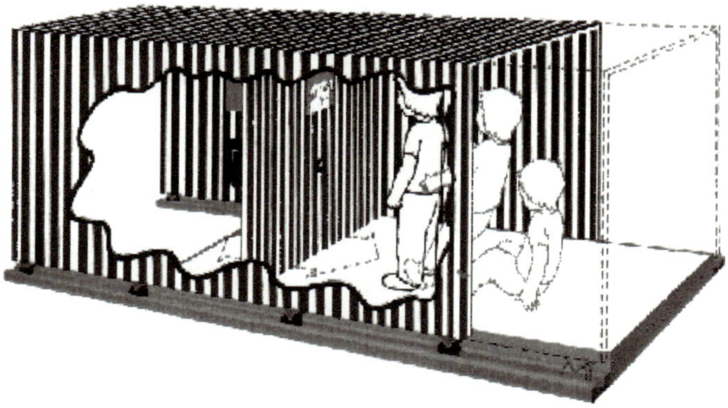

图4-5　“摇摆房子”实验

（三）前庭系统

在前庭系统中，半规管（上、外、后三个半规管）内的壶腹嵴是运动位置感受器，感受头部在三维空间中旋转运动的角加（减）速度的变化引起的刺激；前庭迷路中的椭圆囊斑和球囊斑感受头部静止时的地心引力和头部做直线加（减）速度运动时的刺激。椭圆囊斑和球囊斑的主要功能是在各种体位的变化下都能通过头部的调整反应来改变颈部肌张力，以保持头的直立位置。囊斑通过测知头部的运动及其位置使身体各部随头部做适当的调整和协调运动来保持身体平衡。在躯体感觉和视觉系统输入正常的情况下，前庭冲动对控制人体重心位置方面的作用很小。在躯体感觉系统和视觉系统出现障碍时，前庭系统的感觉输入在平衡维持中才变得十分重要。

（四）骨骼肌协同运动模式

协同动作指多个肌群在一起工作所产生的合作性动作。协同动作中的肌肉运动是以固定的时间、空间关系模式进行的。正常的协调性运动是把多种不同的协同动作组织、编排在一起的结果。姿势协同动作是下肢和躯干肌肉以固定的组合、固定的强度和时间顺序进行收缩，以这种运动模式来保护站立平衡。姿势协同动作通过踝关节协同动作模式、髋关节协同动作模式及跨步动作模式三种对策来应对支持面或外力的变化，以保护站立平衡。如图4–6所示。

（a）踝关节协同动作模式　（b）髋关节协同动作模式　（c）跨步动作模式

图4–6　协同动作模式

踝关节协同动作是指人体重心以踝关节为轴进行前后的转动或摆动，类似钟摆运动，如图4–6（a）所示。例如，一个人站在地毯上，将他脚下的地毯突然向前或者向后轻轻地拽一下，就会引起身体向前或向后的摆动。当把脚下的地毯向前拽使得站立者的平衡受到干扰而向后倾斜身体时，胫前肌、股四头肌和腹肌会按顺序依次收缩，来阻止身体继续向后倾斜。为纠正或对抗向后拽的力，腓肠肌、腘绳肌以及脊柱旁肌群会按顺序收缩，来阻止身体继续向前倾斜。对向前或向后的干扰，固定组合的肌群会做出相应反应，这些肌群的兴奋收缩顺序由远端至近端。站立位时的姿势摆动或晃动就体现了踝关节协同动作。

髋关节协同动作模式是指通过髋关节的屈伸来调整身体重心并保持平衡，如图4-6（b）所示。例如一个人站在平衡木上，平衡木狭窄而不能为其提供有效的支持面积，站立者双脚底不能与平衡木完全接触。其稳定性因此会显著下降，发生重心移位，身体摆动幅度增大。为减少身体摆动使重心重新回到双脚的面积范围内，不同组合的肌群兴奋收缩，顺序自近端至远端。为与身体向前的摆动对抗，脊柱旁肌群和腘绳肌按顺序收缩；与向后的摆动对抗，腹肌和股四头肌依次收缩。

跨步动作模式是指向作用力方向快速跨步来建立新的重心支撑点，也就是重新确定身体的站立支持面。对正常人来说，平衡干扰较小且站立支持面适宜时，保持站立平衡的主要对策是踝关节协同动作模式；当站立者的身体重心受到了很大干扰，而且这种干扰超出了踝关节协同动作模式的控制范围，或支持面太小而无法引发踝关节协同动作时，一般会采用髋关节协同动作模式来与之对抗。如果重心偏移过多，即身体的倾斜达到稳定极限时，通常采用跨步对策，站立者需要向前跨一步或向后退一步来建立新的平衡，如图4-6（c）所示。

当身体重心达到稳定极限时，人的上肢、头部和躯干运动也加入进来出现平衡反应，以防止跌倒或失去平衡。姿势协同动作及各种平衡反应受特定的感觉输入和干扰刺激，以及经验和身体在失去平衡时的体位等因素的影响。

（五）姿势控制中的预备性活动

在很多不稳定的随意运动开始之前，身体的一些部位就预先出现了肌肉的收缩和体重的转移。这个现象称为预备性姿势调整活动（如图4-7所示）。要在快速协调运动中保持平衡，预备性姿势调整是非常重要的。若患者不能进行预备性姿势调整或转移，就无法从事有目的的随意运动。

图4-7　快速屈臂时的预备性姿势调整

（六）中枢神经系统的整合作用

当体位或姿势发生变化时，为判断支持面状况和人体重心的准确位置，根据三种感觉输入中枢神经系统必须快速判断哪些是有用的感觉信息，哪些感觉提供的信息是互相冲突的，从而选出其中能提供准确定位信息的感觉输入，并放弃那些错误的感觉输入。选择与综合正确感觉信息的过程称为感觉组织。

一般说来，当支持面和环境稳定时，人体主要通过躯体感觉输入来维持直立姿势；当支持面受到破坏，视觉便成为主要感觉输入；若支持面和视觉均受到干扰或产生冲突，中枢神经系统判断感觉信息的主要来源就变成前庭输入。因此，做出什么样的平衡反应是由当时的具体环境和具体情况决定，并且由特定感觉输入引发。在出现支持面不稳定、视觉干扰、感觉信息发生冲突等任何单一情况时，因为仍然有其他感觉信息输入存在而使平衡得以维持。但是，若两个感觉系统同时出现问题，平衡控制就将受到影响。中枢神经系统一旦做出正确决定，相应肌群就会协调参与来应对姿势的变化，调整身体重心回到原范围内或者建立新的平衡。

三、评定目的、适应症和禁忌症

（一）评定目的

平衡功能评定目的包括以下几点：

（1）确定是否存在影响功能性活动如行走等的平衡障碍；

（2）确定障碍的水平或者程度；

（3）寻找和确定平衡障碍发生的原因；

（4）指导康复治疗计划制订；

（5）评估平衡功能障碍的治疗和康复的疗效；

（6）跌倒风险预测。

（二）适应证和禁忌证

1. 平衡功能评估的适应证

平衡功能评估的适应症包括：

（1）中枢神经系统损害：脑血管意外、脑外伤、帕金森综合征、小脑疾患、多发性硬化、脑瘫、脊髓损伤、脑肿瘤，椎—基底动脉供血不足引发的眩晕等；

（2）前庭功能损害；

（3）骨骼、肌肉系统的损伤或疾病：截肢、下肢骨折及骨关节疾患、关节置换、骨质疏松症，影响姿势和姿势控制的颈椎与腰椎损伤、肌肉疾患、运动性损伤、外周神经损伤等。

2. 平衡功能评估的禁忌证

平衡功能评估的禁忌症包括：

（1）严重的心肺疾患；

（2）下肢骨折未愈合。

第二节　平衡评定方法

一、定性评定

平衡功能的定性评定是为了确认平衡功能障碍的具体原因，神经肌肉控制异常、关节肌肉功能异常反应延迟、感觉运动整合不恰当、各个感觉信息判断不准确或其他一些原因均会导致平衡障碍。为使康复治疗和训练更有针对性，需要进一步排查、分析平衡障碍的原因。

（一）肌肉骨骼系统的评定

对确定有平衡障碍的患者，首先要进行的是肌肉骨骼系统完整性的评定，来判断姿势控制障碍是不是肌肉骨骼系统结构或功能的损伤导致的。关节活动范围受限、疼痛、肌力以及肌纤维长度变化等均可导致平衡功能障碍。疼痛一定会影响运动的质量，如果异常姿势与异常运动变成习惯，不会因为疼痛缓解而改善。治疗师要特别注意患者的既往疼痛史，判断目前状况是否与既往疼痛史有关。如果参与运动或维持姿势的关节活动受限或者缺乏附属运动，姿势本身会发生变化。肌力减弱、肌耐力低下、肌长度或力量不平衡等也会对运动的质量和姿势的保持产生影响。

（二）姿势控制的评定

1. 运动对策的评定

正常人在身体重心受到前、后方向干扰时，会以协同运动模式对抗干扰并保持平衡，人体采用哪种姿势协同模式取决于干扰的强度和站立支持面的种类。在检查时，干扰的强度、速度和支持面等要素的变化要循序渐进，依次诱发踝关节对策、髋关节对策和跨步对策来进行检查。

检查踝关节协同动作时站立的支持面要硬、宽且平。干扰的同时，用手触摸检查相应动作肌群的动作反应情况，在干扰使身体向前倾斜的时候触摸腓肠肌、腘绳肌和脊柱旁肌群；在干扰使身体向后倾斜的时候触摸胫前肌、股四头肌以及腹肌。

检查髋关节协同动作时可让被检查者站在比足底宽度窄的横木上，或者采取不会引发踝关节协同动作的其他体位，比如足跟与足尖相接（双脚一前一后）的站立位。干扰的同时，用手触摸检查相应动作肌群的动作反应情况，当身体向前摆动时触摸检查脊柱旁肌群和腘绳肌是否收缩；当身体向后摆动时检查腹肌和股四头肌是否收缩。

检查时需清楚协同动作模式的以下各种情况：（1）存在且正常；（2）存在但受限；（3）存在但不能在特定情况中出现；（4）异常；（5）消失。如果发现异常或消失等情况，检查者就要进一步分析哪些姿势协同动作不能被诱发出来；协同动作本身是否存在异常，比如肌收缩的时间、收缩的顺序、应答发生错误等。为了更加准确而深入地了解参与姿势协同动作模式的肌群的活动情况，有条件时应采用肌电图分析。

2. 预期姿势调整能力的评定

通过仔细观察潜在的破坏平衡的运动来分析准备性或预期姿势调整。首先对正常人的反应进行观察，如快速屈曲肩关节之前，要观察是否出现了躯干以及下肢的肌肉收缩活动。若没有肌电图设备，可以用手触摸肌肉进行确认。然后观察患者，将两者的结果进行比较。

（三）平衡反应

平衡反应是当支持面或身体重心发生变化时，人体为了维持平衡而做出的应对反应，是人体为了恢复被破坏的平衡所做出的保护性反应，是人体维持特定姿势和运动的基本条件。

平衡反应的状况可以通过随意运动、活动的支持面或者改变被检查者的体位而获得。可以在不同的体位检查。检查可以在一个稳定、静止的表面上进行，也可以在活动的表面（如平衡板或大治疗球）上进行。平衡板底部为弧形面，检查者对平衡板倾斜的角度进行调控。

检查者可破坏患者原来姿势的稳定性，观察患者的反应。阳性反应为正常。正常人平衡被破坏的典型反应为调整姿势，使头部向上直立，并保持水平视线来恢复正位姿势，达到新的平衡。如果破坏过大，就会引发保护性跨步或上肢伸展反应。平衡反应的检查包括以下内容：

1. 卧位倾斜反应

（1）仰卧位倾斜反应

检查体位：病人上、下肢伸展，呈仰卧位躺在平衡板上。

检查方法：向一侧倾斜平衡板。

阳性反应：头部以及躯干出现调整，平衡板抬高的一侧上、下肢伸展、外展（平衡反应），平衡板下降的一侧出现保护反应。

阴性反应：头部和躯干未见调整，未见平衡反应及保护反应出现（身体某局部可能出现阳性反应，但其他部分没有反应）。

（2）俯卧位倾斜反应

检查体位：病人上、下肢伸展，于平衡板上呈俯卧位。

检查方法：向一侧倾斜平衡板。

阳性反应：头部以及躯干出现调整，平衡板翘起的一侧上、下肢伸展、外展，平衡板向下倾斜的一侧出现保护反应。

阴性反应：头部和躯干未见调整，未见平衡反应和保护反应（身体某局部可见阳性反应）。

2. 膝手位反应

检查体位：病人用双手双膝支撑身体。

检查方法：检查者推患者躯干，使其向一侧倾斜。

阳性反应：头部以及躯干出现调整，受力侧上、下肢伸展、外展（平衡反应），另一侧可见保护反应。

阴性反应：头部和躯干未见调整，未出现平衡反应和保护反应（身体局部可出现阳性反应）。

3. 坐位平衡反应

检查体位：患者坐于椅子上。

检查方法：检查者向一侧牵拉患者上肢。

阳性反应：头部以及躯干出现调整，被牵拉侧出现保护反应，另一侧上、下肢外展、伸展（平衡反应）。

阴性反应：头部以及躯干未见调整，未见平衡反应和保护反应（或只有身体某一部分出现阳性反应）。

4. 跪位平衡反应

检查体位：患者跪位。

检查方法：牵拉患者的一侧上肢使其倾斜。

阳性反应：头部以及躯干出现调整，被牵拉侧可见保护反应。另一侧上、下肢伸展、外展，出现平衡反应。

阴性反应：头部和躯干未见调整，未出现平衡反应和保护反应（身体某个局部可能出现阳性反应）。

5. 迈步反应

检查体位：患者立位，检查者握住其上肢。

检查方法：向左、右侧和前、后方推动患者。

阳性反应：为维持平衡，患者脚向侧方或前、后方踏出一步，头部及躯干出现调整。

阴性反应：头部以及躯干未见调整，不能为了掌握平衡而迈出一步。

（四）平衡的感觉组织检查

1. 感觉检查

在进行感觉组织检查之前，应先检查皮肤触觉、压觉和本体感觉。踝关节和足底是重点检查部位。

2. 感觉组织检查

感觉组织检查（sensory organization test，SOT）是把被检查者置于六种感觉控制的条件下进行测试。被检查者除了站在正常支持面上，还需要站到硬海绵上，以对躯体感觉系统传递来自皮肤和踝关节的、关于人体垂直位的正确信息进行干扰；通过睁眼、闭眼以及戴头罩（一个将头面部罩在其中的大球形罩，头罩随头部运动而动，头罩内面有经纬线，用来进行视刺激与视固定跟踪）等方法，分别输入正确视觉信息、阻断视觉信息输入以及输入错误视觉信息，如图4-8所示。除了检查1的支持面和视觉输入的条件均正常之外，其余的五个检查的感觉输入的条件都有不同的变化，并且感觉冲突的水平逐渐增加，检查6难度为最大。通过改变站立支持面及视觉输入条件，系统而有步骤地控制躯体感觉和视觉信息输入，能够分别对躯体感觉、视觉和前庭觉等在维持平衡功能方面的作用进行单因素分析，也可以检测被试者抑制不准确感觉信息的能力。平衡的感觉组织检查亦可用平衡功能检测设备进行。如图4-9所示。

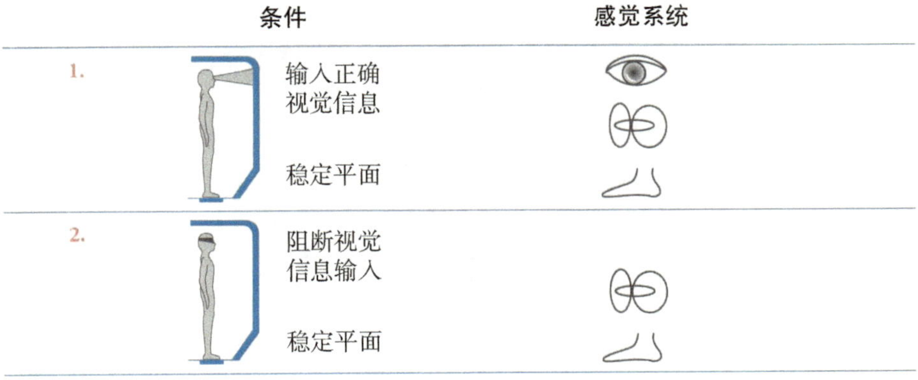

图4-8 感觉整合检查步骤与方法

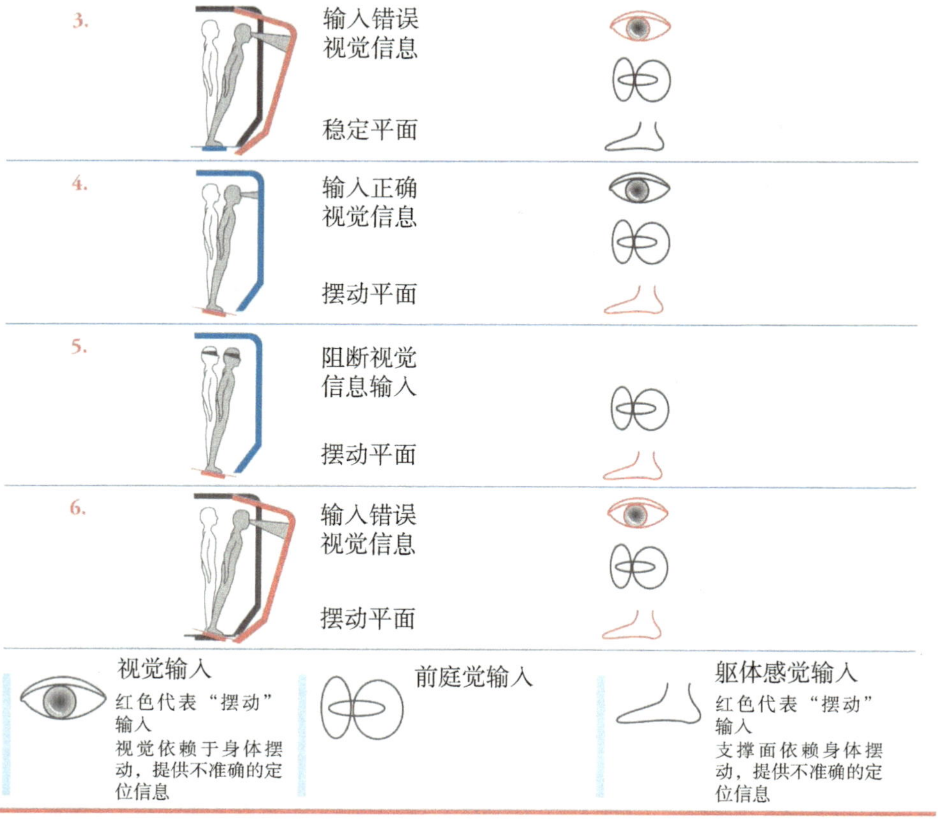

图4-8　感觉整合检查步骤与方法（续）

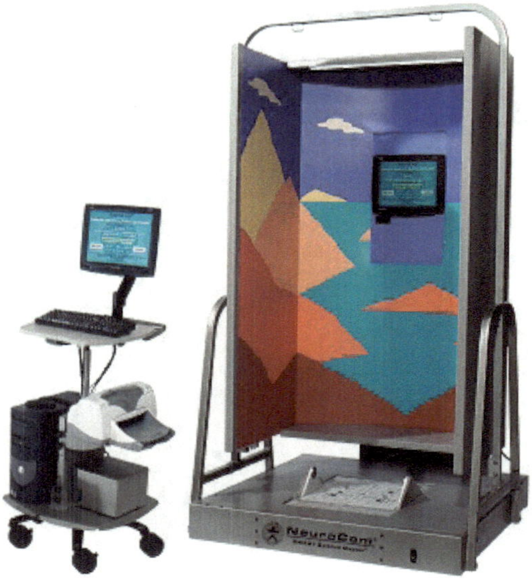

图4-9　感觉组织检查测试系统

（五）结果分析

1. 肌肉骨骼系统与姿势控制的评定

关节肌肉功能异常会导致平衡障碍。踝关节活动范围受限、踝周肌肉肌力下降都会影响踝关节协同动作的使用；髋关节活动范围受限、髋周肌肉肌力下降将影响髋关节协同动作的有效利用，使动作反应受限或减弱；原发性的前庭功能障碍患者常有颈部关节活动受限。各种对策在非特定情况下出现或有反应延迟，提示神经肌肉控制或协调障碍、感觉运动整合错误或各种感觉信息判断不准确。为了区分平衡功能障碍是肌肉骨骼系统的问题还是中枢神经系统异常所致，或者两者兼有，临床中对平衡障碍的发生原因有必要进行进一步的调查和分析明确诊断，即进行平衡反应和平衡的感觉整合检查。

2. 平衡反应的评定

平衡反应整合触觉、前庭以及视觉刺激输入，是大脑皮质、小脑与基底节相互作用的结果。肌张力正常且具有适应性，即肌张力能随身体重心的变化而变化，是平衡反应可诱发出的条件。因此中枢神经系统损害经常表现出平衡反应障碍。

3. 感觉整合检查

由感觉损伤导致的平衡功能障碍可根据感觉组织检查对感觉损伤的种类进行鉴别。感觉组织检查通过改变视觉和躯体感觉输入的准确性，逐一对视觉、躯体感觉以及前庭觉对平衡功能的影响进行系统性筛查。当双眼被遮蔽而无法感受视觉信息时，只能依赖躯体感觉信息来控制平衡，此时如果躯体感觉功能障碍，重心摆动幅度就会异常增大。在检查4中，因支持面转动，正常情况下起主要作用的躯体感觉受到干扰，导致重心摆动幅度增加，但此时视觉输入正常，因此重心摆动增加的幅度并不大；若摆动幅度增加异常，则提示患者与平衡有关的视觉输入出现了障碍。在检查6中，视觉和躯体感觉同时受到干扰并发生冲突，因此只有依赖前庭解决冲突并控制平衡。正常人此时的重心摆动幅度虽然也有所增加，但依旧能够维持平衡；如果摆动幅度超出了正常范围，提示前庭功能障碍。

需要注意的是，有的中枢神经系统损伤患者没有外周感觉（视觉、躯体感觉、周围性前庭觉）的异常，仍然表现出平衡和协调运动障碍。这种情况提示中枢神经系统损伤可能影响了不同感觉输入的信息整合过程。因此，协调运动障碍、平衡功能障碍并不是疾病本身或外周感受器受到破坏所导致的，而是由中枢性整合功能缺陷导致。

二、Berg平衡量表

平衡功能量表是评定平衡功能的常用方法，通过标准化的评定方法，治疗师观察被评定者在从事不同难度的功能性活动时是否有姿势调整来评定平衡功能。功能性活动包括坐位或站位时从事各种作业活动、站起、坐下等。

Berg平衡量表（Berg balance scale）由加拿大人Berg等设计，1989年发布，是综合性功能检查量表，通过观察多种功能活动来评价患者重心的主动转移能力，对患者坐位、站位下的动静态平衡进行全面的检查。Berg平衡量表是个标准化的评定方法，已经在临床各种病症中得到广泛应用，它也是国际上对脑卒中患者平衡功能进行评定的最常用和通用的评定量表，显示出较好的信度、效度以及敏感性。

（一）Berg平衡量表评定内容

Berg评定量表将平衡功能从易到难列出14项内容来检查。检查内容见表4–1。

表4–1　Berg平衡量表评定内容

检查序号	评定内容
1	从坐位站起
2	无支持站立
3	无支持坐位
4	从站立位坐下
5	转移
6	闭目站立
7	双脚并拢站立
8	上肢向前伸展并向前移动
9	从地面拾起物品
10	转身向后看
11	转身360°
12	将一只脚放在凳子上
13	两脚一前一后站立
14	单腿站立

（二）Berg平衡量表评定方法及评分标准

Berg平衡量表共包含14个动作项目，根据患者完成的质量，将每个评定项目均分成0、1、2、3、4五个功能等级进行记分。4分表示能正常完成检查的动作，而0分表示不能完成或者需中等或大量的帮助才能完成。最低分是0分，最高分是56分。检查工具有尺子、秒表、小板凳、椅子和台阶。

1. 从坐位站起

指导语：请站起来，尝试着不用手扶。

4分：不用手扶能够独立站起并可以保持稳定。

3分：用手扶着能独立站起。

2分：几次尝试后能自己用手扶着站起。

1分：需要他人少量帮助才能站起或保持稳定。

0分：需要他人中等或最大量帮助才能站起或保持稳定。

2. 无支持站立

指导语：请不用手扶，站2分钟。

4分：能安全站立2分钟。

3分：在监视下能站立2分钟。

2分：在无支持条件下能站立30秒。

1分：需要若干次尝试才能无支持条件下站立达30秒。

0分：无帮助时不能站立30秒。

若被检者不用手扶可独立站立2分钟，则检查3无靠背坐位中给4分，跳过检查3直接进入检查4。

3. 无靠背坐位，但双脚着地或放在凳子上

指导语：双臂交叉抱拢，请坐2分钟。

4分：能安全地保持坐位2分钟。

3分：在监视下能保持坐位2分钟。

2分：能够坐30秒。

1分：能够坐10秒。

0分：无靠背支持，不能坐10秒。

4. 从站立位坐下

指导语：请坐下。

4分：最少量的用手帮助能安全地坐下。

3分：借助双手能够控制身体的下降。

2分：用小腿后部顶住椅子来控制身体的下降。

1分：能独立地坐，但不能控制身体下降。

0分：需要他人的帮助才能坐下。

5. 转移

指导语：请坐到这把椅子上。

准备两把椅子（一把有扶手，一把无扶手）用于支点转移检查。要求被检查者分别向有扶手和无扶手的椅子转移。

4分：稍用手扶着就能安全地转移。

3分：绝对需要用手扶着才能安全地转移。

2分：需要监视或口头提示，能够转移。

1分：需要一个人帮助才能转移。

0分：为了安全，需要两个人帮助或监视。

6. 无支持闭目站立

指导语：请闭目站10秒。

4分：能安全地站10秒。

3分：监视下能够安全站10秒。

2分：能够站3秒。

1分：闭目不能达到3秒，但站立稳定。

0分：为了不摔倒，需要两个人帮助。

7. 双脚并拢无支持站立

指导语：不用手扶，双脚并拢站立。

4分：能独立地将双脚并拢并安全站立1分钟。

3分：能独立地将双脚并拢并在监视下站立1分钟。

2分：能独立地将双脚并拢，但不能保持30秒。

1分：需要别人帮助将双脚并拢，但能双脚并拢站15秒。

0分：需要别人帮助将双脚并拢，且双脚并拢站立不能够保持15秒。

8. 站立位时上肢向前伸展并向前移动

指导语：上肢向前伸展到水平的位置（屈曲90°），手指尽量向前伸。

检查者把一把尺子放在指尖末端，手指不要触及尺子。测量被检查者的身体从直立位到最大前倾位期间手指向前移动的距离。若可能，要求被检查者伸出双臂以避免躯干旋转。

4分：能向前伸出>25厘米。

3分：能安全地向前伸出>12厘米。

2分：能安全地向前伸出>5厘米。

1分：上肢能够向前伸出，但需要监视。

0分：向前伸展时失去平衡或需要外部支持。

9. 站立位时从地面捡起鞋子

指导语：请拾起放在你脚前面的鞋子。

4分：能够轻易且安全地将鞋捡起。

3分：能将鞋捡起，但需要监视。

2分：能伸手向下距离鞋2~5厘米且独立地保持平衡，但不能将鞋捡起。

1分：试着做向下伸手捡鞋的动作时需要监视，不能将鞋捡起。

0分：不能试着做向下伸手捡鞋的动作，或需要帮助以防止失去平衡或摔倒。

10. 站立位转身（从左、右）向后看

指导语：请从左侧转身向后看，再从右侧转身向后看。

检查者可手持一件物品站在被检者身后来鼓励被检查者转身。

4分：从左、右两侧向后看，体重转移良好。

3分：仅能够从一侧向后看，另一侧的体重转移较差。

2分：仅能转向侧面，但可以维持身体的平衡。

1分：转身时需要监视。

0分：需要帮助以免失去平衡或摔倒。

11. 转身360°

指导语：请在原地转一个圈。停，然后从另一个方向原地转一个圈。

4分：在≤4秒的时间内，能安全地转身360°。

3分：在≤4秒的时间内，仅能够从一个方向安全地转身360°。

2分：能安全地转身360°，但动作缓慢。

1分：需要密切监视或者口头提示。

0分：转身时需要帮助。

12. 无支持站立时将一只脚放在小凳子或台阶上

指导语：请把每一只脚交替地放在小凳子或台阶上，且每只脚要分别踏在小凳子或台阶上4次（连续完成）。

4分：能安全且独立地站，在20秒内完成8次。

3分：能独立地站，完成8次>20秒。

2分：无须辅助具在监视下能完成4次。

1分：需要少量帮助能完成>2次。

0分：需要帮助以防摔倒或完全不能做。

13. 一脚在前的无支持站立

指导语：请把一只脚放在另一只脚的正前方（足跟与足尖接触）。

检查者做出示范。若患者不能做到，一只脚可向前方迈一步。向前迈出的步幅大于脚的长度为3分。

4分：能独立地将双脚一前一后地无距离排列并保持30秒。

3分：能独立地将一只脚放于另一只脚的前方（有距离），保持30秒。

2分：能独立地迈一小步并保持30秒。

1分：向前迈步时需要帮助，但能够保持15秒。

0分：在迈步或站立时失去平衡。

14. 单腿站立

指导语：请不用手扶，尽可能长时间地单腿站立。

4分：能独立抬腿并保持>10秒。

3分：能独立抬腿并保持5~10秒。

2分：能独立抬腿并保持≥3秒。

1分：试图抬腿，却不能保持3秒，但可保持独立站立。

0分：不能抬腿或需要帮助以免于摔倒。

（三）结果分析

平衡与步行能力密切相关。Berg平衡量表的评分结果为0~20分，提示平衡功能差，需要患者乘坐轮椅；21~40分，表示有一定的平衡能力，辅助下患者可步行；41~56分，说明平衡功能较好，患者能够独立步行；小于40分，即提示有跌倒的危险。

三、定量评定

定量评定是指使用专门的评定设备量化有关平衡功能的各种参数。其目的在于分析和了解平衡障碍的程度以及康复治疗前后的对比，来观察疗效。

19世纪中叶，Romberg首先提出用行为试验的方法来对平衡功能障碍进行评定，即观察比较睁眼和闭眼情况下病人站立时身体的自发摆动情况，这是一种定性检查的方法。20世纪70年代以来，随着力台技术的发展，人们逐渐将力台技术与Romberg的平衡行为试验相结合，能够连续测定并记录身体作用于力台表面的垂直力位置，以此来确定身体摆动的轨迹，初步完成身体自发摆动状况的定量分析。随着电子计算机技术的发展，人体动态计算机模型得以应用。这种人体动态计算机模型能够根据已知的身高和体重，通过垂直力运动的测定来计算人体重心的摆动角度，进而准确地反映平衡功能状况。

图4-10　平衡功能测试系统

平衡功能检测中采用的测力台技术是通过连续测定并记录身体作用于测力台表面的垂直力位置，以此来确定身体摆动的轨迹，从而对身体的自发摆动状况进行定量分析。当被检查者的双脚按照规定位置站在测力台上时，如图4-10所示，传感器把来自身体的压力信号，也就是人体重心的移动信号转换成电信号。信号经由软件处理，获得与重心摆动相关的多项指标。

（一）静态平衡功能

重心摆动或移动的测定目前是评定人体在静立状态下的姿势稳定性，即静态平衡功能的主要方法。它可以定量、客观地记录身体重心摆动的性质和程度，给临床医生提供准确的平衡功能评定。

1. 评定内容

静态平衡功能评定的内容有双腿站立、单腿站立、足尖对足跟站立（双脚一前一后）、睁眼和闭眼站立，如图4-11所示。闭眼检查的目的是去除或减少视觉系统对平衡的影响，使被试者更多地依靠前庭觉和本体感觉。在去除视觉因素的情况下，对本体感觉系统、前庭觉系统的功能状况进行检查。静态平衡功能评定亦可在坐位进行。

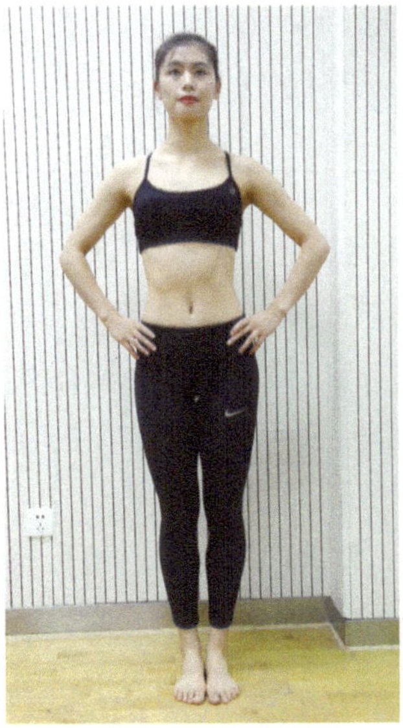

双足并拢

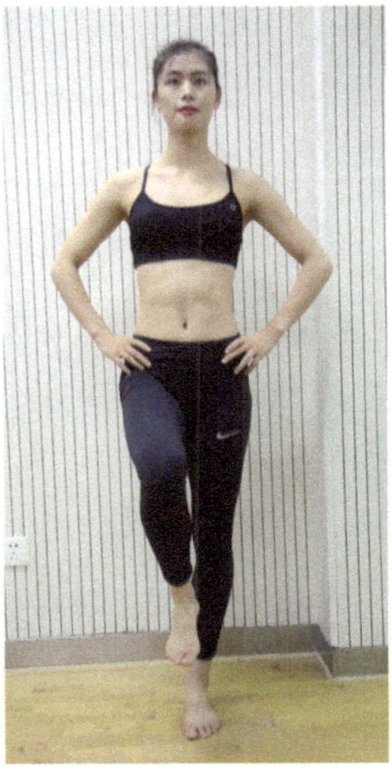

单腿支撑

足尖对足跟

图4-11　静态站立平衡测试的姿态

2. 记录参数及结果分析

静态平衡功能评定的参数有重心移动或摆动类型、重心摆动的范围、重心移动路线或轨迹及长度、根据偏移距离显示重心位置等，以及Romberg率、平衡指数之类的衍生参数等。这些参数能够客观反映被试者的平衡功能状况。

（1）重心移动轨迹类型。观察重心轨迹图，可以从移动的范围、方向及集中趋势来判断重心的移动或摆动类型。托基塔（Tokita）将移动类型分为前后型、左右型、中心（球心）型、多中心型、弥漫型。正常人以中心型为主。一些疾病的重心移动类型具有特征性表现。比如，偏瘫患者的重心摆动中心向健侧集中或偏移，广泛小脑障碍导致的运动失调患者的重心摆动范围显著增大且呈弥漫型分布，帕金森综合征患者重心摆动的范围也有增大，但其主要特征为稳定极限的显著缩小。因此，重心摆动分布的典型类型，对障碍或疾病的定位诊断有重要的辅助作用。

（2）重心移动轨迹长度。临床采用总轨迹长和单位面积轨迹长进行定量评定。总轨迹长是一定时间内所经过的路线长度，反映身体的自发摆动程度；单位面积轨迹长为总轨迹长除以外周面积得到的数值，即总轨迹长/外周面积。这个数值在正常人群中具有以下特征：①高龄者较年轻者长；②与总轨迹长呈正比；③与面积成反比；④睁眼和闭眼差较小，因此该数值受视觉的姿势控制影响较小。故单位面积轨迹长能够反映本体感觉在姿势控制中的功能情况，是重心摆动的检查指标中最敏感的参数。

（3）重心移动的范围，即重心移动面积。记录重心移动面积的大小能够从整体上判断平衡障碍的程度，面积越小，说明平衡的控制越好。对移动面积的分析包括矩形面积、外周面积和有效值面积。矩形面积是y轴和x轴上最大振幅的乘积。外周面积也叫包络线面积，显示的是重心移动的实际形状。有效值面积（effective value area）的计算公式如下所示：

$$有效值面积=\left(\frac{\sum(x\text{轴抽样振幅值}-x\text{轴平均值})^2}{\text{样本数}}\times\frac{\sum(y\text{轴抽样振幅值}-y\text{轴平均值})^2}{\text{样本数}}\right)^{1/2}$$

有效值面积反映的是移动振幅改变时身体重心随时间的经过而移动的情况。所以与外周面积相比，有效值面积不但反映了重心移动的广度，而且反映了重心移动的密度。

由于通过对移动面积的评定能够判断平衡障碍的程度，所以检查移动面积在观察疾病经过、把握平衡障碍的程度、判定由平衡功能障碍导致的日常生活活动能力障碍的程度，以及评价治疗效果或平衡康复训练效果等方面起着重要作用。

（4）移动中心点的偏移距离。重心移动中心点是指左右移动中心点和前后移动中心点的交叉点。左右方向和前后方向的中心点由移动振幅密度分布的平均值确定。偏移距离指足底中心与移动中心点在x轴及y轴上的距离（向右、前方偏移，记录时用“+”表示；向左、后方偏移，记录时用“–”表示）。因此，偏移距离反映了身体的重心偏移的方向与程度。平衡功能正常时，移动中心点与x轴、y轴的交叉点（0点）非常接近。

（5）Romberg率，是指直立位下，闭眼与睁眼的外周面积比值，用来判断平衡障碍的性质。检查被试者睁眼和闭眼时姿势控制的差异，与单位面积轨迹长相结合，Romberg率在判断平衡（姿势控制）障碍的病因方面具有重要的诊断价值。在闭眼的检查条件下被试者身体的晃动程度加重而单位面积轨迹长并没有明显增加时，能够判断姿势控制障碍的产生原因与本体感觉无关。存在迷路障碍、脊髓后索障碍、视觉障碍时，Romberg率显著增加。

（三）动态平衡功能

1. 评定内容

人体在维持静态平衡的基础上具有在动态运动中维持姿势稳定性与平衡的能力，从而使参与实际生活中的各种活动成为可能。动态平衡功能反映的就是人体的随意运动控制功能。动态平衡功能的评定包括对身体向各个方向主动转移的能力，以及当支持面不稳定时身体通过调节再次获得平衡控制的能力的检查。

2. 记录参数和结果分析

（1）稳定极限。通过测定稳定极限获得身体的主动转移能力。可在坐位和站立位进行，要求被检查者将身体有控制地向所规定目标方向（如前、后、左、右）尽可能地倾斜。当身体重心超出支持面范围时可诱发保护性上肢伸展反应。观察指标包括身体的倾斜方向、身体倾至规定目标的时间、速度、路线的长度（支持面到身体最大倾斜位置时重心位置之间的距离）或倾斜角度。脑损伤患者主动转移重心时，有路线分散、不准确，时间延长等现象。另外，身体的主动转移能力还可通过体重转移与双下肢对称性负重来衡量。

（2）调整反应。当支持面不稳定时，关节和肌梭感受器无法感受正常的踝关节运动反应，导致身体晃动幅度增大。平衡功能检测专用仪器能够通过改变支持面的运动方向和运动速度来改变支持面的稳定性。为了保持身体平衡而不摔倒，被试者要能主动调节以重获身体平衡。当被试者应对支持面的变化而进行调整反应时，测试仪会记录重心摆动轨迹以及长度、身体重心的摆动范围等指标。

思考题

1. 当平衡发生变化时，人体会通过哪些对策来应对？
2. 简述影响平衡功能的因素。
3. 简述平衡的感觉组织检查步骤和方法。

参考文献

[1] 王玉龙.康复功能评定学（第2版）[M].北京：人民卫生出版社，2013.

[2] 恽晓平.康复疗法评定学（第2版）[M].北京：华夏出版社，2014.

[3] DAVID I P. *Orthopedic Rehabilitation, Assessment, and Enablement*[M]. New York：Springer，2007.

[4] JACOBSON G P. *Balance Function Assessment and Management* (second edition)[M]. San Diego：Plural Publishing Inc.，2014.

[5] JACOBSON G P. *Handbook of Balance Function Testing*[M]. San Diego：Plural Publishing Inc.，1992.

第五章
协调的运动康复评定

本章教学提示

1. 掌握协调运动的概念；
2. 掌握协调运动障碍的神经学检查与粗大运动的评定方法与内容；
3. 熟悉协调运动评定的目的、适应证与禁忌证；
4. 了解各种协调运动障碍的特征。

第一节　协调概述

一、基本概念

（一）协调运动

协调运动指在中枢神经系统的调控下，与特定运动或动作有关的肌群以一定的时空关系共同作用，产生准确、平稳、有控制的运动。协调运动的特点是以适当的方向、速度、距离、力量和节奏进行运动，主要分为两大类：（1）大肌群参与的平衡、身体姿势保持等粗大运动（如坐、站、行走、翻身）；（2）小肌群参与的精细活动（比如手指的灵巧性、控制细小物品的能力等）。

（二）精细运动的协调性与灵巧性

精细运动的协调性指一组或几组小肌群在中枢神经系统的控制下，共同进行准确、平稳、协调的随意运动。精细运动的灵巧性通常是指上肢末端，即手精细运动的协调性，如移动物品时的准确性、操作物品的速度、抓物的方式、写字的技巧、放开与抓住、手的姿势等。

（三）协调运动障碍

协调运动障碍指以笨拙、不平衡和不准确的运动为特点的异常运动。协调运动障碍是由中枢神经系统的不同部位（脊髓后索、小脑、基底节）的损伤所致。本体感觉、视觉以及前庭迷路系统的异常也会造成协调运动障碍。协调运动障碍还包括不随意运动和由肌肉痉挛、肌肉肌腱挛缩等造成的运动异常。

（四）精细协调运动障碍

精细协调运动障碍指以笨拙、不平稳和不准确的运动为特点的异常运动，大多与手功能关系密切。精细协调运动障碍与协调运动障碍的主要原因相同，是中枢神经系统的不同部位（脊髓后索、小脑、基底节）的损伤所致。肌肉痉挛或挛缩、肌肉肌腱外伤、周围神经损伤等也会导致精细运动的协调性和灵巧性的异常。

二、协调运动障碍的特征

人体要从事随意运动需要在大脑皮质、大脑基底核、前庭迷路系统、小脑、视觉、本体感觉等的共同作用下，依靠主动肌、拮抗肌、固定肌、协同肌的相互协调来完成，当中任何部分的损伤都将造成协调运动障碍。

（一）共济失调

共济失调是指随意运动动作的速度、范围、力量、持续时间以及平稳性均出现异常。其表现为上肢比下肢重，远端比近端重，精细动作比粗大动作明显。共济失调是临床工作中较为常见的协调运动障碍，其特征有：

（1）日常生活活动受限：系纽扣、穿衣、写字、端水时由于上肢摇摆而完成困难。

（2）醉汉步态：行走时举步过高，躯干有后倾现象，不能协同前进。足着地轻重不等、不稳定，跨步大，呈现出足间距宽大而摇摆的醉汉步态。如图5-1所示。

图5-1　共济失调的步态

（3）震颤：在完成有目的的动作时由于主动肌和拮抗肌的不协调而发生震颤。

①意向性震颤：做随意运动时，手足越接近目标，震颤就越明显。如图5-2所示。

②姿势性震颤：站立位身体出现前后摆动，椅坐位时若手足合拢则躯干和头颈摇晃。如图5-3所示。

③静止性震颤：静止时震颤，活动后减轻。

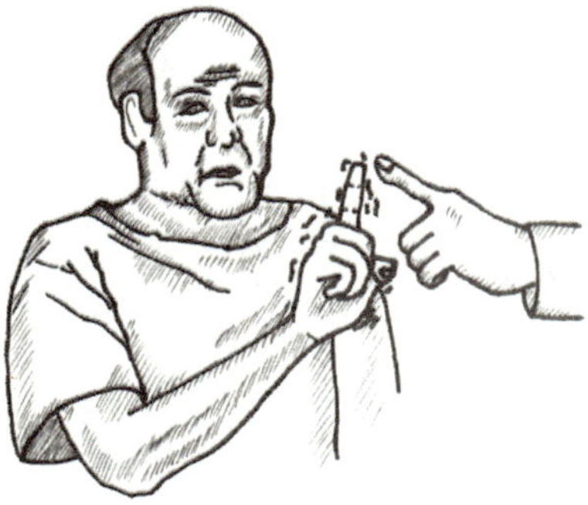

图5-2　意向性震颤

图5-3　姿势性震颤

（4）轮替运动障碍：快速重复的动作不良，即做快速交替动作时有困难，表现笨拙、缓慢。

（5）辨距不良：对运动的速度、力量、距离和范围判断失误，导致结果超过目标或达不到目标。

（6）肌张力低下：抬起被检查肢体保持在一定位置，突然撤销保护时该肢体发生坠落。

（7）书写障碍：书写过程的控制力下降，表现为不能适时、适度地停止书写，往往出现过线，画线试验（+）。小脑损伤患者写的字笔画不规整，且越写越大；帕金森综合征患者则与小脑损伤患者相反，开始字大，越写越小。

（8）运动转换障碍：模仿画线异常。

（9）协同运动障碍。

①起身试验：采取仰卧位，双手交叉抱于胸前，坐起时，随着躯干的屈曲同时一侧或双侧的下肢也屈曲。如图5-4所示。

②立位后仰试验：双脚并拢站立，向后弯身时，膝不弯曲，头不后仰，重心后倾。如图5-5所示。

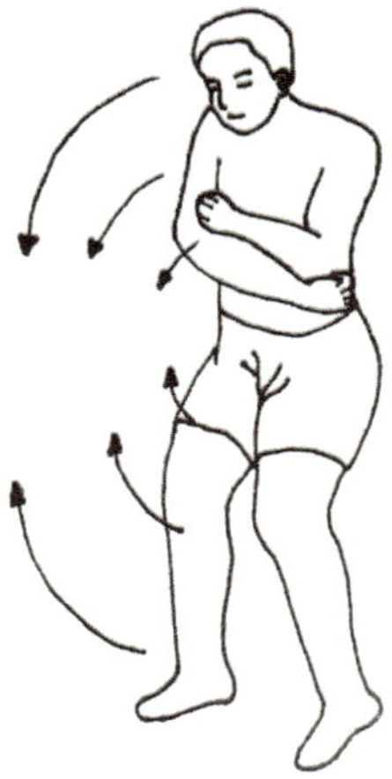

图5-4　起身试验

图5-5　立位后仰试验

（10）其他。

①眼球震颤：平视前方再看一侧的物体时出现。

②构音障碍：构音器官广泛的张力低下致使语调和韵律异常。其表现为说话唐突，音量大、小、强、弱不等，吐字含糊等。

（二）不随意运动

不随意运动主要指保持姿势或运动中出现的不自主和无目的的动作，运动不正常和运动时出现无法预测的肌张力变化。

（1）震颤：随意运动时震颤可暂时被抑制，肢体重新固定于新的位置时又出现震颤，当肢体维持固定姿势时震颤明显。当精神紧张时震颤会加重，睡眠时则消失。震颤出现在上肢时，拇指与其他二指交替屈伸，出现拇指内收外展状的搓丸样或点钞票样动作。同时可见腕关节屈伸以及前臂的旋前和旋后。如图5-6所示。震颤也会出现在下颌、头部和下肢。

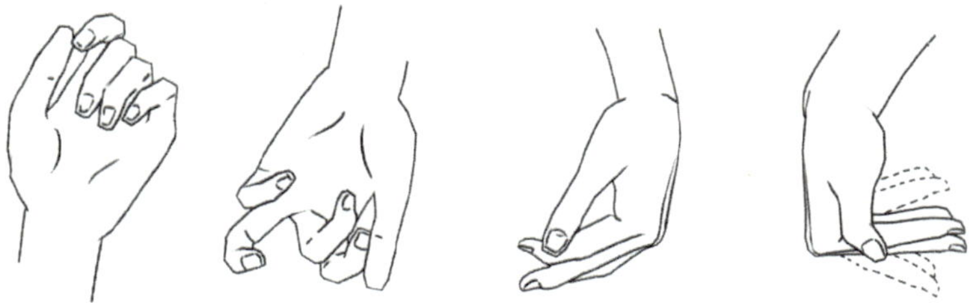

图5-6　手指震颤

（2）舞蹈：一种无规则、无节律、无目的、可突然出现的动作。其表现为舌、唇、面、全身或一侧肢体的远端出现不连续、无次序的突然运动，影响随意运动的完成，可表现在言语、手的操作以及步态中。如图5-7所示。

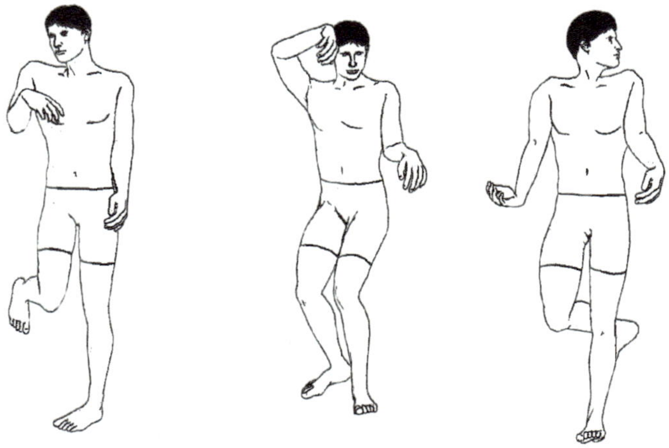

图5-7　舞蹈

（3）手足徐动：一种缓慢、不规则、间歇性的手足扭转运动，肌张力忽高忽低，于相互对抗的肌群中交替出现。其多见于上肢，若影响面部会出现一连串的鬼脸。情绪紧张时手足徐动会加重，睡眠时则消失。手足徐动常常伴随痉挛、舞蹈样改变。如图5-8所示。

图5-8　手足徐动

（4）偏身投掷症：一种突然发生的、痉挛性、反射性、有力的、大范围的一侧或一个肢体的无目的的打鞭样动作，抓紧肢体后暂时停止。其见于脑血管意外。

（5）舞蹈样徐动症：此种运动介于舞蹈样运动和手足徐动之间。

（6）肌阵挛：个别肌肉或肌群组的闪电样、短暂、快速、不规则且幅度不一致的收缩，身体的某个部分或数处同步或不同步地出现。轻者无关节运动，重者可引起肢体阵挛运动。

（三）其他

1. 运动徐缓：运动缓慢、能力减低。当直接变换运动方式时出现运动停止困难，或为无动。如图5-9所示。

图5-9　运动徐缓

2. 僵直：被动活动时肌张力明显增高，出现“铅管样”或“齿轮样”改变。如图5-10所示。

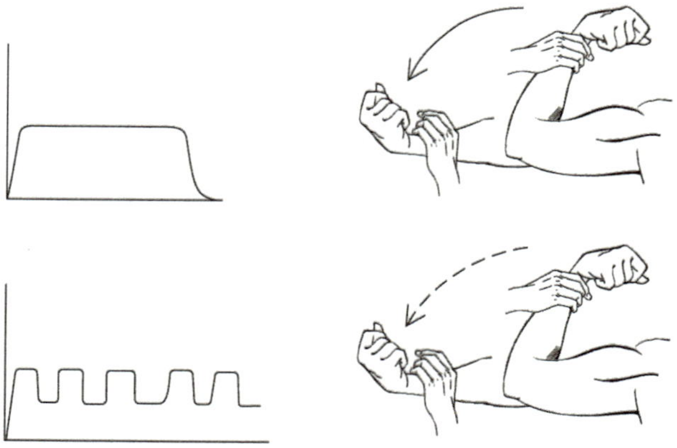

铅管样僵直

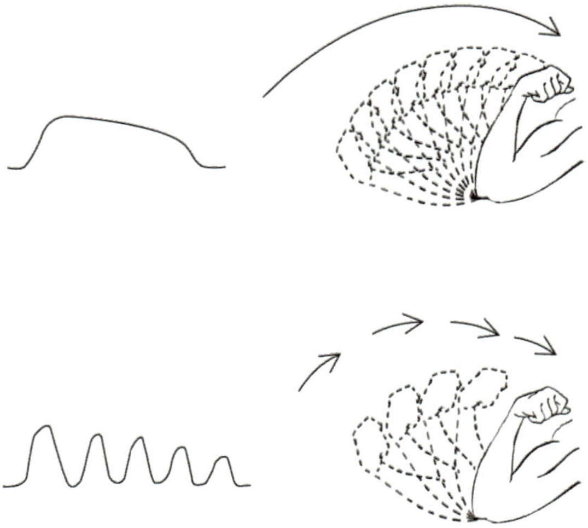

齿轮样僵直

图5-10　僵直

三、评定目的、适应证和禁忌证

（一）评定目的

1. 粗大协调运动评定的目的

粗大协调运动评定的目的包括：

（1）通过了解肌肉或肌群在各种运动或动作中以及维持姿势的功能状况，来明确协调障碍对粗大运动及活动质量的影响；

（2）通过了解协调运动障碍来制定相应的康复目标与计划；

（3）为康复训练方案提供依据；

（4）为选择适当辅助运动器具以提高运动安全性提供依据；

（5）判断康复训练效果和用于改善协调运动障碍的药物的疗效。

2. 精细协调运动评定的目的

精细协调运动评定的目的包括：

（1）明确精细动作协调性障碍对ADL的影响；

（2）根据精细协调运动障碍来制定相应的康复目标与计划；

（3）为改善协调性而实施的作业疗法提供依据；

（4）根据评定结果，选择适当的自助具或辅助具进行辅助治疗；

（5）衡量康复训练效果和用于改善协调能力的药物的疗效。

（二）适应证和禁忌证

1. 协调评定的适应证

任何引起协调运动障碍的疾患都需要进行协调性的评定，其适应证包括：

（1）感觉性运动失调：传导本体感觉的纤维（顶叶部位、丘脑腹侧后外侧核、神经根脊髓后索内侧丘系、末梢神经）受损，进行性神经性肌萎缩、多发性末梢神经炎、脊髓痨、少年脊髓型遗传性共济失调、亚急性联合变性、肿瘤、肌萎缩性共济失调、外伤、顶叶或丘脑血管病等。

（2）小脑性运动失调：小脑及其向心或远心径束的损害，血管病、变性疾病、小脑肿瘤、炎症、多发性硬化、酒精中毒性小脑变性等。

（3）前庭性运动失调：前庭器官及其神经以及核的病变，前庭神经元炎、脑干疾病（血管病、炎症、肿瘤）、迷路炎、氨基糖苷类药物中毒、耳性眩晕等。

（4）额叶性运动失调：额叶前部的损伤，炎症、肿瘤、血管病。

（5）锥体外系运动失调：基底神经节（红核、黑质、尾状核、壳核、苍白球）的损害，核黄疸、缺血缺氧性脑病所致的小儿脑瘫、新生儿窒息、肝豆状核变性、扭转痉挛、帕金森综合征、成人基底节肿瘤、血管性病变等。

2. 协调评定的禁忌证

协调评定的禁忌证是由意识或精神障碍所致的协调功能异常。

第二节　协调评定方法

一、协调运动的神经学检查

本节列出为非平衡协调性运动的神经学检查。检查的异常反应是闭眼时反应质量下降以及运动逐渐偏离正确的位置。除特殊指明，一般测试都取坐位。

1. 指鼻试验

被检者肩外展90°，肘关节伸展，让其在该肢位下用示指指尖指向鼻尖。如图5-11所示。

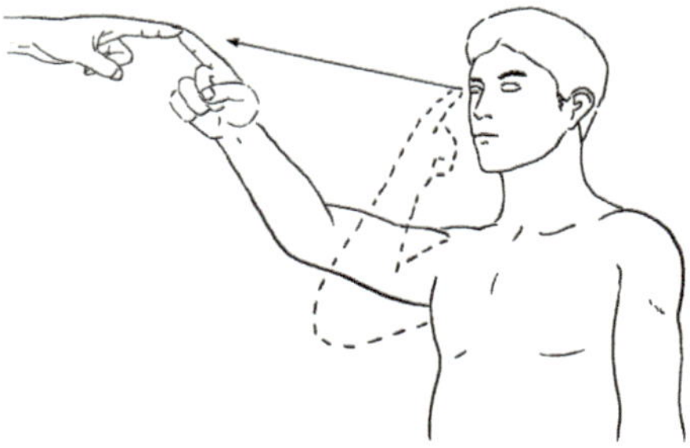

图5-11　指鼻试验

2. 指指试验

双侧肩关节都外展90°，肘关节伸展，让被检查者双示指在中线位相触。

3. 交替指鼻和对指

用示指交替指自己鼻尖和检查者示指。检查者可通过变换自己示指的位置来测验被检者对变换方向与距离的应变能力。

4. 对指

用拇指尖逐一连续触及该手的其他指尖，可以逐渐加快速度。

5. 粗大抓握

让患者手从完全伸展到完全屈曲之间进行变换，可以逐渐加快速度。

6. 轮替试验（前臂旋前/旋后）

被检者的上肢紧贴于体侧，屈肘90°，嘱其手掌向上、向下交替翻转。如图5-12所示。

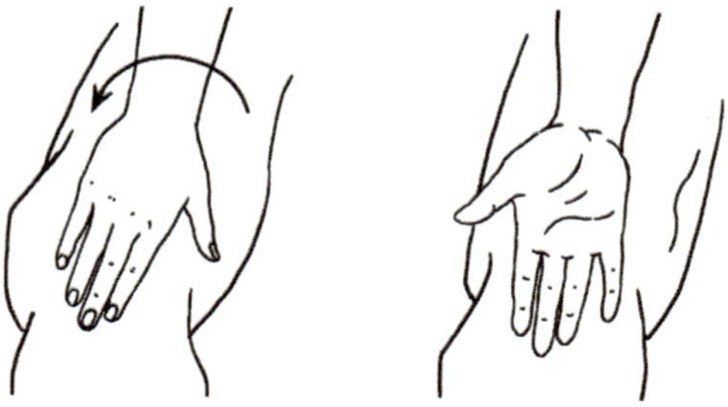

图5-12　轮替试验

7. 反弹试验

上肢外展屈肘位。检查者用力向伸肘方向牵拉被检者的前臂，嘱被检者屈前臂与检查者对抗，然后检查者突然松手。正常情况下，屈肘的拮抗肌（肱三头肌）将会收缩以对运动进行校准并制止肢体的过度运动。异常现象是肢体过度回弹，前臂回收反击身体。小脑损伤患者常见。如图5-13所示。

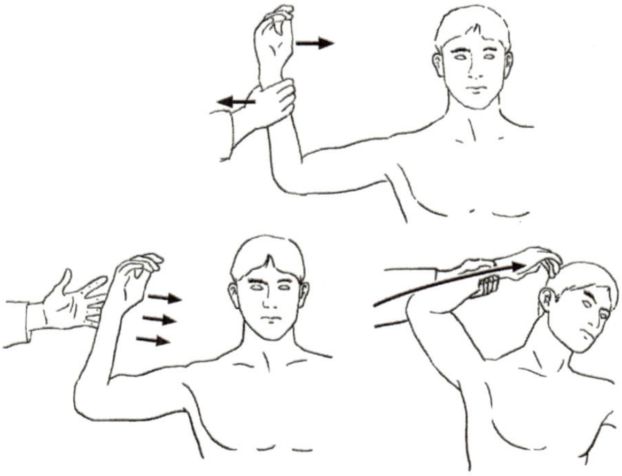

图5-13 反弹试验

8. 交替足跟至膝、足跟至足趾

仰卧位，用一侧的足跟交替接触对侧的膝和足大趾。这项测验较易发现动作分解和测距过远等小脑损伤后的体征，有利于早期诊断小脑共济失调。如图5-14所示。

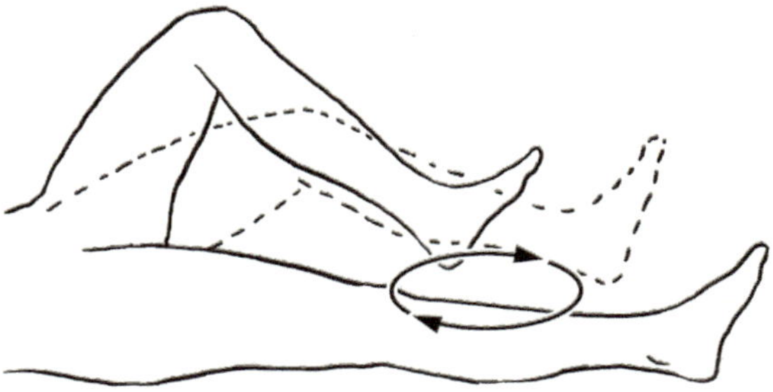

图5-14 交替足跟至膝、足跟至足趾

9. 跟膝胫试验

仰卧位，用一侧足跟沿对侧胫骨由近端向远端滑动。深感觉障碍者闭眼比睁眼更不稳定；小脑病损者睁眼、闭眼均异常。如图5-15所示。

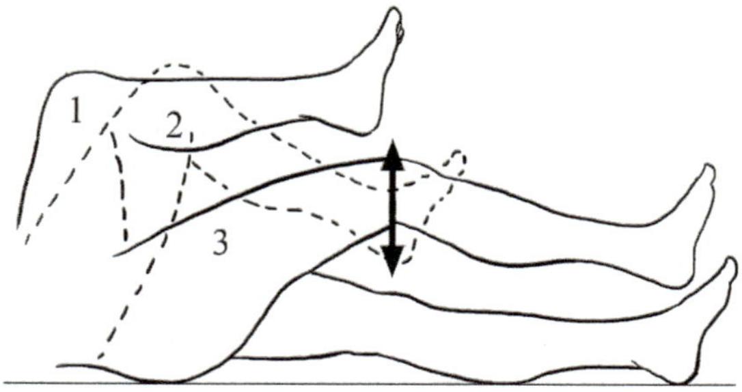

图5-15 跟膝胫试验

10. 足趾触检查者手指

仰卧位，用足大趾触检查者手指。检查者可变换手指位置来评测被检者变换距离、方向的情况以及运动的力量。如图5-16所示。

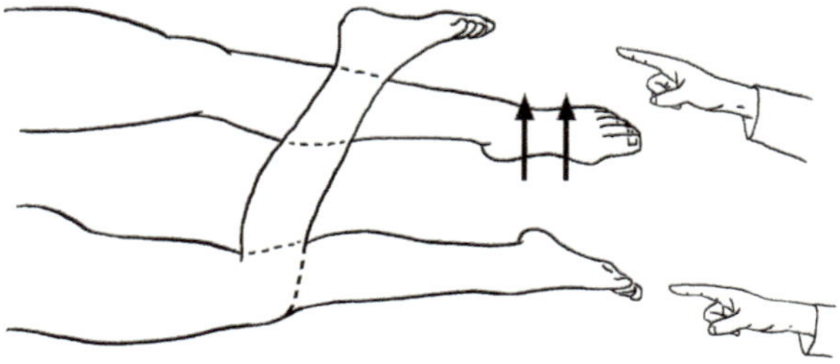

图5-16 足趾触检查者手指

11. 上肢坠落试验

立位或坐位，检查者使其上肢向前保持水平位，然后突然松手，观察肢体的坠落情况。瘫痪的肢体坠落迅速且沉重；无瘫痪的肢体则向外倾倒，缓缓坠落。如图5-17所示。

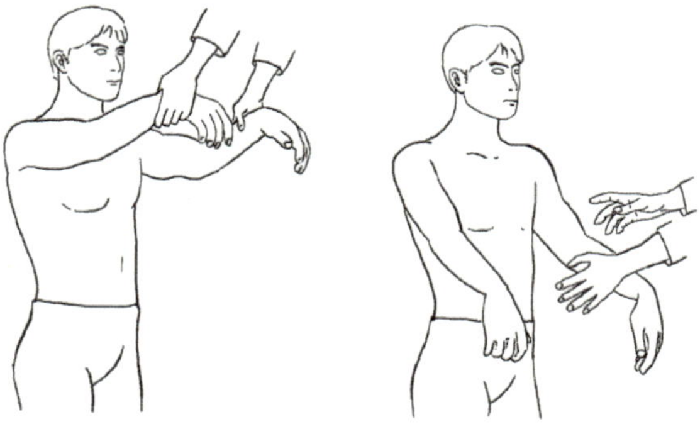

图5-17 上肢坠落试验

12. 下肢坠落试验

仰卧位，检查者使其屈膝，足跟着床，然后突然松手，观察肢体的坠落情况。瘫痪的肢体不能自动伸直，而且向外倾倒；无瘫痪的肢体则弹跳式伸直，且能保持足垂直位。如图

5-18所示。

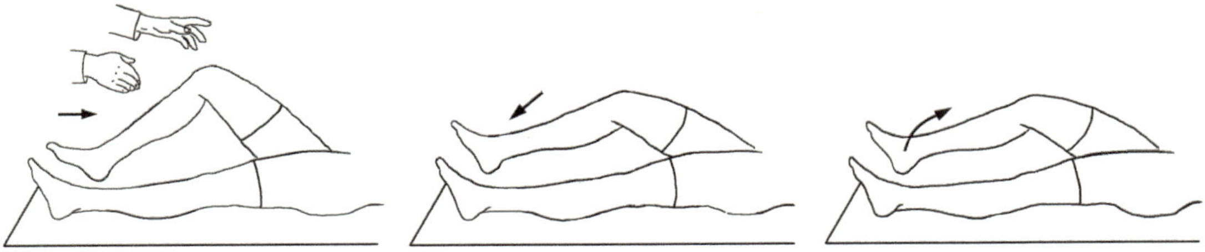

图5-18 下肢坠落试验

13. 躯干运动失调检查

被检查者椅坐位，手足合拢。异常者出现躯干不稳定、摇晃。如图5-19所示。

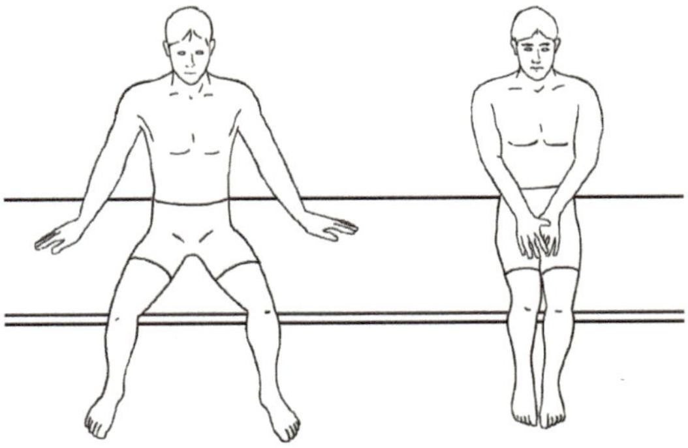

图5-19 躯干运动失调检查

14. 画线试验

在纸上画出两条相距10厘米的纵向平行线。嘱被检查者从左至右画一条横线与两纵线相交呈直角。小脑受损的患者画的线常常超出纵线的界限。如图5-20所示。

图5-20 画线试验

15. 振子试验

嘱被检查者双上肢向前平伸且手掌向下，然后闭上眼睛。让其在手部感受到冲击时，尽量维持稳定。检查者突然用力叩击被检查者腕部，使被检查者的上肢上下移动。正常人受试侧的上肢迅速回复至初始位。而小脑异常患者该上肢可出现多次重复的上下振子样运动。此现象也出现在膝反射检查时。如图5-21所示。

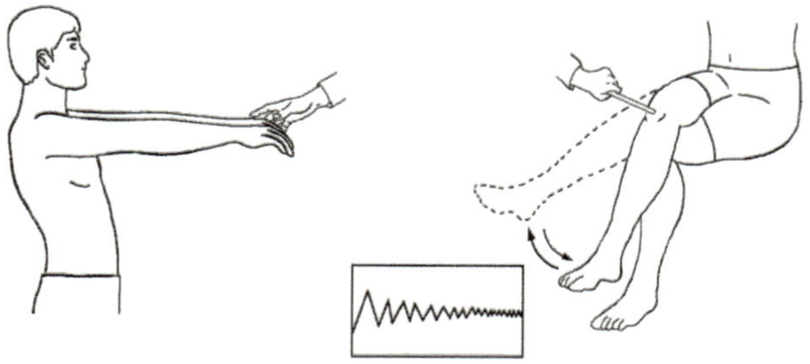

图5-21 振子试验

二、粗大协调运动的评定

（一）从仰卧位至俯卧位

正常人由仰卧位翻身时，颈部屈曲、旋转，接着上部躯干随之屈曲、旋转。此为基于颈部调整反应，引出躯干的分节性旋转的躯干旋转调整反应，先后出现肩、胸廓、髋、骨盆的旋转。翻身至侧卧位之前脊柱有轻度的伸展，而后转到俯卧位。

偏身共济失调、小脑性共济失调患者在仰卧位翻身时，颈部和躯干最初呈伸展运动，导致运动继续进行有困难。如图5-22所示。此外，帕金森综合征表现为双侧对称性屈曲样异常动作，躯干与下肢过度屈曲似球状转为侧卧，再至俯卧位。如图5-23所示。偏瘫患者因为患侧肩胛带后撤而不能完成从患侧向健侧的翻身运动。

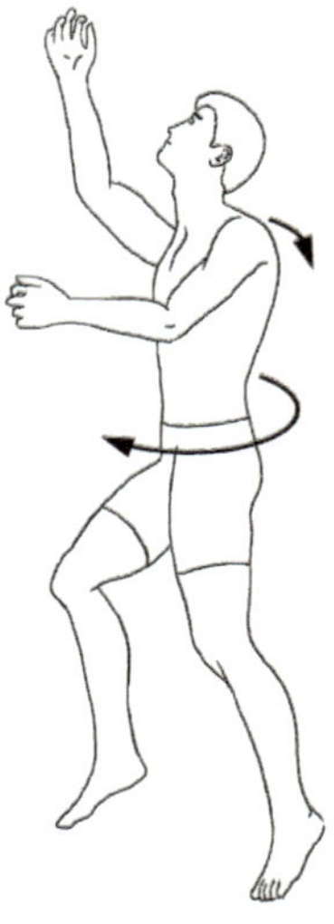

图5-22 小脑性共济失调患者的翻身

图5-23 帕金森综合征患者的翻身

（二）从仰卧位至坐位

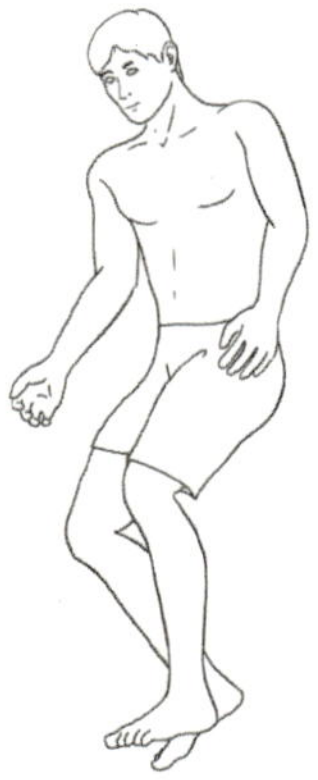

图5-24　Babinski屈髋现象

从仰卧位至坐位的动作的完成需要颈部屈曲、旋转，躯干旋转，腹肌、屈髋肌主动收缩使髋、膝关节轻度屈曲，屈肩，肩胛带前突等。同时，为了防止髋关节屈曲导致下肢过度上抬，稳定骨盆和下肢，伸髋肌也产生收缩运动，即屈髋肌与伸髋肌协同运动，在支撑侧的肩关节辅助下，完成坐起动作。

由于偏瘫与小脑性共济失调患者的协同运动功能下降，故动作时患侧下肢会过度上抬，从而使坐起动作变得困难，类似Babinski屈髋现象（如图5-24所示）。此为小脑性共济失调患者协同运动功能障碍的典型表现。

（三）坐位保持与坐位平衡

小脑蚓部的损害导致躯干失调，坐位保持及坐位平衡困难。患者处于坐位且身体重心相对稳定的位置时，即可见身体有小的摆动。正常人坐位时若少许调整重心位置，会发生向稳定位置恢复的平衡反应运动。若移动小脑受损者坐位时的重心，患者身体的摆动幅度会随之增大以至倾倒。因为外力作用与坐位平衡有关，前者可使身体的重心移动，导致身体的摆动幅度增大，因此检查时需轻缓地进行。端坐位进行躯干协调功能检查（如图5-25所示）：受试者取端坐位，双上肢交叉抱于胸前。无外力作用时，若躯干出现摇摆，则为轻度功能失调；若检查者轻轻给予外力，受试者即出现明显摆动，但能够恢复到原来的稳定位置，则表明坐位平衡能力低下；若受外力后，躯干摆动无法恢复至稳定位置，则表明坐位平衡能力明显低下。

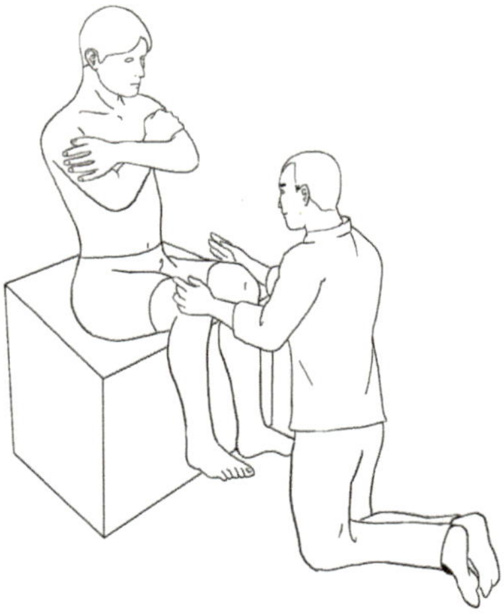

图5-25　坐位躯干协调功能检查

下肢的异常运动，可使坐位后方的平衡反应下降，即使躯干失调比较轻，也可因下肢的重度运动失调而出现平衡障碍。故对坐位姿势调节的预测性检查也非常重要（如图5-26所示）。端坐位，在外力作用下分别进行伸展膝关节、屈曲髋关节、上抬上肢，与此同时观察躯干肌的协同运动与稳定性。

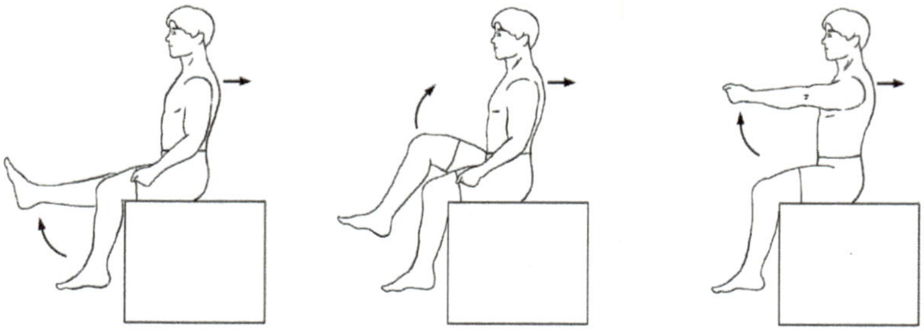

图5-26 坐位姿势调节预测性检查

（四）站立动作

1. 从俯卧位至站立位

正常人从俯卧位站起须经历从俯卧至双膝跪位、单膝跪位，然后站起。而协调运动功能低下的患者进行由俯卧位至双膝跪位、单膝跪位再到站立位的动作则非常困难。患者通常直接用四肢（手、足）支撑（双下肢分开呈比较宽的支持面称作髋关节肢位），双手扶床，躯干伸展，身体重心后移，离床站立。此时要观察患者的身体重心向后移时是否有跌倒倾向。注意：当扶床的手离开床时，身体晃动的幅度会增大。此外，患者站立时可有髋、膝关节屈曲保持困难，而出现膝关节突然屈曲的异常现象。

2. 从端坐位至站立位

从端坐位至站立位的动作也需要协调运动能力。若协调运动能力低下，在臀部离开床或椅面时，身体的晃动幅度会由于重心的移动而增大，为了稳定躯干会出现膝关节屈曲的情况。需注意观察臀部与床面的接触面积和身体晃动幅度的关系。

（五）立位保持与立位平衡

1. 静态立位保持

被检查者头部直立，双足并拢面向前方，在睁眼和闭眼两种情况下， 维持站立姿势30秒。观察记录其是否有跌倒倾向以及身体晃动的程度。若闭眼时身体晃动明显则为Romberg征阳性。

2. 静态立位平衡测量

被检查者两足分开站立（双足间距约20厘米）和双足并拢站立（Romberg位）。在睁眼与闭眼两种情况下，分别检测身体重心晃动的情况，并记录上述两种站立所持续的时间。当小脑性共济失调者在闭眼并足站立时可维持30秒时，有步行的可能。

3. 立位平衡反应

被检者立位，检查者用手给其施加外力，以检查调整反应与平衡反应，对反应出现的时间以及反应运动的正确性进行评定。反应时间的延迟、运动方向与运动幅度的异常，提示平衡与协调性障碍。

与坐位平衡和协调性检查相同，于立位施加外力之前，可先进行立位姿势调节的预测性检查（如图5–27所示）：站立时，上肢向前、侧、后方上举时，观察躯干的运动情况。

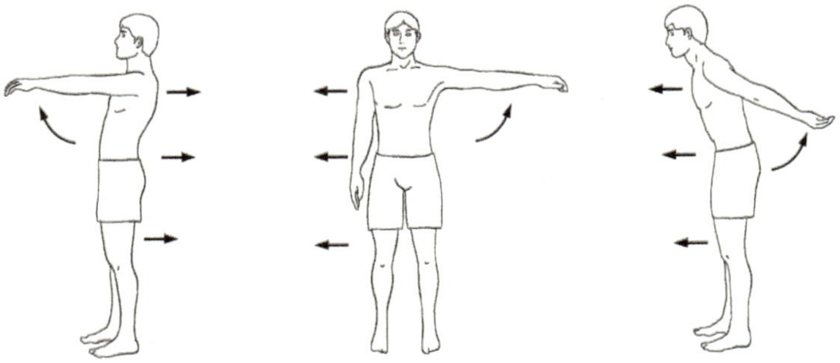

图5–27　立位姿势调节预测性检查

4. 立位时身体侧方移动

行走迈步时，向处于站立相的支撑腿转移身体重心是非常重要的。在受试者的双足分离20厘米保持静止站立时，检查者从侧方对其肩部或骨盆施加外力以使其身体重心移动至侧方目标点（检查者的另一只手放在距离受试者原身体中心的10厘米处），以此姿势保持数秒。注意观察运动速度和达到目标点的运动的正确性以及运动开始后身体的摇摆情况（如图5–28所示）。小脑性共济失调患者运动的正确性显著降低，且运动迟缓，身体晃动的幅度明显增大。要提高小脑性共济失调患者的运动延迟与运动正确性十分困难。

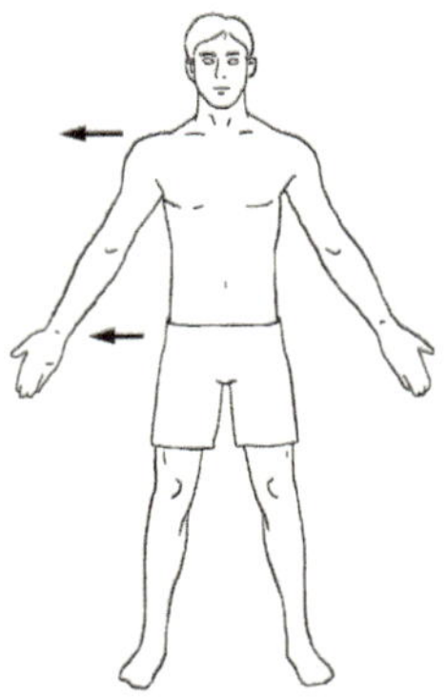

图5–28　立位时身体侧方移动检查

5. 立位躯干屈曲伸展时伴骨盆、下肢的协同运动

正常模式是当躯干屈曲时，伴有骨盆的向后方移动（髋关节屈曲），膝关节伸展，下肢稍向后倾斜（足踝关节背屈）；当躯干伸展时，骨盆向前移动（髋关节伸展），膝关节屈曲，下肢向前移动（足踝关节跖屈），此为躯干运动伴随身体重心移动最低限度的必要条件。

小脑性共济失调患者躯干向前屈曲的平衡能力下降，向后伸展不能，表现出过度后倾以至跌倒（如图5–29所示）。所以躯干伸展检查的异常是小脑性共济失调患者协同运动功能障碍的又一个典型特征。

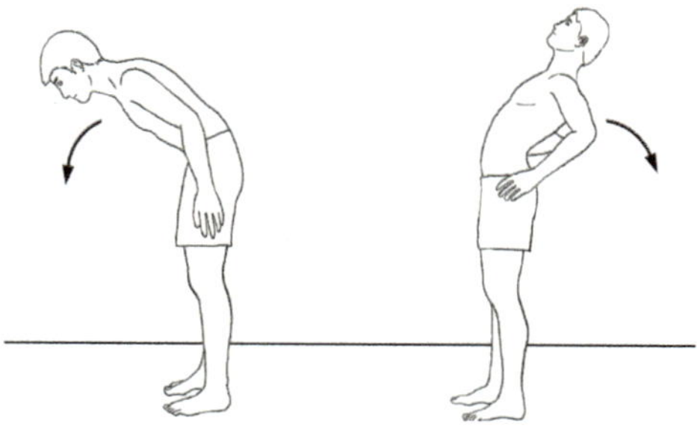

图5-29 小脑性共济失调躯干伸展

（六）步行和上下阶梯

协调运动障碍者步行时，单足支撑瞬间可急速出现膝关节屈曲，导致身体晃动的幅度增大，平衡被破坏。可以进行走2米直线的步行检查，观察身体摇摆情况或是否有倾倒的现象。必要时可以在平行杠内行走，来评价膝关节屈曲的发生或辅助下膝关节屈曲步行的情况、步行中间位所保持的稳定性等。亦可实施一侧足跟置于对侧足趾之前的行走，沿地板上的直线行走或按照地板上已有的足的标记行走，倒退走和侧向走，原地踏步，变换步行的运动速度（需注意增加速度可夸大协调障碍），用足跟或足趾行走，步行期间突然停下或起步等各项协调性的检查。上下阶梯的检查常要求患者能够单足站立。故评价单足支撑期的姿势和单下肢上下阶梯的功能是必要的。

（七）步行轨迹测试

小脑性协调障碍是半球损害后失去对锥体系统冲动的制动作用，尤其是手的精细运动以及那些需要“校正”和“立定”的动作。对患者的醉汉样步态的测查可采用星形步迹检查（如图5-30所示）。把患者的两眼蒙住，头部正直，从出发点出发再返回，正常人往返5次后未见显著偏斜，偏斜度少于10°～15°；前庭或左侧小脑病变者，向左偏斜，5次往返结果为115°，即向左偏115°。

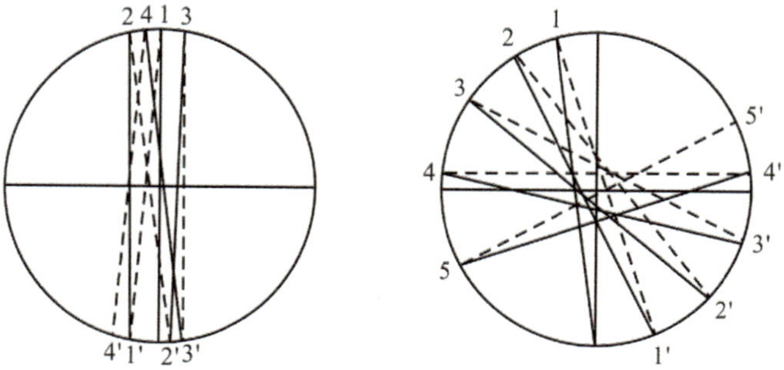

图5-30 星形步迹检查

三、精细运动的评定

对精细运动的灵巧性与协调性的评定常在上肢支撑、独立坐位的情况下进行。对患者在实施生活自理动作，以及不同姿势下使用和不使用上肢支撑时的精细运动功能情况的观察十分重要。

（一）手的准确性检查

1. Jebsen–Taylor手功能检查

检查手的粗大运动协调性。通过下面七个方面的功能活动来测查手功能的情况：写字（写一句话）；翻卡片（模仿翻书）；捡拾小件物品；模仿进食；堆叠积木；拿起大而轻的物品；拿起大而重的物品。

2. Purdue pegboard测试

检查手的精细动作协调性。检查用品有细铁柱、一块模板（上有两列小孔，每列25个）、垫圈和项圈。取坐位检查。检查步骤：

（1）用左手捏起细铁柱在30秒内尽快插入小孔，记录插入的数量；

（2）用右手捏起细铁柱在30秒内尽快插入小孔，记录插入的数量；

（3）左、右手同时将细铁柱在30秒内尽快插入小孔，记录插入的数量；

（4）装配：被试者将一个垫圈和两个项圈依次一个一个套在铁柱上，1分钟内的装配数量为得分结果。

3. 上肢准确性测试

（1）1分钟内在两线间隔1厘米的同心圆图的空隙里，以每秒一个点的速度往中心圆中打点（检查者用击掌来掌握节奏）。需要注意的是，患者手持铅笔在距离纸10厘米处，肘关节不能接触台面。记录落在同心圆轨道中以及图外不同区域的点数。如图5–31所示。

（2）两手分别用铅笔从纵线的缺口处描绘出曲线。期间肘关节不能离开桌面，要以最快的速度，在不触及纵线的情况下连线。

正常值：左手为14~21秒，右手为11~16秒；触及纵线数：每手0~2次。

4. 帕金森综合征患者上肢的协调性检查

（1）30秒内按动计数器的次数；

（2）1分钟内从盆中取出的玻璃球数：

（3）1分钟内插入穿孔板内的小棒数；

（4）1分钟内在间隔1厘米的两条直线图空间内画出的直线的条数和画出线外的次数。

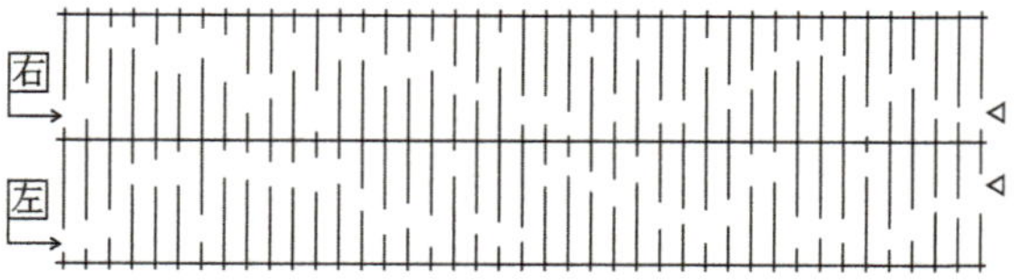

右

完成时间（秒）		错误次数	
结果	正常值	结果	正常值

左

各区域内的点数

	左	右
1		
2		
3		
4		
5		
外		

需要的时间（50次）

	左	右

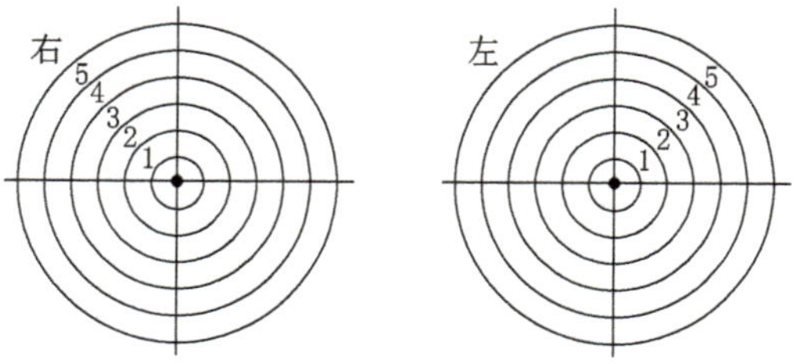

图5-31　上肢准确性测试

（二）手的灵巧性检查

1. Crawford灵巧性检查

该检查是用小的工具进行操作。工具包括细铁柱、螺钉、项圈以及相应地能插入这些物品的板面。具体操作方法：用镊子将细铁柱插入小孔，然后把项圈套在细铁柱上。螺钉须用手指拧在板面上，用螺丝刀拧紧。记录实施的时间。该项检查是为成人和青少年设计的手操作小工具能力和手—眼协调性的检测，对准备进入专门职业学校的人来说是十分必要的。

2. 手灵巧度测定

其用于超过20岁的成人的精细动作灵巧性的测试。检查手指协调的9孔插板试验：一块有9个孔的13厘米×13厘米的木板，板上孔深1.3厘米，孔直径0.71厘米，孔间距3.2厘米；插棒为长3.2厘米，直径0.64厘米的圆柱形，共有9根。检查时，在测试的木板旁置一浅皿，把9根插棒放入其中，嘱受试者用测试手一次一根将插棒插入孔中，9根都插完后再一次一根地拔出来放回浅皿，计算所需时间。检查时先利手后非利手。

3. Erhardt抓握发育评定

其用来测定0~6岁儿童的手功能的技巧动作发育。利用塑料桶、玩具槌、钥匙、小积木、橡胶球、一叠环、珠子、铁罐等不同物体对小儿的反射性抓握和操作技巧进行评定。

4. Grooved木钉试验

在任意姿势下把螺钉放入有25个小孔的模板的合适位置。

5. 盒与木块试验

其用来测试正常7~9岁儿童、成人以及伴有神经肌肉异常的成人的手的操作灵巧性。于一定时间内，拿起一个木块，放入带间隔的盒子中。

（三）日常生活动作检查

作业疗法主要对系钮扣、取物、吃饭、穿衣、书写等与手及上肢功能相关的日常生活活动进行观察。作业治疗师可通过观察了解患者完成各项活动的技能水平（包括辅助的量和需要的辅助器械），活动中是否有附加运动如晃动、震颤或不稳定，完成一次活动需要的时间，不协调运动的分布情况（近端或远端），以及增加或减少不协调运动的体位及情况、安全水平等影响因素。常用的日常生活活动能力的评定量表有Barthel指数、Kenny自理评定、PULSES、Katz指数以及独立功能测量（functional independence measurement，FIM）等。

四、注意事项与结果分析

（一）注意事项

1. 评定所需的条件

（1）环境：光线充足、安静、有一定活动空间的屋子。

（2）用品：记录用笔、定时钟、评定表、诊查床、两把椅子、治疗桌、测试工具和必要的眼睛遮盖物。

（3）患者的情况：在患者休息好后进行检测。检查者需要把检测方法向患者解释清楚，且要对患者受检时的状况予以准确记录。患者的身体情况、领悟程度、疲劳、胆怯均会对测试结果产生影响。

2. 选择适当的评定方法

（1）非平衡性协调运动的评定（一般协调功能障碍的神经学检查）：身体在非站立的姿势下进行的静态或动态运动的评定，包括粗大运动与精细动作。

（2）平衡性协调运动的评定（日常生活基本动作）：身体在站立、移动时，对其进行的静态、动态的姿势及平衡情况的评定，主要是粗大运动。

3. 掌握评定时观察的内容

（1）运动是否可直接、准确、交替进行。

（2）完成动作的时间是否正常。

（3）进行活动时身体是否有无关运动，如震颤、晃动或不稳定。

（4）要求运动速度增加时，运动质量的变化情况。

（5）睁眼与闭眼、静止与运动时姿势的比较。

（6）不协调运动（近端或远端）和受累肢体的情况。

（7）了解增加或减少不协调运动的体位及情况。

（二）结果分析

1. 非平衡性协调功能障碍评分

0分：不能完成活动。

1分：重度障碍，仅能发起运动。运动明显不稳定，摆动，无节律性，可见无关的运动。

2分：中度障碍，能完成指定的活动，但动作笨拙，慢，不稳定。增加运动速度时，完成活动的节律更差。

3分：轻度障碍，能完成指定的活动，但较正常技巧及速度稍有差异。

4分：正常完成活动。

2. 平衡性协调功能障碍评分

1分：不能活动。

2分：能完成活动，但需要大量的身体接触加以防护来保持平衡。

3分：能完成活动，但需要较少的身体接触加以防护来保持平衡。

4分：能完成活动。

3. Carr-Shepherd评定

（1）坐位平衡

0分：不能完成。

1分：在支持下保持坐位平衡。

2分：无支撑下保持坐位平衡10秒。

3分：无支撑下保持坐位平衡，身体前倾，且体重均匀分布。

4分：无支撑下保持坐位平衡，且能向后转动头部及躯干。

5分：无支撑下保持坐位平衡，并能身体向前，用手触及地面，之后回到坐位平衡。

6分：无支撑下保持坐位平衡，并能向一侧弯腰，用手触及地面，之后回到坐位平衡。

（2）坐位至站立

0分：不能完成。

1分：在治疗者帮助下站起来。

2分：借助辅助具站起来，但体重分布不均匀，需用手支撑。

3分：自己站起来，体重分布均匀。

4分：自己站起来，体重分布均匀，并能保持髋、膝关节伸直5秒。

5分：自己站起来，体重分布均匀，髋、膝关节完全伸直，然后再坐下。

6分：10秒钟内，不需要任何帮助，自己站起来、坐下3次。

4. 步行结果记录与分析

（1）步行速度：米/分钟。

（2）横向脱离直线的最大距离（厘米）。

（3）脱离直线的次数。

（4）步行节奏（步/米）和最大步幅（厘米）。

（5）足尖对足跟步行、足跟步行、足尖步行：可或不可。

五、体育运动中的灵敏能力测试

（一）协调和灵敏

在体育运动实践中，协调和灵敏常常一起出现，在概念上并未做太严格的区分，这使得一部分围绕运动员展开的康复工作常常产生概念上的误解，为此有必要将二者做一定的辨别。

灵敏，或称灵敏能力，指快速改变移动方向的能力，可以有多种存在形式，例如快速跑动中的急停变向。灵敏能力是构成人体运动表现的基本素质之一，需要速度能力、平衡能力、协调能力、环境快速反应能力等多个要素共同作用。在康复领域，协调是指在中枢神经系统的调控下，有关肌群以一定的时空关系共同作用，产生准确、平稳、有控制的运动。从定义的角度看，协调是人体的一项基本功能，也是构成灵敏能力的基础之一，如果协调运动出现功能障碍，灵敏能力一定会受到影响。相反的，灵敏能力测试中出现异常结果时，不能说明一定是协调功能出现了障碍。

（二）灵敏能力测试

灵敏作为身体素质的重要组成部分，在不同的运动项目中有不同的测试方法，以下介绍几种常见的灵敏能力测试方法。

1. 5-10-5测试

5-10-5测试是最常见的灵敏能力测试方法，又称20码冲刺测试，非常适合短距离冲刺和变向的运动项目，例如篮球、足球、排球、冰球等。这种测试不仅应用于竞技体育领域，也是运动科学中的一种经典的实验室方法。

测试时，被试者从中间的起跑线出发，冲刺5码（4.57米）后变向往回跑，冲刺10码（9.14米）后，再次变向折返冲刺5码（4.57米）回到起跑线（如图5-32所示）。通常测试三次，每次测试之间休息3~5分钟。超过三次以上的测试，结果会由于疲劳受到影响。为了应用方便，在实践应用中常常将长度单位由码调整为米，在测试结果的比较和评价时要注意。

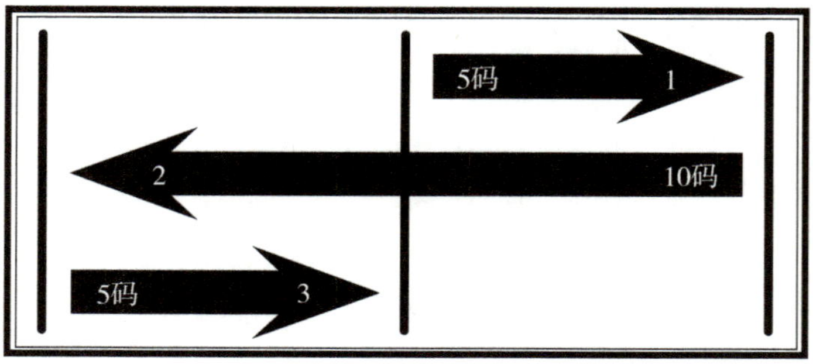

图5-32　5-10-5测试

2. “T”字跑测试

T字跑测试也是一种常见的灵敏测试方法，由于被试者的移动轨迹像字母“T”，所以被称为“T test”。与5-10-5测试不同，“T”字跑测试对被试者的移动方式有更多要求，除了冲刺，被试者还需要使用滑步移动和倒退跑。

测试时，被试者从起跑线出发，向前冲刺10米，左手触碰1号标志桶后向右侧滑步移动5米，右手触碰2号标志桶，然后向左侧滑步移动10米，左手触碰3号标志桶，然后向中间滑步移动5米，右手触碰1号标志桶，最后倒退跑10米回到起跑线（如图5-33所示）。在整个测试过程中，被试者始终面向前方。通常测试三次，每次测试之间休息3~5分钟。超过三次以上的测试，结果会由于疲劳受到影响。

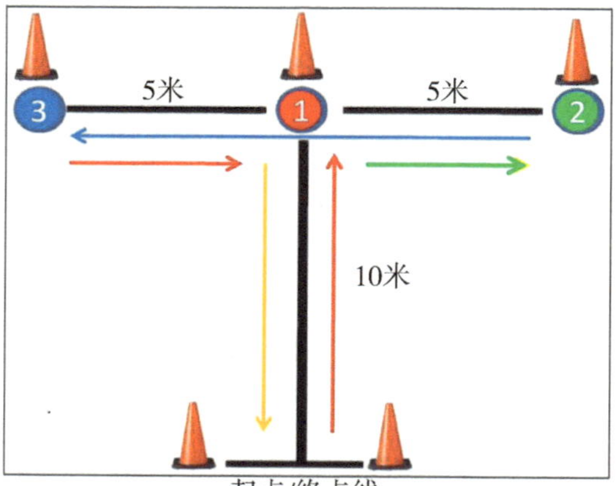

图5-33　“T”字跑测试

3. 六边形测试

六边形测试是一种常见的灵敏测试方法，相较于5-10-5测试和T字跑测试，六边形测试对被试者的速度能力并未有过高的要求，测试的重点更多地放在了步伐移动和平衡控制两个方面。

测试时，被试者站在六边形中央，当收到开始的指令后，被试者按照顺时针或逆时针的方向依次移出再移回六边形中央，每一条边移动一次，完成六条边的移动，回到六边形中央，测试结束（如图5-34所示）。在整个测试过程中，被试者始终面向前方。在移动步伐的选择上，可以采用两腿交替、两腿跳、单腿跳等形式，支持面越小，平衡控制的难度越大。通常测试三次，每次测试之间休息3~5分钟。超过三次以上的测试，结果会由于疲劳受到影响。

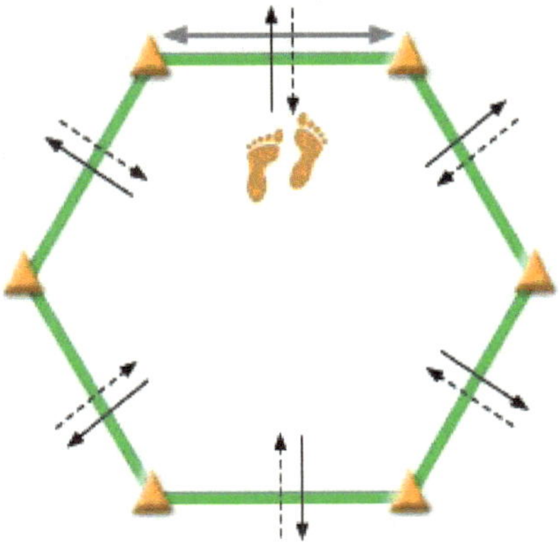

图5-34 六边形测试

（三）灵敏测试的注意事项

在不同测试中，测试设计对变向能力的要求程度会直接影响测试结果。有的测试对变向能力有极高的要求，被试者想要获得更好的成绩，不仅需要很好的加速能力，也需要很好的减速能力，以便以较低的速度进行变向，这样可以更好地控制身体，更快地完成变向过程。有的测试需要被试者完成一定的动作任务，例如绕行标志物、过线等，这对视觉功能和认知功能提出了相当的要求，被试者想要获得更好的成绩，除了需要良好的速度能力，还需要良好的视野和注视能力、良好的距离和空间认知能力。

灵敏能力测试是一种封闭式技能测试，需要在一个稳定的测试环境下进行，被试者应该清楚地知道测试流程，熟悉移动的方向。这种测试形式与开放式技能测试不同。反应能力测试是典型的开放式技能测试，被试者不知道测试中可能完成什么动作任务，需要在测试中根据指令或环境进行判断。在应用时需要根据测试目的加以区别使用。由于封闭式技能测试的测试过程更加可控、易于标准化和执行，在应用灵敏能力测试方法时，测试者需要熟悉测试方法的设计原理，从而选择有效的测试方法。由于灵敏能力受到多种因素的影响，一旦发现灵敏测试的结果有异常，需要进一步分析其异常原因，协调功能、平衡功能、骨骼肌肉系统等不同的因素，都需要一一确定，找到限制运动表现的根源。

思考题

1. 简述临床上常用的非平衡性协调功能评定试验。
2. 为确定脑卒中患者残存的手功能，可以选择哪些测试？
3. 简述体育运动中关于灵敏能力的检查。
4. 简述评定协调运动时观察的内容。

参考文献

[1] 王玉龙.康复功能评定学（第2版）[M].北京：人民卫生出版社，2013.

[2] 恽晓平.康复疗法评定学（第2版）[M].北京：华夏出版社，2014.

[3] DAVID I P. *Orthopedic Rehabilitation, Assessment, and Enablement*[M]. New York：Springer，2007.

[4] PIPER M C. *Motor Assessment of the Developing*[M]. Philadelphia：W. B. Saunders，1994.

[5] NSCA. *Developing Agility and Quickness*[M]. Champaign，Illinois：Human Kinetics，2011.

第六章
步态的运动康复评定

本章教学提示

1. 掌握步态的概念和正常步态的内容；
2. 掌握步态的评定方法与内容；
3. 熟悉步态评定的目的、适应证与禁忌证；
4. 了解常见异常步态的特征。

第一节 步态概述

一、步态的概念

步行是人类独立的一个重要特征，也是人类最基本的运动，它是最复杂、最完善的运动之一。行走是人体躯干、骨盆、下肢以及上肢各关节和肌群的一种周期性规律运动，正常步行并不需要思考，而步行的控制十分复杂，包括中枢的命令、身体平衡和协调控制，任何环节的失调都可能影响步态。

步态是行走时的人体姿势，涉及足、踝、膝、髋、臀、躯干、肩、颈的肌肉和关节的协同运动，是重要的日常生活活动能力之一，是人体结构与功能、运动调节系统、行为以及心理活动在行走时的外在表现。正常的步态有赖于中枢神经系统以及肌肉骨骼系统的正常、协调工作，当中枢神经系统和/或骨骼肌肉系统因疾病或损伤而受到损害时，就有可能出现步态的异常。

步态分析评估患者是否存在异常步态以及异常步态的性质和程度，为分析异常步态原因和矫正异常步态、制订治疗方案提供必要的依据。对每个伤病患者来说，恢复步行是康复的主要内容，能够重新步行是患者最大的愿望和期待，康复治疗的一个主要目标就是帮助患者获得尽可能多的独立移动的能力。

步态的矫正训练是物理治疗师的工作内容，训练方案的制订以及疗效观察均以步态分析为基础，步态分析是对患者行走方式的检查，应用步态分析进行障碍诊断，分析障碍发生的原因，对制订康复治疗方案及评价疗效具有突出的临床应用价值。

二、步态分析的目的与步骤

（1）描述研究对象的步态模式和步态参数，并与正常步态进行比较找出其差异确定异常步态的障碍学诊断。

（2）分析出现差异的原因，研究产生异常步态的机制，确定异常步态的程度。

（3）确定改善步态的治疗方案，包括步态训练的方法、假肢或矫形器的装配、助行器的选择，比较不同种类的辅助器具（假肢、矫形器等）对步态的影响。

三、适应证和禁忌证

（一）适应证

（1）中枢神经系统损伤：脑卒中，颅脑损伤，脊髓损伤，小儿脑瘫，帕金森综合征，小脑病变等。

（2）骨关节疾病与外伤：截肢，髋关节或膝关节置换术后，关节炎，软组织损伤，腓总神经损伤，脊髓灰质炎。

（3）其他：下肢关节疼痛、肿胀等。

（二）禁忌证

（1）患有严重的心肺疾病。

（2）下肢骨折未愈合。

第二节　正常步态

一、步行周期

步行周期指行走过程中，一侧足跟着地至该侧足跟再次着地时所经过的时间。每一个步行周期分为迈步期（亦称摆动相）和支撑期（亦称站立相）两个阶段。摆动相是指从足尖离地到足跟着地，即足部离开支撑面的时间，约占步态周期的40%；站立相是指从足跟着地到足尖离地，即足部支撑面与地板接触的时间，约占步态周期的 60%。其中，重心从一侧下肢向另一侧下肢转移，双侧下肢同时与地面接触的时间称为双支撑相，一个正常步态周期中会出现两次双支撑相，各占步态周期的10%。如图6-1所示。

美国加利福尼亚州认知功能分级（Rancho Los Amigos，RLA）国家康复中心的佩里（Perry）医生按照步行周期的发生顺序提出了RLA分期方法，即将支撑期分解为5个分期，迈步期分解为3个分期。

1. 足跟着地

足跟着地为步行周期和支撑期的起始点，指足跟或足底的其他部位第一次与地面接触的瞬间。正常人行走的首次着地方式为足跟着地。

2. 负重反应期

负重反应期指足跟着地后至足底与地面全面接触瞬间的一段时间，即一侧足跟着地后至对侧下肢足趾离地时，是重心由足跟转移至足底的过程。（0%~15%步行周期）

3. 站立中期

站立中期指从对侧下肢离地至躯干位于该侧腿正上方时，此时重心位于支撑面正上方的一段时间。（15%~40%步行周期）

4. 站立末期

站立末期指从支撑足跟离地时到对侧下肢足跟着地的一段时间。（40%~50%步行周期）

5. 迈步前期

迈步前期指从对侧下肢足跟着地到支撑足趾离地之前的一段时间。（50%~60%步行周期）

6. 迈步初期

迈步初期指从支撑腿离地至该腿膝关节达到最大屈曲时的一段时间。（60%~70%步行周期）

7. 迈步中期

迈步中期指从膝关节最大屈曲摆动到小腿与地面垂直时的一段时间。（70%~85%步行周期）

8. 迈步末期

迈步末期指与地面垂直的小腿向前摆动至该侧足跟再次着地之前的一段时间。（85%~100%步行周期）

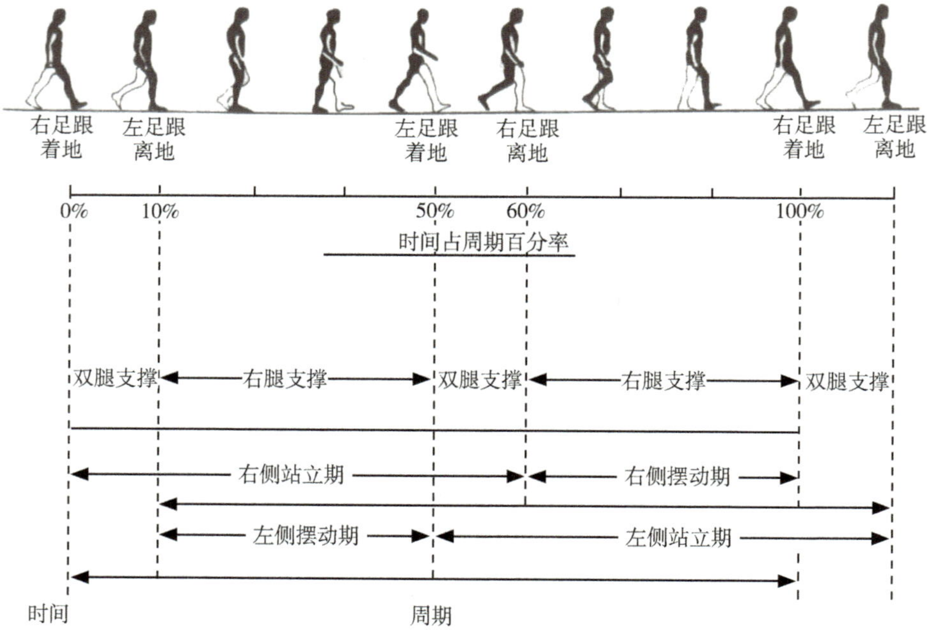

图6-1　步态周期

二、步行相关时空参数

1. 步长

步长指行走时左、右足跟或足尖着地时两点间的纵向直线距离，以厘米为单位。正常步长在50~80厘米，因年龄、身高等因素有所不同。

2. 跨步长

跨步长指同一腿足跟着地处至再次足跟着地处之间的线性距离，以厘米为单位，正常人跨步长是步长的两倍，为100~160厘米。

3. 步宽

步宽指足着地期间两足长轴中心两点间的横向距离。

4. 步角

步角指足跟中点至第二趾之间连线与行进线之间的夹角。该角与躯干和髋内旋或外旋的程度有关，一般小于15°。

5. 步频

步频指在单位时间内行走的步数，一般用平均每一分钟行走的步数表示，以步/分计，正常人平均自然步频为95~125步/分。

6. 步速

步速即步行速度，在单位时间内行走的距离，用米/秒或米/分计，正常人平均自然步速约为1.2米/秒。在临床上，一般是让测试对象以平常的速度步行10米的距离，测量所需的时间，来计算其步行速度。

步态参数受诸多因素的影响，即使是正常人，由于年龄、性别、胖瘦、高矮、行走习惯等不同，个体差异较大，因此正常值比较难以确定。

三、正常步态中躯干和下肢关节的运动

（一）支撑期

在足跟触地时同侧的骨盆向前旋转，髋屈曲25°~30°，膝伸展，踝处于中立位。为吸收足跟触地的震动，踝背屈肌的离心性收缩使前足落到地面，膝呈15°~20°屈曲。

支撑中期，髋、膝、踝运动到中立位。随着身体继续向前，髋达到20°~30°伸展，同时伴有骨盆向后旋转。在支撑末期和摆动前期，髋和膝屈曲准备摆动，同时踝从足跟离地开始的15°背屈运动呈足趾离地的20°跖屈。

（二）迈步（摆动）期

在摆动中期之前膝处于65°的最大屈曲，髋屈曲20°，在摆动末期减速期间，骨盆旋转向前并下降，髋达到25°屈曲，膝完全伸直，踝保持中立位。

正常步行周期中骨盆和下肢各关节的角度变化见表6-1：

表6-1 正常步态周期中骨盆和下肢各关节的角度变化

步态周期	关节运动范围			
	骨盆	髋关节	膝关节	踝关节
首次触地期	5° 旋前	30° 屈曲	0°	0°
负重反应期	5° 旋前	30° 屈曲	0° ~15° 屈曲	0° ~15° 跖屈
站立中期	中立位	30° 屈曲~0°	15° ~5° 屈曲	15° 跖屈~10° 背屈
站立末期	5° 旋后	0° ~10° 过伸	5° 屈曲	10° 背屈~0°
迈步前期	5° 旋后	10° 过伸~0°	5° ~35° 屈曲	0° ~20° 跖屈
迈步初期	5° 旋后	0° ~20° 屈曲	35° ~60° 屈曲	20° ~10° 跖屈
迈步中期	中立位	20° ~30° 屈曲	60° ~30° 屈曲	10° 跖屈~0°
迈步末期	5° 旋前	30° 屈曲	30° 屈曲~0°	0°

四、正常步行周期中的肌肉活动

步行时的肌肉活动在很大程度上是为了稳定或对身体各部位的缓冲。

（一）胫前肌：足跟着地时，胫前肌离心性收缩以控制踝关节跖屈角度，足趾离地时再次控制或减少踝关节跖屈角度。

（二）小腿三头肌：作为踝关节跖屈肌，在足跟离地时的蹬离动作中向心性收缩产生爆发性的踝关节跖屈。

（三）股四头肌：股四头肌收缩始于迈步相末期，至支撑相负重期达到最大值，此时作为膝关节伸肌，离心性收缩以控制膝关节屈曲，从而避免膝过伸。第二次收缩活动具有双重作用。第一次作为髋关节屈肌，提拉下肢进入迈步相，第二次作为膝关节伸肌来控制小腿的摆动。

（四）股二头肌：为双关节肌群，作用为伸髋、屈膝。在迈步相末期作为屈膝肌离心性收缩使小腿向前摆动减速，足跟着地时及着地后，又作为伸髋肌，协助臀大肌伸髋。

（五）髋外展肌群：主要包括阔筋膜张肌和臀中肌、臀小肌。在支撑相，对侧骨盆有下降的趋势，臀中肌可以从侧向稳定骨盆，防止对侧骨盆下降，维持正常的行走姿态。

（六）髋内收肌群：在足支撑阶段，大腿在骨盆的正下方，此时内收肌的功能是与髋外展肌一起维持骨盆的稳定。足趾蹬离地面时，股骨位于骨盆后方，此时股骨相对于骨盆处于伸展和内旋位，髋内收肌具有辅助伸展与内旋、对抗屈曲与外旋的功能。

（七）骶棘肌：使脊柱后伸、头后仰和维持人体于直立姿势。在支撑相初期和末期，骶棘肌活动达到高峰以确保行走时躯干稳定。

（八）臀大肌：髋关节伸肌，人体重要的姿势肌。收缩活动开始于迈步相末期，在足底全面与地面接触时达到高峰。在迈步相后期臀大肌收缩使向前摆动的大腿减速。负重期臀大肌抗重力收缩，起到稳定骨盆、控制躯干向前（前倾）的加速度作用，同时使髋关节于支撑相保持伸展位。

步行周期中主要下肢肌肉活动如图6–2、表6–2所示。

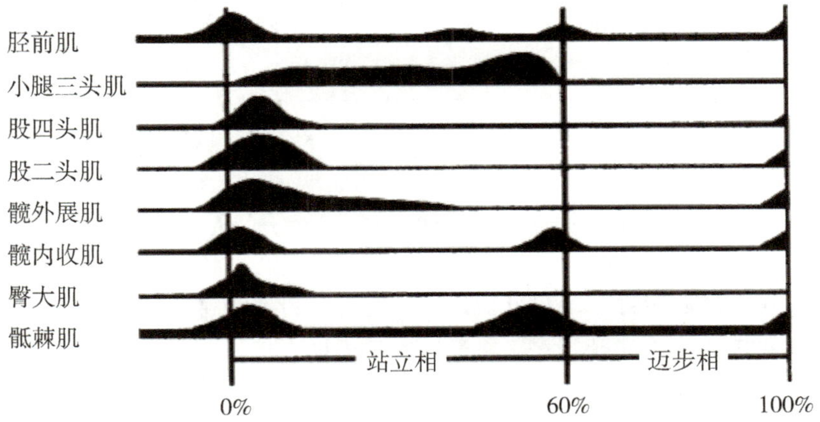

图6–2　步行周期中主要下肢肌肉活动

表6–2　正常步态中主要下肢肌群活动

步行周期	正常运动	肌群活动		
		作用于髋关节的肌群	作用于膝关节的肌群	作用于踝关节的肌群
足跟着地 ↓ 负重反应期	髋关节：30°　屈曲 膝关节：0°~15°　屈曲 踝关节：0°~15°　屈曲	骶棘肌、臀大肌、腘绳肌收缩	股四头肌先向心性收缩以保持膝关节伸展位，然后进行离心性收缩	胫前肌离心性收缩防止足放平时前脚掌拍击地面
负重反应期 ↓ 负重站立中期	髋关节：30°~5°　屈曲 膝关节：15°~5°　屈曲 踝关节：15°　跖屈~10°　背屈	臀大肌收缩活动逐渐停止	股四头肌活动逐渐停止	腓肠肌和比目鱼肌离心性收缩控制小腿前倾
站立中期 ↓ 站立末期	膝关节：5°　屈曲 踝关节：10°~15°　背屈			腓肠肌、比目鱼肌离心性收缩对抗踝关节背屈，控制小腿前倾
站立末期 ↓ 迈步前期	髋关节：10°　过伸展~中立位 膝关节：5°~35°　屈曲 踝关节：15°　背屈~20°　跖屈	髂腰肌、大收肌、长收肌收缩	股四头肌离心性收缩控制膝关节过度屈曲	腓肠肌、比目鱼肌、腓骨短肌、踇长屈肌收缩产生踝关节跖屈
迈步前期 ↓ 迈步中期	髋关节：20°~30°　屈曲 膝关节：40°~60°　屈曲 踝关节：背屈~中立位	髋关节屈肌、髂腰肌、股直肌、股薄肌、缝匠肌、阔筋膜张肌收缩，起动摆动期	股二头肌（短头）、股薄肌、缝匠肌向心性收缩引起膝关节屈曲	背屈肌收缩使踝关节呈中立位，防止足趾拖地

续表

步行周期	正常运动	肌群活动		
		作用于髋关节的肌群	作用于膝关节的肌群	作用于踝关节的肌群
迈步中期 ↓ 迈步末期	髋关节：30° ~20° 屈曲 膝关节：60° ~30° ~0° 踝关节：中立位		股四头肌向心性收缩以稳定膝关节于伸展位，为足跟着地做准备	胫前肌收缩使踝关节保持中立位

第三节　步态分析方法

步态分析常用方法有定性、定量分析两种。定性分析法通常采用目测法并与正常步态进行比较，结合临床经验找出问题所在。定量分析是借助专用设备对步态进行运动学和动力学的分析如三维步态分析系统等，步态的定量分析能够为制订康复治疗计划和评定效果提供客观数据。由于设备昂贵、步态分析数据难以解读等原因，定性分析方法是目前临床中最常用的方法。

一、定性分析法

（一）分析步骤

1. 了解病史

通过了解病情了解患者有关疼痛、肌力下降、关节不稳等方面的主诉，了解既往有关神经系统或骨关节疾患病史等。

2. 专科检查

对与步态有关的身体各部位（特别是下肢）的肌力、关节活动度、肌张力、本体感觉及周围神经等方面进行检查。

3. 步态观察

通过整体步态观察，总结归纳，分析异常点的产生原因。

（二）观察内容及方法

目测步态分析法是指不借用任何仪器，分析者通过直接注意某一关节或身体的某一节来达到步态分析的目的的方法，多数是通过检查表或简要描述的方式完成，检查者需要记录步态周期中存在的问题及其原因。为了更好地识别步态是否异常及对异常原因进行分析，就必须先熟悉在一个步态周期内各个不同阶段，不同时期髋、膝、踝、足关节的角度，参与的肌肉活动等情况，以下分别从矢状面、额状面、水平面进行分析。

1. 观察内容

（1）步态的总体情况：包括步行节奏、对称性、流畅性、身体重心的偏移、躯干在行走中的趋向性、上肢摆动、辅助器具的使用、行走中的神态表情等。

（2）步态周期的时相与分期特点：如首次着地的方式、站立中期足跟是否着地等。

（3）身体各部位情况：了解踝关节、膝关节、髋关节、骨盆、躯干、肩及头颈部在步行周期中不同时期的变化是否正常。是否有踝关节背屈不充分、内翻；膝关节过伸；髋关节屈曲不充分、外展并外旋；骨盆抬高、后撤；躯干前倾、一侧倾斜等。

2. 观察方法

（1）观察角度：不同的侧面反映特定的步态特征，目测步态时需要从正、侧面加以观察。

正面（冠状面）有助于观察躯干和骨盆是否存在向侧方倾斜，上肢摆动方向是否与同侧骨盆和下肢的运动方向相反，髋关节内收/外展、膝关节内/外翻、踝关节内/外翻及重心作用转移的情况等。侧面（矢状面）观察有助于检查脊柱屈伸运动，髋、膝、踝关节在步行周期中的屈伸运动的情况。

矢状面分析：维持正常步态的条件是髋关节屈曲至少30°，后伸10°，膝关节能充分伸展，并能屈曲60°，踝关节跖屈20°，背屈至少15°，为了维持这些关节活动范围，在步态周期不同阶段由不同的肌肉参与活动，若肌肉无力，将会出现不同的异常步态及相应代偿情况。踝足关节、膝和髋关节的矢状面分析结果分别见表6–3~表6–5。

额状面分析：当单足支撑时重心升高，双足支撑时重心下降，为了减少重心的上下移动，步行时骨盆配合有一定的运动。在正常步态中，当支撑腿达到MST（Mid–stance，站立中期）位置时，身体重心达到最高点，此时除去支撑腿稍有弯曲外，骨盆倾斜，即摆动腿一侧骨盆下降，可使身体重心下降，整个摆动相重心上下移动约5厘米。由于骨盆倾斜，支撑腿髋关节处于内收位，臀中肌必须工作，以维持身体平衡。

水平面分析：在一步态周期中，摆动期摆动腿一侧的骨盆有旋前运动，对侧骨盆有旋后运动。旋前、旋后角度大约分别为4°，总的旋转范围为8°。骨盆旋前、旋后可使步长加大，并可减少重心下降程度。

（2）应用步态观察分析表：由于一个完整的步态完成时间极短，因此临床中可以采用系统的评定方法评定患者的步态。

步态分析正常（背面、侧面、正面）

步态分析异常（背面、侧面、正面）

表6-3　步态分期中踝足关节矢状面分析

步态分期	正常动作	力矩	正常肌肉动作	无力结果	可能代偿
足跟着地 ↓ 负重反应期	跖屈0°～15°	跖屈	胫前肌群离心性收缩对抗跖屈力矩，因此通过控制跖屈防止足拖拽	缺乏对抗跖屈能力，行走足拖拽	为了避免足拖拽或消除跖屈力矩，足底着地或先足趾着地，避免足跟着地
负重反应期 ↓ 站立中期	跖屈15°～背屈10°	跖屈～背屈	腓肠肌和比目鱼肌离心性收缩对抗背伸并控制胫骨前移	过度背伸，胫骨前移运动失控	为了避免过度背伸，踝关节保持在跖屈位
站立中期 ↓ 站立末期	背屈10°～15°	背屈	腓肠肌和比目鱼肌离心性收缩对抗背伸，控制胫骨前移	过度背伸，胫骨前移失控	踝保持在跖屈位，如果足不能平放，背伸动作消失，产生台阶步
站立末期 ↓ 迈步前期	背屈15°～跖屈20°	背屈	腓肠肌、比目鱼肌、腓骨短肌、腓骨长肌、趾长屈肌收缩	无滚动动作	整个足提起离开地面
迈步前期 ↓ 迈步中期	背伸至中立位	无	背伸肌收缩使踝处于中立位，防止足趾在地上拖拽	足下垂和/或足趾拖拽	为了防止足趾拖拽增加髋、膝屈曲，摆动腿呈勾状或画圈状
迈步中期 ↓ 迈步末期	中立位	无	背伸	足下垂或足尖拖步	为了防止拖拽，增加髋、膝屈曲，摆动腿可能画圈

表6-4　步态分期中膝关节矢状面分析

步态分期	正常动作	力矩	正常肌肉动作	无力结果	可能代偿
足跟着地 ↓ 负重反应期	屈0°~15°	屈曲	开始股四头肌收缩保持膝伸展，然后离心性收缩对抗屈曲并控制屈曲程度	由于股四头肌不能对抗屈曲，膝过度屈曲	踝跖屈，以便全足着地代替足跟着地，跖屈抵消了膝屈，身体前倾抵消了屈膝，因此可用于代偿股四头肌无力
负重反应期 ↓ 站立中期	伸15°~5°	屈–伸	开始股四头肌收缩，然后无活动	开始过度屈曲	支撑中期开始同上，稍后部分不需要代偿
站立中期 ↓ 站立末期	伸5°~0°	屈–伸	无活动	无	不需要
站立末期 ↓ 迈步前期	屈0°~40°	伸–屈	需要股四头肌控制膝屈曲程度	无	无

续表

步态分期	正常动作	力矩	正常肌肉动作	无力结果	可能代偿
迈步前期 ↓ 迈步中期	屈40°~60°	无	股四头肌几乎不活动，股薄肌、缝匠肌离心性收缩	膝屈不充分	髋屈增加，画圈，勾状
迈步中期 ↓ 迈步末期	伸60°~30° 伸30°~0°	无 无	股四头肌离心性收缩稳定伸膝，准备足跟着地	膝伸不充分	无

表6-5　步态分期中髋关节矢状面分析

步态分期	正常动作	力矩	正常肌肉活动	无力原因	可能代偿
足跟着地 ↓ 负重反应期	屈30°	屈曲	背肌、臀大肌、腘绳肌	髋过度屈曲，由于不能对抗屈曲，骨盆前倾	身体后倾防止过度髋屈，抵消髋屈
负重反应期 ↓ 站立中期	屈30° ~中立5°	屈–伸	开始臀大肌收缩对抗屈曲，当由屈到伸时此运动停止	开始阶段，髋过度屈曲，由于无法对抗屈曲，骨盆前倾	开始阶段，躯干后倾防止髋过度伸展，一旦屈变成伸时，不再需要后倾
站立中期 ↓ 站立末期	无	伸	无活动	无	不需要
站立末期 ↓ 迈步前期	过伸10° ~中立位	伸	髂腰肌、大收肌、长收肌	不定	不定
迈步前期 ↓ 迈步中期	屈20° ~30°	无	髋屈肌活动起动摆动，髂腰肌、股直肌、股薄肌、缝匠肌、阔筋膜张肌	消除髋屈，不能起动，下肢踝向前运动及提足离开地面	画圈或呈勾状使腿向前将足抬起足够高度离开地面
迈步中期 ↓ 迈步末期	屈30° ~中立位	无	腘绳肌	缺乏摆动腿的控制，不能将足放在足跟着地位置	无

（三）注意事项

（1）选择环境：观察场地至少6米×8米，测试场地内光线要充足。选择病人行走的环境，并测量准备让病人走的距离。确定观察者自己的位置，以便能看到观察对象的全貌。如果拍照，相机应当放在能看到病人下肢、脚以及从矢状面和冠状面都能看到头和躯干的地方，即观察者与观察对象呈45°角较合适。

（2）观察顺序：分别从矢状面（侧面）或额状面（前、后）观察，观察时可集中注意力在步态周期的某一部分某节段，不要从一个节段跳到另一个节段或从一个时期跳到另一个时期。

（3）两侧对比：鉴于患侧下肢运动异常可能对健侧下肢的运动产生影响，在矢状面观察步态时应分别从两侧进行观察。如偏瘫病人等大多数虽只有一侧受累，但身体另一侧也可能会受到影响，因此要观察两侧，自身对比。

（4）被检查者应尽量少穿衣服以便于真实表现的观察。

（5）如步行时出现疼痛，则应注意观察疼痛出现的时间。

（四）结果分析

表6-6~表6-9对不同时期的异常表现、可能的原因及需要进一步检查的项目进行了归纳。治疗师结合患者的病史、体检结果参照表中的内容分析出异常可能的原因。

表6-6　踝足关节在步行周期中的常见异常表现

时期	异常所在	异常表现	可能原因	进一步检查
首次着地	足拍击地面	在足跟着地时足前部拍击地面	踝关节背屈肌瘫痪或力弱，或背屈肌交互抑制，背屈肌萎缩	踝关节背屈肌肌力 是否存在跨栏步态
	足尖着地	首次着地方式为足趾着地，站立相维持足尖站立姿势	双下肢不等长 跟腱挛缩 踝关节跖屈肌挛缩 跖屈肌痉挛 背屈肌瘫痪 足跟痛	双下肢长度，是否存在髋或膝关节屈曲挛缩、肌张力和跖屈肌活动时相 有无足跟痛
	足平放着地	首次着地方式为全足底同时着地	踝关节过度背屈固定 背屈肌瘫痪或力弱 新生儿/本体感觉性行走	踝关节活动度 膝关节是否存在过伸展 是否存在未成熟步态模式
站立中期	过度体位性跖屈	胫骨未能从10° 跖屈位回到中立位	跖屈肌无离心性收缩 跖屈肌瘫痪或力弱 跟腱松解过度、断裂、挛缩	股四头肌是否存在痉挛或无力 是否膝关节过伸展、髋关节过伸展 躯干是否后倾、前倾 有无跖屈肌力弱或跟腱断裂
	站立中期足跟抬起	站立中期足跟未接触地面	跖屈肌痉挛	有无跖屈肌、股四头肌、屈髋肌及内收肌痉挛
站立中期	过度体位性背屈	因胫骨从10° 跖屈位回到中立位速度过快而产生大于正常的背屈	跖屈肌不能控制胫骨向前 膝或髋关节屈曲挛缩	踝关节周围肌，膝、髋关节屈肌 关节活动度 躯干体位
	爪形趾	足趾屈曲抓住地面	足底抓握反射整合不全 阳性支持反射 跖屈肌痉挛	足底抓握反射、阳性支持反射 趾关节活动度

续表

时期	异常所在	异常表现	可能原因	进一步检查
站立末期	无向前转动（无足跟离地）	体重转移（自足跟外侧至足前部内侧）不充分	踝足机械固定 跖屈肌、内翻肌、趾屈肌瘫痪或被抑制 趾屈肌和背屈肌拮抗收缩 足前部疼痛	踝足关节活动度 踝关节周围肌功能和肌张力 足前部疼痛
迈步相	足趾拖地	背屈不充分以至于足前部和足趾不能完成足廓清动作	背屈肌和趾伸肌瘫痪或无力 跖屈肌痉挛 膝或髋关节屈曲不充分	髋、膝、踝关节活动度 髋、膝、踝关节周围的肌力与肌张力
	内翻		内翻肌痉挛 背屈肌和外翻肌瘫痪或力弱 伸肌模式	内翻肌和趾屈肌肌张力 背屈肌和外翻肌肌力 下肢有无伸肌模式

表6-7　步行周期中膝关节的常见异常表现

时期	异常所在	异常表现	可能原因	进一步检查
首次着地	过度屈曲	足跟着地时膝关节屈曲	膝关节疼痛 膝屈肌痉挛或股四头肌瘫痪、无力 对侧下肢短	膝关节疼痛 膝屈肌肌张力 膝伸肌肌力 下肢长度 是否有骨盆倾斜
负重反应期	过伸展（膝过伸）	股四头肌和比目鱼肌瘫痪或力弱而致臀大肌收缩被动牵拉膝关节向后 股四头肌痉挛 踝关节跖屈畸形		踝、膝关节屈肌肌力和肌张力 踝关节活动度
站立中期	过伸展（膝过伸）	单腿支撑时重心靠前	同上	同上
站立末期	过度屈曲	膝屈曲大于40°	重心远远超过骨盆前方 躯干僵硬，膝、髋关节屈曲挛缩	躯干姿势 膝、髋关节活动度 屈肌协同模式
	屈曲受限	膝屈曲小于40°	股四头肌痉挛或跖屈肌痉挛	髋、膝、踝肌张力
迈步相初期至中期	过度屈曲	膝屈曲大于65°	迈步前期膝关节屈曲消失 屈肌退缩反射 辨距不良	髋、膝、踝周围肌肌张力 屈肌退缩反射 辨距不良
	屈曲受限	膝屈曲小于65°	膝关节疼痛 膝关节活动度消失 伸肌痉挛	膝关节疼痛 膝关节活动度 髋、膝关节肌张力

表6–8　步行周期中髋关节的常见异常表现

时期	异常所在	异常表现	可能原因	进一步检查
首次着地至足放平	过度屈曲	屈曲超过30°	髋、膝关节屈曲挛缩 比目鱼肌和股四头肌肌力弱 髋关节屈肌肌张力增高	髋膝关节活动度及比目鱼肌、股四头肌肌力 髋屈肌肌张力
	屈曲受限	屈曲小于30°	髋屈肌肌力弱 髋关节屈曲受限 臀大肌肌力弱	髋屈、伸肌肌力 髋关节活动度
足放平至站立中期	伸展受限 内旋	髋关节未达到中立位 下肢内旋	髋屈曲挛缩、髋屈肌痉挛 内旋肌痉挛、外旋肌力弱、对侧骨盆过度旋前	髋关节活动度和屈肌肌张力 内旋肌肌张力和外旋肌肌力 双侧髋关节活动度
	外旋	下肢外旋	对侧骨盆过度旋后	双侧髋关节活动度
	外展	下肢外展	臀中肌痉挛 躯干向同侧髋关节外侧倾斜	外展模式检查
	内收	下肢内收	髋屈肌和内收肌痉挛 对侧骨盆下降	髋屈肌和内收肌肌张力 内收肌肌力
迈步相	环形运动	下肢外侧环形运动	代偿髋屈肌肌力弱 代偿因“腿长”而不能完成足廓清动作	髋、膝、踝屈肌肌力 髋、膝、踝关节屈曲活动度 伸肌模式检查
	髋关节抬高	通过腰方肌收缩使迈步相下肢缩短	代偿膝关节屈曲不足或踝关节背屈不足 代偿迈步相下肢伸肌痉挛	髋、膝、踝关节活动度及肌力 膝、踝伸屈肌肌张力
	过度屈曲	屈曲大于20°~30°	足下垂时试图缩短下肢	踝足伸屈肌肌力和关节活动度 屈肌模式

表6–9　步行周期中躯干的常见异常表现

时期	异常所在	异常表现	可能原因	进一步检查
站立相	躯干侧弯	躯干向站立相下肢侧（患侧）倾斜（臀中肌步态）	代偿站立期下肢臀中肌瘫痪或力弱以阻止迈步相下肢侧骨盆下降 代偿髋关节疼痛以减少作用于髋关节的力 对侧下肢短	臀中肌肌力 是否存在髋关节疼痛
	躯干后倾	躯干后倾导致关节过伸展（臀大肌步态）	站立相下肢臀大肌瘫痪或力弱 骨盆旋前	髋关节伸肌肌力 骨盆位置
	躯干前倾	躯干前倾至髋关节屈曲 躯干上部前倾	代偿股四头肌肌力弱、前倾去除了膝关节屈曲力矩 髋、膝屈曲挛缩 骨盆旋后	股四头肌肌力 骨盆位置

二、定量分析法

定量分析是借助专用设备对步态进行分析，为评定治疗效果提供客观数据。

（一）运动学分析

1. 足印分析法

先准备所用材料包括绘画颜料或石灰粉，1 100厘米 ×45厘米硬纸或地板胶、秒表、剪刀、直尺、量角器；测量参数有速度、步频、步角、步宽、跨步长和步长。具体方法如下：

（1）测试准备：①准备好供步态分析用的步道，在距离两端各2.5米画一横线，中间6米作为正式步态分析用。②受试者赤脚踏上颜料或石灰粉，以便有颜料或石灰粉粘上足底。③正式测试之前，在步道旁试走2～3次。④正式测试时，嘱受试者两眼平视前方，以自然行走方式走过准备好的步道。⑤当受试者走过开始端横线处按动秒表，直到走过终端横线外，停止秒表，记录走过中间6米所需要的时间，中间6米两侧至少应有连续6个步印供测量用。如图6-3所示。

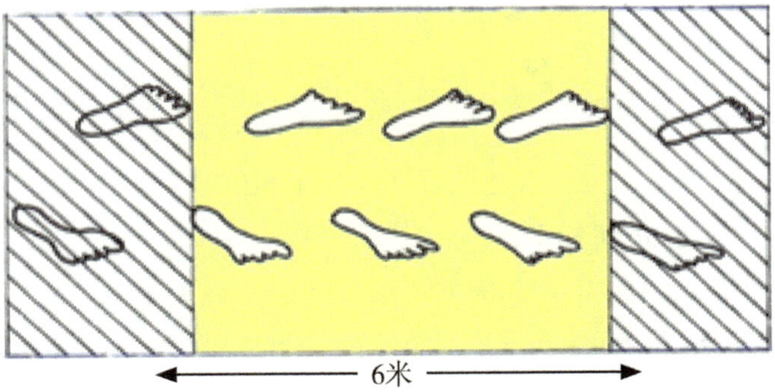

图6-3　足印分析法

（2）测量与记录：①根据步态参数示意图（如图6-4所示）可分别测量出步长、跨步步宽和步角。②按公式计算出步速与步频：步速（米/秒）=6米 / 所需要的时间（秒）；步频（步 / 分）=6米内步数 / 时间（分）。

（3）优点：足印分析法有许多优点。①方便快捷：测试过程只需2分钟，测量与记录也只需10分钟。②费用低廉：所需设施简单，走廊拖洗干净，可作为步道使用，秒表、直尺、量角器一般地方均可购买。③定量客观。

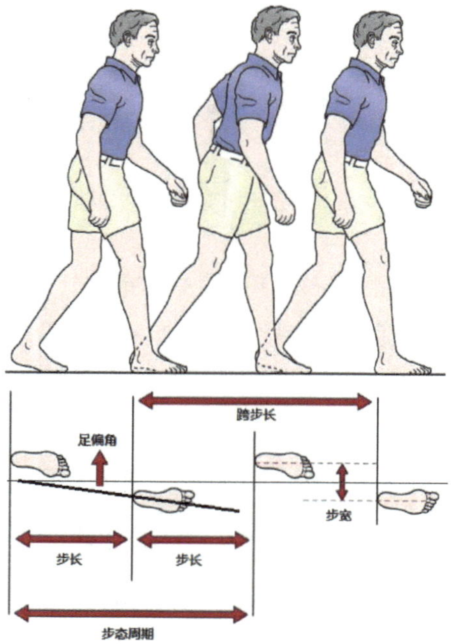

图6-4　步态参数

2. 鞋跟绑缚标记笔法

所用材料包括一个秒表、二支水性记号笔、16米长的步道。测量参数包括步宽、步长、跨步长、步速、步频。具体方法如下。

（1）测试准备：①步道：平整的地面或地板均可作为步道，16米长的步道划分为中间6米、两端各5米，测量仅在中间6米进行，前5米作为测量前达到正常速度的准备用，后5米作为测量后的“减速”用，以便有效地减少误差（如图6-5所示）。②正式测试前将不同颜色的记号笔绑缚在鞋跟处（如图6-6所示），当被测试者站起来时，使笔尖正好达到地面，以便留下足跟着地的记号。③正式测试时嘱病人以平常步行速度从一端走到另一端，测试人员用秒表记录走过中间6米所需的时间。

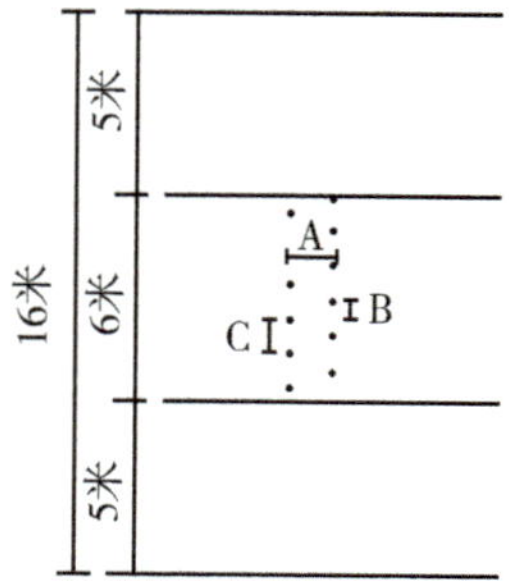

A.步宽　B.步长　C.跨步长

图6-5　鞋跟绑缚标记笔法步道

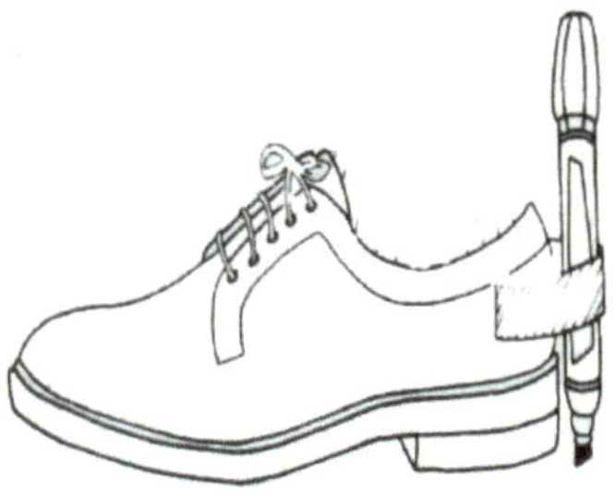

图6-6　鞋跟绑缚标记笔法

（2）测量与记录：①跨步长：从足跟着地的记号到同侧下一个足跟着地的记号之间的距离，记录连续3个跨步长的平均值。②步长：一个足跟着地的记号到对侧足跟着地的记号之间的距离，记录连续3个步长的平均值。③步宽：两侧连续记号之间的距离。④步速与步频：计算方法如前述。

（3）优点：①费用低廉，只需要一个秒表、2支记号笔。②此种方法只需一个测试人员即可完成，场地不受限制。③所获得的信息可用来记录病人治疗前后的行走能力。

3. 常用的测量指标

（1）步态的距离参数测量

距离参数包括：步长、跨步长、足夹角。

结果记录与分析：左、右步长不等提示对称性破坏。足夹角减小提示稳定性下降。在进行分析前，需将跨步长/下肢长，步长/身高进行统一归一化处理，使不同的患者之间的结果具有可比性。

（2）步态的时间参数测量

时间参数包括：步频、步速、步行周期、同侧站立相和迈步相的时间及其比例、左侧和右侧站立相或迈步相之比、站立相各分期发生时间及所占时间百分比。

结果记录与分析：步频反映步态的节奏性和稳定性。站立相与迈步相时间之比用以评定步态的稳定性。左、右迈步相时间之比用以评定步态的对称性。

（3）关节运动角度

测量技术包括：直接测量（电子角度计）和成像测量技术（多次曝光照片、数字视频技术）。

方法：在关节处取相应的标志点，光点轨迹采样，系统处理。

作用：客观地评定步行中关节功能障碍的部位，出现的时间和程度，进而指导康复治疗。

（二）动力学分析

测量内容包括：地反力、关节力矩、人体重心、肌肉活动等。

因其价格昂贵，临床上较少使用。

（三）行走能力的评定

对步行能力的评定有多种不同的方法，但是目前为止尚缺乏一个通用的定量的标准。

1. 功能独立性测量（functional independence measurement，FIM）

评分采用7分制，最高分为7分，最低分为1分。得分的高低以患者独立的程度、对于辅助具或辅助设备的需求以及他人给予帮助的量为依据。评分根据行走的距离和辅助量两方面。

7分：完全独立——不用辅助设备或用具，在合理的时间内至少能安全地步行50米。

6分：有条件的独立——可独立行走50米，但需要使用辅助具（下肢矫形器、假肢等），行走时需要比正常的时间长并考虑安全因素。

5分：可以步行50米，但需要他人监护、提示及做行走前的准备工作。患者不能独立步行50米时，在没有他人帮助的情况下，不论是否使用辅助设备或辅助具，都能步行17米达到室内生活的功能水平。

4分：最小量帮助——步行时需要他人轻轻地用手接触或偶尔帮助。患者至少能独立完成≥75%的50米行走动作。

3分：中等量帮助——步行时需要他人轻轻地上提患者身体。患者至少能独立完成50%~74%的50米行走动作。

2分：最大量帮助——患者至少能独立完成25%~49%的50米行走动作，仅需1人的帮助。

1分：完全帮助——患者仅完成不足25%的50米行走动作，需要2人的帮助，不能行走17米。

2. Hoffer步行能力及步行功能分级

采用半定量的方式评估患者的步行能力和步行功能。

Hoffer步行能力分级分为Ⅰ~Ⅳ级。

Ⅰ级为不能步行（nonambulator），即完全不能步行。

Ⅱ级为非功能性步行（nonfunctional ambulator），即借助于膝—踝—足矫形器（knee ankle foot orthosis，KAFO）、手杖等能在室内行走，又称治疗性步行。

Ⅲ级为家庭性步行（household ambulator），即借助于踝—足矫形器（ankle foot orthosis，AFO）、手杖等能在室内行走自如，但在室外不能长时间行走。

Ⅳ级为社区性步行（community ambulator），即借助于AFO、手杖或独立可在室外和社区内行走、散步、去公园、去诊所、购物等活动，但时间不能持久，如需要离开社区长时间步行仍需坐轮椅。

Holden步行功能分级分为0~5级。

0级：无功能患者不能走，需要轮椅或2人协助才能走。

1级：需大量持续性的帮助，需使用双拐或需要1个人连续不断地搀扶才能行走或保持平衡。

2级：需少量帮助行走，但平衡性不佳，不安全，需1人在旁给予持续或间断的接触身体的帮助或需使用膝—踝—足矫形器（KAFO）、踝—足矫形器（AFO）、单拐、手杖等以保持平衡和保证安全。

3级：需监护或语言指导能行走，但不正常或不够安全，需1人监护或用语言指导，但不接触身体。

4级：在平地上能独立行走，但在上下斜坡，在不平的地面上行走或上下楼梯时仍有困难，需他人帮助或监护。

5级：完全独立在任何地方都能独立行走。

第四节　常见异常步态的原因分析及表现

正常人的行走能力体现了神经系统、骨骼肌肉系统、生理系统之间的完美整合以及在功能上相互依赖的关系。上述任何一个系统损伤所致的运动功能障碍均可以表现为病理步态。从功能损伤的层面分析，引起病理步态的原因包括疼痛、肌力减弱、畸形、感觉障碍、与中枢神经系统损伤有关的肌活动障碍如肌肉活动增加和运动障碍等。理解这些静态和动态因素如何影响人体运动质量将有助于准确认识病理步态的特征，进而使康复治疗有的放矢，提高疗效。

一、疼痛

特征：患侧下肢站立相时间缩短，跨步长缩短，步速下降。

（1）髋关节疼痛：患侧肩关节下降、对侧肩关节抬高、躯干向患侧过度倾斜等代偿动作使身体重心越过疼痛关节以减少对关节面的机械性压力，从而减轻疼痛。

（2）膝关节疼痛：膝关节轻度屈曲，可降低关节囊的张力，足尖着地代替足跟着地。

（3）足前部疼痛：踝关节背屈减少，足趾离地动作消失。

（4）踝关节或足后部疼痛：首次着地时，足跟着地消失，以足尖或足的内、外侧代替。

二、肌无力

（一）臀大肌无力

（1）臀大肌作用：伸髋及稳定脊柱（在足触地时防止身体重心过分向前而摔倒）。

（2）肌力下降时表现：足跟着地时常用力将胸部后仰，使重力线落在髋关节后方，以维持髋关节被动伸展，站立中期时膝关节绷直，形成仰胸挺腰腹的臀大肌步态。如图6–7所示。

（3）机理：臀大肌肌力减弱时，其作用改由棘旁肌代偿，导致在足跟着地后，为了防止摔倒，棘旁肌收缩将髋关节向后拽，使身体的重力线落在髋关节的后方而将髋关节锁定于伸展位。

（4）代偿：单纯的臀大肌肌力减弱可由腘绳肌收缩代偿而使步态接近于正常。临床上，如果S1神经根受损，则腘绳肌和臀大肌同时受损。

（二）臀中肌无力

（1）臀中肌作用：髋关节外展，起到稳定、支持骨盆的作用。

（2）肌力下降时表现：一侧臀中肌无力时，不能固定骨盆，也无力提起、外展和旋转大腿，髋关节侧方稳定受到影响，表现为行走中患腿站立相时，躯干向患侧侧弯，以避免健侧骨盆下降过多，从而维持平衡。两侧臀中肌受损时，其步态特殊，步行时上身左右交替摇摆，状如鸭步，也称为Trendelenburg步态。如图6-8所示。

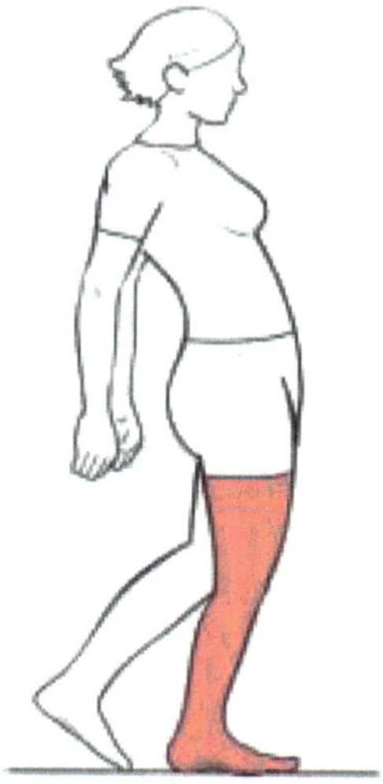

图6-7 臀大肌步态

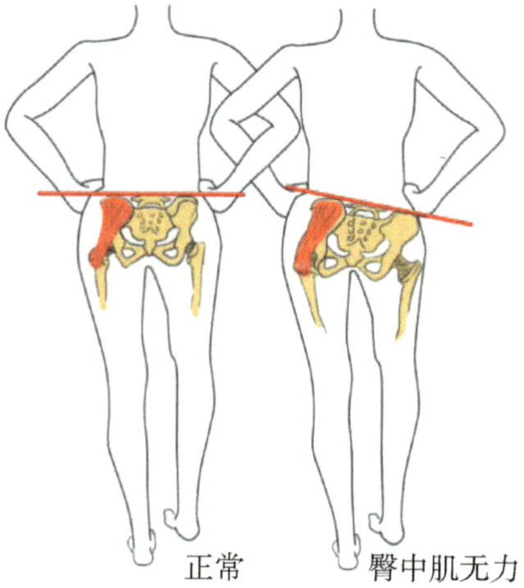

图6-8 臀中肌步态

（三）屈髋肌无力

屈髋肌是摆动相主要的加速肌，其肌力降低造成摆动相肢体行进缺乏动力，只有通过躯干在支撑相末期向后，摆动相早期突然向前摆动来进行代偿，患侧步长明显缩短。

（四）股四头肌麻痹

（1）股四头肌参与的三个时期：迈步相末期负责伸展小腿，站立相负责离心性收缩，控制膝关节屈曲度，足趾离地后负责启动下肢向前迈步。

（2）股四头肌麻痹，主要表现为对足跟着地期的影响。此时，臀大肌收缩保持股骨近端位置，小腿三头肌收缩保持股骨远端位置，从而将膝关节锁定在过伸位。

（3）如同时伴有髋关节伸肌无力，有些患者在足跟首次着地期和站立相时，俯身用手按压大腿以助膝关节伸展。如图6-9所示。

（4）膝关节反复过伸将极大地增加膝关节韧带和关节囊负荷，导致损伤和疼痛。

（五）胫前肌无力

（1）胫前肌作用：踝关节背屈。

（2）表现：

①胫前肌无力时，在足触地后，由于踝关节不能控制跖屈，所以支撑相早期缩短，迅速进入支撑相中期。胫前肌麻痹时，患者在摆动相出现足下垂，导致下肢功能性过长，往往以

过分屈髋屈膝代偿（跨阈步态，如图6-10所示），同时支撑相早期由全脚掌或足尖先接触地面，多见于腓总神经麻痹患者。

②同时和合并有屈髋肌无力或下肢痉挛则表现为足趾拖地行走，同时伴有髋关节的外展、外旋。

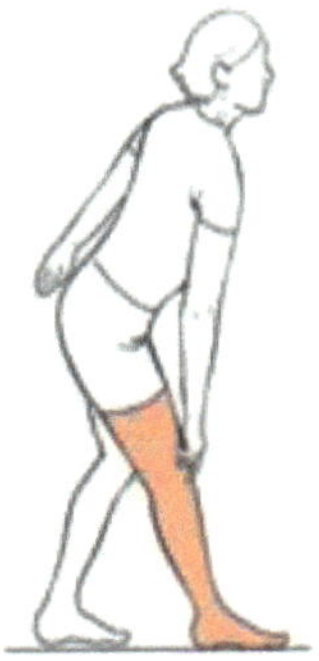

图6-9　股四头肌步态

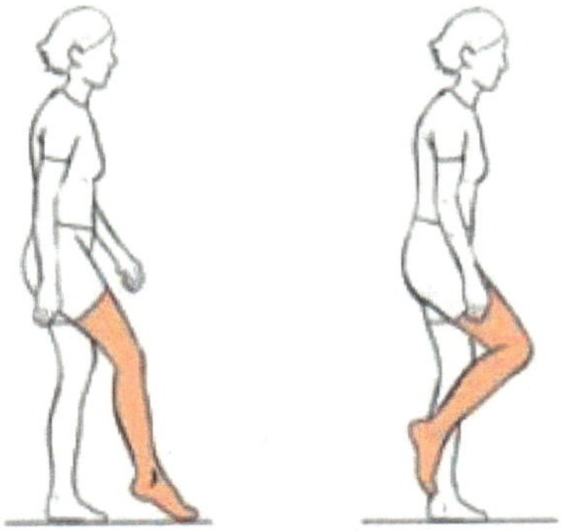

图6-10　跨阈步态

（六）腓肠肌无力

（1）腓肠肌作用：站立相末期产生蹬离动作，促使腿向前摆动。

（2）腓肠肌无力时表现：蹬离动作的爆发性减弱，身体前移力量减小、运动减慢，从而导致步幅缩短，步行速度下降。

三、畸形

（1）髋关节屈曲畸形：主要影响支撑相中后期伸髋受限，如果畸形为单侧，对侧下肢呈现功能性过长，采用抬髋行进或躯干倾斜以代偿摆动相的廓清功能，步长缩短。

（2）膝关节屈曲畸形：较少见，一般为骨关节畸形或病变造成。患者在支撑相和摆动相都保持屈膝姿势。患者在支撑相时必须使用代偿机制以稳定膝关节。患者在摆动相末期不能伸膝，致使步长缩短。

（3）膝关节僵直：支撑相晚期和摆动初期的关节屈曲角度<40°（正常为60°），同时髋关节屈曲程度及时相均延迟。摆动相膝关节屈曲是由髋关节屈曲带动，髋关节屈曲减少将减少膝关节屈曲度，结果导致拖足。患者往往在摆动相采用划圈步态、尽量抬髋或对侧下肢踮足来代偿。

（4）踝关节跖屈畸形：行走时足尖或前脚掌着地，躯干前倾，身体重心前移，迈步相时屈髋、屈膝增加。

四、中枢神经系统损伤

（一）偏瘫步态

典型的偏瘫步态表现：

（1）上肢摆动时：肩、肘、腕及手指关节屈曲、内收。

（2）下肢伸肌协同模式：髋关节伸展、内收及内旋，膝关节伸展，踝关节跖屈、内翻。

（3）步行速度减慢，健侧步幅缩短，首次着地时足跟着地消失、膝反张。

（4）患侧站立相时间缩短，摆动相时股四头肌痉挛使膝关节屈曲角度显著减小或消失，迈步相时患侧肩关节抬高，骨盆代偿性抬高，髋关节外展、外旋，偏瘫下肢经外侧画一个半圆弧，故又称画圈步态。如图6-11所示。

（二）剪刀步态

原因：髋内收肌群痉挛。

表现：是痉挛型脑性瘫痪的典型步态。由于髋关节内收肌痉挛，行走时迈步相下肢向前内侧迈出，双膝内侧常相互摩擦碰撞，足尖着地，呈剪刀步或交叉步（如图6-12所示），交叉严重时步行困难。

图6-11　偏瘫步态

图6-12　剪刀步态

（三）帕金森病步态

病变部位：基底节。

表现特征：双侧性运动控制障碍和功能障碍，以面部、躯干、上下肢肌肉运动缺乏或僵硬为特征。

步态表现：步行启动困难，双支撑相时间延长，行走时躯干前倾，髋、膝关节轻度屈曲，关节活动范围减小，踝关节迈步相时无跖屈，步长、跨步长缩短，步伐细小，上肢摆动几乎消失，易跌倒。患者以小步幅快速向前行走，患者虽启动行走困难，但一旦启动又难以止步，不能随意骤停或转向，呈现出前冲或慌张步态。如图6–13所示。

（四）共济失调步态

原因：小脑或其传导路受损；下肢感觉受损。

典型特征：行走时两上肢外展以保持身体平衡，步基增宽，高抬腿，足落地沉重；不能走直线，而呈曲线形或呈直线形前进；因步行不易控制，故步行摇晃不稳，状如醉汉，故又称酩酊步态或醉汉步态。如图6–14所示。

图6–13　慌张步态

图6–14　醉汉步态

五、其他

患肢缩短达2.5厘米以上者，该侧着地时同侧骨盆下降导致同侧肩下降，对侧迈步腿髋、膝关节过度屈曲，踝关节过度背屈。如果缩短超过4厘米，则缩短侧下肢以足尖着地行走，其步态统称短腿步态。

步态分析是制订步态矫正训练计划的基础，因此，治疗师必须熟练掌握有关正常步态的概念和正常参考值，掌握定性和定量分析的方法，确定障碍诊断，分析障碍发生的原因，为制订治疗计划提供可靠的依据。

思考题

1. 简述常见的肌无力步态及其特点。
2. 简述借助专用设备进行步态分析时需测量的指标。
3. 根据RLA分期，简述迈步期躯干和下肢各关节的运动。
4. 简述目测步态分析观察的内容。

参考文献

[1] 王玉龙.康复功能评定学（第2版）[M].北京：人民卫生出版社，2013.

[2] 恽晓平.康复疗法评定学（第2版）[M].北京：华夏出版社，2014.

[3] DAVID I P. *Orthopedic Rehabilitation, Assessment, and Enablement*[M]. New York：Springer，2007.

[4] LEVINE D, Richards J, Whittle M. W.. *Whittle's Gait Analysis(fifth edtion)*[M].London：Churchill Livingstone，2008.

[5] PERRY J, BURNFIELD J M, 姜淑云.步态分析:正常和病理功能[M].上海：上海科学技术出版社，2017.

『第二篇』

各关节的运动康复评定方法

第一章
髋关节功能评定

本章教学提示

1. 掌握髋关节的评定流程及方法；
2. 熟悉髋关节常见损伤的功能障碍表现特征、损伤机制、诊断标准；
3. 了解髋关节评定方法的新进展。

第一节　髋关节损伤的功能障碍

一、内收肌拉伤

髋内收肌包括大收肌、长收肌、短收肌、耻骨肌和股薄肌，主要作用是使下肢内收靠近中线。内收肌拉伤是髋部常见的软组织损伤，分为急性拉伤和过度使用性损伤。拉伤主要发生在内收肌近端肌肉肌腱的交界区或耻骨部的肌腱附着区。拉伤时，运动员会在腹股沟和大腿内侧感到剧烈疼痛，继续活动时疼痛加剧，严重情况下伴有瘀血和肿胀。内收肌拉伤常发生于急停变向、向前冲刺动作较多的体育运动，如跨栏、足球、跳高、高山滑雪等项目。

（一）损伤机制

内收肌急性拉伤多因强烈收缩或受到过度牵拉所致，如足球中的急停、急转动作。内收肌慢性损伤是承受过度负荷所致，如滑冰或自由式越野滑雪中反复强烈的内收动作。内收肌拉伤的危险因素还包括：①内收肌和外展肌之间肌力的不平衡；②运动员训练水平较差和训练过度；③骶髂关节功能障碍；④内收肌和腰大肌柔韧性较差。

（二）诊断标准

（1）急性期，拉伤部位出现血肿。

（2）抗阻收缩时，拉伤部位明显疼痛。

（3）牵拉内收肌，拉伤部位明显疼痛。

（4）MRI（magnetic resonance imaging，MRI，磁共振成像）或CT（computed tomography，CT，电子计算机断层扫描）能鉴别撕裂的程度。

（5）拉伤严重程度分级：

Ⅰ级：肌肉轻微撕裂，出现疼痛，没有功能和关节活动度的丧失。

Ⅱ级：肌肉或肌腱部分撕裂，出现肌力和关节活动度的丧失，功能没有完全丧失。

Ⅲ级：肌肉或肌腱完全撕裂，功能完全丧失。

（三）主要功能障碍

髋部内收肌群拉伤后大腿内侧出现疼痛，近腹股沟处疼痛明显，按压、牵拉及主动用力时疼痛加剧，严重拉伤损伤时疼痛感会持续存在。为了减轻疼痛，患侧髋关节、膝关节会呈微屈曲姿势，双腿不敢用力着地，只能缓慢跛行。内收、外展、下蹲、跳跃等动作受限，内收肌柔韧性下降。

二、股骨髋臼撞击综合征

股骨髋臼撞击综合征（femoroacetabular impingement syndrome，FAI）指股骨和髋臼结构异常造成形态改变后，在髋关节活动范围末端发生股骨近端和髋臼边缘的异常碰撞，导致髋臼盂唇、软骨受到损伤，引发髋关节周围炎症和疼痛症状，后期易发展形成髋关节骨关节炎。FAI常见于年轻的运动人群，尤其是较早进行专业训练的青少年男性运动员。

（一）损伤机制

临床分型为凸轮型、钳型和混合型三种。凸轮型是指股骨颈生长位置出现偏移，用力屈曲时股骨头旋转进髋臼，重复性末端挤压造成剪切力损害髋臼盂唇软骨，大多是在髋部前上方。可以通过观察髋关节α角来判断是否属于凸轮型FAI（髋关节α角即股骨头中心到股骨颈骨缘的连线的夹角），当α角大于55°时属于凸轮型FAI。钳型是指髋臼生长出现过度覆盖包绕在股骨颈上方，股骨髋臼之间间隙变小，重复挤压末端，导致髋臼后下方软骨损伤。一般情况下，凸轮型比钳型多见，但是大部分患者都属于混合型FAI。

（二）诊断标准

以下三点必须同时满足，才能被诊断为股骨髋臼撞击综合征。

（1）髋部或腹股沟处存在疼痛、僵硬、活动范围受限、活动时弹响等症状。

（2）临床体征检查结果阳性，包括：①髋关节前方撞击试验阳性；②髋关节后方撞击试验阳性；③FABER（髋关节屈曲-外展-外旋）试验阳性；④FADIR（髋关节屈曲-内收-内旋）试验阳性。

（3）影像学显示，股骨髋臼部位存在结构异常。

（三）主要功能障碍

髋部和腹股沟处疼痛，可牵涉至腰部、臀部、大腿。活动时会出现弹响、打软、僵硬、活动度受限等症状。屈曲、内收、内旋的复合运动受限和疼痛明显，严重时行走、下蹲及上、下楼梯等动作会加重疼痛。运动人群常在运动中或运动后疼痛加剧。

三、股骨颈应力性骨折

在所有应力性骨折中，股骨颈骨折占5%~10%，其大致分为两种类型：一种是股骨颈压缩性骨折，出现于股骨颈内部和中部皮质，危险性低，极少发生移位，年轻运动员容易出现。通常严格控制患者负重直到X线片显示骨折愈合。另一种为股骨颈张力性骨折，表现为股骨颈上方区域骨折，其存在移位的倾向，属于高危险性骨折。

（一）损伤机制

造成股骨颈应力性骨折的危险因素有很多，包括运动强度、运动量、运动时间、解剖结构、运动场地、外界因素等。例如，运动员过快增加训练量和强度，或者从软地面突然转换到硬地面训练，会造成股骨颈处承受的应力负荷过大，如果得不到充分休息会形成应力性骨折。此外，解剖结构排列不整齐，如下肢不等长，也是造成应力性骨折的因素。

（二）诊断标准

（1）负重体位下髋部、腹股沟处疼痛，受到冲击力影响时疼痛加剧。

（2）单腿跳跃时腹股沟处疼痛。

（3）髋关节被动活动至屈曲、内收、内旋终末端疼痛加剧。

（4）X线片发现骨折线。

（三）主要功能障碍

损伤初期运动后出现疼痛，休息可以缓解。如果不进行恰当治疗，运动后疼痛时间会逐渐提前，缓解疼痛所需时间逐渐延长，最终可能因为剧烈疼痛而无法运动，甚至影响日常功能活动，导致髋关节活动度、稳定性下降，走路、上下台阶、下蹲等动作均受到影响。

四、髋臼盂唇撕裂

髋关节属于球窝关节，较为灵活。盂唇是稳定关节构造的软骨，在受到暴力撞击后容易发生撕裂。髋臼盂唇撕裂也常出现于反复刺激髋关节终末角度的运动项目中。盂唇的损伤也是髋关节前部和腹股沟疼痛最常见的原因。盂唇撕裂的运动员，通常有髋关节强烈屈曲、外展的受伤史，如跆拳道中踢腿、劈腿的技术动作，要求极大范围的屈髋角度下突然下劈，造成髋关节处撞击，盂唇撕裂。

（一）损伤机制

首先，盂唇撕裂与髋关节自身结构异常相关，常发生于关节发育不良、股骨髋臼撞击综合征、幼年变形性骨软骨炎和股骨头骨骺滑脱症的患者，先天结构异常出现于体操运动员中。其次，导致髋关节处存在反复扭转应力以及终末位置屈曲、内收或外展活动的体育运动会损害盂唇，例如足球、橄榄球、网球等。此外，存在着地时急停、急转、下肢反复剧烈移动的项目也容易造成损伤，例如武术和划船等。

（二）诊断标准

（1）髋关节周围有肿胀，活动时伴有弹响或卡顿感。

（2）髋关节屈曲、旋转活动度减少。

（3）髋关节撞击试验阳性。

（4）FABER试验阳性。

（5）MRI显示髋臼盂唇损伤。

（三）主要功能障碍

髋关节前部或腹股沟有疼痛性弹响且疼痛放射至臀部，存在机械症状如绞索、打软腿、卡顿等。下肢功能明显受限，步行、上下楼梯、跑步、下肢绕轴旋转活动时疼痛加重，有夜间痛，休息不能明显缓解。

五、弹响髋

髋关节弹响涉及关节内和关节外病变，表现为髋部疼痛并影响运动员的运动表现。最典型的弹响髋是指髋关节屈曲和伸直时，髂胫束后缘或臀大肌肌腱前缘增厚，在大转子上来回滑动，发出咔嚓声并能触摸到肌纤维的弹拨状态，易继发大转子滑囊炎，常见于纤瘦和柔韧性好的女子，如芭蕾舞演员和体操运动员。非典型的弹响髋是指髂腰肌肌腱在耻骨髂耻隆起上或者在靠近小转子骨性隆起上来回滑动从而引起髋关节相关症状，当髋关节从屈曲、外旋和外展位伸直时，腹股沟深部出现疼痛并伴有弹响。

（一）损伤机制

关节内病变，如髋臼前缘撕裂、滑膜炎和游离体，并产生关节内弹响。

关节外弹响因以下结构引起：①穿越髂耻隆突或小转子的髂腰肌腱；②股骨头上方的髂股韧带；③坐骨结节上方的股二头肌长头；④股骨大转子上方的髂胫束。

（二）诊断标准

（1）髋关节做屈伸、内收、内旋动作时听到弹响，并触摸到条索物滑移，在大转子附近产生酸痛和不适感。

（2）关节内、关节外病变可以根据CT和MRI鉴别。

（三）主要功能障碍

患者主动屈伸活动或行走时出现自发性弹响，严重时每走一步都会弹响，一般伴随不适感但没有明显疼痛，出现疼痛则表明继发为大转子滑囊炎。一旦该区域出现炎症，跑步或起立都会产生持续性疼痛。很多弹响髋人群还伴随髂胫束综合征，引起大转子、大腿外侧疼痛并放射至膝关节，同时伴有髋关节不稳症状。

六、大转子滑囊炎

髋部滑囊炎是一种常见疾病，主要发生于髋部的三个滑囊：大转子滑囊、髂腰肌滑囊和坐骨结节滑囊。这些滑囊有助于肌肉肌腱或韧带组织之间的滑动，减少摩擦。滑囊炎可继发于邻近部位肌肉肌腱组织的直接损伤、过度使用或周围组织的退变，主要由机械刺激引起肌肉或肌腱在滑囊上反复来回滑动摩擦所致。由于滑囊内有真正的滑膜组织，因此滑囊炎也会继发于系统性疾病，产生滑膜炎。

大转子滑囊位于阔筋膜张肌与大转子之间，主要作用是减少股骨与臀大肌、阔筋膜张肌之间的摩擦。由于它在骨相对表浅处，所以很容易发生直接创伤，引起出血和急性炎症。大转子滑囊炎在年轻人中发病多与活动有关，在中老年人中发病多与其他病因相关。大转子滑囊炎，易发生于足球、曲棍球及田径等项目，过多的迅速变向、负重动作会导致股骨大转子和臀大肌之间反复摩擦，引起炎症。

（一）损伤机制

慢性摩擦引起大转子滑囊炎的主要原因是解剖上的结构异常，如下肢不等长、股骨颈前倾过大、骨盆过宽、髂胫束的柔韧性欠佳以及足过度旋前造成胫骨代偿性内旋等。其他常见原因包括，跑步中所受应力不对称，引起功能性下肢不等长和单侧腿的髂胫束、阔筋膜张肌过度使用。

（二）诊断标准

（1）大转子周围出现疼痛，存在肿胀，疼痛沿大腿内侧向下放射，注意与坐骨神经痛区分。

（2）行走或运动中髋关节的屈曲伸展动作会诱发大腿部灼烧感、酸痛感和疼痛。

（3）Ober试验阳性。

（4）FABER试验阳性。

（5）超声和MRI检查，显示囊壁增厚，滑囊内存在积液。

（三）主要功能障碍

大转子滑囊炎在运动员中最常出现，尤其是跑步运动员，训练量过大时会引起髋部外侧疼痛，主要位于大转子后上方和大转子表面，并从大腿外侧牵涉至膝关节。运动后症状加重，休息后缓解。髋部外侧疼痛常伴有不适感，跑跳和走路时较为明显。为使臀肌放松减轻疼痛，患者习惯于患侧髋关节处于屈曲外展外旋位。

第二节　髋关节的主观检查

一、主诉及现病史

询问患者的最主要症状，尤其是疼痛相关问题，包括疼痛的部位、严重程度、性质、深度、24小时变化，等等。髋部疼痛主要位于腹股沟、大腿内侧和髋外侧，外侧疼痛大多是大转子滑囊炎或臀中肌肌腱撕裂导致。

着重了解引起疼痛加重或减轻的因素，包括时间的推移、姿势、上下楼梯、长时间运动、休息等因素。例如，大转子滑囊炎通常是由跑步中下肢内收动作增加、足跑过中线、膝外翻等异常的跑步姿势引起的。

了解损伤给患者带来的最主要的生活功能障碍，包括下蹲疼痛、上下楼梯疼痛、站立疼痛、长时间走路疼痛等问题。例如，股骨髋臼撞击综合征患者下蹲到最底端可能引起疼痛，影响如厕；股骨颈应力性骨折患者不能长时间走路和运动。

了解损伤发生的最初时间、原因以及最初损伤到现在的病情严重程度的变化。询问接受过的治疗和治疗带来的影响。详细了解引起损伤的动作，分析判断损伤机制。

二、既往史

询问患者过去与损伤相关的病史，同时询问是否发生过类似的问题，如果有，是怎样治疗的，以及是否存在其他关节与之相关的问题。例如，内收肌反复拉伤是导致内收肌再次损伤的风险因素。

三、个人史

了解患者的年龄。关节活动度随年龄增大而减小，髋关节一些问题和先天性结构缺陷有关，同时老年女性也更容易发生骨质疏松性股骨颈骨折。

了解患者的运动史，包括训练强度、训练时间、训练类型、训练频率，等等。例如，跑步训练量或强度突然增大，易导致下肢的应力性骨折。

了解患者的兴趣爱好、个人习惯等。例如，日常生活中习惯的单侧下肢受力姿势会导致慢性损伤。

四、家族史

了解患者的家庭环境、家庭成员等情况，判断其与损伤是否相关，进而更好地了解患者问题的本质，寻找影响症状的可能因素，也能够在治疗中更好地取得患者家属的支持和配合。例如，股骨髋臼撞击综合征等髋关节问题多和家族遗传的结构异常有关，注意询问患者家人是否存在类似症状，辅助判断病症。

第三节　髋关节的客观检查

一、观察

首先观察皮肤的纹理、颜色、皱褶，检查是否有瘢痕或窦道，有无异常的病理性改变，然后视诊其余部位。

（一）站立位

1. 正面观察患者两侧髂前上棘、髂嵴是否等高，骨盆是否倾斜或回旋，左、右负重是否平均。观察髋、膝、踝的下肢力线，是否有单侧髋关节明显旋转或股骨大转子异常突出状况。观察髂腰肌、股四头肌等有无萎缩。如图1–1所示。

2. 侧面观察腰椎曲度是否正常，骨盆有无前后倾斜，下肢髋、膝、踝是否在一条直线上。如图1–2所示。

3. 后面观察足弓有无塌陷，小腿三头肌、腘绳肌、臀肌、竖脊肌双侧是否对称、有无萎缩，骨盆是否侧倾。如图1–3所示。

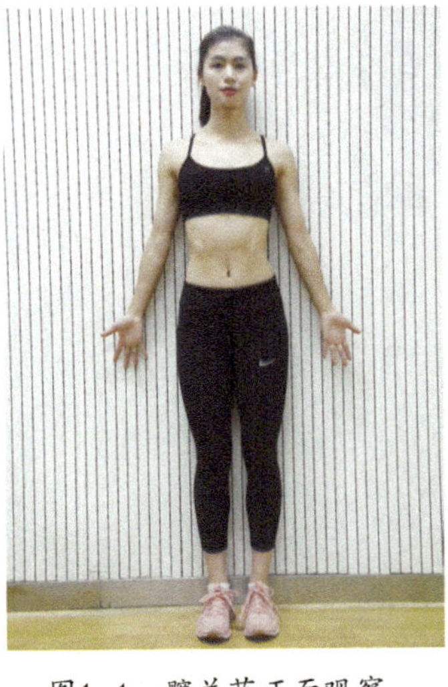

图1–1　髋关节正面观察

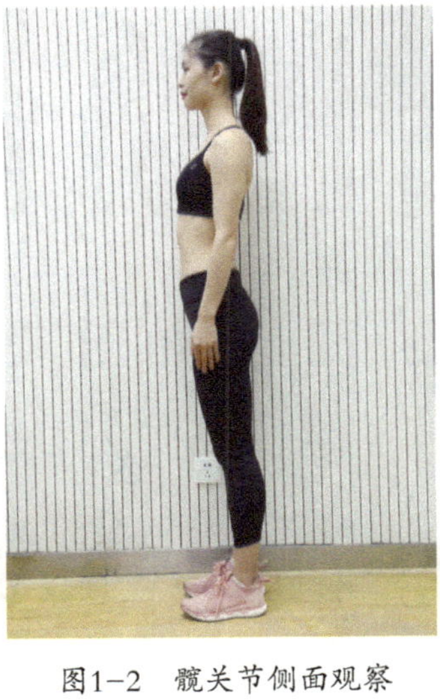

图1–2　髋关节侧面观察

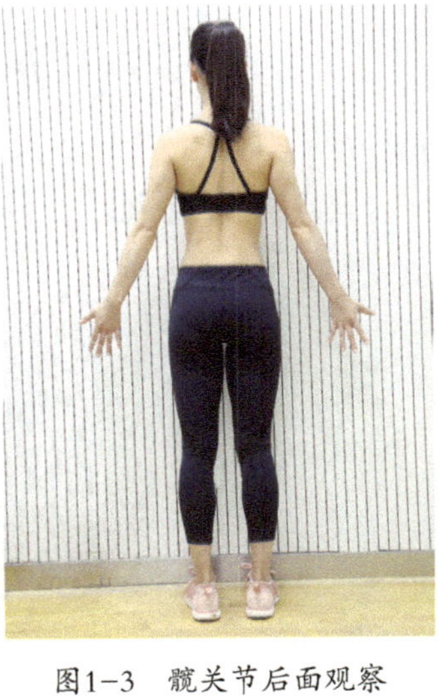

图1–3　髋关节后面观察

（二）步态分析

患者正向走，检查者从正面、背面和侧面观察患者步态稳定性、协调性以及不同步态周期下肢各关节的活动，如髋关节活动范围是否正常，骨盆是否稳定，双侧是否对称，有无跛行、蹒跚等步态。

步态分析正常（背面、侧面、正面）

步态分析异常（背面、侧面、正面）

（三）下蹲

观察患者下蹲时屈髋、屈膝的模式，股骨是否内收，膝盖是否内扣，重心是否偏移，骨盆是否稳定，是否造成髋部疼痛，记录下蹲角度对髋部疼痛的影响。

下蹲正常（背面、侧面、正面）

下蹲异常（背面、侧面、正面）

（四）跳跃

观察双脚跳起落地时患侧髋部承重情况、缓冲情况，屈髋角度是否足够，膝关节是否内扣，骨盆是否稳定，有无明显疼痛。

跳跃正常（背面、侧面、正面）

跳跃异常（背面、侧面、正面）

二、触诊

在髋关节和相关肌肉触诊中，检查者应注意是否有触痛、温度变化、肌肉痉挛或其他体征和症状，这些可能提示原发性病变。

（一）前方触诊

1. 髂嵴、髂前上棘（骨盆、腰）：两侧平齐，无任何触痛。

2. 髂骨结节：沿髂嵴外侧可触及，然后可向前移动至髂前上棘。

3. 大转子（骨盆）：位于髂骨结节10厘米外，手指沿着大腿外侧面可以触及。若大转子滑囊肿胀，也可在表面触及。

4. 腹股沟（腰部）：沿着腹股沟韧带触诊至耻骨联合，注意任何病理性体征。腰肌滑囊如果发生肿胀，常常可以在腹股沟韧带中点下方触及。

5. 股骨头：位于髋关节深处不易触及，但是周围结构可提供病变体征。股骨头位于腹股沟韧带中内1/3交点下方，位于耻骨联合和大转子所在水平线的中点处。

6. 屈髋、内收、外展肌群：触诊肌肉肌腹，检查是否存在萎缩，以及拉伤后是否存在凹陷或肿胀。如图1–4、图1–5所示。

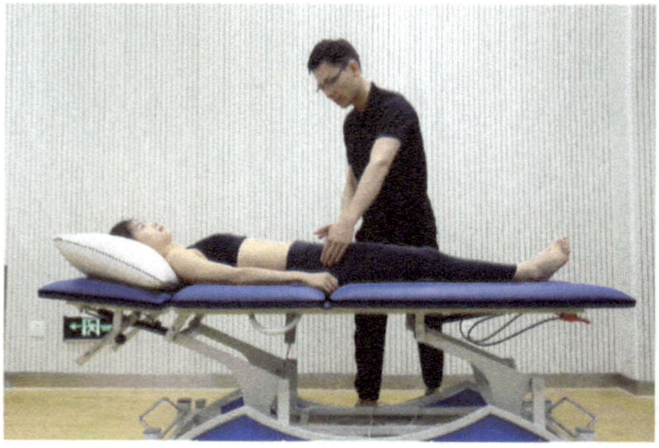
图1-4　髋关节前方触诊：股骨大转子

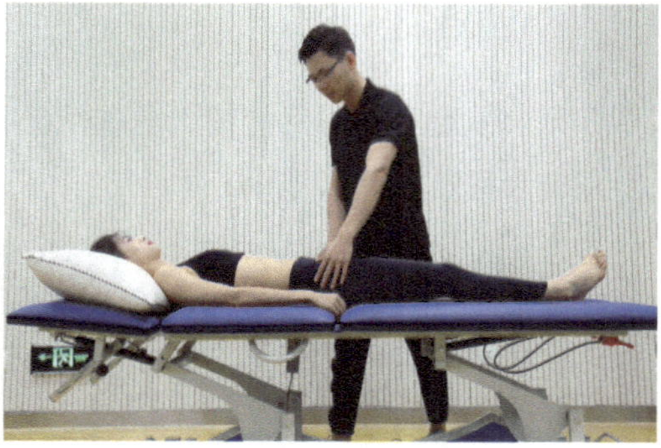
图1-5　髋关节前方触诊：髂前上棘

（二）后方触诊

1. 髂嵴、髂后上棘（腰部，骨盆）

沿着髂嵴进行后方触诊，逐渐过渡到髂后上棘，髂后上棘一般明显凸起于皮肤表面。

2. 坐骨结节（腰部，骨盆）

向尾侧触诊，位于臀部皱褶水平的坐骨结节可以被触及。如果坐骨滑囊肿胀，可以在坐骨结节表面触及。同时注意触诊其附近腘绳肌附着点是否存在压痛。

3. 臀肌、腘绳肌

触诊肌肉肌腹，检查是否存在萎缩或其余病理性体征。

4. 骶髂关节

详见第十章骨盆功能评定。如图1-6至图1-8所示。

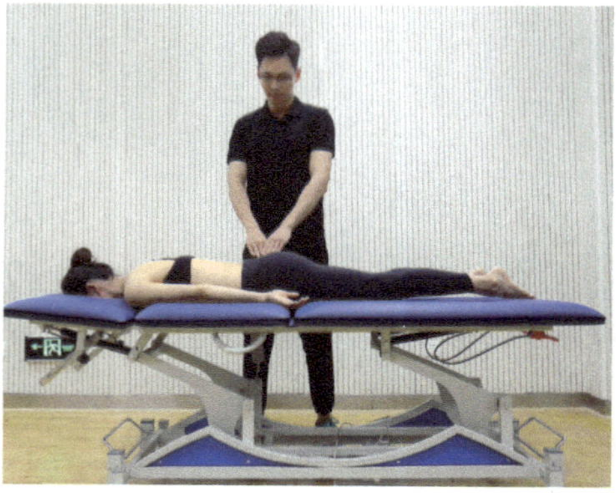
图1-6　髋关节后方触诊：骶髂关节

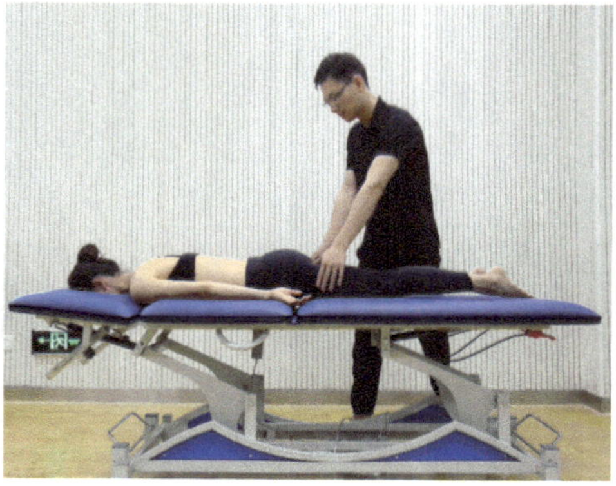
图1-7　髋关节后方触诊：坐骨结节

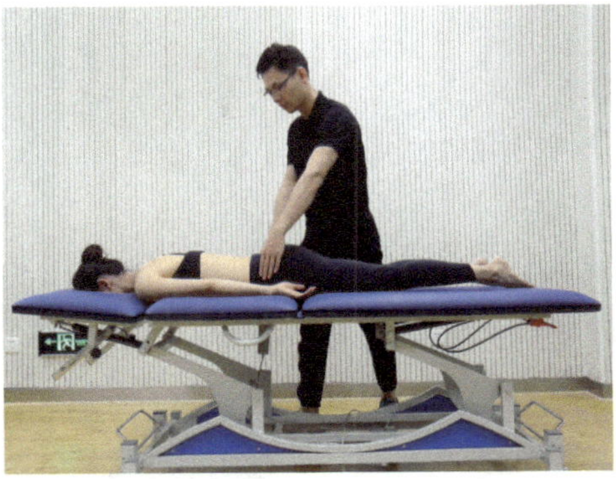

图1-8 髋关节后方触诊：髂后上棘

三、主动运动

髋关节属于球窝关节，较为灵活，但是由于髋部周围较强的肌肉和韧带的包裹，活动范围小于肩关节。髋关节主要包括屈、伸、内收、外展、内旋、外旋等方向的运动。检查主动活动度可以运用关节角度尺测量，指导被检查者主动运动到某一方向终末端，测量后进行两侧对比。

1. 髋关节屈曲

（1）体位：仰卧位，躯干无侧弯，髋关节无屈曲、伸展、旋转。如图1-9所示。

（2）关节角度尺摆放：

轴心：股骨大转子。

固定臂：通过大转子，与躯干腋中线平行。

移动臂：股骨纵轴。

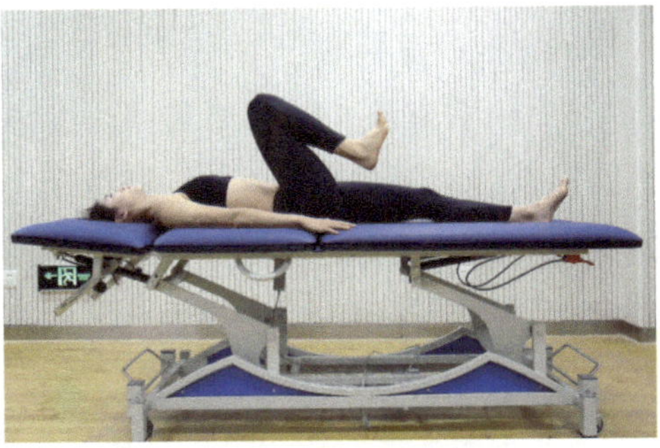

图1-9 髋关节屈曲

（3）检查方法：矢状面运动，主动运动时先让被检查者完成膝关节伸展时屈髋的动作，然后做膝关节屈曲时屈髋动作，注意防止腰椎屈曲的代偿运动。被动活动时检查者一手放在骨盆上，一手扶持屈曲的膝关节，使得被检查者髋关节被动屈曲，但不得用力下压。出现骨盆后倾时，即视为运动终末端。

（4）运动终末感：大腿前群肌肉与下腹部接触产生的软组织抵抗。

（5）参考值范围：0°~125°。

2. 髋关节伸展

（1）体位：俯卧位，躯干无侧弯，髋关节无屈曲、伸展、旋转，膝关节伸展位，双足放在检查床边缘外。如图1-10所示。

（2）关节角度尺摆放：

轴心：股骨大转子。

固定臂：通过大转子，与躯干腋中线平行。

移动臂：股骨纵轴。

（3）检查方法：矢状面运动。主动运动时，被检查者膝关节伸直抬起一侧下肢，使得髋关节伸展。被动运动时，检查者一手托住被检查者股骨远端，另一手置于同侧髂后上棘，然后将下肢向后上方抬起。当骨盆出现前倾即视为运动终末端。注意避免腰椎伸展的代偿。

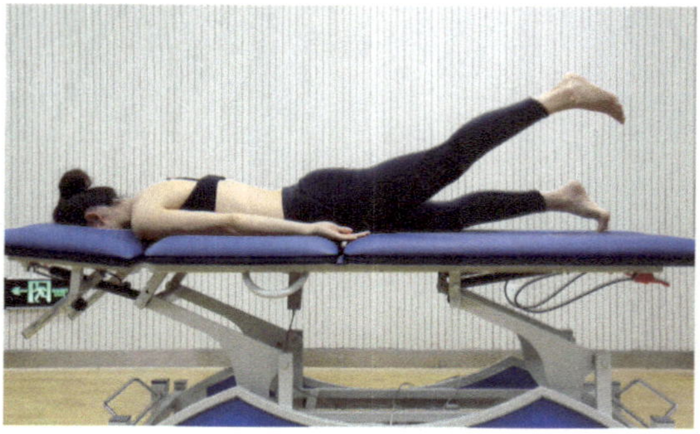

图1-10　髋关节伸展

（4）运动终末感：关节囊前部和韧带的紧张及髋关节屈肌紧张产生的结缔组织抵抗。

（5）参考值范围：0° ~30° 。

3. 髋关节内收

（1）体位：仰卧位，髋关节无屈曲、伸展、旋转，膝关节伸展位，对侧下肢呈外展位。如图1-11所示。

（2）关节角度尺摆放：

轴心：髂前上棘。

固定臂：两侧髂前上棘连线。

移动臂：股骨纵轴。

（3）检查方法：冠状面运动。主动运动时，被检查者髋部自主向内收，脚趾朝向天花板，避免髋关节内旋造成代偿。被动活动时，检查者一手固定骨盆，一手使得下肢保持内收位。当骨盆出现侧方倾斜时即为运动终末。

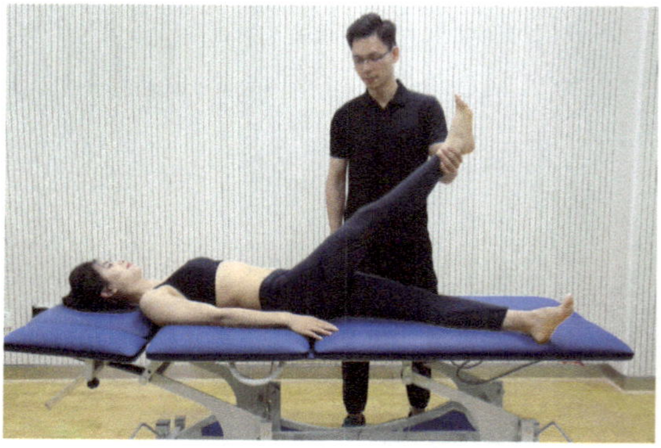

图1-11　髋关节内收

（4）运动终末感：关节囊外侧、髂股韧带上束，以及外展肌群紧张而产生的结缔组织抵抗。

（5）参考值范围：0° ~30° 。

4. 髋关节外展

（1）体位：仰卧位，髋关节无屈曲、伸展、旋转，膝关节伸展位。如图1-12所示。

（2）关节角度尺摆放：

轴心：髂前上棘。

固定臂：两侧髂前上棘连线。

移动臂：股骨纵轴。

（3）检查方法：冠状面运动。主动运动时，被检查者髋部自主向外打开，脚趾朝向天花板，避免髋关节外旋造成代偿。被动活动时，检查者一手置于被检查者髂前上棘上方，另一手握住其踝关节，向外展方向移动。当骨盆出现向侧方倾斜和脊柱侧屈时，即运动终末。

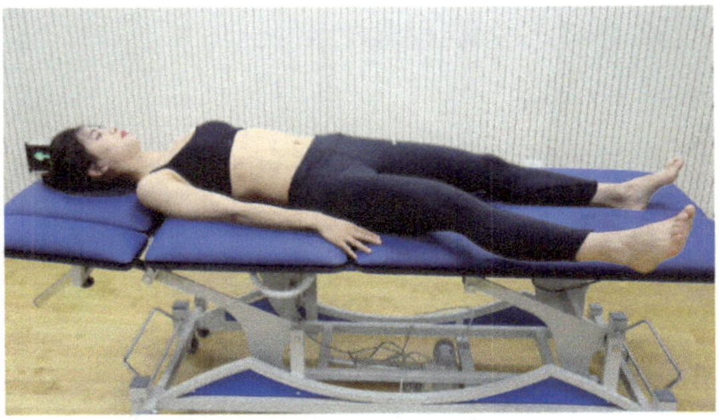
图1-12 髋关节外展

（4）运动终末感：关节囊内侧和韧带的紧张，以及内收肌群、耻骨肌等紧张产生的结缔组织抵抗。

（5）参考值范围：0°~45°。

5. 髋关节内旋

（1）体位：端坐位，髋关节屈曲90°，无内收、外展。膝关节屈曲90°置于检查床边缘。毛巾卷成圆筒状，置于股骨远端。双手固定于检查床边缘。如图1-13所示。

（2）关节角度尺摆放：

轴心：髌骨中心。

固定臂：通过髌骨中心垂线，与地面垂直。

移动臂：胫骨纵轴。

图1-13 髋关节内旋

（3）检查方法：水平面运动。主动运动时，在防止髋关节屈曲和内收的前提下，被检查者小腿向外侧摆动到终末端。被动活动时，检查者一手置于被检查者下肢的股骨远端，防止髋关节屈曲和内收，另一手使小腿向外侧摆动。被检查者双手置于检查床面上，体重移至被检测臀部，辅助固定。当髋关节内旋出现脊柱侧屈时即达到运动终末。避免出现髋关节内收的代偿动作。

（4）运动终末感：关节囊后部、坐股韧带，以及外旋肌群紧张而产生的结缔组织抵抗。

（5）参考值范围：0°~45°。

6. 髋关节外旋

（1）体位：端坐位，髋关节屈曲90°，无外展及内收。膝关节屈曲90°置于检查床边缘。毛巾卷成圆筒状，置于股骨远端。双手固定于检查床边缘（也可取仰卧位、俯卧位）。如图1-14所示。

（2）关节角度尺摆放：

轴心：髌骨中心。

固定臂：通过髌骨中心垂线，与地面垂直。

移动臂：胫骨纵轴。

（3）检查方法：水平面运动。主动运动时，在防止髋关节屈曲和外展的前提下，被检查者小腿向内侧摆动到终末端。被动活动时，检查者一手置于被检查者下肢的股骨远端，防止髋关节屈曲和外展，另一手使小腿向内侧摆动。被检查者双手置于检查床面上，体重移至被检测臀部，辅助固定。另一侧下肢膝关节屈曲，防止阻碍被检测下肢向内摆动。当髋关节外旋出现脊柱侧屈时即达到运动终末。避免出现髋关节外展的代偿动作。

图1–14　髋关节外旋

（4）运动终末感：关节囊前部、韧带，以及内旋肌群紧张而产生的结缔组织抵抗。

（5）参考值范围：0° ~45° 。

四、被动运动

被动运动的检查包括被动生理运动和附属运动的检查。

（一）被动生理运动的检查

检查方法同主动运动，检查者帮助被检查者被动活动到终末端，注意不要用力向下压刻意增大关节活动范围。当产生软组织抵抗感或者骨盆出现倾斜和旋转时，表明运动到终末端，此时进行关节角度的测量。

（二）附属运动的检查

评估股骨头在髋臼表面的滑动，并观察终末感、组织抵抗和是否引发症状，评估髋关节关节囊及周围韧带的活动和完整性。

1. 向下滑动

被检查者仰卧位，检查者站于检查床旁，将被检查者腿放于自己的肩膀上，令其屈髋90° 并轻微外旋，双手环抱大腿近端，在髋关节施加向下（尾端）的力。如图1–15所示。

2. 向外滑动

被检查者仰卧位，检查者站于检查床旁，将被检查者腿放于自己的肩膀上，令其屈髋90° 并轻微外旋，双手环抱大腿近端，在髋关节施加向外侧的力。如图1–16所示。

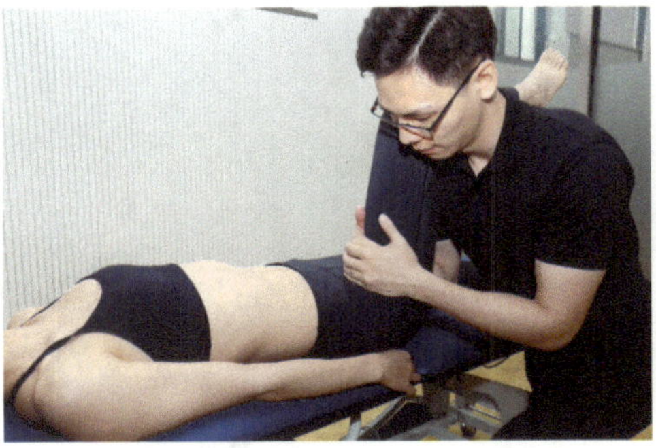

图1-15　髋关节附属运动向下滑动

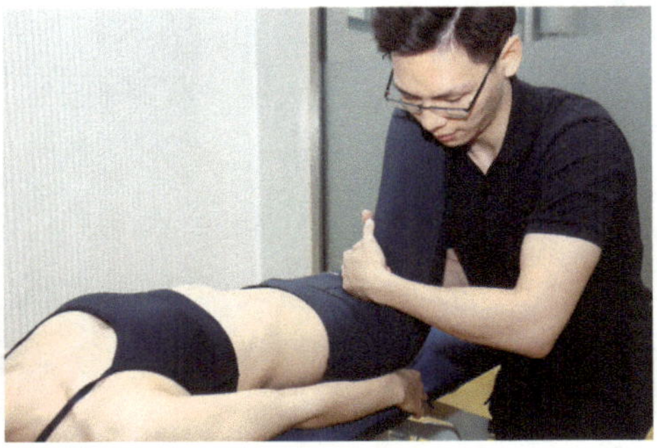

图1-16　髋关节附属运动向外滑动

五、抗阻运动

利用徒手肌力检查的方法，检查髋关节屈肌群、伸肌群、内收肌群、外展肌群、内旋肌群、外旋肌群，注意双侧对比。如果检查过程中两侧肌力不平衡、引起疼痛、诱发平时症状，应该加以记录。

1. 髋关节屈肌

（1）主要动作肌：髂腰肌。

（2）辅助肌：股直肌、缝匠肌、阔筋膜张肌、耻骨肌、短收肌、长收肌。

（3）运动范围：0° ~120° 。

（4）体位：坐位（5~3级）、侧卧位（2级）、仰卧位（1~0级）。

（5）检查方法：被检查者坐位，小腿自然下垂，双手把持诊台台面以固定躯干。检查者一手固定其骨盆，另一手按压其大腿，向下施加压力，令被检查者最大限度地屈曲髋关节。

（6）评级：

· 5级与4级：坐位，在被检查者膝关节上方施加阻力，令其完成屈髋动作。能对抗最大阻力完成屈髋的全关节活动范围的运动并能保持体位者为5级，对抗中等度阻力完成全关节活动范围并能保持体位者为4级。

· 3级：能对抗肢体重力完成髋关节全范围的屈曲运动，并能维持屈曲体位者为3级。

· 2级：侧卧位，被检下肢位于上方并伸直，下方下肢呈屈曲位。检查者在其背后托起被检下肢，令其完成屈髋、屈膝运动，解除肢体重力影响条件下，能完成全关节活动范围的屈髋动作者为2级。

· 1级与0级：仰卧位，检查者托起被检侧小腿，令其用力屈曲髋关节，同时触诊缝匠肌内侧、腹股沟下方的腰大肌，能触及收缩者为1级，无收缩者为0级。

（7）应避免的代偿动作：缝匠肌收缩引起髋关节屈曲时伴有外展、外旋；阔筋膜张肌收缩引起髋关节屈曲时伴有外展、内旋。

2. 髋关节伸肌

（1）主要动作肌：臀大肌、腘绳肌。

（2）运动范围：0°~20°。

（3）体位：俯卧位（5~3级、1~0级）、侧卧位（2级）。

（4）检查方法：被检查者俯卧位，固定骨盆，指导其尽力伸展髋关节，检查者在膝关节近端施以阻力，单独检查臀大肌肌力时应保持膝关节屈曲。如图1-17所示。

（5）评级：

· 5级与4级：俯卧位，能对抗最大阻力完成全关节活动范围的运动，并达到终末端时仍可维持者为5级，能对抗中等度阻力完成以上运动者为4级。

· 3级：俯卧位，解除阻力，能克服重力完成全关节活动范围的运动并维持其体位者为3级。

· 2级：侧卧位，被检下肢位于上方并伸直，下方下肢屈髋、屈膝位。检查者一手固定骨盆，一手托住被检查下肢，令其完成髋关节伸展并膝关节伸展，解除肢体重力影响条件下，能完成全关节活动范围的运动者为2级。

· 1级与0级：俯卧位，令其伸展髋关节，同时触诊臀大肌，有收缩者为1级，无收缩者为0级。

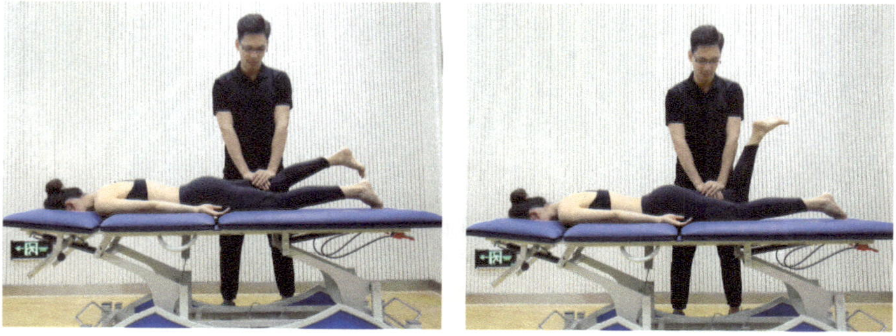

图1-17　髋关节伸肌徒手肌力检查

3. 髋关节内收肌

（1）主要动作肌：大收肌、短收肌、长收肌、耻骨肌、股薄肌。

（2）运动范围：0°~30°。

（3）体位：侧卧位（5~3级）、仰卧位（2~0级）。

（4）检查方法：侧卧位，被检下肢位于下方，对侧下肢由检查者抬起25°，同时另一手在其被检侧膝关节处施加阻力，令其被检下肢与对侧下肢靠拢。如图1-18所示。

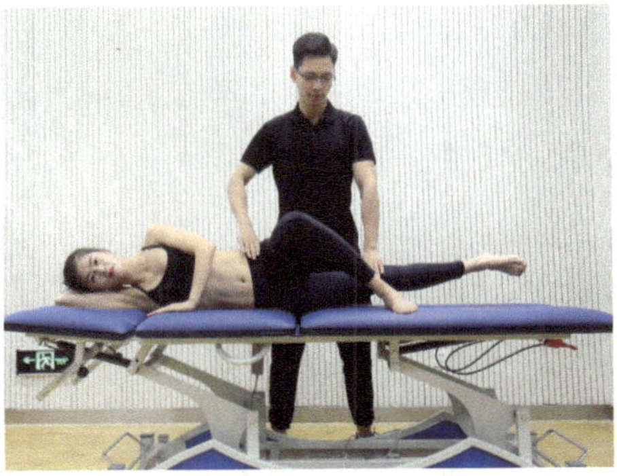

图1-18　髋关节内收肌徒手肌力检查

（5）评级：

· 5级与4级：侧卧位，能对抗最大阻力完成髋关节内收的全关节活动范围的运动，并能保持体位者为5级，能对抗中等度阻力完成以上动作并能维持体位者为4级。

· 3级：解除外加阻力，能克服肢体重力完成髋关节内收的全关节活动范围的运动者为3级。

· 2级：仰卧位，双下肢外展45°，检查者一手托起被检侧踝关节以减少与台面的摩擦，解除肢体重力影响条件下能完成髋关节全活动范围的内收运动，无旋转者为2级。

· 1级与0级：令被检侧髋关节内收，检查者一手于大腿内侧及耻骨附近触诊，有收缩者为1级，无收缩者为0级。

4. 髋关节外展肌

（1）主要动作肌：臀中肌。

（2）辅助肌：臀小肌、阔筋膜张肌、臀大肌。

（3）运动范围：0°~45°。

（4）体位：侧卧位（5~3级）、仰卧位（2~0级）。

（5）检查方法：侧卧位，被检下肢在上方，髋关节轻度过伸展位。检查者一手固定骨盆，另一手在膝关节处施加垂直向下的阻力，令其被检下肢外展。如图1-19所示。

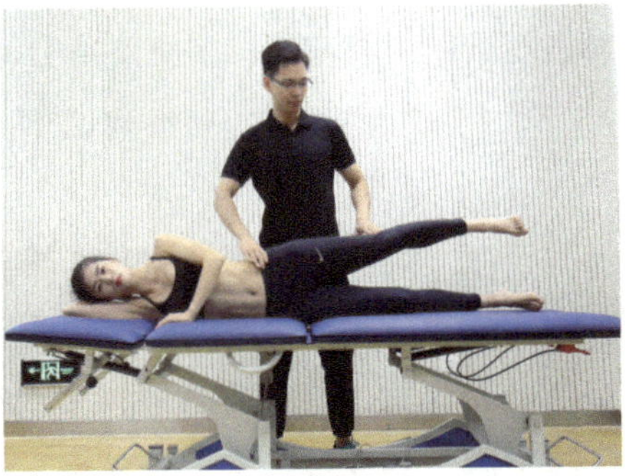

图1-19　髋关节外展肌徒手肌力检查

（6）评级：

· 5级与4级：能对抗最大阻力完成髋关节外展的全关节活动范围的运动者为5级，能对抗中等度阻力完成以上运动并能维持者为4级。

· 3级：解除阻力，能克服肢体重力完成全关节活动范围的运动，并在终末端维持者为3级。

· 2级：仰卧位，检查者一手握住踝关节抬离台面，不加阻力也不予以协助，目的是减少与台面的摩擦力。解除肢体重力影响条件下，能完成全关节活动范围的外展运动者为2级。

· 1级与0级：仰卧位，令其完成以上动作的同时，触诊大转子上方及髂骨外侧臀中肌，有收缩者为1级，无收缩者为0级。

5. 髋关节屈曲位外展肌

（1）主要动作肌：阔筋膜张肌。

（2）辅助肌：臀中肌、臀小肌。

（3）运动范围：关节复合运动，各分离运动均不充分。

（4）体位：侧卧位（5~3级）、坐位（2~0级）。

（5）检查方法：侧卧位，被检侧髋关节屈曲45°，置于另一侧下肢上方。检查者一手固定骨盆，另一手在其膝关节上方施加阻力，令其完成髋关节外展运动（30°）。如图1-20所示。

（6）评级：

· 5级与4级：侧卧位，能对抗最大阻力完成髋关节外展的全关节活动范围的运动，达到终末端并能维持者为5级，能对抗中等度阻力完成以上运动并能维持体位者为4级。

· 3级：解除阻力，能克服肢体重力完成全关节活动范围的运动者为3级。

· 2级：长坐位，躯干与台面呈45°，双手后撑。检查者一手在踝关节下方将被检下肢托起，解除肢体重力影响条件下，能完成30°外展运动者为2级。

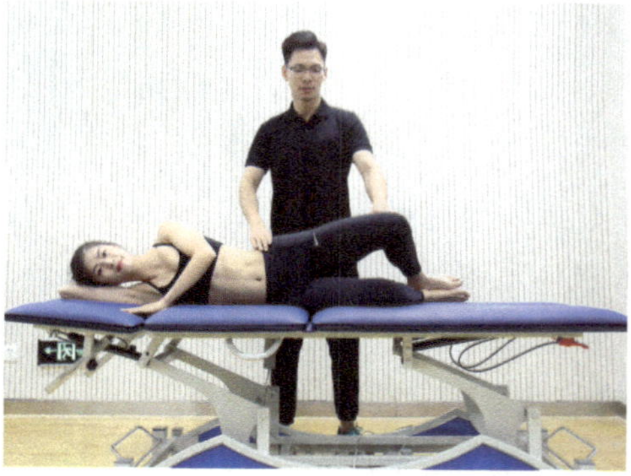

图1-20　髋关节屈曲位外展肌徒手肌力检查

· 1级与0级：长坐位，令被检下肢完成髋关节外展，同时触诊阔筋膜张肌起止部，有收缩者为1级，无收缩者为0级。

6. 髋关节外旋肌

（1）主要动作肌：闭孔外肌、闭孔内肌、股方肌、梨状肌、上孖肌、下孖肌、臀大肌。

（2）辅助肌：缝匠肌、股二头肌长头。

（3）运动范围：0°~45°。

（4）体位：坐位（5~3级）、仰卧位（2~0）级。

（5）检查方法：坐位，双小腿下垂。检查者一手在被检侧膝关节上方外侧，一手在踝关节上方内侧施加阻力，令被检侧大腿外旋。两手的合力构成对髋关节外旋的对抗。如图1-21所示。

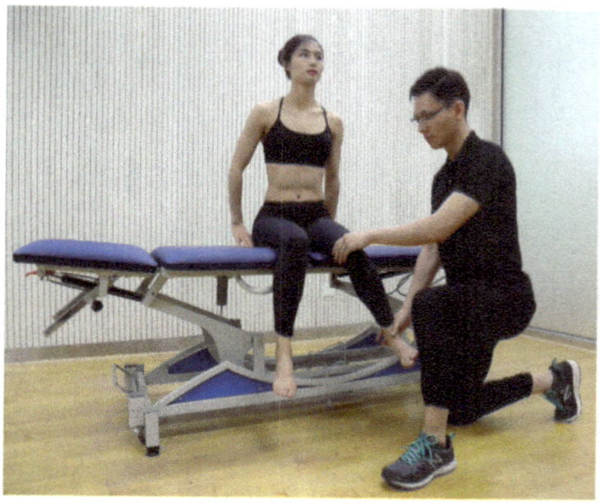

图1-21　髋关节外旋肌徒手肌力检查

（6）评级：

· 5级与4级：坐位，能对抗最大阻力完成髋关节外旋的全关节活动范围的运动，并能维持体位者为5级，能克服中等度阻力完成以上运动并维持体位者为4级。

· 3级：解除外界阻力，能完成全关节活动范围的外旋运动并能维持最终体位者为3级。

· 2级：仰卧位，髋、膝关节伸展，解除肢体重力影响条件下能完成髋关节外旋者为2级。

· 1级与0级：令其髋关节外旋的同时触诊大转子后方皮下深部，肌肉有收缩者为1级，无收缩者为0级。

7. 髋关节内旋肌

（1）主要动作肌：臀小肌、阔筋膜张肌。

（2）辅助肌：臀中肌、半腱肌、半膜肌。

（3）运动范围：0° ~45° 。

（4）体位：坐位（5~3级）、仰卧位（2~0）级。

（5）检查方法：坐位，双小腿下垂。被检查者双手握住台面边缘以固定骨盆。检查者一手在被检侧膝关节上方内侧，一手在踝关节上方外侧施加阻力，令被检侧大腿内旋。两手的合力构成对髋关节内旋的对抗。如图1-22所示。

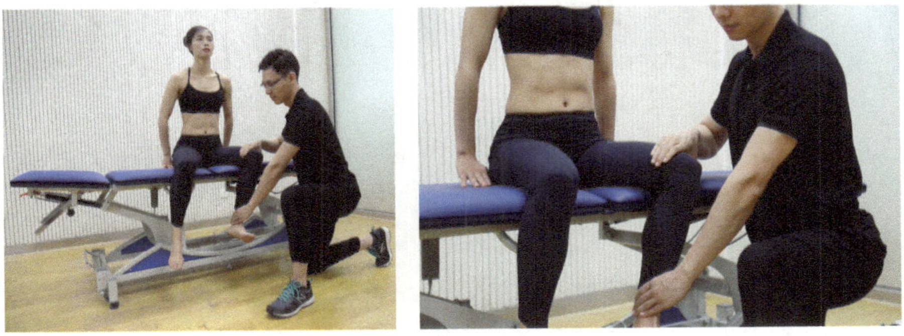

图1-22　髋关节内旋肌徒手肌力检查

（6）评级：

· 5级与4级：坐位，能对抗最大阻力完成髋关节内旋的全关节活动范围的运动，并能维持体位者为5级，能克服中等度阻力完成以上运动并维持体位者为4级。

· 3级：解除外界阻力，能完成以上运动并能维持最终体位者为3级。

· 2级：仰卧位，髋关节外旋位，解除肢体重力影响条件下能完成髋关节内旋并超过中线者为2级。

· 1级与0级：做髋关节内旋时，在髂前上棘的后方及下方、阔筋膜张肌起始部附近、臀小肌处触及收缩者为1级，无收缩者为0级。

六、特殊检查

（一）肌肉功能测试

1. Trendelenburg征

患者单腿站立，保持稳定。先进行健侧检查，以便患者理解动作。检查者观察患者单腿站立的姿势，如果发现对侧骨盆下降或出现倾斜，则表明髋关节、骨盆的稳定性较差，尤其是臀中肌的力量和控制能力较差。如图1–23所示。

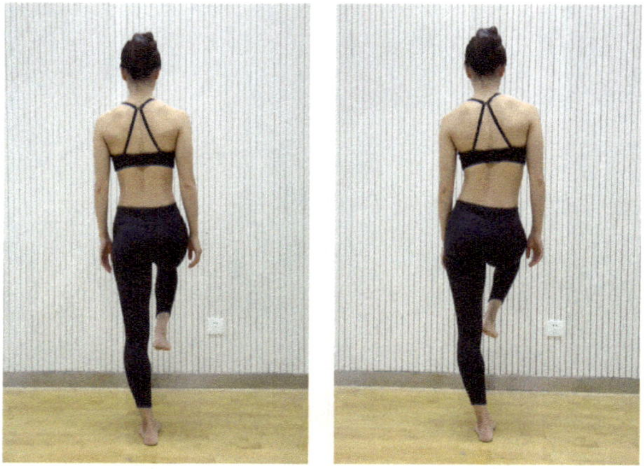

骨盆上提　　骨盆下降

图1–23　Trendelenburg征

2. 骨盆降落试验

放置20厘米高的凳子或踏板于患者前方，患者单足直腿站立在凳子上，然后缓慢放下非负重下肢至地面，观察其髋部和骨盆的动作及稳定性。如果出现上肢外展和/或躯干前倾和/或负重髋部内收或内旋和/或骨盆前倾的现象，则表明髋关节不稳或外旋肌肉无力。如图1–24所示。

阴性特征　　阳性特征

图1–24　骨盆降落试验

（二）肌肉长度检查（骨盆、腰椎）

1. Ober试验

患者侧卧，下方的大腿呈最大屈曲姿势，上方的膝关节屈曲90° 。检查者握住患者的踝部被动外展、伸展其髋关节，使大腿与躯干成一直线。然后维持患者稳定姿势，令其髋关节被动内收，大腿沿着身体中线方向平行移动。如果大腿移动时不会下垂，髋关节不能够被动内收到中线位置，则表明阔筋膜张肌或髂胫束紧张。如图1-25所示。

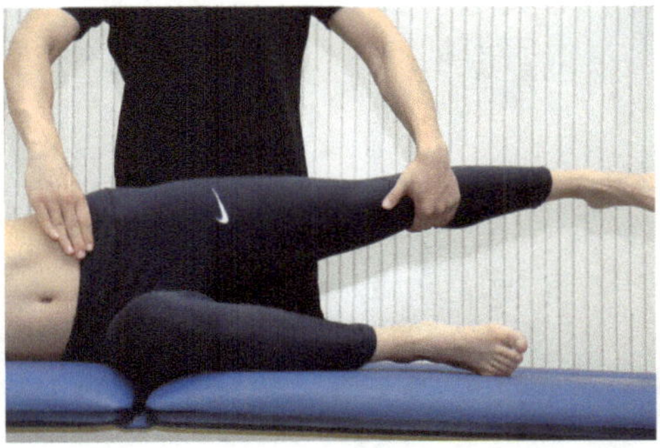

膝部伸直

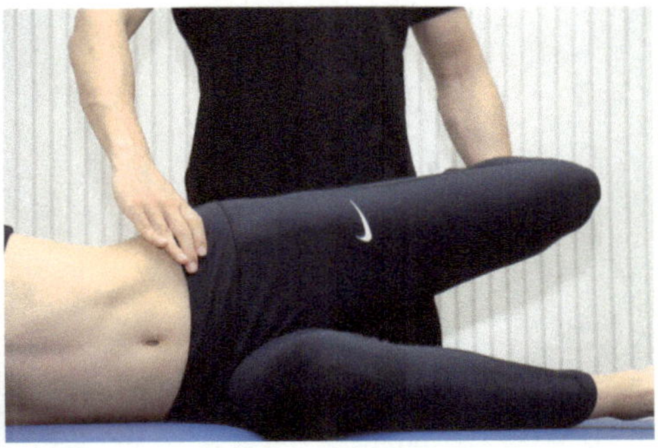

膝部屈曲

图1-25 Ober试验

2. Ely试验

患者俯卧于检查床上。检查者将患者膝关节屈曲，将其足跟推向臀部。如果检查过程中一侧髋部出现屈曲，则表明股直肌紧张。如图1-26所示。

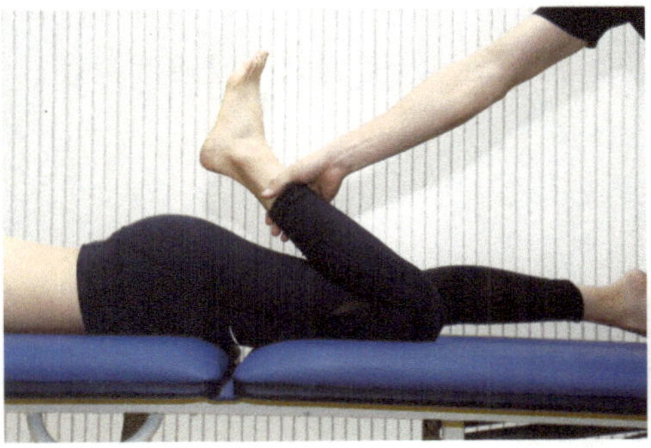

正常

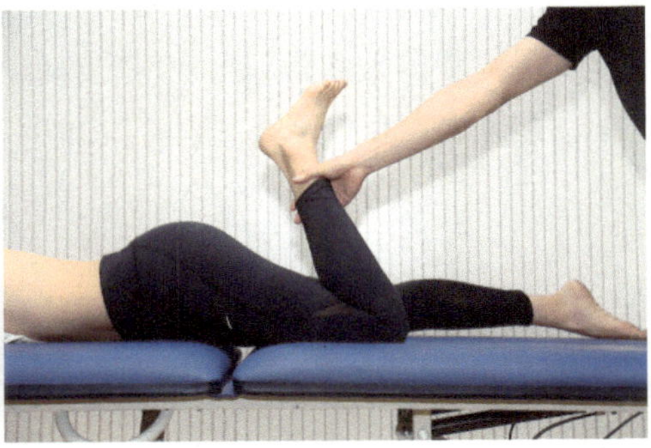

阳性特征

图1-26 Ely试验

3. Thomas试验

患者仰卧于检查床上，臀部置于检查床边缘，使骶髂关节正好位于边缘的上端。然后一侧髋关节和膝关节做最大屈曲，抱住膝关节使大腿尽量贴近身体，另一侧自然下垂于床边。检查者观察其另一侧髋部和大腿的移动，如果髋关节未能维持在小角度伸展位，而是髋关节屈曲，表明髂腰肌紧张。如果检查者用力将大腿按压到床面水平后出现腰骶椎前屈的现象也表明髂腰肌紧张。如果膝关节屈曲角度过小，则表明股直肌紧张。

4. 抗阻屈曲–内收–内旋测试

患者仰卧位，被检查的一条腿搭在另一条腿上，髋关节屈曲–内收–内旋。检查者站在患者被检查的对侧，双手握住膝关节的外侧令患者髋关节做抗阻外展，然后抵住膝关节内侧令患者髋关节做抗阻内收，若臀部、腹股沟或腿部引发症状则为阳性，说明梨状肌及周围神经组织异常。如图1–27所示。

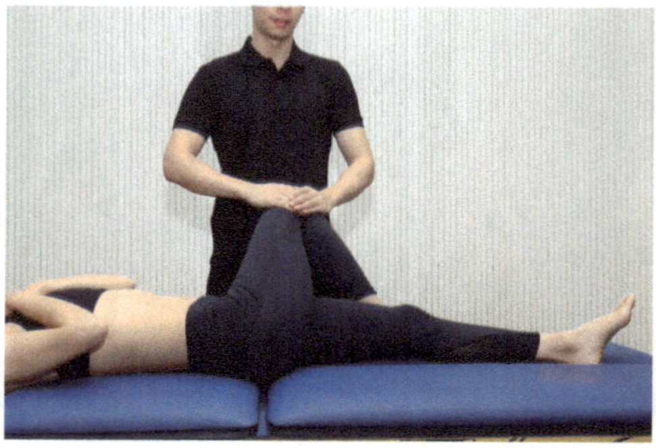

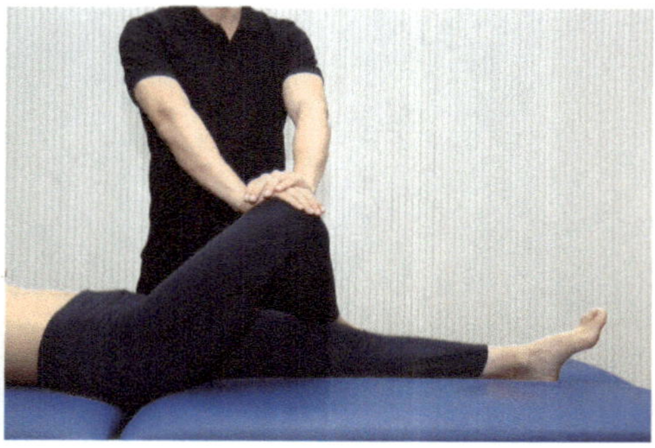

图1–27　抗阻屈曲内收内旋测试

（三）神经张力检查

1. 股神经牵张试验

患者俯卧于检查床上，膝关节屈曲。检查者举高患者髋部使其伸展，同时维持膝关节屈曲姿势。如果大腿前方和背部出现疼痛或麻木，则表明股神经受到刺激或腰椎神经根病变。如果髋部出现疼痛并非阳性检查结果。如图1–28所示。

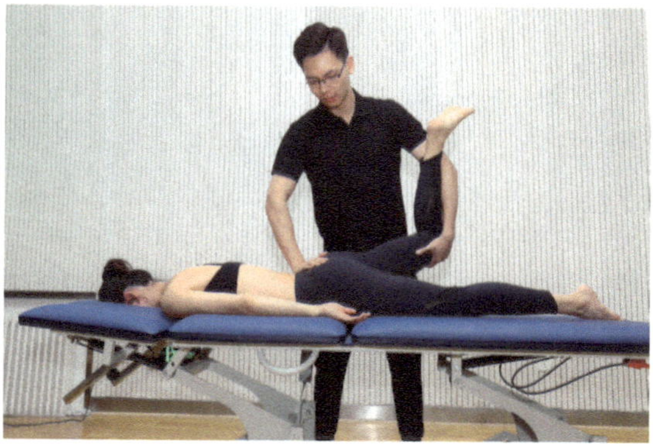

图1–28　股神经牵张试验

2. 改良Ely试验

患者仰卧于检查床边缘，抱住一侧髋关节和膝关节使其屈曲，另一侧臀部一部分离开检查床床面，使骶髂关节位于检查床边缘。检查者在大腿前方施加压力，使患者髋关节伸展，同时膝关节屈曲至90° 。如果出现放射痛则表明股神经受到刺激，疼痛可能向下传导至大腿前方或小腿部。如果出现髋部疼痛并非阳性检查结果。如图1–29所示。

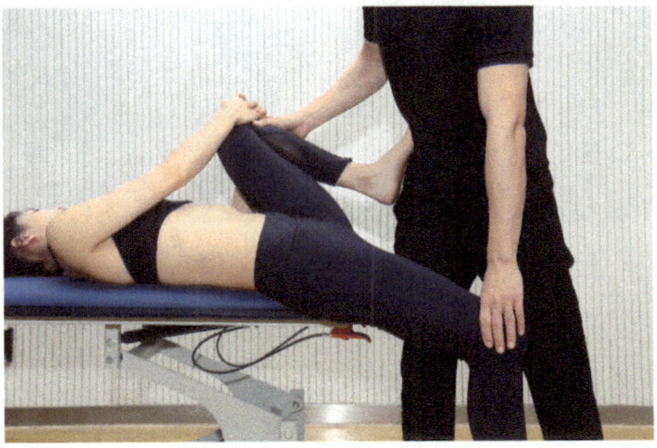

图1–29 改良Ely试验

（四）骨性结构及关节检查

1. 股骨前倾

患者俯卧位，膝关节屈曲90° ，腿部位于中立位。检查者将手置于大腿外侧股骨大转子上，旋转患者髋关节，使其股骨大转子与检查床床面平行，然后测量此时该角度与90° 的相差值，所得结果为股骨前倾角度。成年人的前倾角度差异大，男性的平均值为8° ，女性为14° ，角度会随着年龄的增长而减小，直至骨骼成熟。如图1–30所示。

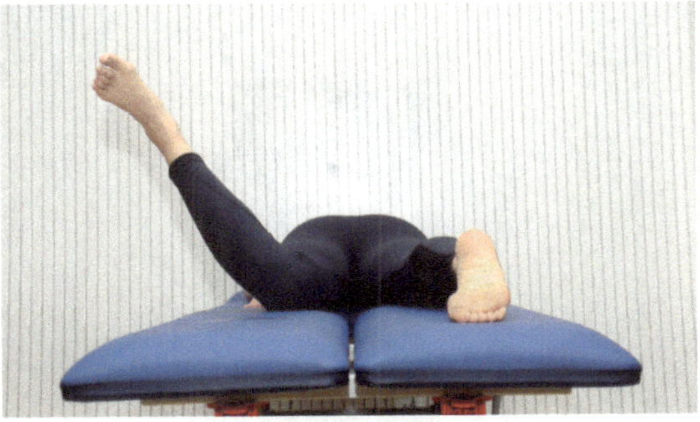

图1–30 股骨前倾

2. 屈曲–外展–外旋试验（FABER试验）

患者仰卧于检查床上，一侧足跟置于对侧膝部上方，将腿部做“4”字形，使髋关节屈曲–外展–外旋。检查者一手固定住患者对侧髂前上棘，另一手在屈膝侧膝盖内侧施加向下的力。如果引起对侧骶髂关节疼痛，则表示骶髂关节处存在病变。如果同侧腹股沟处疼痛，则表明髋部病变。如图1–31所示。

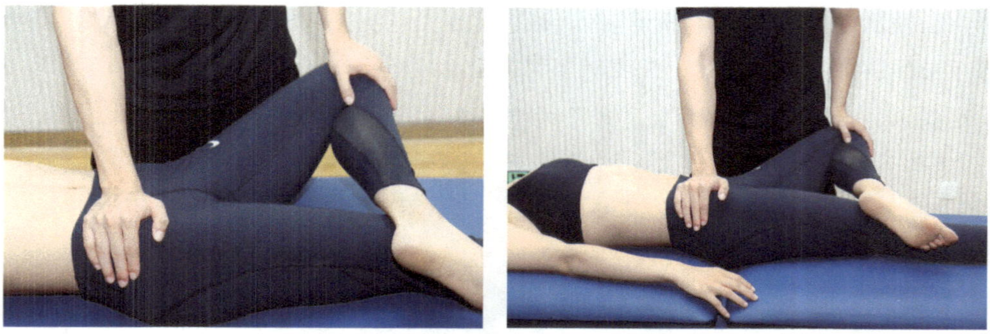

图1-31　屈曲-外展-外旋试验（FABER试验）

3. 关节盂唇前方撞击试验

患者仰卧位。检查者充分屈曲、外展、外旋患者的髋关节作为初始体位，然后在伸展患者髋关节同时内旋和内收。如果髋部出现疼痛或弹响则为阳性，表明关节盂唇前方存在撞击或撕裂。如图1-32所示。

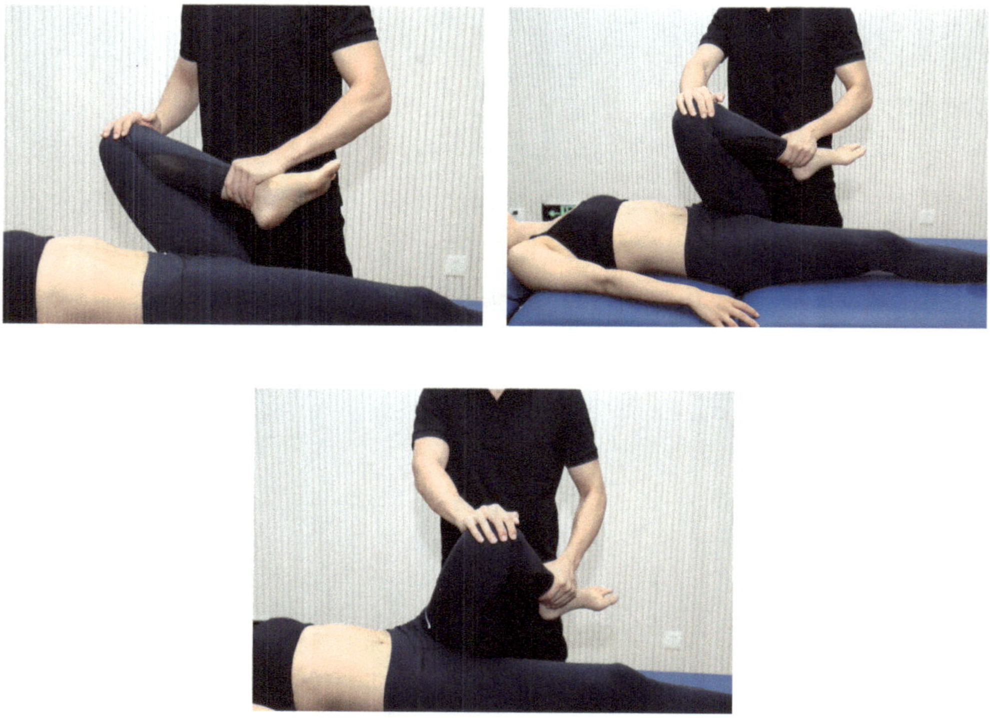

图1-32　关节盂唇前方撞击试验

4. 关节盂唇后方撞击试验

患者仰卧位，检查者充分屈曲、内旋、内收髋关节作为初始体位，然后伸展患者髋关节同时外旋和外展。如果髋部出现疼痛或弹响则为阳性，表明关节盂唇后方存在撞击或撕裂。如图1-33所示。

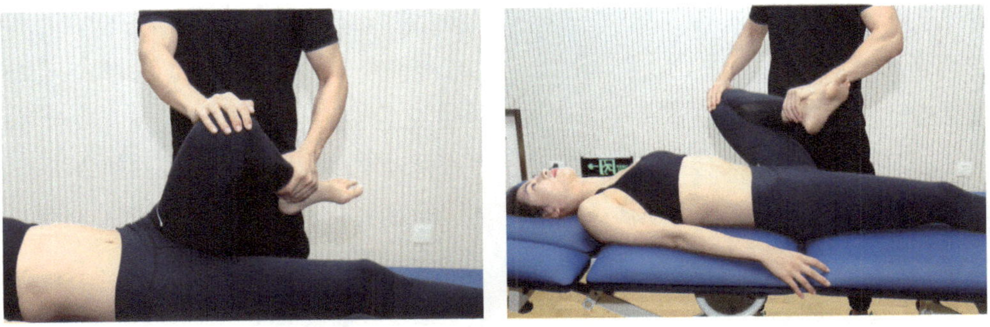

图1-33　关节盂唇后方撞击试验

5. 卡顿试验

患者侧卧位，被检查一侧腿在上。检查者站在患者身后，用靠近患者头侧的手固定住骨盆，另一只手抬起被检查的腿并用手握住膝关节，缓慢移动使髋关节屈曲、内收和内旋后再缓慢使其外展和伸展。重复几次观察是否有卡顿、弹响或引发出其他响声的症状，从而评估髋臼唇的完整性。

卡顿试验

6. 屈曲-内收-内旋试验（FADIR试验）

患者仰卧位。检查者站于患者旁，将患者被检查一侧膝关节屈曲90°，髋关节屈曲90°并内旋至终末端，再内收，观察是否有疼痛和受限。如果没有症状，将髋关节屈曲至终末端并内旋至终末端，再内收，观察是否有疼痛和受限，评估髋关节及周围组织的完整性和活动。如图1-34所示。

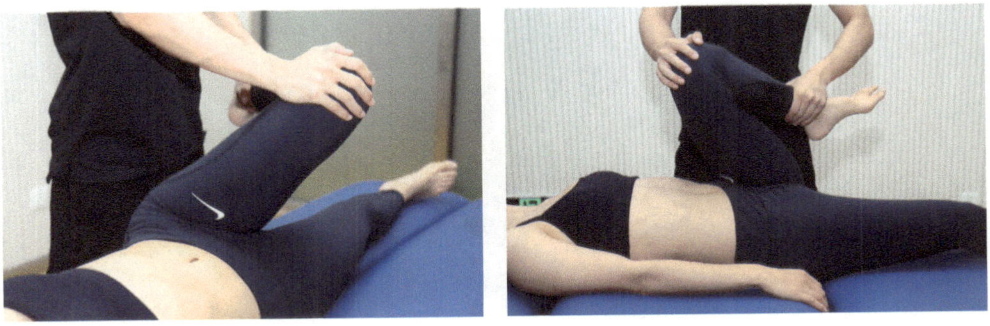

图1-34　屈曲-内收-内旋试验（FADIR试验）

7. 髋关节研磨试验

患者仰卧位。检查者站于床旁，帮助患者屈膝、屈髋，双手环抱大腿远端，使髋关节先屈曲—内旋—内收，再屈曲—外旋—外展，重复两次观察有无卡顿、弹响或引发出症状。如果无症状，则在股骨上施加轴向的压力后重复两次上述操作，再次观察。正常情况下髋关节应能在无

髋关节研磨试验

痛的情况下完成全范围的活动，若出现卡顿、弹响或患者有恐惧则说明存在异常。

8. 滚动试验

患者仰卧位。检查者站在患者旁，患者保持被检查的腿在中立位，检查者被动滚动患者的腿至完全内旋和完全外旋位，正常情况下在整个活动范围内均无疼痛或其他症状。若出现卡顿和弹响则说明可能有髋臼唇损伤，若外旋过度则说明髂股韧带松弛。如图1-35所示。

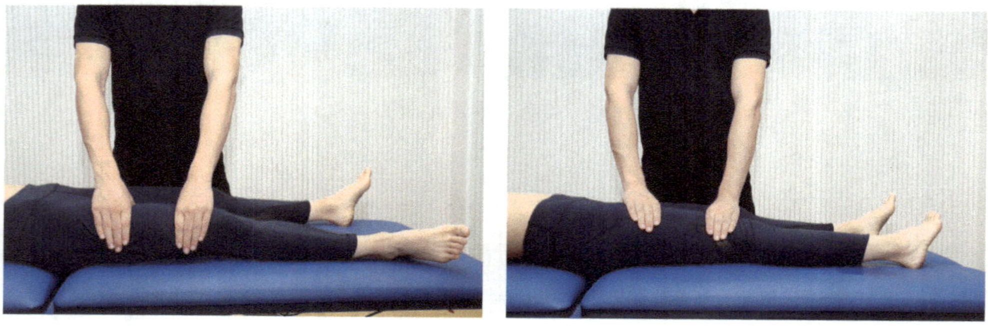

图1-35　滚动试验

9. 屈膝脱落试验

患者仰卧位，被检查侧屈膝，足跟置于检查床上。检查者站在同侧，令患者主动外展、外旋髋关节，评估活动范围和观察是否引发症状，若活动受限或出现疼痛则可能存在内收肌紧张。如图1-36所示。

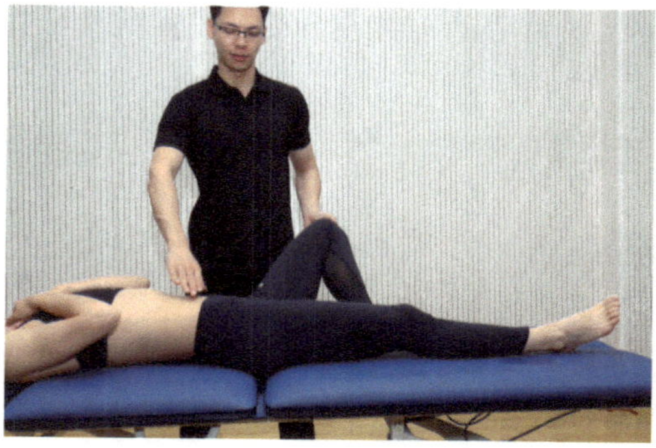

图1-36　屈膝脱落试验

七、临近关节检查

必要时，对可能引起髋部症状的腰椎、骨盆、膝关节、足踝等进行检查。检查内容如下：

腰椎：腰椎生理曲度、附属运动，腰部的活动度、稳定性、力量及耐力，判断是否由于腰部活动度不足或者稳定性差等原因，造成髋关节处代偿，引起损伤。

骨盆：进行骶髂关节检查，评估其活动度。进行骨盆处特殊试验检查，评估是否存在骨性结构问题。如果有神经症状，配合直腿抬高试验和Slump 试验。

膝关节：膝关节生物力线对位，是否存在膝内扣、股骨内旋等情况，造成髋关节处代偿性损伤。膝关节力量及稳定性不足也会影响髋关节。

足踝：是否存在足弓塌陷、胫骨内旋等生物力线对位不良问题，足踝稳定性。

第四节　髋关节评定方法应用

案例1：男，16岁，足球青年队运动员，右髋部疼痛三个月有余，训练和比赛中髋部疼痛加剧，日常生活中下蹲到最底端出现疼痛。请简述功能评定流程。

1. 问诊

（1）根据患者主诉怀疑其患有股骨髋臼撞击综合征，询问其疼痛相关因素，包括疼痛是否主要位于腹股沟处，有无放射到腰部、臀部和大腿，是否存在僵硬、打软等现象，是否屈曲、内收、内旋的动作最容易引起疼痛，有无影响到日常站立、下蹲、步行、上下楼梯等。

（2）了解疼痛最初发生的时间和原因，有无明显外伤史，这段时间以来症状的变化情况。

（3）询问是否接受过治疗，例如髋关节松动、肌肉松解等，有什么效果。

（4）询问影像学检查结果，是否存在股骨髋臼处结构异常。

（5）了解每日训练安排，训练量和训练强度对于青少年来说是否过大，训练中是否经常有引起撞击的动作。

（6）了解髋部是否存在过其余伤病史，比如儿童股骨头缺血性坏死或股骨头骨骺滑脱征，都会对成年后的FAI形成造成影响。

2. 观察

（1）站立位，观察两侧髂嵴、髂前上棘、髂后上棘是否等高，骨盆是否倾斜，负重是否平均，髋膝踝力线是否正确，竖脊肌、臀大肌、臀中肌、腘绳肌、股四头肌等是否存在萎缩或不对称，双侧下肢有无明显内旋、外旋。

（2）观察下蹲引起疼痛的角度，下蹲时重心是否偏移，屈膝、屈髋模式。观察行走过程中躯干、骨盆是否稳定，有无跛行、蹒跚等异常步态，是否因为疼痛而用手护住髋关节。观察跑步、跳跃等动作中髋关节是否稳定，有无明显重心偏移或疼痛引起的动作异常，动作是否流畅连续。

3. 触诊

触诊髂嵴、髂前上棘、髂后上棘、腹股沟、股骨大转子、坐骨结节、骶髂关节，检查是否有骨性结构位置异常、触压痛等现象。触诊竖脊肌、臀大肌、臀中肌、腘绳肌、髂腰肌、股四头肌等，检查是否存在肌肉萎缩、温度异常、肌肉过于紧张等情况。

4. 主动运动

进行髋关节屈、伸、内收、外展、内旋、外旋的主动活动度检查，观察是否存在疼痛、角度是否正常、双侧是否对称。股骨髋臼撞击综合征的患者，各方向活动度都会下降，尤其是屈曲内收内旋的活动度明显受限，同时存在疼痛。

5. 被动运动

检查髋关节屈、伸、内收、外展、内旋、外旋的被动活动度，以及髋关节的附属运动，评估股骨头在髋臼表面的滑动。

6. 抗阻运动

检查髋关节周围肌肉力量，包括屈髋肌群、伸髋肌群、髋部内收肌群、髋部外展肌群、髋部旋转肌群等，评估双侧肌力是否平衡，主动肌和拮抗肌是否平衡。

7. 特殊检查

进行FADIR试验、FABER试验、髋关节撞击试验，检查股骨髋臼处是否存在撞击。应用Ober试验、Thomas试验、Ely试验检查肌肉长度，判断肌肉是否紧张。观察是否存在Trendelenburg征，判断髋关节稳定肌群功能是否正常。

8. 临近关节检查

进行腰椎、骨盆、膝关节、足踝等部位的检查，排查是否对髋关节损伤存在一定的影响。

案例2：男，23岁，篮球运动员，一周前比赛中内收肌拉伤，大腿内侧疼痛，影响训练和比赛。请简述功能评定流程。

1. 问诊

（1）根据患者主诉判定为大腿内收肌拉伤，了解目前疼痛情况，包括疼痛的具体位置、严重程度、有无缓解及这段时间疼痛的变化，询问是否在内收肌发力和被牵拉的情况下会加重疼痛。询问是否存在肿胀，肌肉中有无硬结。

（2）了解疼痛最初发生的时间和原因，让患者模拟损伤的具体动作，是否属于内收肌剧烈收缩或突然被牵拉的情况。

（3）询问损伤即刻是否进行了冰敷，有无加压包扎或贴扎限制活动，急性期后进行过何种治疗，有无好转。

（4）询问影像学检查结果，判断拉伤程度，排除骨性结构问题。

（5）了解平时训练的主要内容、训练强度、训练量，是否存在内收肌反复收缩的动作，是否注意放松大腿肌肉。

（6）了解是否有过内收肌拉伤的病史，是否存在内收肌慢性损伤。

2. 观察

（1）仰卧位，观察大腿内侧和腹股沟处是否存在凹陷、肿胀、皮肤泛红、青紫等症状。

（2）站立位，观察髋膝踝力线是否正确，有无疼痛引起的微屈髋、屈膝姿势，重心是否偏移，是否因为疼痛双手护住拉伤部位，内收肌有无萎缩。

（3）观察行走是否引起疼痛，重心是否偏移，伤侧迈步时相是否延长，骨盆是否旋转代偿。观察下蹲、跑动、跳跃等动作能否完成，是否引起拉伤部位疼痛。

3. 触诊

触诊大腿内侧和腹股沟处，明确拉伤后疼痛部位，按压内收肌确定疼痛程度，检查是否存在肿胀、温度升高、肌肉挛缩等症状。

4. 主动运动

进行髋关节屈、伸、内收、外展、内旋、外旋的主动活动度检查，尤其是内收、外展、外旋动作，观察是否存在疼痛，角度是否正常，双侧是否对称。内收肌拉伤在一般情况下存在外展、外旋活动受限，拉伸内收肌时疼痛明显。

5. 被动运动

进行髋关节屈、伸、内收、外展、内旋、外旋的被动活动度检查。

6. 抗阻运动

检查髋关节周围肌肉力量，包括屈髋肌群、伸髋肌群、髋部内收肌群、髋部外展肌群、髋部旋转肌群等，评估双侧肌力是否平衡，主动肌和拮抗肌是否平衡。肌肉拉伤后，内收肌肌力明显减弱，抗阻运动存在疼痛。

7. 特殊检查

主要是内收肌肌肉长度测试和内收肌抗阻测试，均存在明显疼痛。

8. 临近关节检查

进行腰椎、骨盆、膝关节、足踝等部位的检查，排查内收肌拉伤风险的潜在因素。

思考题

1. 简述测量髋关节旋转角度的具体步骤。
2. 简述用于髋关节盂唇损伤的特殊检查。
3. 简述对髋关节疼痛患者进行临近关节检查的具体内容。

参考文献

[1] 罗阿尔·贝尔，斯韦内·迈赫伦. 运动损伤临床指南[M]. 高崇玄，译.北京：人民体育出版社，2007.

[2] MAGEE D J. 骨科检查评估（第4版）[M]. 罗卓荆，译.北京：人民军医出版社，2007.

[3] 恽晓平. 康复疗法评定学[M]. 北京：华夏出版社，2014.

[4] WILLIAM M. 肌肉骨骼——康复医学速查丛书[M]. 周谋望，等译.济南：山东科学技术出版社，2014.

[5] ADAM W. *Doha agreement meeting on terminology and definitions in groin pain in athletes*[J]. Br J Sports Med, 2015(49):768–774.

[6] GRIFFIN D R. *The Warwick Agreement on femoroacetabular impingement syndrome (FAI syndrome): an international consensus statement*[J]. Br J Sports Med, 2016(50):1169–1176.

[7] ANTHONY C E. *Femoroacetabular Impingement: A Review*[J]. Sports Med Arthrosc Rev, 2016, 24(4):53−58.

[8] MOIN K. *Sources and quality of literature addressing femoroacetabular impingement: a scoping review 2011–2015*[J]. Curr Rev Musculoskelet Med, 2016（9）:396–401.

[9] MATTHEW D F. *Physical impairments in symptomatic femoroacetabular impingement: a systematic review of the evidence*[J]. Br J Sports Med. 2016（50）:1180.

第二章
膝关节功能评定

本章教学提示

1. 掌握膝关节的评定流程及方法；
2. 熟悉膝关节常见损伤的损伤机制、功能障碍表现特征、诊断标准；
3. 了解膝关节评定方法的新进展。

第一节　膝关节损伤的功能障碍

一、前交叉韧带损伤

膝关节前交叉韧带损伤常见于方向快速变换和起跳落地动作较多的运动项目中，如篮球、足球、橄榄球、曲棍球等项目，且绝大多数损伤为非接触性损伤。急性损伤时可听见膝关节内部砰的响声，出现剧烈疼痛，不能再继续运动，同时伴随膝关节急性血肿；陈旧性的前交叉韧带损伤常表现为膝关节不稳，运动中有意识避免患肢落地或支撑身体，否则会出现关节错动或站不稳的感觉，还可能出现关节积液、绞锁等。前交叉韧带如果受伤，一般都是完全撕裂，但是由于前交叉韧带由两个部分组成，有些病例仅有韧带的后外侧或者前内侧部分的撕裂。单纯的前交叉韧带损伤较少出现，在前交叉韧带损伤的患者中，约75%的患者合并半月板损伤，80%的患者合并骨髂挫伤，10%的患者合并软骨损伤，有些患者还伴有内侧或外侧副韧带的损伤。

（一）损伤机制

前交叉韧带损伤通常是间接暴力导致，与落地时膝关节的不良姿势高度相关。典型情况是起跳后落地时膝关节过伸或足固定时膝关节做扭转外翻动作。外翻损伤常合并膝关节内侧或前内侧结构的损伤，出现内侧不稳或前内侧旋转不稳定。

（二）诊断标准

前交叉韧带的特殊试验检查主要有Lachman试验和前抽屉试验两种，由于前交叉韧带由两束构成，且为了尽量避免只进行一个试验容易存在假阴性结果的情况，实际评估时往往会将两个特殊试验都做，以更好地进行判断。

必要时进行X线检查排除骨折或骨骺损伤，MRI和关节镜检查可以精确显示十字韧带、半月板和副韧带等软组织结构的损伤。

（三）主要功能障碍

膝关节前交叉韧带损伤急性期以疼痛、肿胀、关节活动度受限为主，运动会增加疼痛；慢性期可见股四头肌萎缩，打软腿或错动感，步态和下肢整体功能表现的异常。

二、半月板损伤

半月板是膝关节的减震器，在帮助膝关节分担负荷、吸收冲击力，以及稳定和润滑关节方面有重要的作用，半月板损伤也是膝关节常见的损伤之一，它可以单独发生，也可以合并韧带损伤发生，约75%的前十字韧带损伤患者同时伴有半月板损伤。外侧半月板呈“O”形，内侧半月板呈“C”形。由于外侧半月板对于膝关节的稳定性有更大贡献，外侧半月板损伤的严重性要大于内侧半月板损伤，损伤后会增加发生关节失稳和磨损的危险。半月板损伤常常是膝关节扭转暴力或膝关节过度屈曲引起的，下肢突然的加速或减速运动若同时伴有运动方向的改变，即可在膝关节内产生压力并传导至胫骨和股骨之间的半月板产生撕裂。损伤后的恢复情况取决于半月板损伤的类型和位置，损伤若位于边缘的红区，那里血供相对丰富，容易修复；若损伤位于中心部位的白区，由于缺少血供，撕裂将难以愈合。有报道称，为促进半月板撕裂的愈合，应将撕裂部分与周围血供区连接在一起。

（一）损伤机制

膝关节在屈、伸等运动过程中，半月板也随之发生运动，从膝关节伸直位开始，半月板先是位于前方，然后在屈曲过程中不均匀地从前向后移动，且外侧半月板的移动距离是内侧半月板的2倍，若在胫骨平台关节面上的半月板不能随股骨髁一起运动，形成半月板的矛盾运动，就可能发生损伤。半月板处于一个异常位置，容易受到挤压。这种情况常见于膝关节外翻和外旋联合导致的膝关节扭转或猛烈的伸膝动作中，如踢足球时，膝关节突然伸展，如此有力的拉伸使胫骨被挤压于股骨关节面，其中一侧半月板还来不及向前移位，就被卡在股骨髁与胫骨关节面之间，造成半月板横裂或前角撕裂。

（二）诊断标准

（1）患者可能主诉有关节绞锁或卡顿，或描述为关节错动感。

（2）关节线压痛。患者仰卧位，被检查侧下肢屈膝90°，检查者触诊胫股关节线的内、外侧，患者诉有疼痛。

（3）麦氏征（McMurray试验）阳性。

（4）研磨试验（Apley试验）阳性。

（5）Thessaly试验阳性。

（6）MRI能够准确判定半月板损伤，在MRI上半月板损伤根据严重程度可以分为4级。

（三）主要功能障碍

急性期伴随膝关节疼痛、肿胀和活动度受限，并且可能有机械性绞锁的症状；陈旧性损伤可见膝关节的卡顿和运动时急停急转或屈膝变向时的疼痛。

三、副韧带损伤

内、外侧副韧带是位于膝关节两侧强有力的韧带，起到在膝关节内、外侧加强关节囊，保证伸膝过程中关节横向稳定性的重要作用。内、外侧副韧带在伸膝过程中被拉伸，而在屈膝过程中松弛。内侧副韧带是膝关节最常受伤的结构之一，所有的膝关节损伤中，约40%涉及内侧副韧带，且往往合并内侧半月板或前交叉韧带损伤。外侧副韧带损伤相对少见，但是常常更为复杂，因为膝关节的外侧由一系列的韧带和肌腱构成，外侧副韧带损伤有可能涉及髂胫束、股二头肌或腓肠肌肌腱的损伤，故在评估时也需对临近的肌肉软组织进行检查。

（一）损伤机制

副韧带的损伤往往为接触性损伤。内侧副韧带常见的损伤机制是外力施加在轻微屈曲的膝关节上，迫使膝关节外翻，被牵拉的内侧副韧带超出生理负荷而造成损伤；外侧副韧带损伤一般是由膝关节内侧受到外来创伤迫使膝关节内翻或外力致膝关节过度伸展造成的。

（二）诊断标准

（1）患者主诉在膝关节内侧或外侧有较表浅的剧烈疼痛。

（2）急性期时屈曲和伸展范围下降，外侧副韧带损伤通常有关节积血。

（3）内翻或外翻应力试验阳性。

（4）MRI能够更好地确定侧副韧带损伤的具体情况。

（三）主要功能障碍

急性期可见损伤部位肿胀、疼痛；慢性期可见膝关节周围肌力和活动度的降低，行走或运动过程中感到膝关节不稳等。

四、髌骨脱位（髌股关节不稳定）

正常的髌骨功能可以增加股四头肌伸膝力矩，从而使股四头肌发挥良好的伸膝力量。而有些人的髌骨稳定性差，无论是自然的原因还是髌骨在内侧受到冲击力，髌骨都有可能向外侧脱位。

（一）损伤机制

髌骨脱位或髌股关节不稳的患者可能有外伤史，也可能有发育性的原因，如先天性解剖结构异常等。与髌骨脱位（髌股关节不稳定）相关的因素包括Q角过大、股骨前倾、胫骨外旋、膝外翻、高位髌骨、股骨滑车或髌骨发育不良、内侧髌股韧带（MPFL）缺失、多发关节松弛、平足、股内侧斜肌萎缩等。其中，股内侧斜肌（VMO）是髌骨重要的动力性稳定结构，对抗使髌骨向外侧脱位的力量，MPFL是内侧支持带中的独立结构，限制髌骨向外侧脱位，当以上结构发生改变、功能降低或丧失时，髌骨内外侧受力不平衡，则有可能发生髌股关节不稳、髌骨半脱位甚至脱位。

（二）诊断标准

（1）患者可能主诉膝关节有不稳感、发软或踏空感，也可能有疼痛；对反复脱位的患者，可能没有或有很小的外伤因素就会导致髌骨脱位。

（2）髌骨外推试验阳性。

（3）髌骨恐惧试验阳性。

（4）髌骨倾斜试验阳性。

（三）主要功能障碍

表现为髌股关节有摩擦音、卡顿、错动感，膝关节疼痛、肿胀，上下楼困难和下蹲困难等。

五、髌骨软化

（一）损伤机制

髌骨软化是一种常见的无特殊原因的膝关节前方或下方疼痛的病症。一般认为其是膝关节髌股关节面软骨发生的一种病理改变，通常是膝关节过度使用导致的关节软骨磨损和退化，也可能是髌骨受到直接创伤造成的，如摔倒时碰到地面。还有其他很多原因可能导致髌骨软化，如Q角过大，产生髌骨向外侧滑动的趋势，导致内侧髌股韧带对髌骨的压力增加，引起膝前内侧疼痛；另外神经末梢的病变也能够引起疼痛。

（二）诊断标准

（1）Clerke试验阳性

（2）磨髌试验阳性。

（3）影像学X线、CT和MRI检查可帮助确诊。

（三）主要功能障碍

轻者不影响日常生活，在进行膝关节大量屈伸运动后可能会产生疼痛；重者下楼、下蹲或久坐都会产生疼痛，甚至发展为骨性关节炎，严重影响患者生活质量。

第二节　膝关节的主观检查

一、主诉及现病史

（一）损伤机制

描述损伤时的具体情况，判断膝关节是何种损伤机制：外翻力、伸展过度、屈曲伴后移位或内翻力。第一种机制经常导致内侧副韧带的损伤，而且通常伴随内侧半月板和前交叉韧带的损伤（“三联征”）；第二种机制常导致前交叉韧带的损伤，通常伴随半月板的撕裂；第三种机制通常引起后交叉韧带的损伤；第四种机制常导致外侧副韧带、后外关节囊和后交叉韧带的损伤。

损伤时是否有一些特征性的活动，如有无绞锁、打软现象，活动时有无任何的摩擦声或弹响、有无感到砰的一声等。这些都可以提示是韧带撕裂还是软骨损伤。

（二）当前的疼痛和症状

根据“SAND”原则了解患者的疼痛情况。询问患者疼痛的严重程度可帮助我们直观地了解患者的损伤严重程度，也有助于判断患者的损伤结构，骨的损伤通常比软组织损伤疼痛程度更剧烈，判断疼痛严重程度的方法可运用评价疼痛等级的视觉模拟量表(VAS)和数字分级法(NRS)。明确患者的疼痛部位，关节痛多与晨僵相关，但活动后可以缓解。膝前痛的原因可能是髌股关节紊乱，滑囊（髌股关节周围）或脂肪垫的病理改变。遍及膝关节区域的疼痛通常是由肌肉或韧带的挫伤或部分撕裂引起的。了解当前的疼痛性质，尖锐的、可扩散的疼痛通常提示力学损伤，此外还有刺痛、钝痛、灼痛、跳痛，等等，可以提示患者的损伤结构。询问疼痛的深浅，较表浅的疼痛患者通常可以明确感受到，并用手指指出；而较深在的关节内的疼痛，患者可能感觉相对模糊，通常会用手指掌面指示大范围的一片区域。

询问引起疼痛或不适加重和减轻的因素，如天气（寒冷阴天、晴朗温和）、时间（夜间、晨起）、功能性动作（走路、长时间站立或下蹲、上下楼梯等）以及缓解因素（休息、热敷、姿势改变）。明确患者的主诉，即患者当前最迫切想解决的问题，以及损伤给患者日常生活中带来的不便等。

此外，还需询问有无临近关节疾病（踝关节、髋关节、腰椎的受伤史或疼痛情况），当患者主诉为数个关节的疼痛时必须考虑多关节疾病，如类风湿关节炎、骨关节炎。

二、既往史

询问患者近期是否存在膝关节或其他关节受伤史，是否进行过治疗及治疗时间和疗效，是否做过手术，是否进行过影像学检查等。

三、个人史

询问患者的年龄、职业、运动爱好、生活习惯等信息。50岁以上者，需要考虑有无骨质疏松或关节退行性病变，青少年要考虑骨发育和肌力发展的问题。患者的职业也是需要考虑的因素，膝关节问题经常出现在需要大量膝关节屈伸动作的职业中。此外，患者的运动爱好、是否需要下肢或膝关节进行大量的屈伸与扭转等动作、习惯性姿势和步态、习惯穿哪一类鞋子（运动鞋、平底鞋、高跟鞋等），这些都是需要收集的信息。

四、家族史

家族的人有无扁平足或高足弓、X形腿或O形腿，有无骨质疏松等。

第三节 膝关节的客观检查

膝关节的客观检查主要遵循视、触、动、量的检查顺序，即观察、触诊、关节运动及评估测量，并结合特殊试验检查、功能测试及临近关节排查等方法进行评估。

一、观察

通常被检查者前来就诊的主要原因是疼痛和（或）关节活动受限，其外在表现可能是肿胀、关节畸形、瘢痕、髌骨位置异常、肌肉形态异常、步态异常等。通过视诊，可以发现一些组织的异常形态，帮助诊断。

一般对膝关节的视诊包括以下几点：

1. 红、肿

发红、肿胀，结合触诊的发热及主诉中的疼痛症状，可鉴别损伤是否急性炎症期。而肿胀位置的不同暗示着不同组织的损伤，通常髌骨上方的肿胀，可见于急性髌上滑囊炎；膝关节两侧的肿胀比较常见，可见于侧副韧带、半月板或十字韧带的损伤；膝关节后方的肿胀，可见于腘窝囊肿。

2. 关节变形、畸形

膝关节的过度伸展、外翻或内翻均会造成下肢力线异常，是增加运动中膝关节损伤的风险及疼痛的原因之一。而膝关节处骨质增生会造成关节畸形，影响关节运动，产生疼痛。

3. 瘢痕

膝关节外伤或术后留下的瘢痕组织较皮肤及其他正常软组织的延展性小，是限制关节活动度，引起疼痛的原因之一。

4. 髌骨位置

髌骨的静态及动态位置不良是诱发髌股关节损伤、膝前区疼痛的主要原因。通常在膝关节0° 位时，髌骨下缘与膝关节关节线处于同一水平位（差别小于10毫米）。若髌骨下缘高于关节线且与其距离大于20毫米，则为高位髌骨，同时髌骨下脂肪垫突出往往较为明显。若髌骨下缘和胫骨结节间的距离明显减小，即为低位髌骨，低位髌骨通常由软组织挛缩和股四头肌肌力降低或创伤后的低张力引起。在动态活动中，膝关节完全伸展时，髌骨位于股骨滑车的浅槽中，位置偏上。当膝关节屈曲时，髌骨随之向下滑动，屈曲 30° 时，髌骨处于滑车的较深部位。而30° 之后至完全屈曲范围内，髌骨在滑车的中间进行滑动。

5. 肌肉形态

肌肉形态可以一定程度上反映肌肉的状态，肌肉凹陷可能是肌力不足，而肌肉过度紧张则可以产生肌肉条索，引起其形态上的隆起。对于膝关节而言，股四头肌起着至关重要的作用，股四头肌内侧头倾向于肌力不足，因此在评估检查的时候应该关注被检查者的内侧头是否过度凹陷，发生萎缩。而股四头肌外侧头的肌肉力量一般较内侧更大，也倾向于紧张，可以通过观察其形态结合触诊来判断是否存在肌肉条索。

6. 功能动作

膝关节作为负重关节，在日常生活的功能活动中承担着较大负荷，因此不良的动态姿势会诱发或加重膝关节损害。对被检查者经常进行的活动进行观察，可以帮助我们找到症状的来源。通常对于膝关节被检查者，会对其进行行走、上或下楼梯、双腿或单腿下蹲等动作测试；而对于运动员，通常会结合其专项的下肢发力特点，对相应的致痛动作进行观察，如篮球运动员可能需要对其进行突然变向、急停等动作的评估。在观察的过程中着重观察被检查者是否有负重的偏移，膝关节是否有内、外翻，在单腿运动中骨盆是否能够保持水平等，从而判断被检查者是否有避痛行为，活动中的关节力线是否正常，臀中肌是否及时激活，力量是否足够等。另外，星形平衡测试和Y-Balance测试也可以测试膝关节的平衡功能。在测试时，观察运动员或患者的完成情况。

二、触诊

在问诊及视诊后，我们已经收集到被检查者较多的信息，通过触诊进一步寻找潜在的诱发症状的结构损伤，确保精确诊断。

触诊一般包括以下几点：

1. 判断发热

通过触诊疼痛区域或发红区域的温度来判断损伤部位是否发热，一般双侧对比温度差大于2° 则认为损伤仍处于急性炎症阶段。触诊时，可用第二节指骨的背侧感受皮肤温度，相对较为准确。临床上，通常用温度枪代替触诊，从而得到更加精确的结果。在使用温度枪时，应该先在患侧膝关节周围寻找皮肤温度最高的一点，然后在健侧找到同一位置进行比较测量。

2. 骨性结构

骨性结构触诊结合症状诱发情况，可以排除或确定骨性结构是否存在损伤。对比双侧下肢骨性标志点也可以发现下肢长度差异、关节位置不良等问题。一般膝关节骨性结构的触诊主要包括股骨内侧髁、外侧髁，髌骨上端、下端、内侧缘、外侧缘，胫骨内侧髁、外侧髁，胫骨粗隆。

3. 肌肉

通过触诊肌肉，可以发现患侧下肢肌肉的损伤或异常紧张点。常触诊的肌肉有：臀中肌、臀小肌、股四头肌、股二头肌、半腱肌、半膜肌、阔筋膜张肌、腓肠肌内侧头和外侧头等。这些肌肉的异常状态或不平衡会改变膝关节的静、动态力线，增加关节负荷，从而增加疼痛和损伤的风险。

4. 髌腱触诊

患者仰卧位，膝关节置于检查床上屈曲放松。检查者站在患者旁，从胫骨粗隆到髌骨下缘触诊髌腱，观察是否引发症状及髌腱与健侧相比是否有尺寸差异。如图2–1所示。

5. 鹅足肌腱触诊

患者仰卧位，膝关节置于检查床上屈曲放松。检查者站在患者旁，从胫骨平台内侧向远端1英寸（1英寸=2.54厘米）找到鹅足腱，触诊鹅足腱观察是否引发症状。由于半腱肌、股薄肌和缝匠肌的肌腱穿过鹅足囊，因此可能会使这一点的摩擦增大。如图2–2所示。

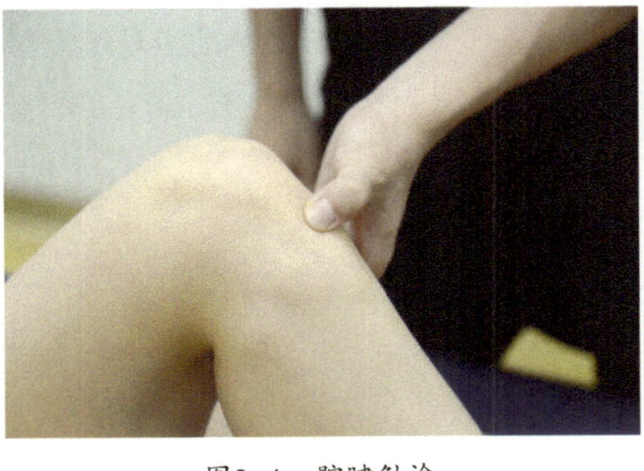

图2–1　髌腱触诊

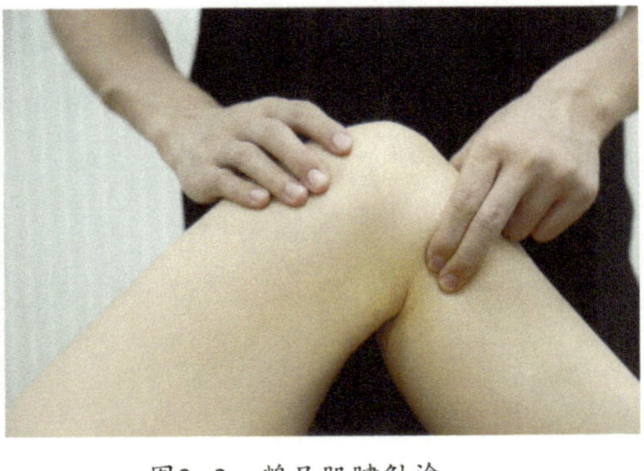

图2–2　鹅足肌腱触诊

6. 髌下脂肪垫触诊

患者仰卧位。检查者站在患者旁，膝关节置于检查床上，将患者的腿放在检查者膝关节上使之放松，触诊髌下脂肪垫，评估温度、肿胀及是否引发症状。如图2–3所示。

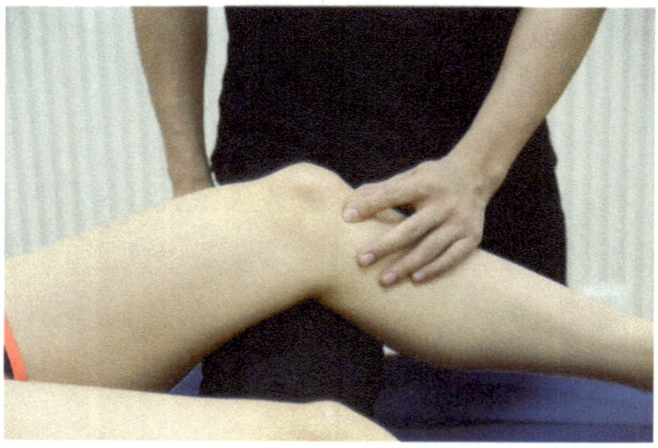

图2-3　髌下脂肪垫触诊

7. 其他软组织

膝关节周围除了需要对肌肉进行触诊外，对其他软组织的触诊对于找到引起症状的损伤结构也十分关键。因为不同部位的触诊压痛提示着不同的损伤可能性，所以在对软组织进行触诊时，要尽量精确。如对膝关节内、外侧副韧带的触诊可以帮助我们明确韧带是否有损伤或增生，触诊髌腱与骨结合处的压痛提示着被检查者可能存在髌腱末端病，而髌腱两侧的压痛提示着髌下脂肪垫的损伤。对膝关节缝隙触诊产生压痛，提示着被检查者的半月板可能存在损伤。

三、主动运动

膝关节的关节活动主要包括屈曲和伸展两个方向的运动（髌股关节的活动不能单独测量，属于附属运动，详见“被动运动”相关内容）。在进行关节活动检查时需要进行健患侧对比，通常先测量健侧，然后再测量患侧。

1. 膝关节屈曲（如图2-4所示）

（1）体位：俯卧位，髋关节处于中立位。

（2）关节角度尺摆放：

轴心：股骨外侧髁。

固定臂：股骨纵轴。

移动臂：腓骨小头与外踝连线。

（3）测量方法：矢状面内运动，检查者一手固定被测大腿，防止髋关节代偿，被测者主动完成足跟靠近臀部方向的运动，到达最大角度后用量角器记录膝关节屈曲角度。

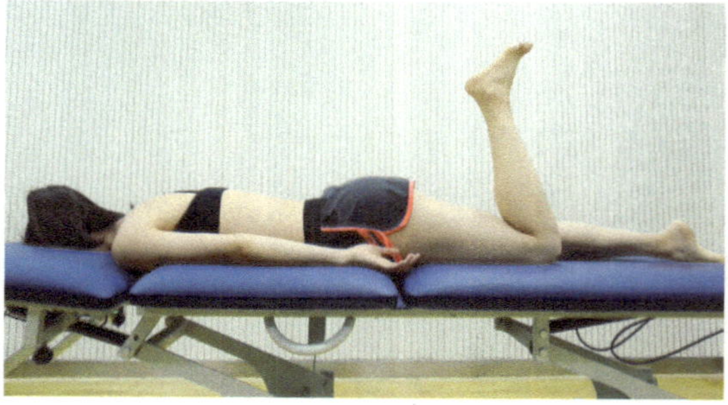

图2-4　膝关节屈曲的主动活动测量

（4）运动终末感：小腿、大腿后群肌肉或足跟与臀部接触产生软组织抵抗。股直肌紧张也会限制屈膝角度。

（5）参考值范围：0° ~135° 。

2. 膝关节伸展

（1）体位：俯卧位，髋关节处于中立位。

（2）关节角度尺摆放：

轴心：股骨外侧髁。

固定臂：股骨纵轴。

移动臂：腓骨小头与外踝连线。

（3）测量方法：矢状面内运动，完成足跟远离臀部方向的运动，到达最大角度后用量角器记录膝关节伸膝角度。为防止髋关节出现代偿运动，应该固定大腿。

（4）运动终末感：由关节囊后部、侧副韧带、交叉韧带、腘斜韧带紧张产生的结缔组织抵抗。

（5）参考值：0° 。

四、被动运动

膝关节的被动运动检查方式与主动运动类似。在进行测量时需要进行健患侧对比，通常先测量健侧，然后再测量患侧。

1. 膝关节屈曲

被检查者的体位及关节角度尺的摆放同主动关节活动度的测量方法。在被检查者主动达到膝关节屈曲最大角度后，检查者助其被动屈膝至产生组织抵抗感的位置，用关节角度尺记录膝关节被动屈曲的角度。

参考值范围：0° ~150° 。

一般膝关节屈曲角度需达到117° 才能够完成蹲下系鞋带或穿袜子的活动，而坐在椅子上需要膝关节有至少90° 的屈曲角度。

2. 膝关节伸展

被检查者的体位及关节角度尺的摆放同主动关节活动度的测量方法。在被检查者主动达到膝关节伸展最大角度后，检查者助其被动伸膝至产生组织抵抗感的位置，用关节角度尺记录膝关节被动伸展的角度。

参考值范围：0° ~5°

一般步行所需的膝关节伸展角度为0° 。

3. 髌骨活动

被检查者仰卧位，膝关节伸直放松。检查者用双手拇指和示指向内侧、外侧，向上及向下推动髌骨，对比观察双侧髌骨的移动情况，如图2–5（a）、（b）所示。内、外两侧的髌骨滑动程度如果小于1/4髌骨宽度，即为髌骨活动性下降；若大于1/2髌骨宽度，即为髌骨高活动性。在进行髌骨关节面分离检查时，应用双手拇指、示指握住髌骨的上缘及下缘，利用双肘夹紧的力量分离髌骨。

4. 髌骨向尾端滑动

被检查者仰卧位，检查者站在被检者旁，膝关节置于检查床上，将被检查者的腿放在自己的膝关节上使之放松，被检查者膝关节屈曲25°，用双手固定髌骨的上缘和下缘，施加向上和向下的力来评估髌骨滑动的情况。这个评估方法也可以用作松动手法。如图2-5（c）所示。

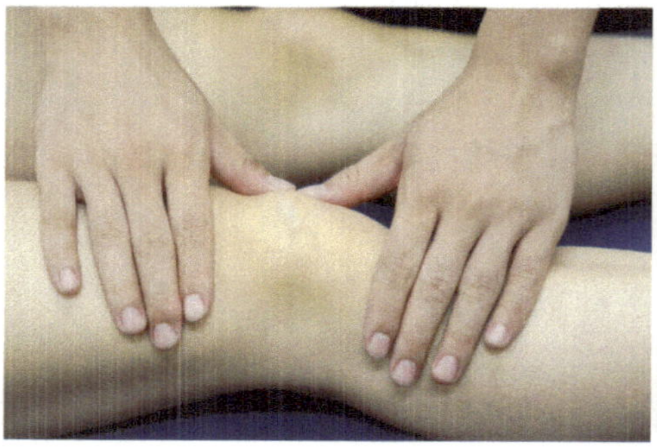

（a）髌骨外推试验

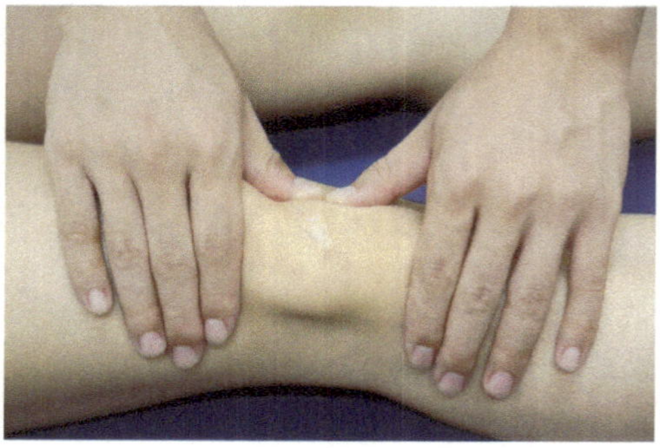

（b）髌骨外推试验

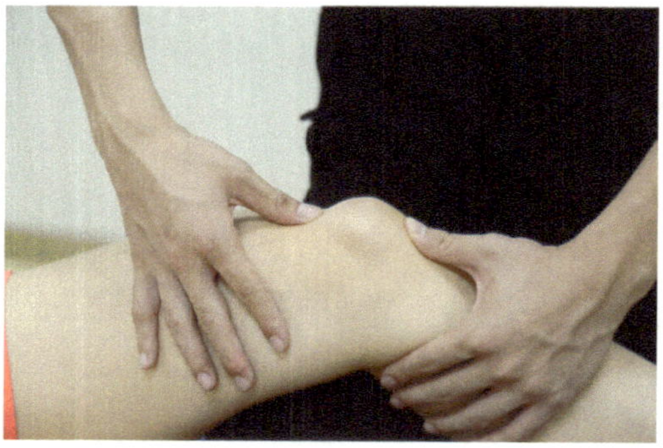

（c）髌骨向尾端滑动

图2-5　髌骨的附属运动

五、抗阻运动

膝关节的肌肉力量测试对象包括屈膝肌群和伸膝肌群。由于臀大肌及臀中肌的力量薄弱也会影响膝关节活动及受力，所以在进行肌肉力量测试时也会测试这两块肌肉。利用徒手肌力测试，对比双侧差异，可以快捷、粗略地评估肌肉力量；而利用仪器进行肌力测试，可以更加精确地对等长、向心、离心力量进行评估，但相对耗时、耗力。

屈膝肌群与伸膝肌群的最大力量比应该在适当的范围内（通常来讲为3：4，不同专项可能会有各专项特点），力量比例差异较大时，会引起肌肉拉伤、关节负荷异常等问题。

1. 屈膝肌群

（1）主要动作肌：股二头肌、半腱肌和半膜肌。

（2）辅助肌：缝匠肌、股薄肌、腓肠肌。

（3）运动范围：0° ~135° 。

（4）体位：俯卧位（5~3级、1~0级）、侧卧位（2级）。

（5）检查方法：俯卧位，双下肢处伸展位，足伸出检查床外，膝关节从屈曲45° 开始。检查者一手固定大腿后侧屈膝肌腱上方，另一手置于踝关节处施加阻力，让被检查者完成膝关节屈曲运动。由于屈膝肌群主要由股二头肌、半腱肌和半膜肌组成，当针对检查股二头肌时应使小腿外旋，针对检查半腱肌、半膜肌时应内旋小腿。如图2–6所示。

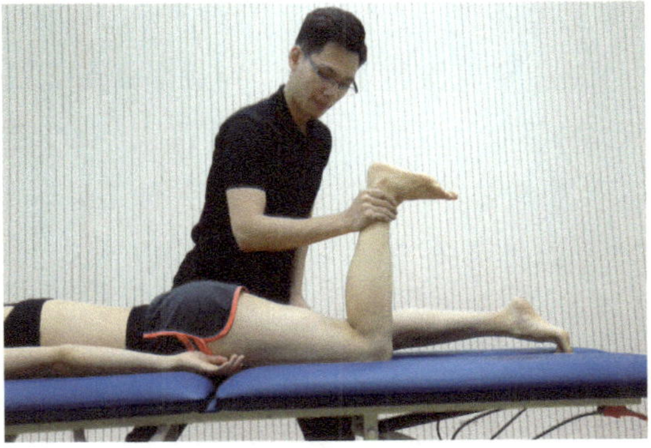

图2–6 屈膝肌群的徒手肌力检查

（6）评级：

· 5级与4级：俯卧位，能对抗最大阻力，完成膝关节屈曲约90° 并可维持者即为5级，能对抗中等程度阻力并完成以上运动者为4级。

· 3级：俯卧位，无阻力情况下能克服肢体重力，完成全范围关节运动并维持者为3级。

· 2级：侧卧位，非检查下肢位于下方呈屈曲位，检查者站在被检查者后方，双手托起被检下肢（在上方）离开床面后，令其完成膝关节屈曲的动作。在解除肢体重力的影响下，可完成全关节活动范围者为2级。

· 1级与0级，俯卧位，检查者支撑被检查小腿，让膝关节微屈曲。令被检测下肢完成屈膝运动，检查者在大腿后侧膝关节附近触诊肌腱，有收缩者为1级，无收缩者为0级。

（7）应避免的代偿动作：缝匠肌收缩引起髋关节屈曲、外旋；股薄肌收缩引起髋关节内收；腓肠肌收缩引起踝关节跖屈。

2. 伸膝肌群

（1）主要动作肌：股四头肌。

（2）运动范围：135° ~0° 。

（3）体位：坐位（5~3级）、侧卧位（2级）、仰卧位（1~0级）。

（4）检查方法：被检查者取坐位，双小腿自然下垂，双手握住检查床面边缘来固定骨盆和躯干，身体稍后倾。检查者一手垫在膝关节下方来保持大腿的水平位，另一手握住其踝关节上方向下施加阻力，让其完成伸膝运动。如图2–7所示。

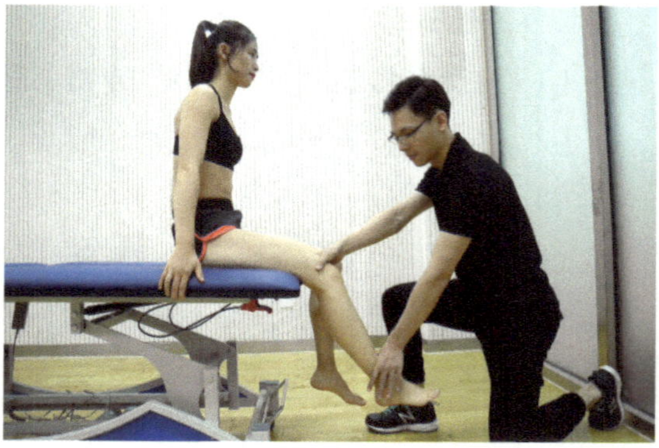

图2–7 伸膝肌群的徒手肌力检查

（5）评级：

· 5级与4级：坐位，能对抗最大阻力，完成全范围关节运动并达到终末位时仍可维持者即为5级，能对抗中等程度阻力并完成以上运动者为4级。

· 3级：坐位，无阻力情况下能克服肢体重力，完成全范围关节运动并维持者为3级。

· 2级：侧卧位，非检查侧下肢呈屈膝、屈髋位于下方，检查者双手托起被检查下肢并固定大腿，髋关节伸展，膝关节屈曲90°，能够完成全范围伸膝运动者为2级。

· 1级与0级：仰卧位，令其伸展膝关节，在髌韧带上方可触及肌腱或股四头肌的收缩情况，有收缩者为1级，无收缩者为0级。

3. 臀大肌

（1）体位：俯卧位（5~3级、1~0级）、侧卧位（2级）。

（2）检查方法：俯卧位，固定骨盆。让被检查者在膝关节屈曲的状态下尽力伸髋，检查者在其膝关节近端（或踝关节上方）施加阻力。如图2–8所示。

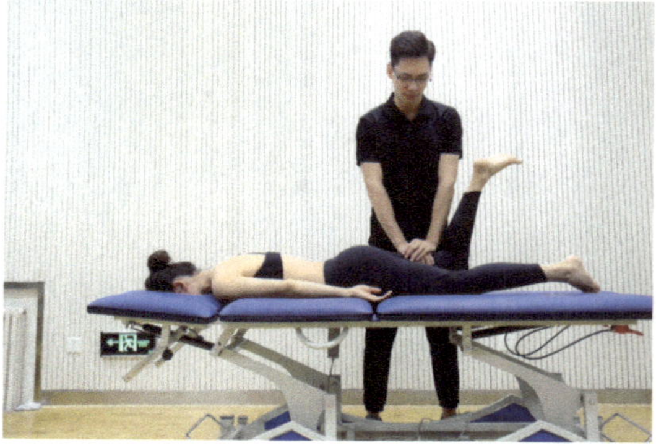

图2–8 臀大肌的徒手肌力检查

（3）评级：

· 5级与4级：俯卧位，能对抗最大阻力，完成全范围关节运动并达到终末时仍可维持者即为5级，能对抗中等程度阻力并完成以上运动者为4级。

· 3级：俯卧位，无阻力情况下能克服肢体重力，完成全范围关节运动并维持者为3级。

· 2级：被检查下肢在上方的侧卧位，下方肢体呈屈膝、屈髋位。检查者一手固定被检查下肢，另一手托住骨盆，让被检查者完成伸膝、伸髋动作，能够完成全范围活动者为2级。

· 1级与0级：俯卧位，令其伸展髋关节，同时触诊臀大肌看是否收缩（应仔细触诊肌肉上、下两个部分），有收缩者为1级，无收缩者为0级。

4. 臀中肌

（1）体位：侧卧位（5~3级）、仰卧位（2~0级）。

（2）检查方法：侧卧位，被检查侧在上方，轻度伸髋位。下方下肢呈屈膝、屈髋位或伸直。检查者一手固定骨盆，让被检测下肢外展，另一手在膝关节处施加垂直向下阻力。如图2–9所示。

（3）评级：

· 5级与4级：侧卧位，能对抗最大阻力，完成全范围关节运动并达到终末位时仍可维持者即为5级，能对抗中等程度阻力并完成以上运动者为4级。

· 3级：侧卧位，无阻力情况下能克服肢体重力，完成全范围关节运动并维持者为3级。

· 2级：仰卧位，检查者一手托住被检查踝关节使其轻轻抬离床面，不加阻力也不给予辅助，以减少摩擦力。在解除肢体重力的影响下，能够完成全范围活动者为2级。

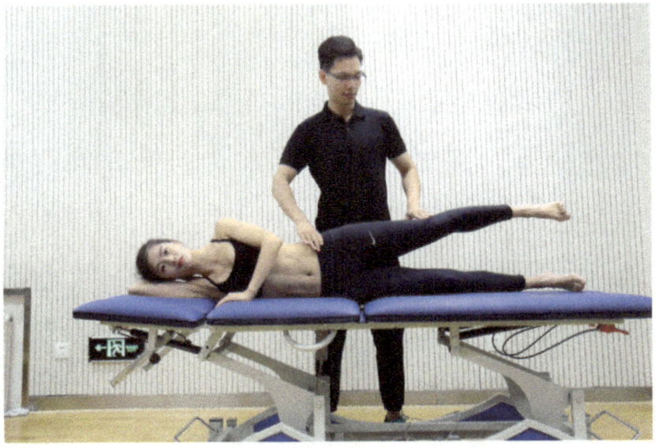

图2–9　臀中肌的徒手肌力检查

· 1级与0级：仰卧位，令其完成以上动作，同时在大转子上方及髂骨外侧臀中肌处触诊，有收缩者为1级，无收缩者为0级。

5. 仪器测量（以股四头肌为例）

（1）股四头肌最大等长收缩肌力测试

测量方法：被检查者坐在测试仪上，屈髋、屈膝90°，踝关节固定在测试仪阻力臂上，用尼龙带固定大腿和骨盆防止代偿。将旋转轴调整至股骨外侧髁。为使被检查者能够发挥最大能力，检查者需熟悉测试程序，在测试中不断进行语言鼓励，并给予实时视觉反馈。测试开始前给予休息5分钟，然后进行三次测试，测试时让被检查者进行5秒的股四头肌最大持续收缩，选其中最好的一次作为结果。

（2）股四头肌等速肌力测试

测量方法：被检查者坐在测试仪上，屈髋、屈膝90°，踝关节固定在测试仪阻力臂上，用尼龙带固定大腿和骨盆防止代偿。将旋转轴调整至股骨外侧髁。为使被检查者能够发挥最大能力，需熟悉测试程序、在测试中不断进行语言鼓励，并给予实时视觉反馈。测试开始前给予休息5分钟。测试时，让被检查者以最大能力完成向心或离心力量的膝关节屈伸运动，每侧膝关节以60°/秒或120°/秒连续完成3~5次测试，再以180°/秒或240°/秒连续完成20~25次测试。用软件记录测试中测试侧和非测试侧的最大力量，峰力矩和总做功等数据。测试完成后计算出的股四头肌指数，即（测试侧的最大力量/非测试侧的最大力量）×100%作为力量测试的成绩。

六、特殊检查

由于膝关节结构复杂，损伤结构较多，并且不同组织损伤的症状相类似，需要通过特定的特殊试验加以区别诊断。

（一）髂胫束综合征

1. Noble试验

患者仰卧位，开始时屈髋、屈膝90° 。检查者一手扶住被测足部，另一手的拇指压住股骨外侧髁。患者放松，检查者帮助其伸展膝关节并于股骨外侧髁持续施加压力。试验阳性表现为在膝关节屈曲至约30° 时，股骨外侧髁出现疼痛或发出咔嚓声。如图2-10所示。

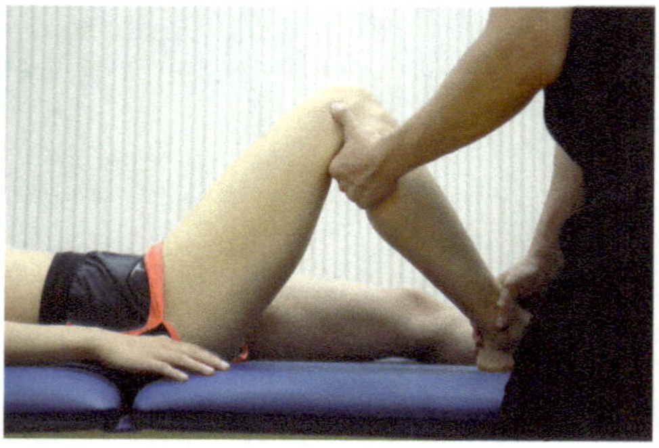

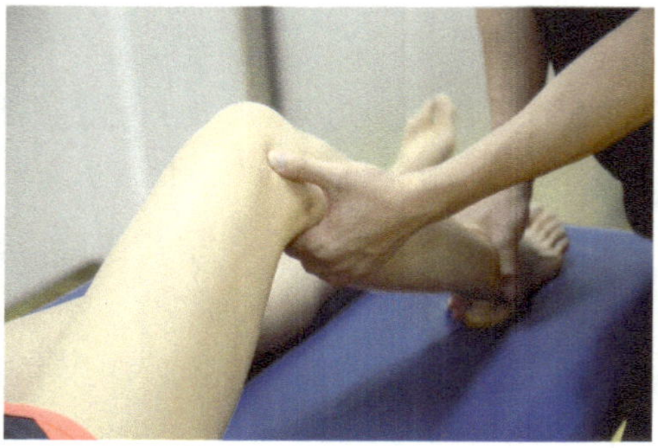

图2-10　Noble试验

2. Ober试验

详细方法参见“髋关节功能评定”相关内容。

（二）髌骨软化/脱位

1. Clarke试验

患者仰卧位，膝关节伸展。检查者用虎口卡住髌骨上缘，固定髌骨，防止其上移。让患者抗阻收缩股四头肌。如果股四头肌收缩时髌下或周围产生疼痛，则试验表现为阳性，说明可能存在髌骨软化。如图2-11所示。

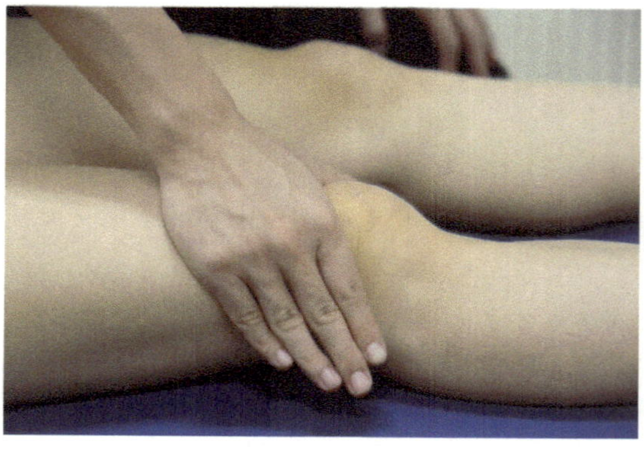

图2-11　Clarke试验

2. 磨髌试验

患者仰卧并伸展膝部。检查者于髌骨上方施加适当压力，使得髌骨与股骨关节面产生摩擦，若诱发患者疼痛，则为试验阳性。

3. 髌骨恐惧试验

患者仰卧位或坐位，膝关节屈曲30° ，股四头肌放松。检查者小心地将其髌骨向外侧推。如果患者感觉髌骨即将脱位而收缩股四头肌来保护，则试验表现为阳性，表明髌骨可能存在半脱位现象。如图2-12所示。

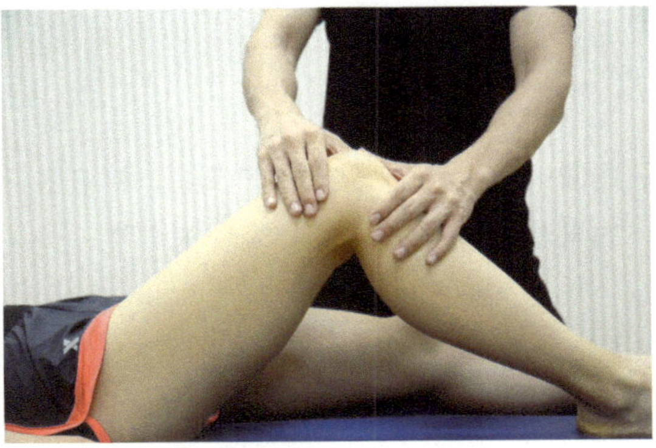

图2-12　髌骨恐惧试验

（三）前交叉韧带损伤

1. Lachman试验

患者仰卧位，屈膝30°，腘绳肌放松。检查者一只手抓握大腿远端的前外侧以固定股骨，另一只手抓握胫骨后内侧，在胫骨后方施加向前的力，使胫骨向前方移位。

检查者要感受胫骨前移的程度和终末点的感觉。前移程度与健侧对比，胫骨前移1~5毫米为Ⅰ度松弛，6~10毫米为Ⅱ度松弛，>10毫米为Ⅲ度松弛。终末点松弛或软的感觉意味着Lachman试验表现为阳性，表明前交叉韧带可能松弛；需要注意腘绳肌紧绷、关节血肿、后内侧半月板撕裂等问题引起的假阴性表现。如图2-13所示。

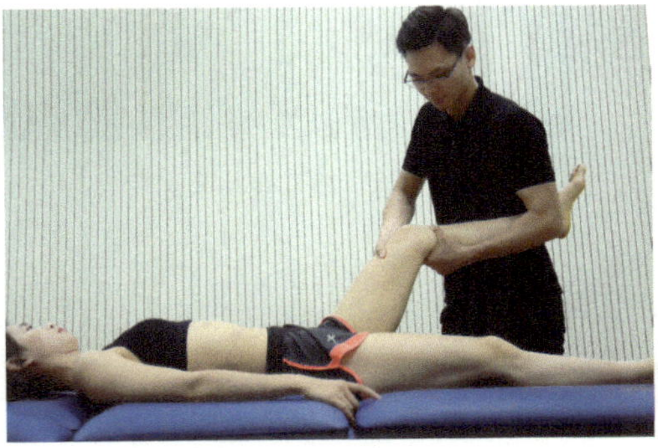

图2-13　Lachman试验

2. 前抽屉试验

患者仰卧位，将脚放在检查床上，屈膝80°~90°同时腘绳肌放松。检查者双手握住胫骨平台使近端胫骨在股骨上向前移动。

试验阳性表现为移位>5毫米；前抽屉试验发出噼啪声或可触诊到的猛然一动，显示可能存在半月板的问题。如果与健侧相比，胫骨前移增加，且终末点有松弛或软的感觉意味着前抽屉试验表现为阳性，表明前交叉韧带可能松弛。如图2-14所示。

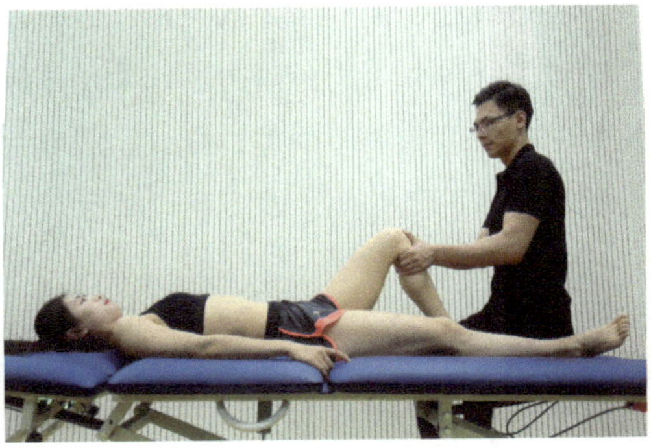

图2-14　前抽屉试验

（四）后交叉韧带损伤

1. 后抽屉试验

患者仰卧位，膝关节屈曲90°，将脚放在检查床上。检查者双手握住胫骨平台使近端胫骨在股骨上向后移动。如果移位>5毫米，试验表现为阳性，说明后交叉韧带可能松弛。如图2–15所示。

2. SAG或GODFREY试验

患者仰卧位，屈髋、屈膝90°，将脚放在检查者手上。比较双侧胫骨粗隆的高度。如果被测试侧胫骨粗隆的后侧位移程度较大，则试验表现为阳性，说明后交叉韧带可能松弛。如图2–16所示。

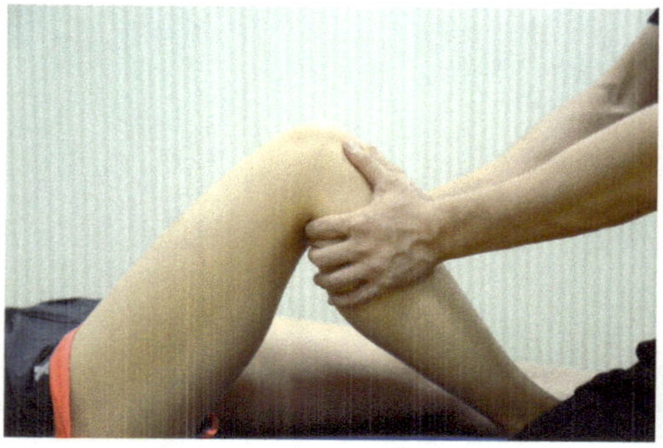

图2–15 后抽屉试验

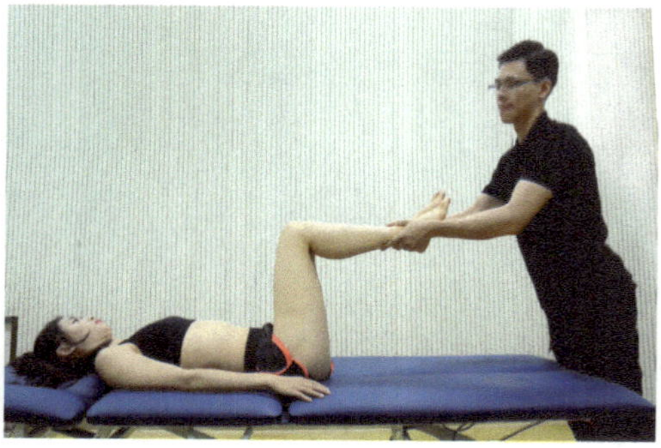

2–16 GODFREY试验

（五）副韧带损伤

1. 内翻应力试验

患者仰卧位，膝关节完全伸展。检查者将被测腿放置屈曲30°的位置上，用手掌根部握住患者膝关节内侧关节线处，用另一手的手指触诊外侧关节线，然后给以膝关节一个内翻应力。如果出现疼痛或与对侧比较时有过度的关节间隙，则试验表现为阳性，说明外侧副韧带可能松弛。如图2–17所示。

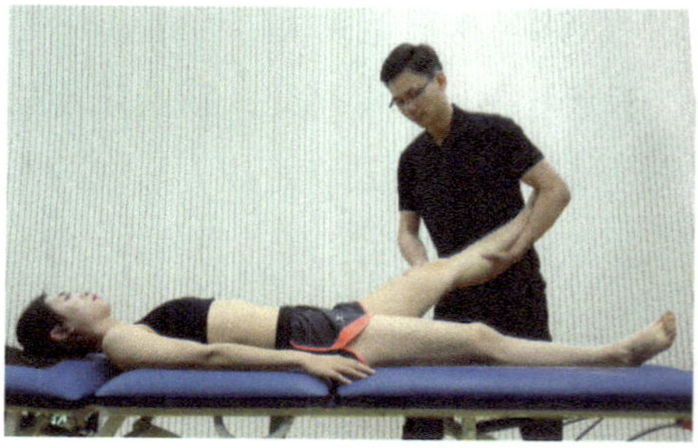

图2–17 内翻应力试验

2. 外翻应力试验

患者仰卧位，膝关节完全伸展。检查者将被测腿放置屈曲30°的位置上，用手掌根部握住被检查者膝关节外侧关节线处，用另一手的手指触诊内侧关节线，然后给以膝关节一个外翻应力。如果出现疼痛或与对侧比较时有过度的关节间隙，则试验表现为阳性，说明内侧副韧带可能松弛。如图2–18所示。

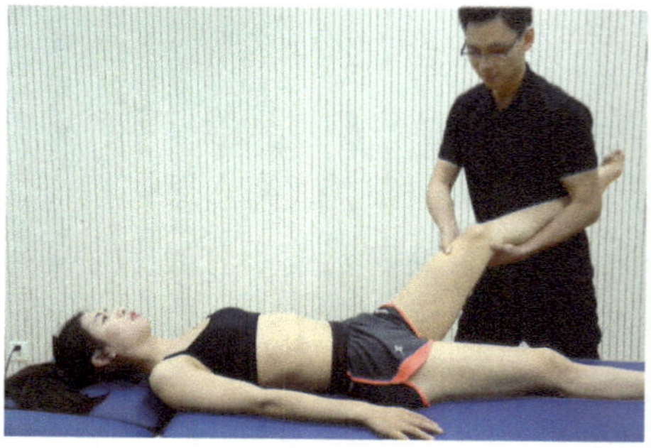

图2–18 外翻应力试验

（六）半月板损伤

1. Apley试验（研磨试验）

患者俯卧位，膝关节屈曲90°。检查者抓住被测腿的脚部和跟骨，当施加一个向下穿过脚后跟的压力的同时，将胫骨向内和向外旋转。如果出现疼痛、发出噼啪声、碾扎声或锁住则试验表现为阳性，说明可能存在半月板损伤。如图2-19所示。

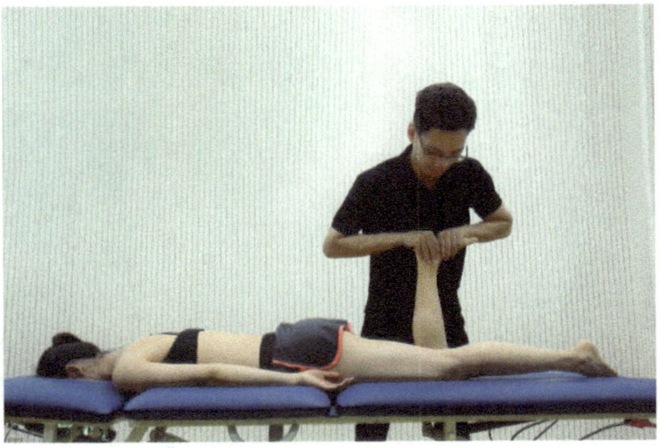

图2-19　Apley试验

2. McMurray试验（麦氏征）

患者仰卧位。检查者一手握住被检脚踝，另一手握住该侧膝盖，将拇指和中指分别置于膝关节内外侧关节间隙处。将膝关节移动至最大屈曲和外旋位，然后缓慢伸直，以此评估外侧半月板。将膝关节移至最大屈曲和内旋位，然后缓慢伸直，以此评估内侧半月板。如果出现疼痛或有绞锁、异响，试验表现为阳性，说明可能存在半月板损伤。如图2-20所示。

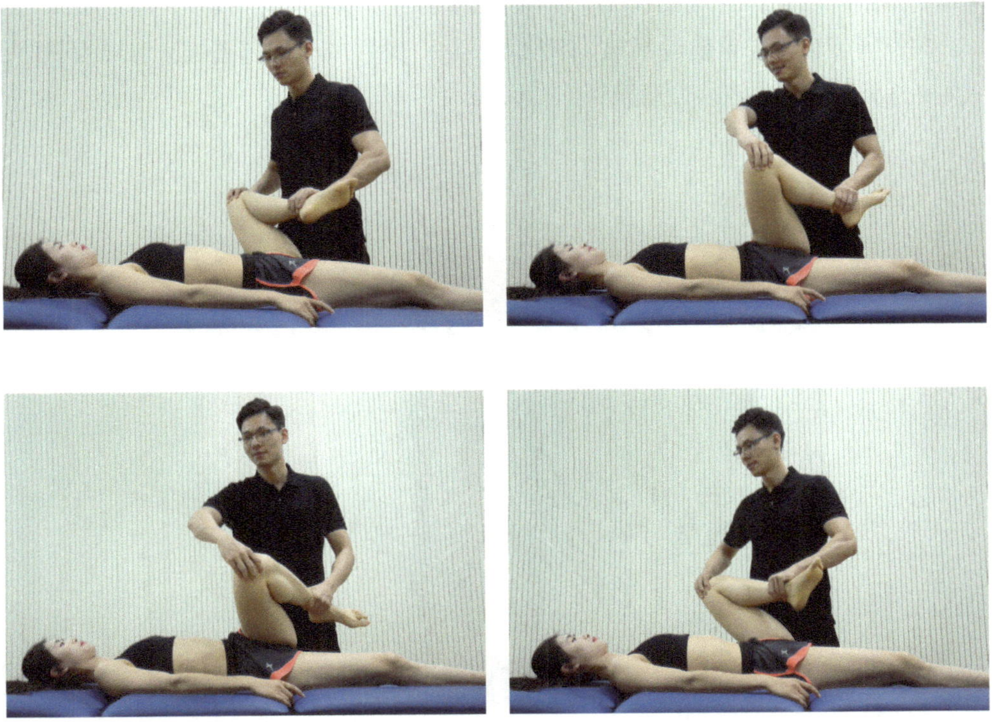

图2-20　McMurray试验

3. 提拉试验

患者俯卧在检查床上，膝关节屈曲90°。检查者用大腿将患者顶向检查床，予以固定。在患者脚踝部施加向上的拉力，反复摆动其前足部，以便内旋和外旋其胫骨。如果出现膝关节疼痛，试验表现为阳性。本试验解除了对半月板的压迫，但对胫侧和腓侧的韧带施加拉力，因此用于区别半月板和韧带或肌肉损伤。如图2-21所示。

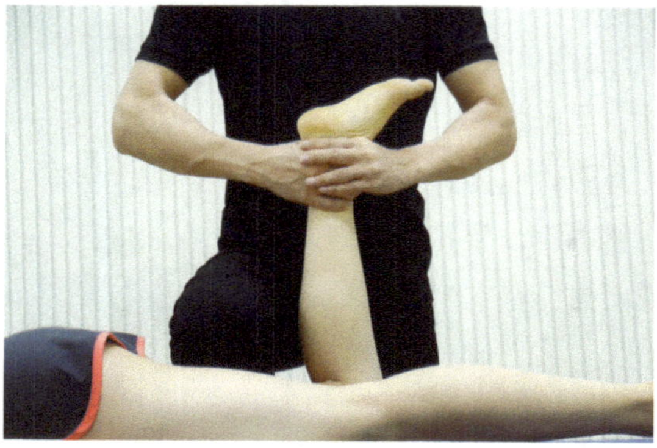

图2-21　提拉试验

4. Thessaly试验

患者站立位，将身体重心移动到患侧腿上，分别屈膝20° 和5° 单腿站立（另一条腿屈曲置于身后），可以用手扶着检查者以维持检查过程中的身体平衡。接着，患者将膝关节先向内侧，再向外侧旋转。如果患者出现关节线处不适、锁死或卡住，则试验表现为阳性，说明可能存在半月板损伤。如图2-22所示。

图2-22　Thessaly试验

5. 关节间隙触诊

患者仰卧位，膝关节伸直。检查者站于患者旁，将患者膝关节屈曲60° 至90° ，保持足跟在检查床上，沿着膝关节的关节线，从内侧到外侧依序触诊，若引发疼痛则为阳性，说明半月板可能存在问题。如图2-23所示。

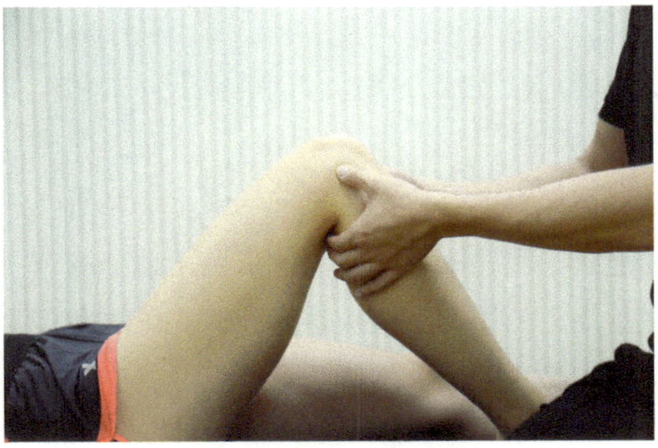

图2–23　关节间隙触诊

（七）神经张力检查

1. 腓骨头处腓神经的Tinel征

患者坐姿或立位。检查者用手或检查锤在患者腓骨头上方触诊或轻敲，约在髌骨下方1厘米和外侧2~3厘米的部位。在腓神经支配区域的小腿引发疼痛或麻木症状，或加重症状。叩击神经损伤(仅指机械力损伤)或神经损害的部位或其远侧，而出现其支配皮区的放电样麻痛感或蚁走感，代表神经损害的部位。

2. 股神经牵张试验

详细方法参见“髋关节功能评定”相关内容。

（八）功能测试

膝关节功能主要通过跳跃测试进行评估，跳跃测试作为一个实用的机能评估方法，通常用来反映下肢神经肌肉控制能力、力量及综合效应。其包括单腿跳远测试、单腿三级跳远测试、单腿三级交叉跳远测试和单腿6米计时跳测试等。

另外，星形平衡测试和Y–Balance测试也可以测试膝关节的平衡功能。

1. 单腿跳远测试

动作描述：测试患者单侧下肢完成一次跳跃时的最远距离。

测量方法：患者以健侧下肢单腿站立，脚趾位于起始线上，听到起跳口令后努力向前跳跃，并以同侧下肢落地，测量从起始线至落地时足跟位置的距离并记录。患者有两次练习和两次跳跃机会，取两次跳跃中最远距离。健侧测量结束后，进行患侧测量。

单腿跳远测试

2. 单腿三级跳远测试

动作描述：测试患者单腿成功完成三次连续向前跳跃时共移动的最远距离。

测量方法：患者以健侧单腿站立，脚趾位于起始线上。当听到起跳口令后，努力向前连续三次跳跃，并以同侧下肢落地，测量从起始线至最终的足跟落地点的距离。被检查者有两次练习和两次跳跃机会，取两次跳跃中最远距离。健侧测量结束后，进行患侧测量。

单腿三级跳远测试

3. 单腿三级交叉跳远测试

动作描述：测试患者单侧下肢成功完成三次交叉跳跃时共移动的最远距离。

测量方法：患者以健侧单腿站立，脚趾位于起始线上，听到起跳口令后，努力向前连续三次跳跃，并以同侧下肢落地，每次跳跃均需左右跨越宽为15厘米的长条。测量从起始线至最终的足跟落地点的距离。患者有两次练习和两次跳跃机会，取两次跳跃中最远距离。健侧测量结束后，进行患侧测量。

单腿三级交叉跳远测试

4. 单腿6米计时跳测试

动作描述：测试患者单腿尽快完成6米距离跳跃时所用的时间。

测量方法：患者以健侧单腿站立，脚趾位于起始线上，当检查者给出“准备，就位，跳！”的口令后，开始计时，秒表的精确值为0.01秒。患者用该侧下肢尽量快地完成6米距离的单腿跳跃，越过6米线时计时结束。患者有两次练习和两次跳跃机会，取两次跳跃中最短的时间。健侧测量结束后，进行患侧测量。

单腿6米计时跳测试

5. 星形平衡测试

患者站立于地面，检查者站于患者旁。首先在地面上用胶带贴一个倒置的“Y”形，先测健侧腿，令患者单腿站立，将脚趾放在“Y”字中心，另一条腿按照如下指示做六个循环：腿尽力向前屈，用脚尖触地；腿尽力向后内侧伸，脚尖触地；腿尽力向后外侧伸，脚尖触地。在第七次循环时测量每个方向上触地点与“Y”字中心的距离。患侧腿重复该测试并对比两腿的数值。若两腿在向前方向上距离差超过4厘米则可高度预测高中篮球运动员下肢损伤风险。后内侧方向上数值的差异可以用来评估慢性踝关节不稳患者的功能限制。该测试也可以用于训练平衡和稳定性。如图2-24所示。

图2-24 星形平衡测试

（八）其他检查

1. 关节肿胀

关节液渗出、肿胀是膝关节损伤的常见症状之一，可以通过视诊、触诊及关节围度测量进行评估。膝关节肿胀有几处较为典型的位置，即膝关节边缘的髌骨内侧缘处、髌腱的两侧、膝关节后侧（腘窝的弥散性肿胀或Baker囊肿）。渗出肿胀可分为四个级别，即无肿胀、轻微肿胀、中度肿胀、严重肿胀。鉴别关节肿胀的几种方法如下：

（1）推滑试验：轻微肿胀。进行推滑试验时，患者仰卧，膝关节完全伸展放松。检查者从患者髌骨内侧缘的关节线处起用手掌和手指向髋关节方向推滑，直到髌骨上部突起 2~3 次，以达到将液体从膝关节移出的目的。如果有肿胀存在，关节内侧缘会出现液体波浪状流动，液体波浪状流动大概会持续 2 秒，同时髌骨下缘内侧会膨出。正常情况下，膝关节内含有 5~7毫升关节滑液。推滑试验的阳性指征显示膝关节内4~8毫升的关节液渗出。

（2）浮髌试验：中度肿胀。进行浮髌试验时，患者将膝关节伸展或屈曲到感到不适的角度。检查者轻轻敲击髌骨，如果有肿胀存在，会感受到髌骨的悬浮感。

改良的浮髌试验要求患者仰卧膝关节伸直。检查者用拇指和示指轻轻握住患者髌骨两侧，用另一手敲击髌骨上缘的囊状凸起。改良浮髌试验阳性指征为拇指和示指的分离感。

（3）Bulge征。患者仰卧于检查床双腿伸直。检查者一手将患者髌骨由上向下滑动，另一手将积液从内侧区域经髌上囊推向外侧区域，再立刻从外侧区域推向内侧区域，正常情况下应无膨出液体或疼痛，若此时内侧区域膨出一团液体，则说明膝关节内有积液，同时观察是否有疼痛等异常情况。如图2-25所示。

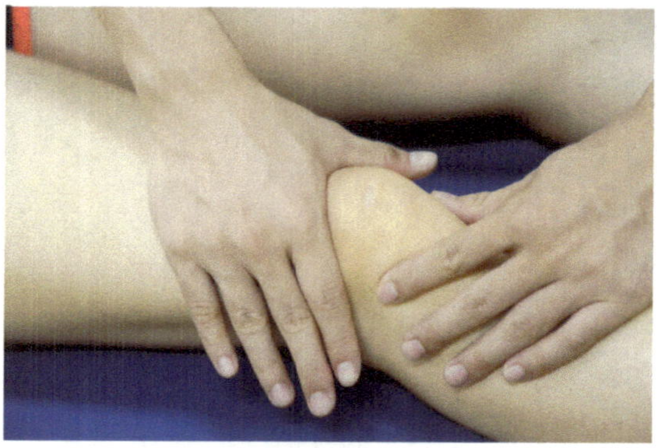

图2-25 Bulge征

（4）严重肿胀。可见明显的关节液渗出（>60毫升）导致的膝关节紧绷肿胀，皮肤发亮。

2. 肌肉围度

测量膝关节周围的肌肉围度能够一定程度上反映关节周围的肌肉力量。可以用皮尺进行测量，一般采取被检查者膝关节伸展0°位，伸肌等长收缩时，分别在髌骨上缘5厘米处、10厘米处及15厘米处环绕一圈，测量读数。肌肉围度的测量要进行双侧对比测量，测量时要保证在同一位置。如图2-26所示。

3. Q角

从髂前上棘到髌骨中点的连线代表股四头肌牵拉力线，从髌骨中点到胫骨结节的连线与股四头肌牵拉力线相交的角即为Q角。正常Q角为男性10°~15°，女性12°~18°；一般大于20°为异常，且每增加5°，髌股关节间压力增加50%。如图2-27所示。

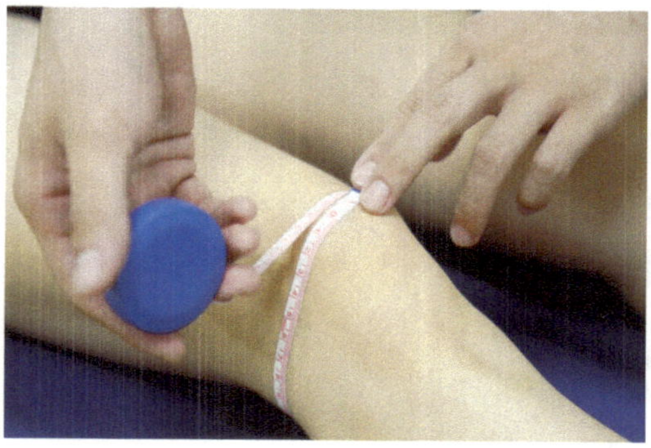

图2-26 膝关节肌肉围度测试

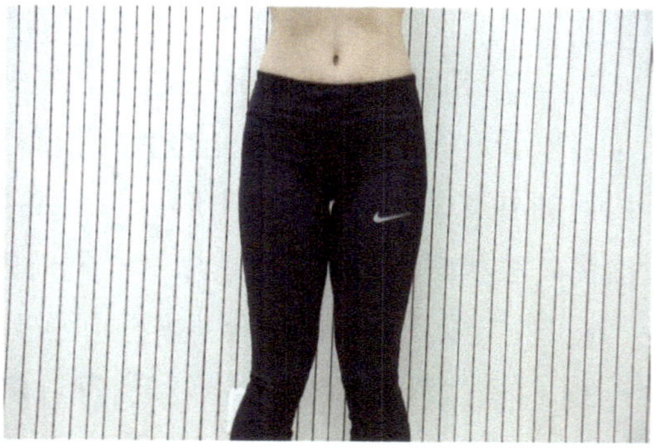

图2-27 Q角过大

4. 腓骨头附属运动

患者仰卧于检查床，膝关节屈曲90°，足跟置于床面。检查者一手固定患者胫骨，另一手的拇指和其余四指握住腓骨头，施加前外侧和后内侧方向的力，评估腓骨头的滑动，终末感，与健侧对比。该评估方法也可用作松动手法。如图2-28所示。

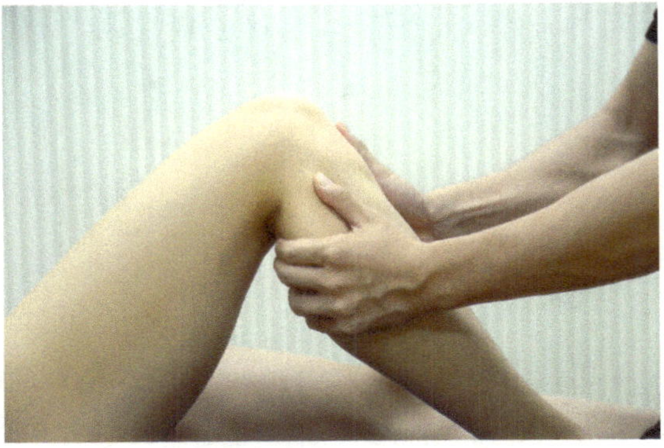

图2-28 腓骨头附属运动

七、临近关节检查

膝关节作为连接髋关节及踝关节的下肢负重关节，在进行评估时也要考虑到髋关节及踝关节的检查。通常我们会检查髋关节的活动度及臀肌力量、触诊有无肌肉条索，观察踝关节足弓情况（负重位和非负重位）、触诊周围韧带、肌肉等软组织，测量活动度及小腿肌肉力量等。

第四节 膝关节评定方法应用

案例1：男，16岁，职业篮球俱乐部预备队球员，主诉三天前进行教学比赛后膝盖内部剧烈疼痛，影响步行，冰敷后疼痛稍微缓解，活动仍然受限。请简述功能评定流程。

1. 问诊

（1）主诉：患者主诉篮球比赛后膝内部剧烈疼痛，影响活动和步行。询问患者当前最困扰或最想解决的问题。

（2）现病史：询问患者受伤经过，如在赛中有无激烈对抗、有无制动急停、有无急转变向或膝过伸伴扭转等危险动作，受伤时是否有听到特殊声响（如啪的一声），膝关节是否有卡顿感或失稳感；疼痛的情况（程度、具体位置、性质和深度），有无放射性症状，有无加重或减轻症状的因素；有无X光片、MRI等影像学检查结果；是否对损伤进行过某些处理或治疗，疗效如何等。

（3）既往史：询问患者既往有无受伤经历及具体的受伤情况。

（4）职业及家族史：询问患者职业、运动爱好和相关家族遗传史。

2. 观察

膝处有无皮下淤血、肿胀、瘢痕，髌骨位置及下肢力线情况，膝关节周围肌肉是否萎缩，患者来时的步态等。

3. 触诊

感受膝部皮肤温度、肿胀、出汗情况，触诊骨性结构，膝关节周围韧带、关节间隙、肌肉质感和条索等。

4. 主动运动

主动进行膝关节屈伸运动、下蹲运动、行走，是否能完成该动作，动作质量如何，并记录其活动角度，活动中是否出现疼痛，何时开始出现疼痛，患者是否愿意或惧怕活动等。进行股四头肌收缩，膝关节用力压向支持面，观察髌骨是否正直向上运动，股内侧肌和外侧肌是否同步收缩。

5. 被动运动

被动运动包括生理运动，即膝关节的屈伸，体会其运动终末感的性质（骨抵抗、软组织抵抗、结缔组织抵抗、虚性抵抗等）来确定运动受限的结构性原因。

被动运动还包括附属运动，在关节松弛位进行牵拉、牵引和滑动，体会和判断可动程度是正常还是高于或低于正常。包括胫骨相对股骨向前和向后的滑动、旋转活动以及髌骨在股骨滑车内向上、下、内、外和分离的活动情况。

6. 抗阻运动

通过徒手肌力检查对损伤后膝关节周围的肌肉力量进行评估。检查的内容主要包括屈膝肌群即股二头肌、半腱肌、半膜肌的肌力；伸膝肌群即股直肌、股中间肌、股内侧肌、股外侧肌的肌力。可健患侧对比。

7. 特殊检查

（1）Lachman试验和抽屉试验，确认交叉韧带的情况。

（2）研磨试验和麦氏征试验，确认半月板的情况。

（3）内翻和外翻试验，确认副韧带的情况。

（4）积液诱发试验，确认膝关节的肿胀情况。

8. 临近关节检查

对膝临近关节，即踝、髋进行损伤排查，避免漏诊。

9. 影像学检查

由于疼痛和肌肉痉挛，常规查体及X线检查难以做出准确诊断，因此，需要借助特殊的辅助诊断手段。常规X线检查不能对前交叉韧带损伤做出准确诊断，MRI是目前诊断最敏感的无创检查手段。同时，MRI还可对膝关节的其他合并损伤进行诊断。

前交叉韧带只要断裂或者部分断裂，都应该进行早期重建，以提高手术疗效，减少后遗症。

案例2：女，38岁，公司职员，于半月前不慎扭伤右膝关节，当时右膝关节疼痛，不以为然，后疼痛持续至今。请简述功能评定流程。

1. 问诊

（1）主诉：询问患者当前最困扰或最想解决的问题。

（2）现病史：询问患者受伤经过及扭伤动作，疼痛的具体部位、性质、程度等，有无加重或减轻疼痛的具体动作或体位，疼痛在一天中的变化情况，有无影像学诊断，有无对扭伤的膝关节进行处理或治疗，疗效如何。

（3）既往史：询问患者既往有无受伤经历及具体的受伤情况。

（4）职业及家族史：询问患者职业、运动爱好和相关家族遗传史。

2. 观察

膝处有无皮下瘀血、肿胀，髌骨位置及下肢力线情况，膝关节周围肌肉是否萎缩，患者来时的步态等。

3. 触诊

感受膝部皮肤温度、肿胀、出汗情况，触诊膝关节周围韧带、关节间隙、肌肉质感和条索等。

4. 主动运动

主动进行膝关节屈伸运动、下蹲运动、行走，是否能完成该动作，动作质量如何，并记录其活动角度。活动中是否出现疼痛，何时开始出现疼痛，患者是否愿意或惧怕活动等。进行股四头肌收缩，膝关节用力压向支持面，观察髌骨是否正直向上运动，股内侧肌和外侧肌是否同步收缩。

5. 被动运动

被动运动包括生理运动，即膝关节的屈伸，体会其运动终末感的性质（骨抵抗、软组织抵抗、结缔组织抵抗、虚性抵抗等）来确定运动受限的结构性原因。

被动运动还包括附属运动，在关节松弛位进行牵拉、牵引和滑动，体会和判断可动程度是正常还是高于或低于正常。其包括胫骨相对股骨向前和向后的滑动、旋转活动以及髌骨在股骨滑车内向上、下、内、外和分离的活动情况。

6. 抗阻运动

通过徒手肌力检查对损伤后膝关节周围的肌肉力量进行评估。

7. 特殊检查

（1）Lachman试验和抽屉试验，确认交叉韧带的情况；

（2）研磨试验和麦氏征试验，确认半月板的情况；

（3）内翻和外翻应力试验，确认副韧带的情况；

（4）髌骨恐惧试验和Clarke试验，确认髌股关节的情况。

8. 功能评估

功能评估包括功能动作及平衡本体的评估。

9. 临近关节检查

对膝临近关节，即踝、髋进行损伤排查，避免漏诊。

思考题

1. 某运动员在比赛中不慎伤到半月板，简述主观和客观检查的内容。
2. 简述膝关节韧带损伤的特殊检查。
3. 简述膝关节术后患者在重返运动前，需要进行的功能测试。
4. 简述膝关节肿胀的评定方法。

参考文献

[1] 恽晓平.康复疗法评定学（第2版）[M].北京：华夏出版社，2014.

[2] Hislop H. *Daniels and Worthingham' s Muscle Testing: Techniques of Manual Examination and Performance Testing(ninth edition)*[M]. Philadelphia：W. B. Saunders，2013.

[3] MAGEE D J.骨科检查评估（第4版）[M].罗卓荆，译.北京：人民军医出版社，2007.

[4] DAVID I P. *Orthopedic Rehabilitation, Assessment, and Enablement*[M]. New York：Springer，2007.

[5] MANSKE R C. *Postsurgical Orthopedic Sports Rehabilitation: knee & shoulder*[M]. ST.Louis：Mosby， 2006.

第三章
踝关节及足部功能评定

本章教学提示

1. 掌握踝关节及足部的评定流程及方法；
2. 熟悉足踝部常见损伤的功能障碍表现特征、损伤机制、诊断标准；
3. 了解足踝评定方法的新进展。

第一节　踝足损伤的功能障碍

一、踝关节扭伤

踝关节在站立和行走时都承担了绝大部分的体重，因此踝关节扭伤是日常生活中最常见的一种损伤。踝关节扭伤分为内翻扭伤和外翻扭伤，以前者多见，踝关节外侧韧带是最容易发生扭伤的韧带，尤其以距腓前韧带损伤为主。踝关节扭伤危害极大，轻伤可能只导致轻微疼痛感，严重者则无法正常行走。损伤后的踝关节稳定性下降，行走时出现步态异常。

（一）损伤机制

因踝关节外侧韧带不如内侧的三角韧带坚强，且外踝比内踝低1.2 厘米，因此绝大部分急性踝关节扭伤患者中损伤的是外侧韧带；又因距骨的鞍形关节面前宽后窄，背伸时较宽处进入踝穴，跖屈时较窄部进入踝穴，故踝关节在跖屈位活动空间较大；因此，其解剖和生理特点决定踝关节跖屈时内翻是踝关节扭伤的典型姿势。在踝关节跖屈情况下，内翻应力或内旋应力即可导致损伤。

（二）诊断标准

（1）外踝前下方肿胀，踝关节外侧疼痛明显，有压痛。

（2）重点触诊内外踝、第5跖骨基底部和足舟骨。若触诊阳性，X线检查是否骨折。

（3）韧带应力试验：前抽屉试验和距骨倾斜试验阳性。

（4）急性外踝扭伤分级：

Ⅰ级：无功能丧失，无韧带松弛（前抽屉试验和距骨倾斜试验阴性），很少或没有出血，无压痛点，踝关节的总活动度减少小于5° 或更少，以及踝关节肿胀小于0.5厘米或更少。

Ⅱ级：部分功能丧失，前抽屉试验阳性（涉及距腓前韧带），距骨倾斜试验阴性（没有涉及跟腓韧带），出血，有压痛点，踝关节总活动度减少大于5°，但小于10°，以及踝关节肿胀大于0.5厘米，但小于2厘米。

Ⅲ级：功能几乎完全丧失，前抽屉试验和距骨倾斜试验阳性，出血，压痛点非常明显，踝关节总活动度下降大于10°，踝关节肿胀大于2厘米。第Ⅲ级损伤根据应力X片结果及前抽屈试验进一步分级，如前抽屉试验不超过3毫米 为ⅢA，大于3毫米为ⅢB。

（三）主要功能障碍

踝关节扭伤急性期以疼痛和关节活动度受限为主，影响患侧负重行走能力，运动增加疼痛。关节外侧或内侧出现迅速的局部肿胀，并逐渐波及踝前部及足背，可出现皮下瘀斑，以伤后2~3天最明显。外踝扭伤时，患者在尝试行足内翻时疼痛症状加剧。内侧三角韧带损伤时，患者在尝试行足外翻时疼痛症状加剧。损伤较轻者，经休息后疼痛和肿胀可自行修复。

大部分踝关节扭伤都能通过保守治疗康复，而小部分经治疗后依然会发展成为习惯性崴脚。还有部分患者因诊断治疗不及时、不恰当等因素亦可导致习惯性崴脚，进而导致损伤部位神经末梢和本体感觉未恢复引起的本体感觉缺失和平衡能力降低，该类患者多表现为行走不平地面时的恐惧感或不稳定感、长时间行走时踝关节的酸痛或酸胀感，以及踝关节活动受限。

二、跟腱病变

足踝部跟腱是最容易发生慢性病变的。若忽视急性跟腱病变或过度使用踝关节造成损伤，就易造成慢性病变。

（一）损伤机制

（1）运动中跳跃，足蹬地等动作过多，小腿三头肌反复收缩，牵拉跟腱止点，造成跟腱本身或腱旁组织的反复刺激。

（2）踝关节背伸活动度异常与跟腱病变的高发病率有关。伸膝时踝关节背伸活动度降低会导致跟腱张力增加，增加跟腱病变的风险。

（3）距下关节活动度尤其是内翻和外翻的降低以及跖屈力量下降也会引起跟腱病变。

（4）外因：在坚硬的地面跑步、在寒冷环境中训练、运动鞋的减震效果不佳或鞋垫过硬等。

（二）诊断标准

（1）症状位于跟腱中部，通常包括4级：第1级：活动后出现疼痛，休息一段时间后疼痛消失；第2级：活动时疼痛发作，但不限制活动；第3级：活动时疼痛，无法参加正常活动；第4级：疼痛持续存在，休息时依旧有疼痛。长期肌腱僵硬和疼痛是早期的典型症状。

（2）跟腱触诊测试阳性：跟腱止点近端2~6厘米处疼痛。

（3）患侧跖屈力量和耐力下降，提踵能力下降。

（4）Arc 征阳性，肿胀区域随背伸和跖屈移动。

（5）伦敦皇家医院测试（Royal London Hospital test）阳性。

（三）主要功能障碍

跟腱病多为慢性疾病，逐渐出现跟腱附着部位的增大和疼痛。以休息痛、晨起痛为特点，查体压痛点在跟腱止点的前方。肌腱内会出现退变性骨赘，导致生活中穿后跟封闭的鞋子会出现不适。

三、跟腱断裂

跟腱是人体最粗和最坚固的肌腱，在运动中具有十分重要的作用。除了外伤作用下，跟腱容易在跑动和反复跳跃中由于过度负荷而损伤。其常见于跑步、跳跃项目的运动员以及有快速变向和快速反应起跳的运动员。一般情况下，跟腱断裂容易发生在跟骨附着近端2～6厘米处，此节段是跟腱血液供应较差的地方。

（一）损伤机制

损伤机制主要包括直接暴力损伤和间接损伤。直接暴力损伤多为刀、斧等锐器割伤所致，伤口整齐。间接损伤造成的跟腱断裂多因跟腱本身存在病变而引起，如肌腱营养不良、退行性改变或跟腱钙化等，这些原因使得跟腱变得脆弱，小腿三头肌突然发力易引起跟腱断裂。多数情况下，跟腱断裂的损伤机制是小腿后群肌肉的强烈收缩，造成跟腱的过度牵拉，最典型的损伤是在膝关节伸直的状态下同时负重足用力蹬地或意外的踝关节过度背伸而引起的小腿肌肉反射性收缩。

（二）诊断标准

（1）开放性损伤，肉眼可见跟腱断裂。闭合性损伤，跟腱处有剧烈疼痛，常伴有嘣的一声。局部有明显肿胀、有青紫、疼痛、跖屈无力，不能踮脚走路。外观可见跟腱处凹陷。

（2）局部压痛，受伤一侧肌腹上移，断裂处可摸到凹陷。

（3）Thompson征阳性。

（4）可采用超声波或MRI进行辅助检查。

（三）主要功能障碍

急性跟腱断裂者有明确的运动中损伤病史，大部分患者可清晰回顾受伤时脚踝后方有棒击感及弹响，且损伤常发生于踝关节极度背伸位发力时。

跟腱断裂患者不能踮脚站立、跟腱后方凹陷且伴有肿胀或皮下出血点。疼痛以踝关节后方不适为主，于小腿远端跟腱处可触及凹陷，以及跟骨结节下移。

四、足底筋膜炎

足底筋膜炎，又称足跟疼痛综合征、慢性足跟疼痛、跑步者足跟（runner's heel）、跟骨下疼痛，是足弓结构或力学异常引起足底筋膜跟骨止点的反复微损伤及退变，其病理改变无炎症细胞存在。足底筋膜炎在一些业余运动员或者跑步爱好者中更为普遍，最常见的症状是足跟的疼痛与不适。

（一）损伤机制

足底筋膜炎是足底肌肉长期反复、过度的牵拉和使用造成的局部肌肉劳损。当过度运动或长时间站立时，由于脚趾背伸及纵向足弓的拉伸作用，足底筋膜的张力增高，长时间的张力载荷即可导致足底筋膜的急性或慢性损伤。有学者认为，跑步者足底筋膜炎的高发生率，是由反复的足过度旋内产生微小创伤所致。此外，踝关节背伸活动度受限和BMI过高也可能是非运动员发生足跟疼痛和/或足底筋膜炎的诱发因素。

（二）诊断标准

（1）足跟内侧区域疼痛；休息一段时间后，开始行走时最初几步疼痛明显，并随着负重时间的延长疼痛增加；近期负重活动增加时足部疼痛。

（2）触诊足底筋膜近端附着点出现疼痛，将足趾背伸可加重疼痛。

（3）膝关节伸展位时主动和被动的踝关节背屈受限或伴有疼痛。

（4）跗管综合征试验阳性。

（5）卷扬机试验阳性。

（6）足纵弓角：患者站立，双足均匀地承担体重，触诊内踝中点、足舟骨结节、第一跖骨头内侧最凸出部，并用笔标出。然后，使用量角器测量3 点以足舟骨结节为顶点形成的角度。

（三）主要功能障碍

足底筋膜炎患者最常见的症状就是脚跟的疼痛与不适。首先，承载重量时足跟疼痛，一般而言，疼痛通常持续数月至数年。其次，疼痛在早晨下床时的第一步最为明显，这主要是因为经过一个晚上的休息或长时间不活动后，足底筋膜不再负重，会处在较为缩短的状态。因而当踩地时，会对足底筋膜产生较大、较快的牵拉，进而引起疼痛。但在行走一段时间后，足底筋膜会变得较松，因而症状会缓解。但若过度行走，足底筋膜被牵拉的次数渐增，症状又会再现。压痛点常在足底近足跟处，有时压痛较剧烈，且持续存在，疼痛特点为搏动性、灼热、刺痛性。

五、胫骨内侧应力综合征

胫骨内侧应力综合征常见于运动员，主诉由运动引起沿胫骨下段后内侧疼痛的综合征。

（一）损伤机制

（1）大强度训练期间引起的肌肉肥大和僵硬是内侧胫骨应力综合征的重要病因。炎症、纤维化以及筋膜向胫骨内侧缘骨膜方向增厚是引起疼痛的原因。

（2）步态异常，小腿外旋加大和足过度旋前：两种排列不齐使运动员在步态周期中改变受力的方式，让更多的负荷移向内侧，造成深层后间隔筋膜在胫骨骨膜上的附着区过度负荷。

（3）训练量增加太快。

（4）经常跑公路（硬地），上下坡，越野（不平整路面）。

（5）踝关节柔韧性下降。

（6）胫骨后肌过分紧张，小腿前后肌力不平衡。

（7）扁平足、高足弓也是重要的危险因素。

（二）诊断标准

（1）症状和体征：在训练和训练后一段时间内，沿着胫骨内侧边缘有压痛和疼痛。疼痛逐渐随着训练强度的增加而加剧，严重时运动员不得不中断跑步和跳跃练习。

（2）运动后可再次出现疼痛，次日清晨起床疼痛明显。

（3）触诊能引起强烈的疼痛，小腿前内侧胫骨骨干或小腿后内侧中下段疼痛；并且沿着胫骨内侧缘可能有肿胀。

（4）第1跖趾关节或踝关节背屈时疼痛加重。

（5）X线上可以看到内侧胫骨皮质边缘不清和增厚，在骨骼扫描上沿胫骨边缘的大部分可以看到弥漫性的骨质吸收增强（骨骼的应力性反应）。

（6）足纵弓角小于140° 作为判断导致胫骨内侧应力综合征风险水平的准确阈值。

（三）主要功能障碍

胫骨内侧应力综合征患者疼痛症状表现在小腿前侧或者后内侧中下段（内踝上15厘米区域内）较深层的疼痛；运动中疼痛明显，休息后减轻或消失；也有表现为胫骨周边疼痛；亦存在按压痛。胫骨内侧应力综合征患者疼痛位置主要表现为跟腱靠上位置以及小腿前面疼痛这一点与跟腱炎引起的疼痛区别明显，跟腱炎疼痛位置更低，位于跟腱末端。

六、踝关节骨折

踝关节骨折多由间接暴力引起，暴力方向、大小及受伤时足的位置的不同可引起各种不同类型的骨折，是最常见的关节内骨折。常合并下胫腓联合损伤，踝穴完整性受到明显的破坏。

（一）损伤机制

常见的踝关节骨折包括距骨骨折、跟骨骨折、跖骨骨折以及趾骨骨折。距骨和跟骨的骨折多是高处坠落的压缩和挤压造成，除此之外，直接的撞击，小腿三头肌突然收缩以及骨质疏松也会导致跟骨的骨折。趾骨和跖骨的骨折多是直接外力造成，如重物砸压或车轮碾压。

（二）诊断标准

（1）一般有明确外伤史。

（2）局部肿胀，有压痛。

（3）存在不同程度的功能障碍。

（4）沿肢体纵轴叩击，能诱发出伤处疼痛。

（5）X线片显示骨折线；踝关节的骨折常合并韧带损伤，当怀疑合并韧带损伤时，应进行CT或核磁检查。

（三）主要功能障碍

踝关节骨折患者表现为踝部疼痛、肿胀，皮下出现瘀瘢、青紫，不敢活动踝关节，不能行走。检查可见踝关节畸形，内踝或外踝有明显压痛，有骨擦音。

第二节 踝关节及足的主观检查

一、主诉及现病史

询问损伤原因、治疗过程、症状表现，了解痛点与损伤部位的关系，如下胫腓关节损伤表现在小腿下外侧的深部疼痛；踝前方环绕关节线的深部疼痛提示距上关节损伤；疼痛通过足跟，足掌深部，跟骨前方则提示距下关节损伤；韧带性疼痛常为表浅性和局部性。

重点了解引起疼痛或不适加重或缓解的因素，如时间（夜间，晨起），姿势习惯，上下楼梯，长时间行走等以及休息、热敷、姿势改变能否缓解疼痛。损伤给日常生活中带来的不便和最迫切解决的问题等，如踝关节损伤后背伸角度不够导致无法使用蹲厕。

二、既往史

除了询问或从病历中了解患者过去的病史，治疗师应该着重了解以下问题：一是以往是否发生过同样的问题，如是否反复扭伤过踝关节导致习惯性崴脚；二是是否有与其他关节损伤相关的问题，如是否因为其他部位不适使用踝足关节进行代偿导致损伤，其他关节是否还存在问题，影响踝足关节的康复。

三、个人史

了解患者的职业、运动生活、兴趣爱好等情况，进而了解现有症状是否影响以及如何影响患者日常生活、工作等或分析是否有影响症状的因素存在，如篮球专项运动员在踝关节损伤后是否在训练中还会进行跳跃等加重踝关节损伤、影响治疗效果的动作。

四、家族史

了解患者的家庭成员与该患者损伤相关的情况，目的是使康复师更好地了解患者问题的本质，寻求影响症状的因素。如有研究表示遗传因素是导致䟴外翻的主要原因，而䟴外翻者的足底承受压力的区域外移，形成特有的足—地接触模式，即足底外侧成为主要的支撑方式，这种支撑方式导致踝关节触地瞬间处于外展状态。

第三节　踝关节及足的客观检查

一、观察

观察可分为静态观察和动态观察。静态观察可以分别从正面、侧面、背面对踝足关节的颜色、毛发、肿胀、力线以及踝足周围肌肉萎缩等方面进行评定；动态观察可以通过步态、下蹲、跑跳等方面观察功能障碍的程度、功能水平、姿势对线、平衡、负重能力以及行走能力。

1. 站立位姿势

从正面可观察足趾形态，如大䟴指是否存在外翻。从正面亦可观察是否存在足旋等。从侧面可观察足弓形态，即是否存在高足弓、扁平足情况。从后面可观察足跟是否存在内、外翻状。跟腱形态以及小腿后群肌肉状况亦可从后方观察。

除了踝足周围形态，还可观察临近关节以及整体形态姿势，如观察患者的下肢负重模式，了解左右负重是否平均，身体重心与支撑面之间的关系，如观察髋、膝、踝的下肢力线，是否有膝关节内、外翻等畸形等。

2. 步态分析

患者正向走，康复师从正面、背面和侧面观察患者步态稳定性、协调性以及不同步态周期的下肢各关节活动等，还可以选择背向走、足跟走、足趾走、内翻走、外翻走等形式进行不同步态特征的观察。

3. 下蹲

注意身体姿势，动作完成质量和速度，观察是否有膝内扣，足跟不能着地等异常模式，以及下蹲角度对疼痛的影响。

4. 跑

跑步姿态分析，了解支撑相、摆动相的时间、着地模式、腾空高度、速度等因素。

5. 提踵

单腿提踵可健患侧对比，观察提踵时踝关节运动的角度、速度，是否有不适等；双腿提踵可观察是否有重心偏移，提踵次数等。

6. 跳跃

双脚跳起落地时患侧承重情况，落地声音，缓冲情况，单脚跳时跳跃高度及远度，疼痛变化情况，落地时姿势（如膝关节内扣，屈髋角度不足）。亦可在患者能够安全完成的情况下，模拟损伤时或会引起疼痛的动作。

二、触诊

在仰卧位即非负重体位进行，感受局部皮肤温度、出汗程度（如通过触诊可鉴别急性损伤和慢性损伤，急性损伤时皮肤潮湿，皮肤温度升高，韧带压痛剧烈；慢性损伤时皮肤发凉、发紧或凹陷，韧带增厚），触诊水肿积液，检查瘢痕、伤口，了解主要骨性结构的位置排列，如内踝、外踝、跟骨等。对受伤部位进行肢体围度的测量以评估肿胀程度或萎缩程度，并进行健患侧对比。在肌腹进行围度测量以评估肌肉的萎缩情况，同样进行健患侧对比。如图3-1所示。

触诊解剖结构判断有无损伤，如骨，是否存在骨膜炎；如肌肉，是否存在肿胀、萎缩、凹陷、压痛、紧张程度、扳机点；如滑囊，是否存在跟腱下、跟骨下等特定位置的疼痛和肿胀；如脂肪垫，是否存在足跟压痛；如踝关节软组织，是否存在撞击综合征、脂肪垫炎等；如腱围，是否存在跟腱部压痛；等等。

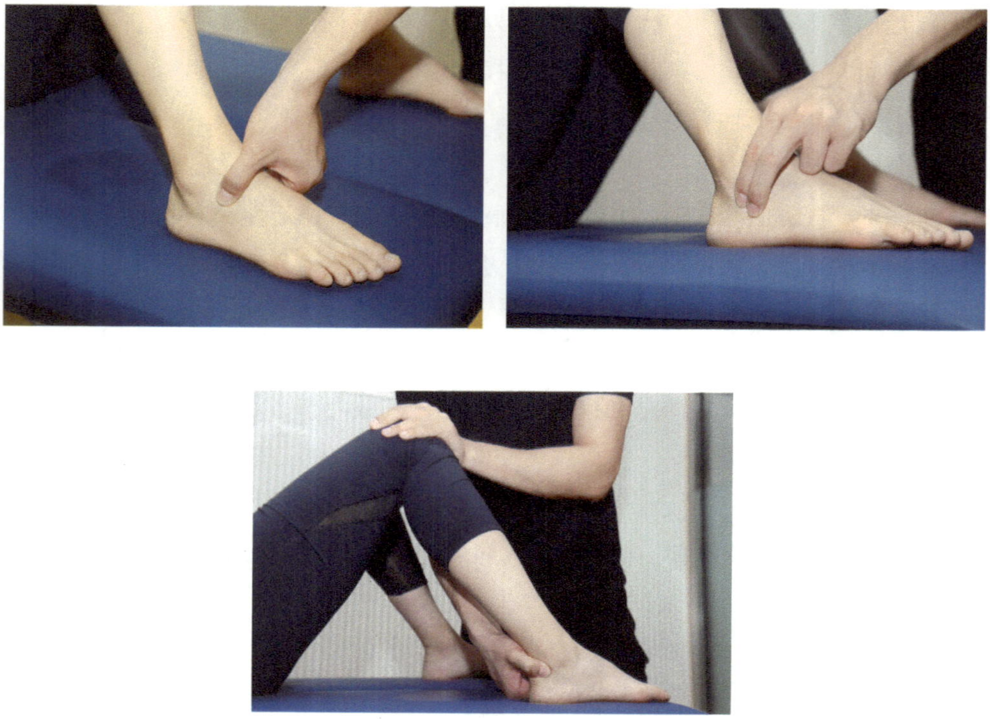

图3-1　足踝部的触诊

1. 跟腱触诊

患者俯卧于检查床，踝部置于检查床边缘。检查者用拇指和示指轻轻触诊整条跟腱并询问患者是否有疼痛。如图3-2所示。

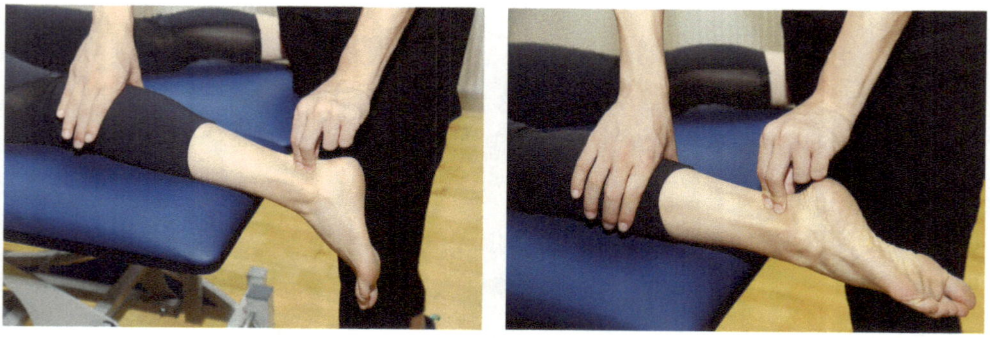

图3-2　跟腱触诊

2. 胫骨前肌触诊

患者仰卧于检查床，足跟置于检查床边缘。检查者触诊胫骨前肌，观察是否有扳机点、肌肉紧张或引发出的其他症状。如图3-3所示。

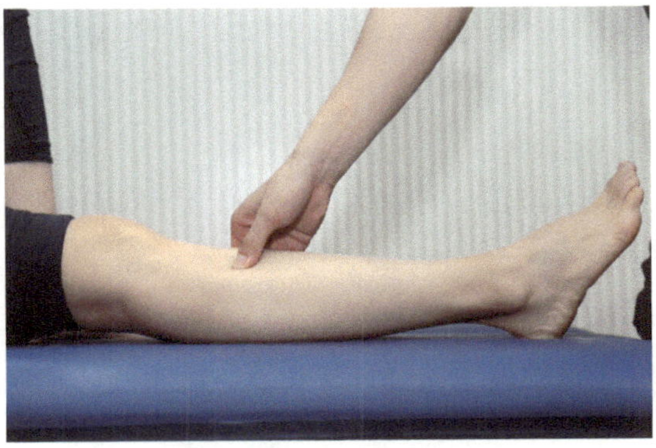

图3-3　胫骨前肌触诊

3. 韧带触诊

患者仰卧于检查床，足跟置于检查床边缘。检查者在外踝前下部可触诊距腓前韧带，在外踝后下部可触诊跟腓韧带，沿着腓骨继续向上触诊胫腓联合等区域可判断有无高位踝关节扭伤，注意与健侧的对比及是否引发症状。如图3-4所示。

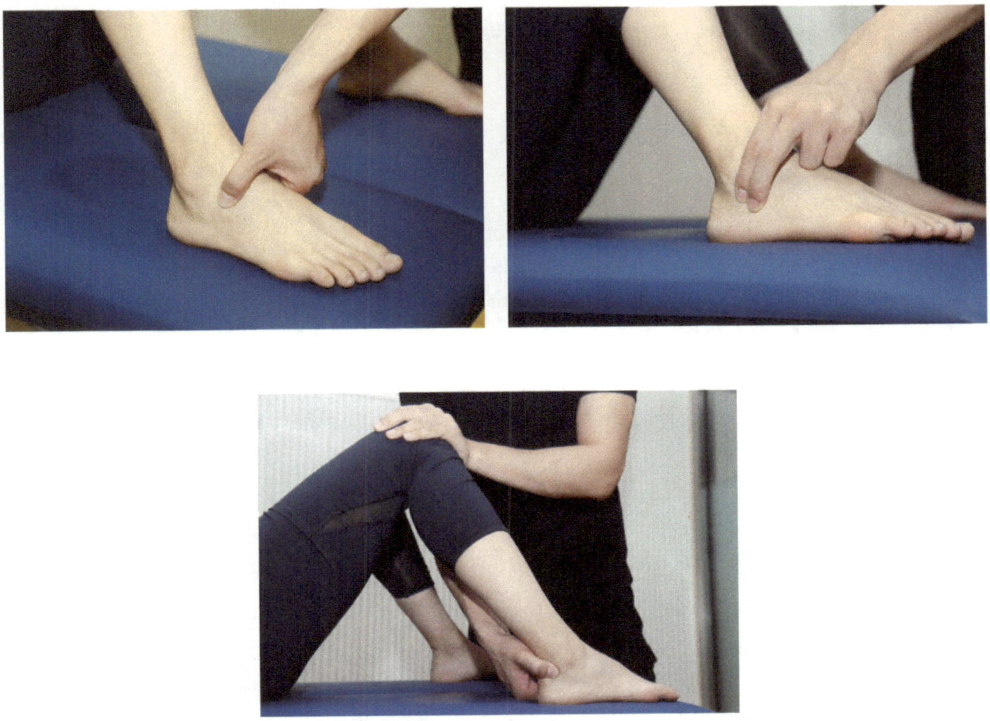

图3-4　韧带触诊

三、主动运动

检查踝关节主动活动度可以运用关节角度尺测量。测量时需进行健患侧对比，先检查健侧，后检查患侧。记录在活动中有无出现疼痛，出现疼痛的角度及分值，出现疼痛后能否继续运动及运动范围。

1. 背屈

（1）体位：长坐位，踝关节置于支持面外，踝关节无内、外翻。

（2）关节角度尺摆放。

轴心：第5跖骨与小腿纵轴长线在足底的交点（外踝下方大约1.5厘米处）。

固定臂：腓骨小头与外踝的连线（腓骨外侧中线）。

移动臂：第5跖骨长轴。

（3）检查方法：令被检侧踝关节沿冠状轴在矢状面上完成足尖从中立位向靠近小腿的方向的运动。被动关节活动度检查时，检查者左手固定小腿远端，右手托着足底向上推，注意施被动手法时应避免推按足趾，以免造成腓肠肌和比目鱼肌的抵抗，同时不得出现膝关节和髋关节的代偿动作。如图3-5所示。

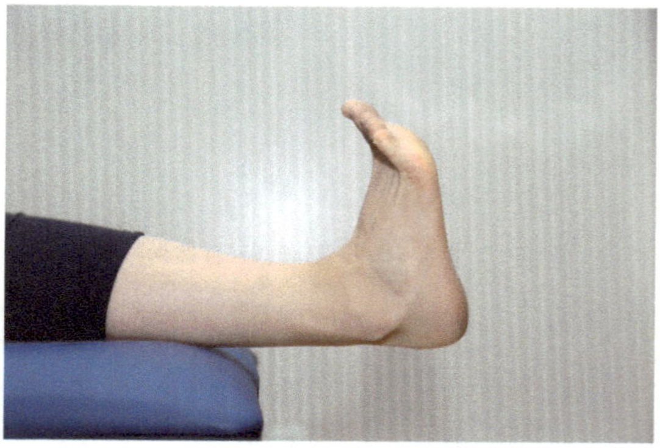

图3-5　踝关节背屈主动运动检查

（4）运动终末感：因关节囊后部，跟腱、三角韧带胫跟部、后距腓韧带、距跟骨间韧带的紧张而产生的结缔组织抵抗。

（5）参考值范围：0°~20°。

2. 跖屈

（1）体位：长坐位，踝关节置于支持面外，踝关节无内、外翻。

（2）关节角度尺摆放。

轴心：第5跖骨与小腿纵轴长线在足底的交点（外踝下方大约1.5厘米处）。

固定臂：腓骨小头与外踝的连线（腓骨外侧中线）。

移动臂：第5跖骨长轴。

（3）检查方法：令被检侧踝关节在矢状面上完成向足底方向的运动。被动关节活动度检查时，检查者一手固定小腿远端，防止膝关节、髋关节出现代偿动作，另一手向下方正直按压被检侧的足背使其跖屈，但注意不得对足趾产生压力和出现内、外翻。如图3-6所示。

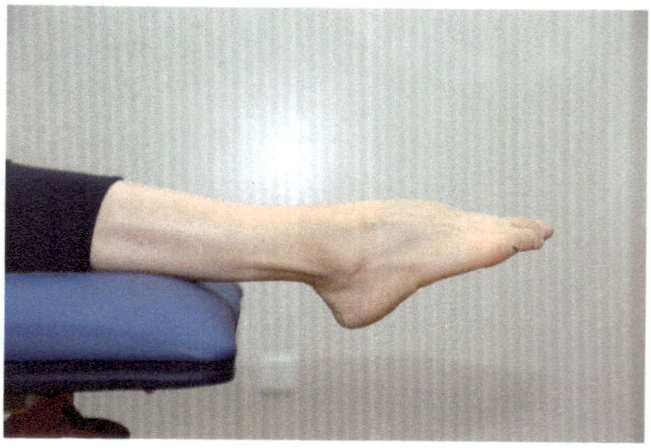

图3-6　踝关节跖屈主动运动检查

（4）运动终末感：因关节囊前面，三角韧带前部、距腓前韧带、胫骨前肌、拇长伸肌的紧张产生的结缔组织抵抗或因距骨后结节与胫骨后缘的接触而产生的骨抵抗。

（5）参考值范围：0°~50°。

3. 内翻

（1）体位：坐位，膝关节屈曲90°或膝伸直位，髋关节无内收、外展及旋转。

（2）关节角度尺摆放。

轴心：两臂交点。

固定臂：与小腿纵轴一致。

移动臂：足底面横轴。

（3）检查方法：令被检侧踝关节完成外旋、内收、跖屈的复合动作。被动关节活动度检查时，检查者一手固定被检查者小腿远端，防止膝关节、髋关节的运动，另一手做踝关节的外旋、内收、跖屈的复合运动。（如图3-7所示）

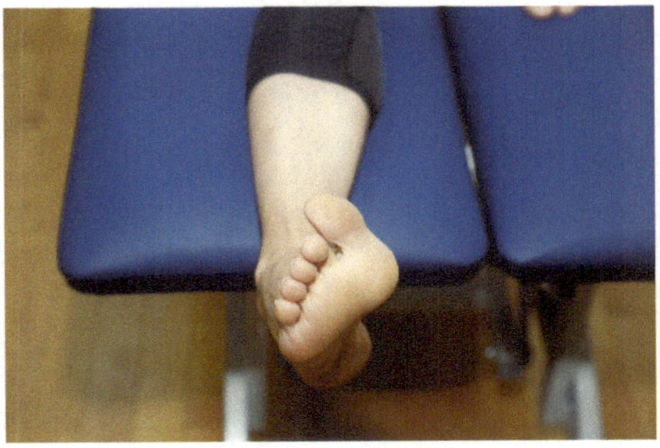

图3-7　踝关节内翻主动运动检查

（4）运动终末感：因关节囊，前、后距腓韧带，跟腓韧带，前、后、外侧的距跟韧带、跟骰背侧韧带，背侧距舟韧带，分歧韧带，骰舟背侧韧带和楔舟、楔间、楔骰、跟骰、跗跖关节的背侧、底侧骨间的各种韧带，腓骨长肌、腓骨短肌的紧张造成的结缔组织抵抗。

（5）参考值范围：0°~45°。

4. 外翻

（1）体位：坐位，膝关节屈曲90°或膝伸直位，髋关节无内收、外展肌旋转。

（2）关节角度尺摆放。

轴心：两臂交点。

固定臂：与小腿纵轴一致。

移动臂：足底面横轴。

（3）检查方法：令被检侧踝关节完成内旋、外展、背伸的复合运动。被动关节活动检查时，检查者应固定患者小腿远端，防止出现膝关节的屈曲和外旋。如图3-8所示。

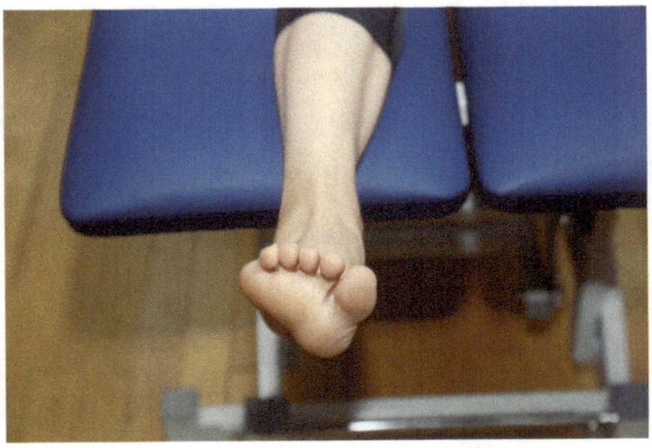

图3-8　踝关节外翻主动运动检查

（4）运动终末感：跟骨与距骨之间的接触产生的骨抵抗，或因关节囊，三角韧带，内侧距跟韧带，底侧跟舟韧带，跟骰韧带，背侧跟舟韧带，分歧韧带内侧束，骰舟、楔间、楔骰各关节背侧、底侧，骨间各韧带及后胫骨肌紧张产生的结缔组织抵抗。

（5）参考值范围：0°~15°。

5. 第一跖趾关节活动度测试

被检查者仰卧于检查床，足跟置于检查床边缘。检查者坐于床尾令被检查者主动伸展踇趾，用关节角度尺测量关节伸展的主动活动度，然后施加压力至运动终末端测量被动活动度。屈曲的活动度测量方法参考伸展。如图3-9所示。

正常值：屈曲：45°；伸展：70°。

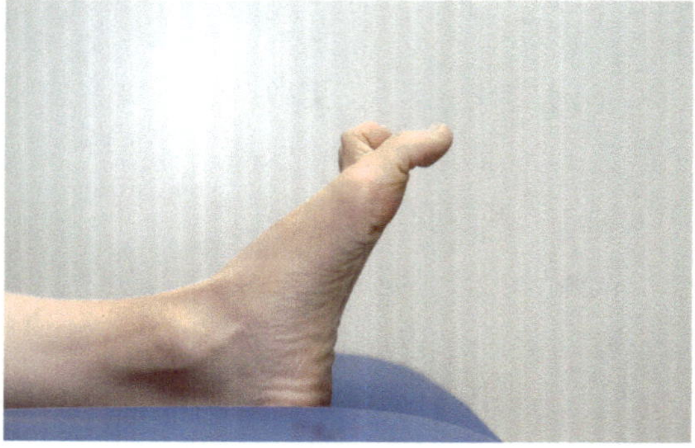

图3-9　第一跖趾关节活动度测试

四、被动运动

被动运动的检查包括被动生理运动和附属运动的检查。

（一）被动生理运动检查

1. 用于检查非收缩组织的状态。

2. 先进行健侧的被动活动，再进行患侧的被动活动。

3. 检查时应注意感受关节运动的终末感，是软组织抵抗还是骨性抵抗。被动活动受限的原因一般包括：关节骨性结构的异常、关节内粘连、拮抗肌张力过高等。

（二）附属运动检查

判断关节运动终末感的性质，确定是否存在限制踝关节运动的异常结构变化。如下胫腓关节前、后向滑动，距上关节前、后向及侧方滑动，距下关节前、后向及侧方滑动，跟骨侧向滑动等。

1. 距上关节

（1）向后方滑动（AP）：被检查者仰卧位。检查者一手固定踝部，另一手环握距上关节远端足背部并保持中立位，将距骨向下推动。如图3-10所示。

（2）向前方滑动（PA）：被检查者仰卧位。检查者一手固定踝部，另一手在下方握住距骨及跟骨并保持中立位，将距骨向上拉动。如图3-11所示。

（3）分离：被检查者仰卧位。检查者一手环握足背部，另一手托住足跟，身体向后倾，将足背部沿小腿长轴向远端拉。如图3-12所示。

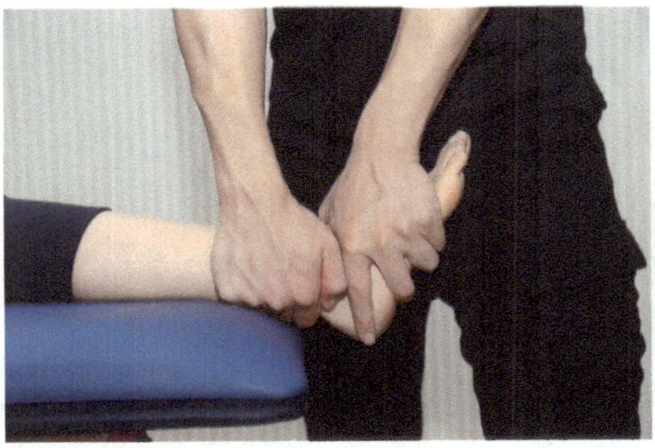

图3-10 距上关节AP检查

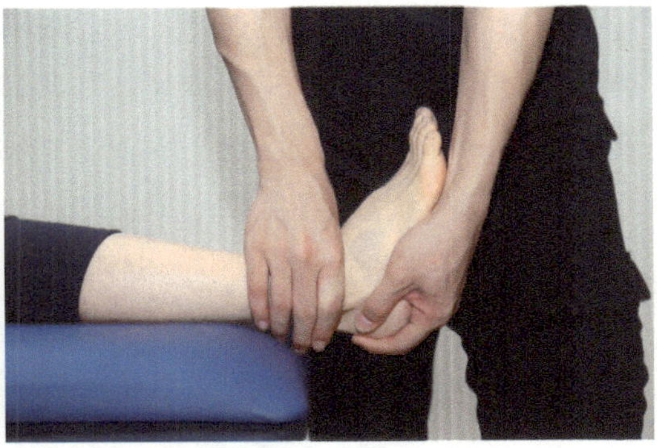

图3-11 距上关节PA检查

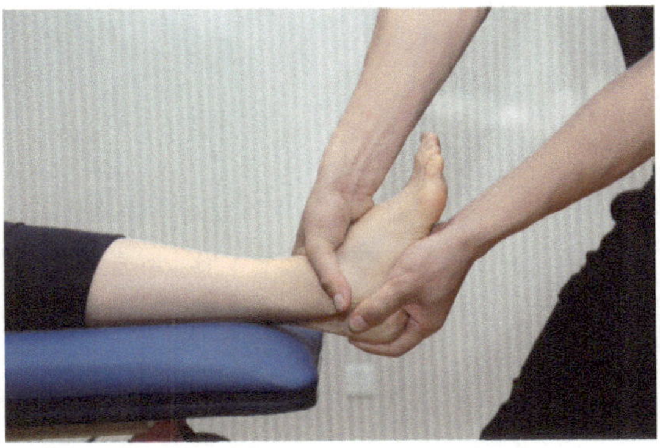

图3-12 距上关节分离检查

2. 距下关节

（1）向后方滑动（AP）：被检查者仰卧位。检查者一手固定踝部及距骨前方，另一手环握距下关节远端足背部并保持中立位，将跟骨向下推动。如图3-13所示。

（2）向前方滑动（PA）：被检查者仰卧位。检查者一手固定踝部及距骨，另一手在下方握住跟骨并保持中立位，将跟骨向上拉动。如图3-14所示。

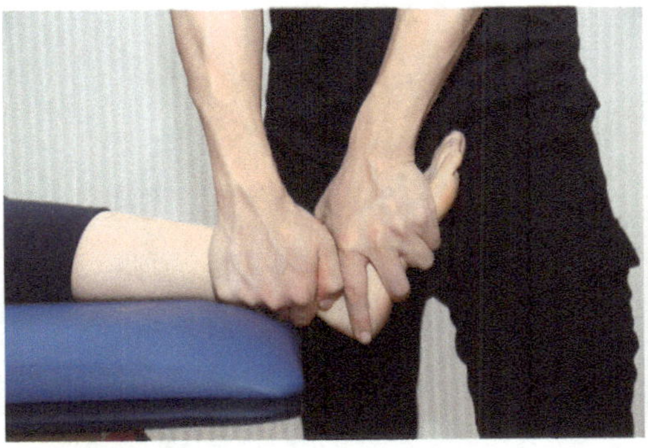

图3-13 距下关节AP检查

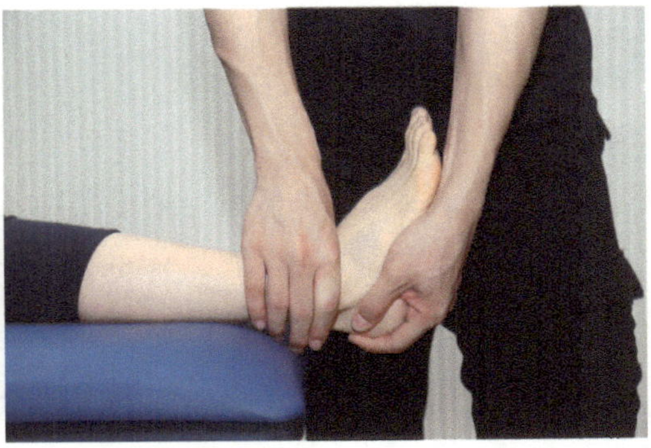

图3-14 距下关节PA检查

（3）向内侧滑动：被检查者侧卧位或俯卧位。检查者一手固定距骨，另一手的掌根部放在跟骨外侧，手指握住足跟向内推动。如图3–15所示。

（4）向外侧滑动：被检查者侧卧位或俯卧位。检查者一手固定距骨，另一手的掌根部放在跟骨内侧，手指握住足跟向外推动。如图3–16所示。

（5）分离：被检查者仰卧位，足跟置于检查床边。检查者一手从足部后方抓住跟骨，另一手固定距骨和踝部，沿小腿长轴方向将足跟向外拉。如图3–17所示。

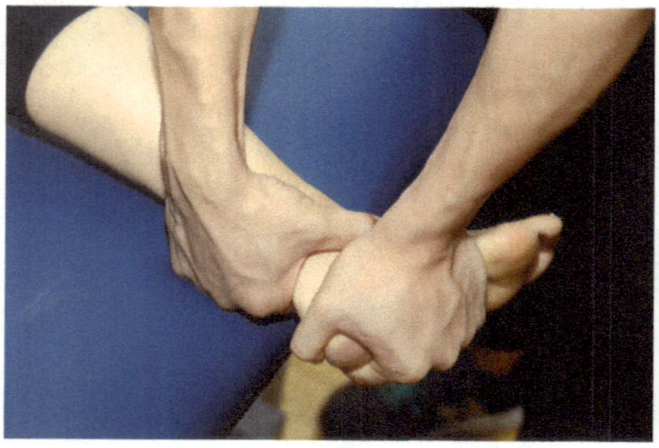

图3–15　距下关节向内侧滑动检查

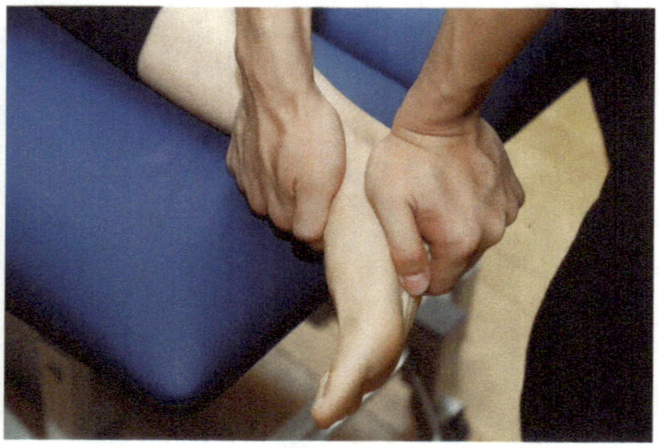

图3–16　距下关节向外侧滑动检查

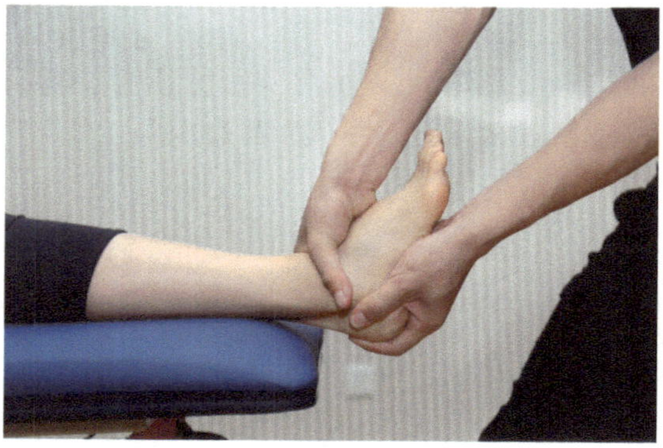

图3–17　距下关节分离检查

3. 第一跖趾关节附属运动检查

被检查者仰卧于检查床，检查者坐于床尾，在第一跖骨远端和第一趾骨近端触及第一跖趾关节，在关节处施加趾骨相对跖骨向跖面和背面的滑动，向跖面滑动可改善跖屈，向背面滑动可改善背屈，需重复多次。如图3–18所示。

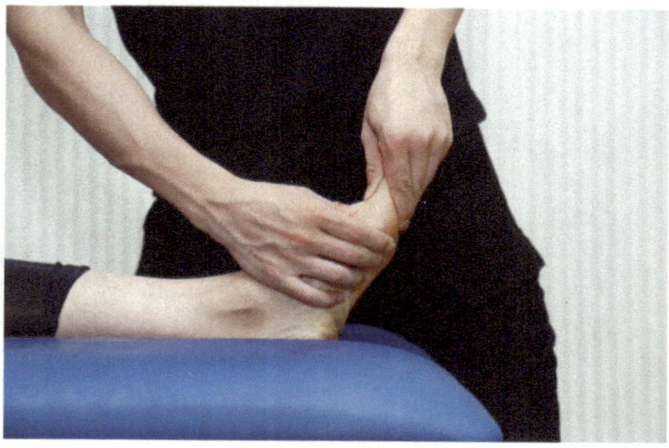

图3–18　第一跖趾关节附属运动检查

4. 跖骨附属运动检查

被检查者仰卧于检查床，足跟置于检查床边缘。检查者触诊相邻两跖骨，拇指握于背面，示指握于跖面，一手固定其中一跖骨，另一手活动另一跖骨，观察有无活动受限，是否引发症状并与健侧对比。该评估方法可重复多次用于治疗。如图3-19所示。

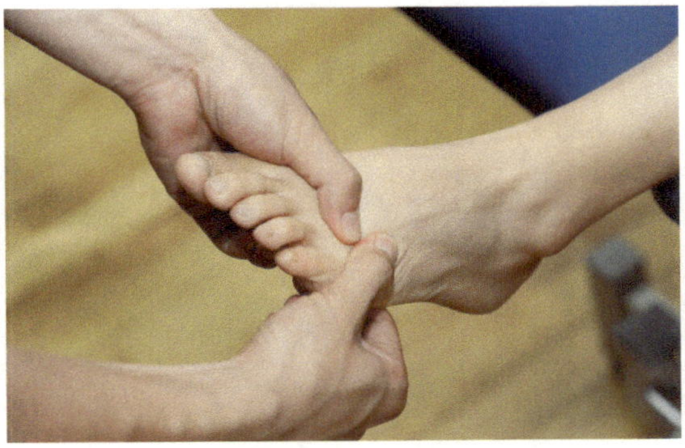

图3-19　跖骨附属运动检查

五、抗阻运动

进行小腿三头肌，胫骨前肌，腓骨长、短肌等的肌力检查。根据患者具体情况，还应进行股四头肌、腘绳肌、臀肌的肌力检查。慢性踝关节问题可能为髋关节周围肌肉力量不足导致。注意健患侧进行对比，并观察在抗阻过程中是否出现疼痛。

1. 跖屈

（1）主要动作肌：腓肠肌、比目鱼肌。

（2）辅助肌：胫骨后肌、腓骨长肌、腓骨短肌、踇长屈肌、趾长屈肌、跖肌。

（3）运动范围：0°~50°。

（4）体位：立位（5~3级）、俯卧位（2~0级）。

（5）评级：

· 5级与4级：被检下肢单腿站立，膝关节伸展，足尖着地然后全脚掌着地，如此连续完成20次并无疲劳感者为5级；仅能完成10~20次，动作中间不休息，未表现出疲劳感者为4级。

· 3级：同5级与4级动作，能完成正确抬足跟动作1~9次，动作中间不休息，无疲劳感者为3级；足跟能抬起但不能达到最终位者为3级。如图3-20所示。

· 2级：令被检者取俯卧位，足伸出检查床外。检查者一手托踝关节下方，另一手用手掌和掌根部于跖骨头处对足底施加抵抗。令被检者跖屈踝关节。能够抵抗最大阻力完成并能保持充分的跖屈运动者为2+级；能够完成全活动范围的跖屈运动但不能耐受阻力者为2级；只能完成部分活动范围的运动者为2-级。

· 1级与0级：令被检者取俯卧位，完成跖屈运动。检查者于腓肠肌、比目鱼肌及跟腱处触诊，有收缩者为1级，无收缩者为0级。

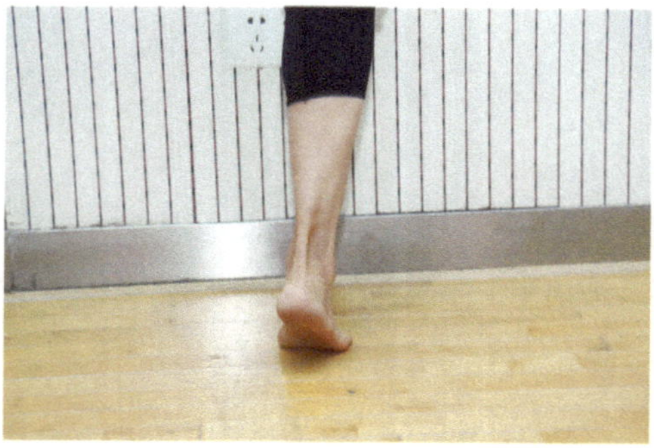

背面

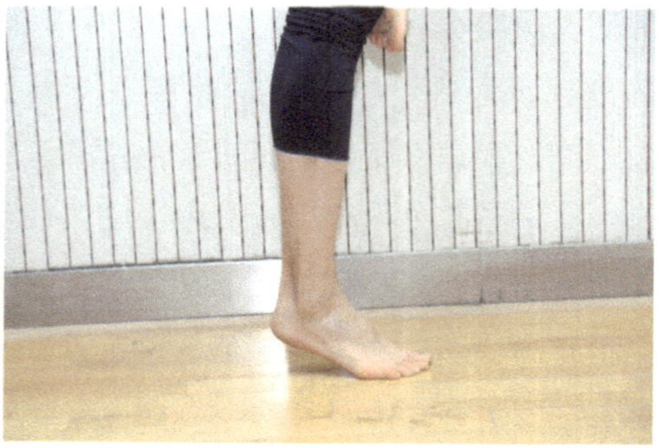

侧面

图3-20　踝跖屈肌群徒手肌力检查（5~3级）

另外，还可通过如图3-21、图3-22所示方法进行检查。

图3-21　踝关节跖屈肌力检查

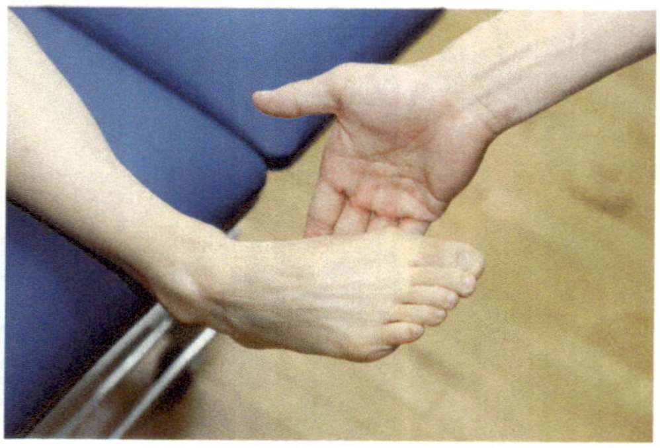

图3-22　胫骨后肌肌力检查

2. 背屈及内翻

（1）主要动作肌：胫骨前肌。

（2）运动范围：0°~20°　。

（3）体位：坐位。

（4）评级：

·5级与4级：令被检查者取长坐位，踝关节置于支持面外。检查者坐在小凳上，将被检侧足跟置于腿上。一手握住小腿后侧，令完成背屈及内翻，另一手在足内侧及背部施加阻力，能对抗最大阻力完成踝关节背屈内翻的全关节活动范围的运动并能保持其体位者为5级；能对抗中等阻力完成以上动作者为4级。如图3-23所示。

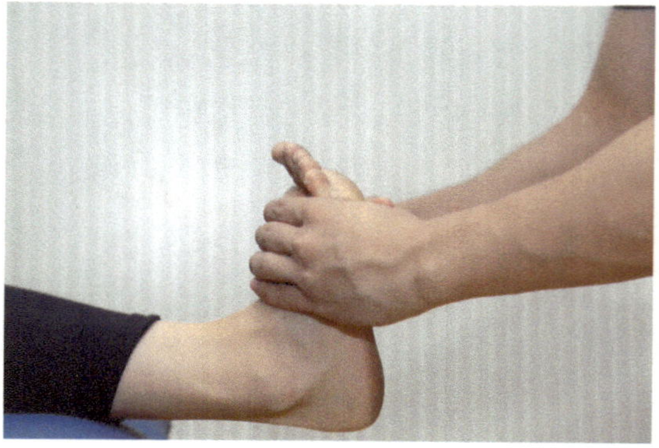

图3-23　胫骨前肌徒手肌力检查

· 3级：解除外力，能独立完成踝屈及内翻的全关节活动范围的运动并能保持其体位者为3级。

· 2级：同3级动作，完成运动不充分者为2级。

· 1级与0级：令被检查者完成背屈、内翻动作。检查者同时触诊踝关节内侧、背侧的胫骨前肌肌腱及小腿前外侧的肌肉，有收缩者为1级，无收缩者为0级。

（4）应避免的代偿动作：令被检者发力过程中足趾不得用力。

3. 外翻

（1）主要动作肌：腓骨长肌、腓骨短肌。

（2）辅助肌：趾长伸肌、第三腓骨肌。

（3）运动范围：0° ~15° 。

（4）体位：坐位或仰卧位。

（5）评级：

· 5级与4级：令被检侧踝关节位于中间位。检查者固定小腿，能对抗最大阻力完成足外翻的全关节活动范围的运动并能维持其体位者为5级；能对抗中等程度阻力完成以上运动者为4级。如图3–24所示。

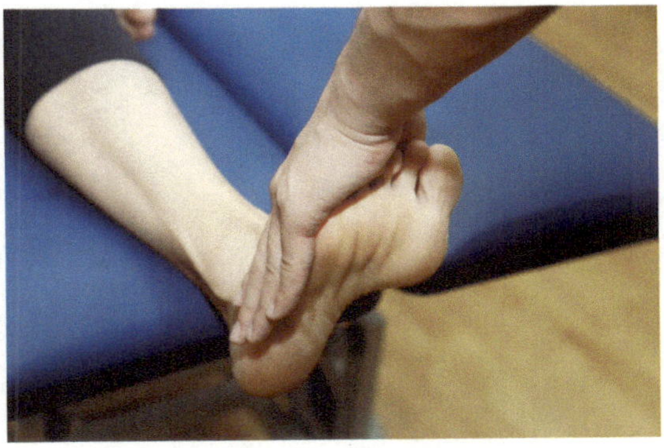

图3–24 踝外翻肌群徒手肌力检查（5~4级）

· 3级：令被检侧踝关节位于中间位，能够完成足外翻的全关节活动范围的运动，同时第1跖骨向下方运动但不能抵抗外力者为3级。

· 2级：令被检侧踝关节完成足外翻运动时，仅能完成部分范围的运动者为2级。

· 1级与0级：令被检侧踝关节完成足外翻运动时，于第5跖骨近端底外侧缘（腓骨短肌肌腱）、小腿外侧右下部、腓骨头远端、小腿外侧面的上半部（腓骨长肌）触及收缩者为1级，无收缩者为0级。

备注：检查者检查腓骨短肌时，对足外缘施以阻力；检查腓骨长肌时，对第1跖骨头跖面施以阻力；若两者同时检查，则于第5跖骨施向下、向内的压力，于第1跖骨施向上、向内的压力。

六、特殊检查

（一）韧带应力检查

1.前抽屉试验

检查距腓前韧带是否损伤。患者仰卧位，腓肠肌和比目鱼肌放松，足与小腿垂直。检查者一手固定小腿远端，另一手握住脚后跟并保持踝关节跖屈10° ~15° 的位置。轻轻前拉脚后跟，若距骨及足向前旋出踝穴则为阳性，需进行双侧对比。如图3-25所示。

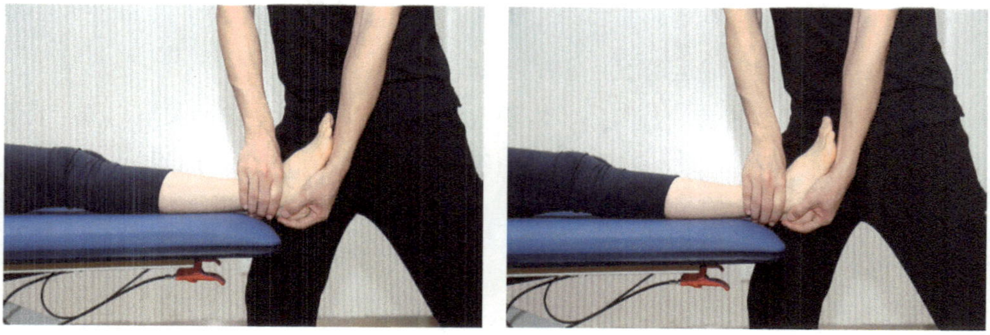

图3-25　前抽屉试验

前抽屉试验

2. 后抽屉试验

检查距腓后韧带是否损伤。患者仰卧位，髋、膝关节完全屈曲以使踝关节尽可能背屈（以使宽大的距骨前部回到踝关节中）。检查者一手于踝部前方施加稳定力，另一手令足和距骨向后移动，若有明显松弛感则为阳性，进行双侧对比。

3. 内、外翻应力试验

检查踝关节内、外侧韧带损伤。

（1）内翻应力试验：在前抽屉试验阳性的基础上检查跟腓韧带的损伤。检查者一手将患者的足跟放在手掌内，内翻跟骨和距骨，若在踝穴内感受距骨的过度内翻活动则为阳性，进行双侧对比。如图3-26所示。

（2）外翻应力试验：检查三角韧带的完整性。患者坐位，膝关节屈曲约90°，踝关节处于中立位。检查者用一手在外踝上方处从外侧握住小腿，用另一手在跟骨内下方处握住患者足部并使后足外翻。若出现三角韧带位置的疼痛以及相对于健侧后足外翻程度增加，则三角韧带的中间部分可能损伤或者内踝撕脱性骨折。评估三角韧带后侧部分需在踝关节完全背伸时重复以上动作。评估三角韧带前侧部分需在踝关节完全跖屈时重复以上动作，进行双侧对比。如图3-27所示。

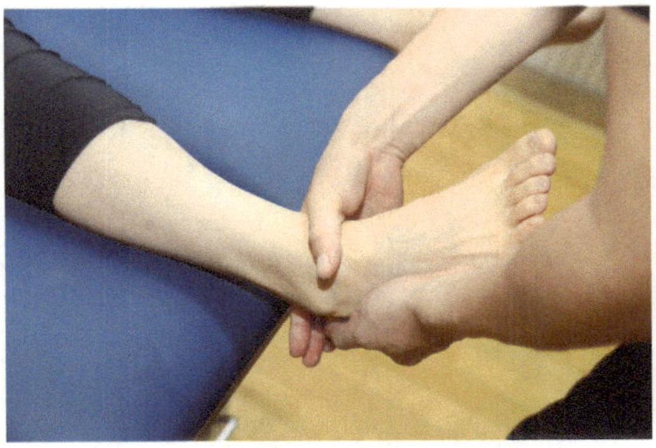

图3-26　内翻应力试验

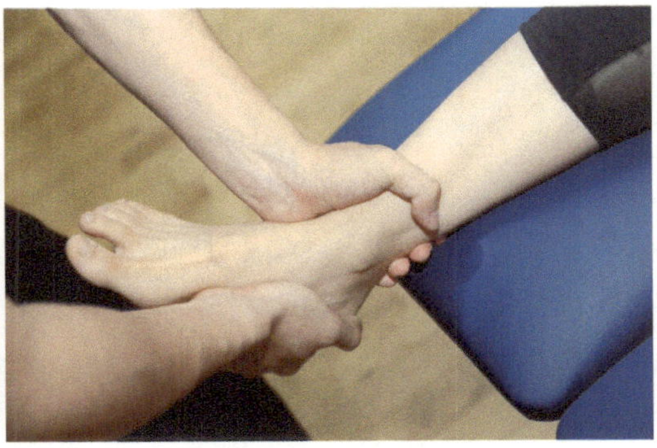

图3-27　外翻应力试验

4. 距骨横向扳动试验

检查胫腓韧带是否损伤。患者仰卧位，脚放于床边。检查者一手固定小腿远端，另一手握住脚后跟并向内、外侧移动跟骨，若踝关节间隙明显增宽，感觉到距骨撞击胫骨和腓骨的沉闷声则为阳性，进行双侧对比。

5. 挤压试验

患者仰卧位，或侧卧于检查床患侧腿在上。检查者在小腿中段的1/3处同时挤压胫骨和腓骨，观察踝关节周围是否会引发症状，用于判断远端胫腓关节下胫腓联合损伤。如图3-28所示。

6. 距骨倾斜试验

患者仰卧于检查床，足跟置于床边缘。检查者一手握住踝关节，另一手握住足跟部并施加内翻的力，若感受到过度移动，则提示有跟腓韧带的损伤，注意与健侧对比。如图3-29所示。

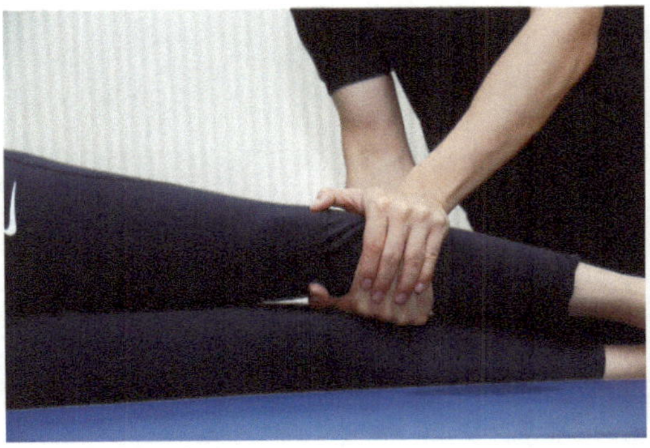

图3-28　挤压试验

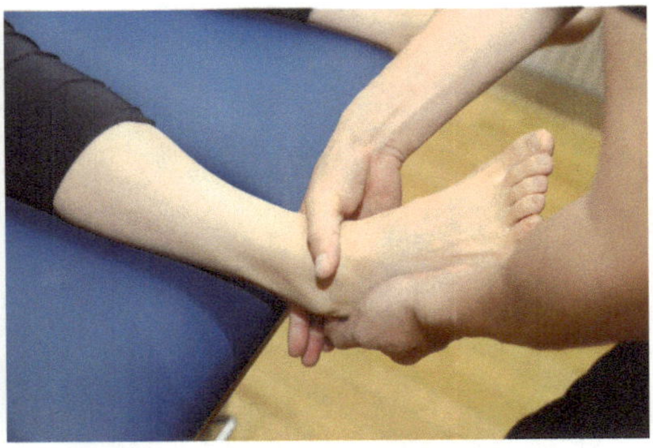

图3-29　距骨倾斜试验

（二）足底筋膜检查

1. 足底筋膜炎检查

检查足底筋膜炎或腱膜功能障碍。患者仰卧位。检查者一手对患者踇趾施加背伸的力量，触诊足部跖侧的内侧跟骨粗隆部分，并沿着跖膜走向触诊，若触诊时引起疼痛则为阳性。如图3-30所示。

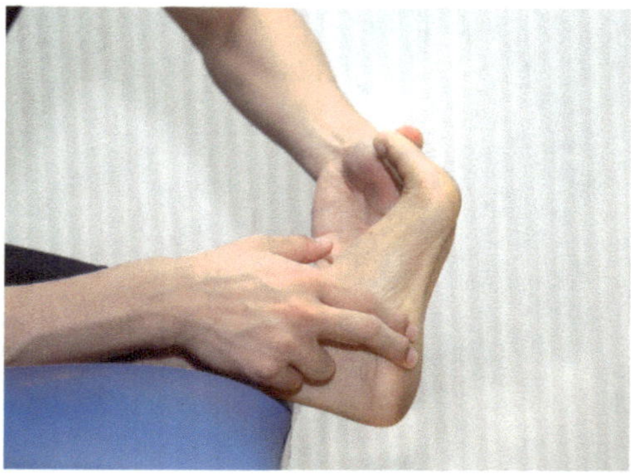

图3-30　足底筋膜炎检查

2. 卷扬机试验

检查足底筋膜炎。该试验需在非负重和负重体位下进行。非负重体位下，检查者一手将放在患者第一跖骨处固定，另一手伸展其第一跖趾关节；负重体位下，患者站在阶梯凳上，被检侧跖骨于台阶边缘，令患者双脚平均负重，检查者被动伸展患者第一跖趾关节，引发疼痛为试验阳性。

（三）肌腱应力检查

1.Thompson征

患者俯卧位，踝关节置于检查床边缘，治疗师用手握住中段腓肠肌/比目鱼肌，予以挤压，正常可见踝关节跖屈动作，若踝关节跖屈动作消失，则试验为阳性，说明跟腱断裂。如图3-31所示。

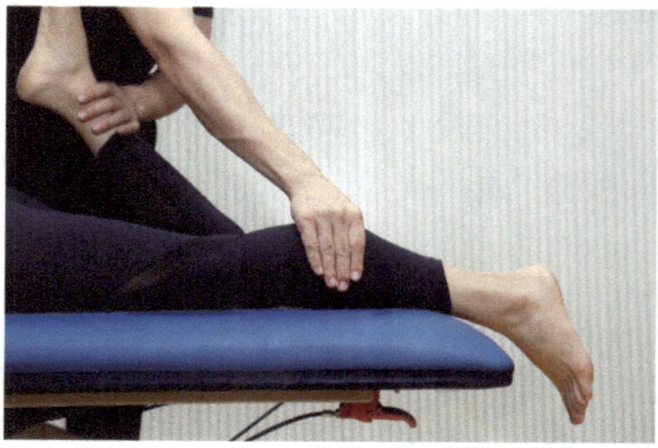

图3-31　Thompson征

2. 伦敦皇家医院测试

患者俯卧位，脚踝在床边并悬空，确认跟腱的最大触诊疼痛点。然后最大限度地背屈踝关节，再次触及确定的最大触诊疼痛点。踝关节轻微跖屈时足跟近端3厘米疼痛为阳性，踝关节背屈时疼痛减轻。跟腱病患者通常会在背屈的时候出现疼痛缓解或者疼痛消失感。如图3-32所示。

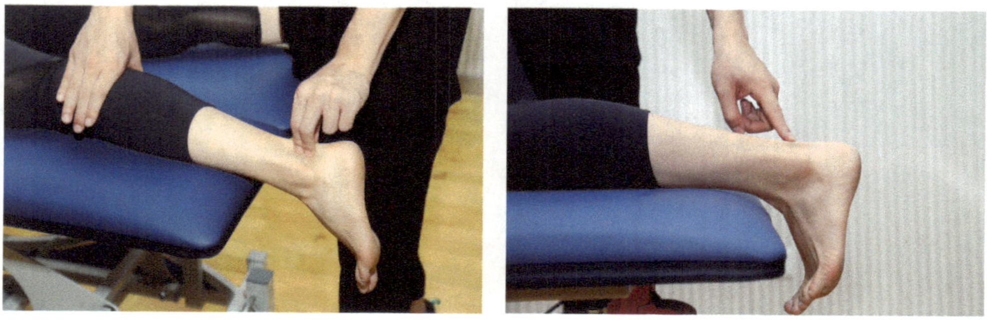

图3-32　伦敦皇家医院测试

3. Arc 征

患者俯卧位，踝关节悬空在检查床边缘。要求患者主动跖屈和背屈踝关节，观察最大的局部肿胀区域在主动活动过程中随跟腱向近端或者远端移动还是保持稳定。如果认定肿胀区域向近端或者远端移动，检查为阳性，可能存在跟腱病变。相反的，如果这区域保持稳定，检查为阴性。如图3–33所示。

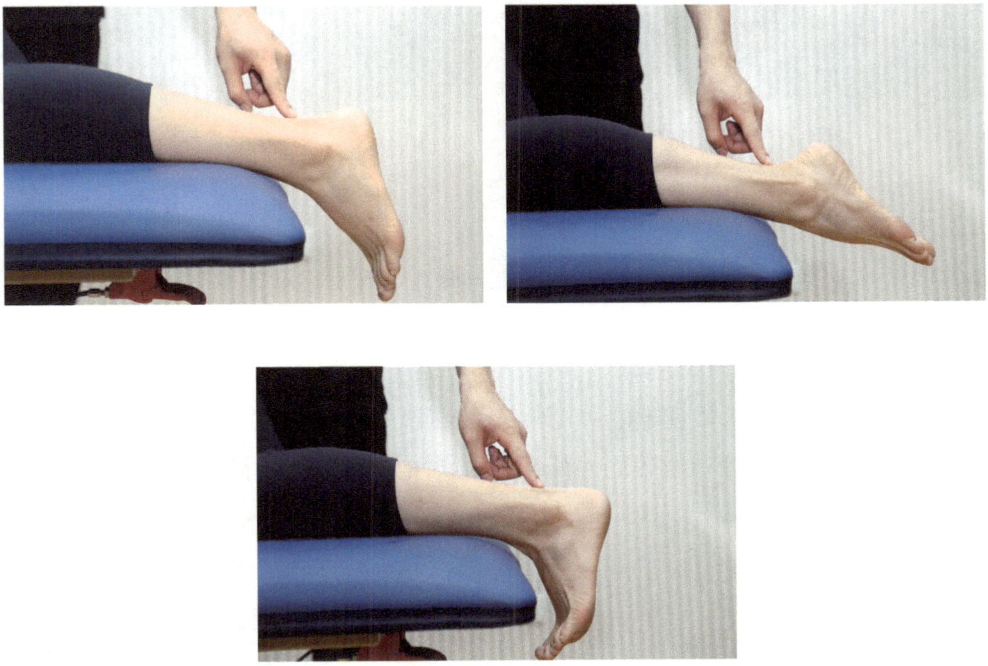

图3–33　Arc 征

（四）神经张力检查

1. 腓肠神经

患者仰卧位，一侧髋关节内收，踝关节背屈、内翻。检查者将患者该侧腿从0° 缓慢举高到70° ，另一条腿和骨盆与检查床床面保持平行。如图3–34所示。

2. 腓总神经

患者仰卧位，一侧髋关节内收，踝关节跖屈、内翻。检查者将患者该侧腿从0° 缓慢举高到70° ，另一条腿和骨盆与检查床床面保持平行。如图3–35所示。

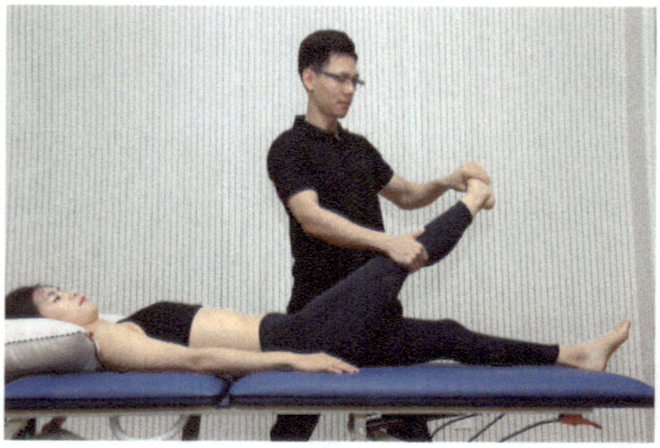

图3-34　腓肠神经张力检查

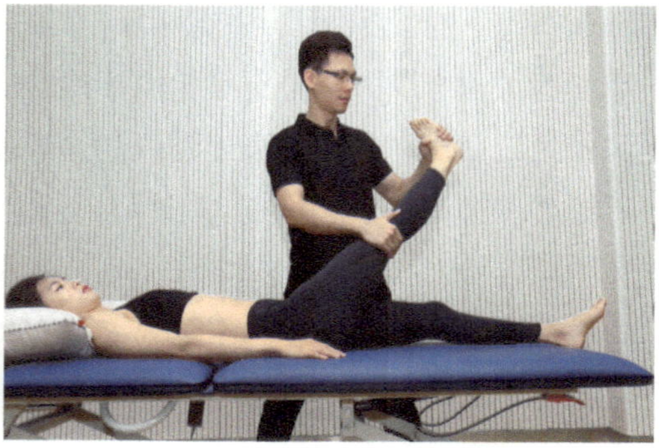

图3-35　腓总神经张力检查

3. 胫神经

患者仰卧位，双腿和骨盆平放于检查床上，膝关节伸直，踝关节背屈。检查者将患者的一条腿从0° 缓慢举高到70°，另一条腿和骨盆与检查床床面保持平行。如图3-36所示。

4. 跗管综合征试验

患者坐位。检查者最大限度地使患者踝背屈、足外翻、伸直足趾，保持此姿势5~10 秒，轻敲跗管区域，判断踝部胫神经的Tinel征是否为阳性，或患者主诉局部神经压痛，如果患者的症状被引出即为阳性。如图3-37所示。

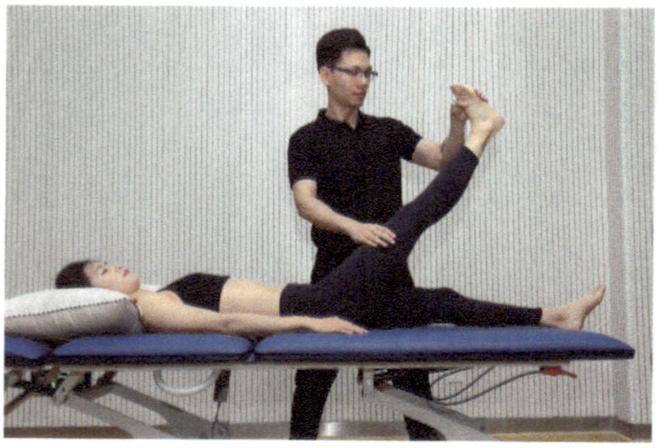

图3-36　胫神经张力检查

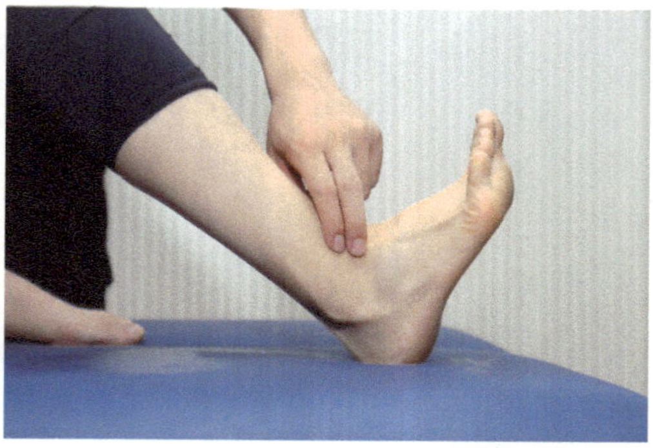

图3-37　跗管综合征试验

（五）本体感觉及平衡检查

本体感觉及平衡检查可分为静态平衡、动态平衡检查。若条件允许，亦可利用平衡仪器进行关节位置重置误差的测量。

静态平衡检查包括双腿站立、单腿站立、睁眼及闭眼站立等（在去除视觉因素的情况下，检查本体感觉系统、前庭系统的功能状况）。

动态平衡检查包括各方向主动转移的能力和在支持面不稳时身体通过调节重新获得平衡控制能力。如通过下肢稳定性测试，“Y”字平衡试验，星形平衡试验等进行判断。

（六）功能测试

1. 深蹲

令患者双脚开立与两肩同宽，缓慢下蹲，正常背屈时可在踝关节前方观察到皮褶，且从侧面观察胫骨向前至少运动20°。若足跟在下蹲过程中过早抬离地面则提示存在背屈受限。如图3-38所示。

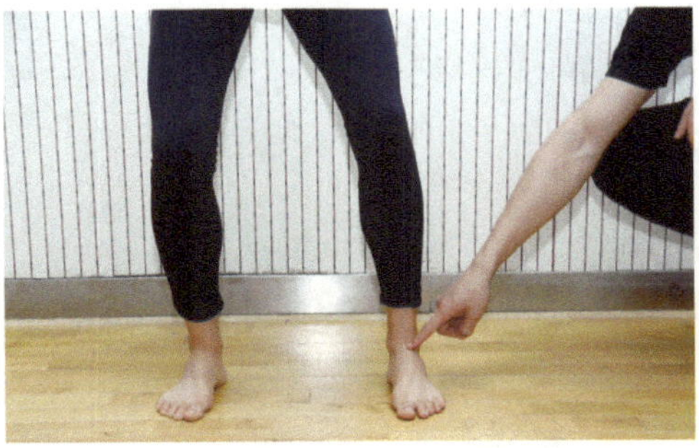
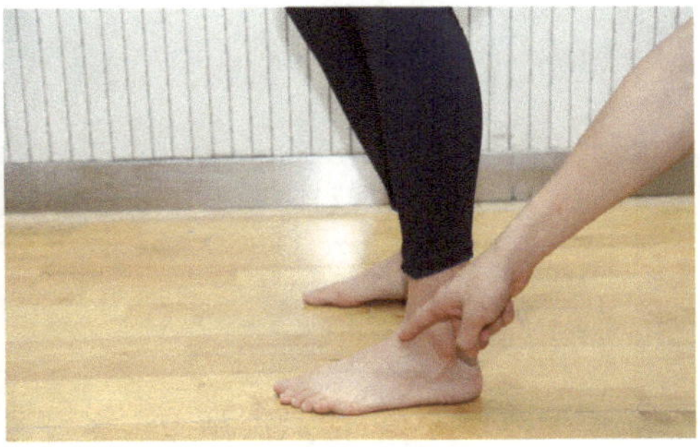

图3-38　深蹲

2. 侧向连续跳三次测最远距离

检查者指导患者单脚站立，在横向上单脚连续跳三次，测量开始和结束两个位置外侧足跟之间的距离，患侧与健侧对比。若患侧距离小于健侧的80%，则提示患侧踝关节功能减退。对于急性损伤无法单脚跳远的患者该测试得分为0。

侧向连续跳三次测最远距离

（七）其他检查

踝关节围度测量

患者仰卧于检查床，足部置于检查床边缘，踝关节保持中立位。检查者将软尺一端放在胫骨前肌肌腱和外踝之间的位置，向内拉向舟骨结节的远端，再向下经过足底拉向第2跖骨基底部，然后将软尺向上经过胫骨前肌肌腱拉向内踝，最后经过跟腱绕踝一周回到外踝上部的起始位置呈“8”字，读取软尺上的数值并与健侧对比。如图3-39所示。

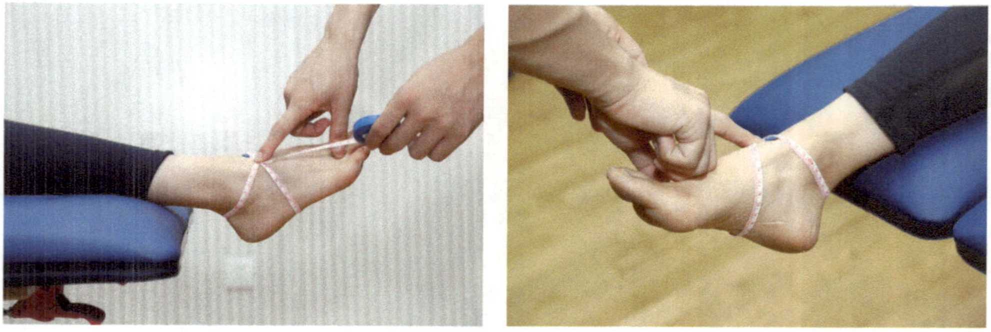

图3-39 踝关节围度测量

七、临近关节检查

必要时，对可能引起足踝症状的膝关节、髋关节、腰部进行检查。如：

对于膝关节，首先从主观检查了解被检查者是否存在或曾经存在膝关节不适症状；其次从客观方面，包括姿势（如是否存在X形腿、O形腿等）、关节活动度（屈曲、伸展）等检查，是否出现可能引起足踝症状的潜在因素。

对于髋关节，首先从主观检查了解被检查者是否存在或曾经存在髋关节不适症状；其次从客观方面，包括姿势（如双侧下肢长度等）、步态（如是否在行走过程中存在重心一侧偏移等）、关节活动度（屈曲伸展、内旋、外旋）、肌力（如臀中肌力量等）等检查，是否出现可能引起足踝症状的潜在因素。

对于腰部，先从主观检查了解被检查者是否存在或曾经存在腰部不适症状；其次从客观方面，包括脊柱形态（如是否存在脊柱侧弯等）、关节活动度（前后屈伸、左右侧屈）等检查，是否出现可能引起足踝症状的潜在因素。

第四节　踝关节评定方法应用

案例1：张先生，50岁，四个月前从高处双足落地导致损伤。请简述功能评定流程。

1. 问诊

（1）主诉：该患者主述为走路过多、上下楼梯时会出现右踝关节内、外侧，左踝关节足跟处疼痛，NRS评分最痛时达6分，多为钝痛、酸痛，未出现刺痛，休息后疼痛可缓解，未出现夜间痛及晨起痛。询问患者当前最困扰或最想解决的问题。

（2）现病史：该患者受伤后未接受过康复治疗，影像学资料CT显示右侧踝关节距腓前韧带、跟腓韧带损伤，骨挫伤，骨髓水肿。

（3）既往史：询问患者既往有无受伤经历及具体受伤经过。

（4）职业及家族史：该患者为办公室人员，无家族史，喜爱足球运动，受伤前每周踢一次足球，时而进行步行运动，受伤后停止运动。

2. 观察

该患者右踝关节外侧仍有轻微肿胀，肤色显深；左踝关节未出现肿胀、瘀血等情况。步行姿势右侧支撑时长稍短于左侧，上下楼梯时右侧支撑相明显短于左侧。

3. 触诊

（1）触诊右侧踝关节距腓前韧带、跟腓韧带出现疼痛。

（2）触诊右侧踝关节内侧，存在组织增厚现象。

（3）触诊左侧足跟处出现疼痛。

（4）触诊双侧小腿后群肌肉均出现酸痛现象，右侧更明显。

4. 主动运动

右侧踝关节主动背屈以及外翻活动度小于左侧，双侧主动跖屈内翻活动度尚可。

5. 被动运动

（1）生理运动：左、右踝关节被动生理活动度未见明显异常。

（2）附属运动：左、右踝关节距下关节出现紧张卡压，由前向后活动度减小，左侧优于右侧。其余附属运动属正常范围。

6. 抗阻运动

双侧踝关节抗阻跖屈、内翻肌力均达5级，左侧踝关节抗阻背屈、外翻肌力达5级，右侧仅为4级，皆未出现不适。双侧膝关节抗阻屈、伸肌力均达5级。左侧足趾跖屈力量达5级，右侧仅为4级。

7. 平衡稳定

左侧单腿睁眼直膝站立可达1分钟；右侧单腿睁眼站立不足20秒。

8. 特殊检查

右侧踝关节前抽屉试验、内翻应力试验呈阳性；后抽屉试验、距骨横向搬动试验呈阴性。

左侧踝关节前抽屉试验、后抽屉试验、内翻应力试验、距骨横向搬动试验均呈阴性。

9. 临近关节检查

左、右侧膝关节、髋关节、腰部基本检查均未出现影响足踝的因素，均未出现不适症状。

10. 其他

患者体重过大，对关节压力较大。

案例2：25岁篮球运动员，比赛中跟腱断裂，手术治疗后按照医院建议自行在队内康复三周，为了更快地恢复训练及比赛，前来康复。请简述功能评定流程。

1. 问诊

（1）主诉：该患者主述为比赛时跟腱断裂后进行手术治疗，仍处于术后康复阶段，功能等受到限制。询问患者当前最困扰或最想解决的问题，即加快恢复进程、尽早恢复训练及比赛。

（2）现病史：询问患者受伤经过及损伤动作，疼痛的具体部位、性质、程度等，有无加重或减轻疼痛的具体动作或体位，疼痛在一天中的变化情况，有无影像学诊断，术后有无对损伤的跟腱进行处理或治疗，疗效如何。

（3）既往史：询问患者既往有无受伤经历及具体受伤经过。

（4）职业及家族史：询问该患者为篮球运动员，无家族史，除篮球外还热爱跑步、健身、游泳等各类运动，受伤前每天都会进行篮球集训，每周自行进行至少三次中等强度有氧运动。

2. 观察

跟腱处及踝关节周围有无皮下瘀血、肿胀，下肢力线情况，踝周肌肉是否萎缩，患者来时的步态等。

3. 触诊

触诊有无足部的肿胀、感觉、手术处的皮肤温度、出汗情况、结缔组织增生情况、肌肉质感和条索等相关检查。

4. 主动运动

主动进行踝关节屈伸运动、下蹲运动、行走，是否能完成该动作，动作质量如何，并记录其活动角度。活动中是否出现疼痛，何时开始出现疼痛，患者是否愿意或惧怕活动等。

5. 被动运动

被动运动包括生理运动，即踝关节的屈伸，体会其运动终末感的性质（骨抵抗、软组织抵抗、结缔组织抵抗、虚性抵抗等）来确定运动受限的结构性原因。

被动运动还包括附属运动，在关节松弛位进行牵拉、牵引和滑动，体会和判断可动程度是正常还是高于或低于正常。

6. 抗阻运动

通过徒手肌力检查对术后踝关节周围的肌肉力量进行评估。

7. 特殊检查

Thompson征呈阴性，表明跟腱断裂缝合手术成功。

抽屉试验及距骨倾斜试验均呈阴性，表明无韧带松弛。

8. 功能评估

功能评估包括功能动作及平衡本体的评估。

9. 临近关节排查

对踝临近关节，即足趾、膝关节进行损伤排查，避免漏诊。

思考题

1. 简述跟腱断裂的诊断标准。
2. 面对踝关节扭伤患者，要如何判断其严重程度?
3. 简述踝关节活动受限时，可进行哪些附属运动检查。
4. 简述踝关节评定中静态和动态观察的内容。

参考文献

[1] 恽晓平.康复疗法评定学（第2版）[M].北京:华夏出版社,2014.

[2] HISLOP H. *Daniels and Worthingham's Muscle Testing: Techniques of Manual Examination and Performance Testing(ninth edition)*[M]. Philadelphia：W. B. Saunders，2013.

[3] MAGEE D J. 骨科检查评估（第4版）[M].罗卓荆，译.北京：人民军医出版社，2007.

[4] ALAN M，Kimberly D H，Brian A D. 3分钟骨骼肌肉和周围神经检查[M].杨荣森，译.北京：化学工业出版社，2012.

[5] 王正义. 中华骨科学足踝外科卷[M].北京：人民卫生出版社，2010.

[6] 大卫·奥查克，等. 足踝运动医学[M].北京：北京科学技术出版社，2015.

[7] MARTIN R L，Davenport T E，Paulseth S，et al. *Ankle stability and movement coordination impairments: ankle ligament sprains*[J]. J Orthop Sports Phys Ther，2013,43(9):A1.

第四章
肩关节功能评定

本章教学提示

1. 掌握肩关节的评定流程及方法；
2. 熟悉肩关节常见损伤的功能障碍表现特征、损伤机制、诊断标准；
3. 了解肩关节评定方法的新进展。

第一节 肩关节损伤的功能障碍

一、肩峰下撞击综合征

肩峰下间隙正常高度1~1.5厘米，顶部由肩峰、喙肩韧带、喙突及肩锁关节共同构成喙肩弓，底部由肱骨大结节及肱骨头的上方部分组成，间隙内组织有冈上肌肌腱、肱二头肌长头肌腱、肩峰下滑囊、关节囊等。

肩峰下撞击综合征（subacromial impingement syndrome，SAIS）：在肩外展时，肱骨头及大结节反复撞击肩峰前缘及肩峰下结构，肩峰下滑囊受挤压，造成这些软组织发生无菌性炎症并引起疼痛，甚至发生嵌顿或撕裂，从而引起功能丢失和残疾。

（一）损伤机制

包括解剖学因素和动力学因素。

解剖学指因骨或软组织结构异常，造成出口部狭窄而发生的撞击征。常见的导致肩峰下间隙减小的原因有肩峰形态异常（钩状肩峰）、韧带增厚、滑囊增厚、疤痕组织、钙化等。

动力学指肩关节稳定性结构破坏或动力装置失衡而导致的肩峰下撞击征。肩胛骨与肱骨之间的肌肉无力或肌力不平衡，引起肱骨头过度上移，进而压迫肩峰下组织，产生撞击。

（二）诊断标准

（1）主动关节活动受限，以外展最为明显，伴随肩峰下及周围疼痛。

（2）肩峰撞击试验阳性。

（3）冈上肌肌腱、肱二头肌肌腱继发损伤。

（4）影像学检查：X线片的Y位片可确诊肩峰形态，MRI可确诊肌腱损伤程度，关节镜检查是确诊的金标准。

（三）主要功能障碍

初期：症状轻微，肩部隐痛，主动活动疼痛较重，被动活动疼痛较轻，没有肩无力和活动受限。

中期：疼痛明显，持续时间长，夜间痛。上肢肌力和关节活动度（range of motion，

ROM）减小。

晚期：有明显的触痛，功能障碍明显，主动活动受限、无力。外展受限（60°～80°）最为明显，严重的病例可能造成凝冻肩。

二、肩周炎

肩周炎又称肩关节组织炎，是肩关节囊和关节周围软组织损伤、退变而引起的一种慢性无菌性炎症，以肩关节部疼痛、运动功能障碍和肌肉萎缩为主要临床表现的疾病。肩周炎又称五十肩、僵冻肩、冻结肩、寒凝肩。

早期变化是纤维性的关节囊收缩变小，关节的容积减小。晚期软组织呈普遍的胶原纤维的退行性变，纤维化、短缩与硬化。

（一）损伤机制

多数认为是在肩关节周围软组织退行性病变的基础上发生的。

1. 肩关节周围病变

主要包括肩关节周围软组织劳损或退变，可引起冈上肌腱炎、肱二头肌腱炎、肩峰下滑囊炎、关节囊炎和肩袖损伤等疾病；肩关节的急性创伤，如肩部挫伤、肱骨外科颈骨折和肩关节脱位等；肩部功能活动减少或上肢固定过久。

2. 肩外疾病

主要包括颈椎源性肩周炎，指颈椎病引起的肩周炎，特点为先有颈椎病的体征和症状，而后再发生肩周炎。冠心病引起的绞痛，疼痛主要位于胸骨后部，常可放射到肩、上肢或背部，左肩及左上肢尤为多见，可引起肌肉痉挛，肩关节运动受限，可诱发肩周炎。本病发生尚与精神心理因素、肩部受寒、体内有感染病灶、内分泌紊乱及自身免疫反应等有关。肩周炎多与糖尿病、偏瘫、肺结核、颈椎病等疾病并存，并且发病率偏高。

（二）诊断标准

1. 40～50岁以上中老年人，常有风湿寒邪侵袭史或外伤史。
2. 肩部疼痛及活动痛，夜间加重，可放射到手，但无感觉异常。
3. 肩关节活动尤以上举、外展、内旋、外旋受限。
4. 肩周压痛，特别是肱二头肌长头腱沟。
5. 肩周肌肉痉挛或肌肉萎缩。
6. X线及化验检查一般无异常发现。

（三）主要功能障碍

（1）疼痛：疼痛是最明显的症状，可向上放射到头后部，向下放射到腕及手指，向前放射到胸部，向后放射到肩胛骨区，具有持久性。夜间疼痛可自觉加重。疼痛可以引起持续性的肌肉痉挛。

（2）肩关节活动受限：各方向的活动均受限，以外展、屈曲、内旋、外旋最为明显，梳头、穿衣、洗脸等动作无法完成，严重时肘关节功能也可受到影响。

（3）怕冷：患肩遇冷后症状加重，遇热后症状缓解。

（4）压痛：在肩关节周围可以触及明显的压痛点。

（5）肌肉痉挛与萎缩：三角肌、冈上肌等肌肉早期可出现痉挛，后期发生废用性肌肉萎缩。

三、肩关节盂唇损伤

肩关节盂唇是关节盂边缘上起加深关节盂作用的纤维软骨盘，盂唇使关节窝的深度增加了50%，这样使肱骨头和关节窝更加匹配，从而增加盂肱关节的稳定性。关节盂唇还是一些韧带的附着点。

肩关节急性损伤或反复肩关节磨损易引起盂唇撕裂，如肩关节处于外展位的损伤，对肩关节的直接暴力突然牵拉肩关节，如试着举起一个重的物体时发生超过头部的上举手臂活动，投掷运动员或举重运动员反复肩关节劳损。

损伤可位于肩胛盂的上面，也可位于肩胛盂的下面。SLAP（superier labrum from anterior to posterior，SLAP）损伤是上关节盂唇及其前、后盂唇的损伤，也可能影响肱二头肌长头肌腱在关节盂的附着，可引起长头腱的断裂。肩胛盂前下方的盂唇撕脱包括下盂肱韧带的损伤又叫Bankart损伤。肩胛盂唇损伤常为合并伤，如伴随肩关节脱位时产生。

（一）损伤机制

SLAP损伤通常出现在两组主要人群中：一类患者无征兆性肩关节症状，但是有牵拉—对抗牵拉的经历，包括那些肱二头肌异常收缩（如从梯子上落下时抓住楼梯）、前臂外展的情况下摔倒或者手握方向盘时汽车被追尾撞击的病人。另一类患者是经常需要挥臂过顶的运动员（投掷运动员）。

Bankart损伤是肩关节盂唇前下方在前下盂肱韧带复合体附着处的撕脱性损伤。因肩关节前脱位引起，是造成习惯性前方不稳定和脱臼的基本损伤。Bankart损伤经常伴随发生关节囊的异常，大于30%的患者会有前下盂肱韧带复合体的延长及松弛。纤维性Bankart损伤（Fibrous Bankart lesion）包括关节囊破裂，盂肱韧带连同附着的关节盂唇从关节盂上撕脱。肩关节前脱位时最常见的是下盂肱韧带—盂唇复合体损伤，即经典的Bankart损伤，占创伤性肩关节前脱位的85%。骨性Bankart损伤（Bony Bankart lesion）包括下盂肱韧带—盂唇复合体损伤同时伴有关节盂前下方的撕脱性骨折。关节盂前下方的骨质缺损，可以导致梨形的肩盂唇变为倒梨形结构（inverted pearl），是出现关节不稳的主要因素。

（二）诊断标准

临床检查是诊断盂唇损伤的重要组成部分，有多种特殊试验可用于辅助诊断盂唇损伤。

常规肩关节X线检查对盂唇损伤的诊断帮助不大，关节造影、超声波及MRI对该病诊断有一定意义。

近年来，应用核磁共振关节造影（magnetic resonance arthrography，MRA）检查取得了较大进展，使其诊断率明显提高，准确率达到70%以上。若有盂唇损伤存在，可在上盂唇、肱二头肌长头腱附着处发现高密度信号。尽管肩关节影像学检查在不断发展，肩关节镜检查仍是确诊盂唇病变的最主要方法。

（三）主要功能障碍

盂唇损伤最主要的症状是疼痛，投掷运动员做过头动作时加重，有时可出现绞锁、弹响及不稳等机械症状。Bankart损伤常引发盂肱关节的结构性不稳，但SLAP损伤在临床中不稳定的主诉很少见。疼痛进而引发肌肉萎缩、肩胛骨不稳和活动范围受限等一系列症状。

盂唇损伤常伴有其他肩关节病变，如肩袖损伤、肩关节不稳、肩锁关节炎、肩峰下滑囊炎等。

第二节　肩关节的主观检查

一、主诉及现病史

主诉是患者现在的主要症状及持续时间，包括疾病开始到本次就诊时整个阶段的发生、发展演变的全过程。通过问诊，对于患者的每一个主要症状做出判断：性质、部位、发生时间、严重程度、时间经过及使症状加重或好转的因素。

肩部损伤最常见的症状是疼痛和关节活动受限，病程时间长的患者会主诉局部或整个上肢感觉异常及形态异常。

疼痛相关的信息要主要询问，可以帮助治疗师对病情轻重有基本的判断。如肩峰下撞击通常有反复过肩运动的病史，疼痛的范围由肩峰下扩展至整个肩部，疼痛的程度加重，缓解困难。盂唇损伤的疼痛范围更大，疼痛位置更深。其与活动的程度关系密切，活动量越大，疼痛程度越高，缓解越困难。还需要询问疼痛的性质特征，是牵拉痛还是挤压痛，是持续性的还是阵发性的，是游走性的还是固定位置的。

关节活动受限将大大影响患者的日常生活，特别是外展、前屈和旋转方向，如穿脱套衣服、梳头等。受限通常逐渐加重，休息后不能缓解，还会伴有疼痛、绞锁、窜麻等症状。

患者很少报告肌肉萎缩和动作模式异常。

询问受伤经过和治疗过程，有无急性损伤史。多数患者有过就医和保守治疗史，但效果可能欠佳或不持久。

询问患病后的全身表现，如饮食、大小便、睡眠、精神、体重增减情况。还要注意患者的心理状态。

二、既往史

询问患者过去与损伤相关的病史，是否有过外伤或过度使用造成的损伤，是否发生过类似的问题，了解患者有无内科疾病，如糖尿病、高血压、乳腺癌、心脏病等病史，治疗及康复情况，医嘱等。

三、个人史

了解患者的年龄、工作性质和对肩及上肢功能需求。年轻患者应该尽可能恢复其肩部功能，年长患者则重点考虑其功能需要。

了解患者的运动史，包括训练强度、训练时间、训练类型、训练频率等。过肩运动，如网球、排球、游泳等，均为肩部损伤的高发项目。

四、家族史

了解患者的家庭环境、家庭成员等情况，判断其与损伤是否相关，进而更好地了解患者疾病相关问题，寻找影响症状的因素，也能够在治疗中更好地取得患者家属的支持和配合。

第三节 肩关节的客观检查

一、观察

患者站立位或坐位，脱去部分衣物，暴露双侧肩部，便于双侧对比。可穿着运动背心，使肩部、肩胛骨等部位完全暴露，以便检查者观察。

（一）双侧对称性

包括双肩的整体对称和肩胛骨位置的对称。观察双侧肩胛上角、肩胛下角是否在同一水平面上，有无升高或降低，与脊柱棘突的水平距离是否一致，有无外展或上回旋。双肩上方的肌肉丰满程度是否一致，提示斜方肌上束和肩胛提肌的紧张程度。观察双侧肱骨头有无前移，有无圆肩驼背。双手的位置是否对称，帮助判断有无肱骨旋转。

（二）肌肉萎缩

观察肩胛带肌肉萎缩情况。患者立位或坐位，治疗师站在病人身后。观察后方肩胛骨的肌肉体积，并与健侧比较。严重撕裂或神经功能缺损时，可能会出现明显的萎缩。

（三）其他身体部位

有无瘢痕或手术切口，有无脊柱侧弯，头部是否中立，双肘至躯干的距离是否一致，腰椎曲度是否正常，有无骨盆前倾，有无下肢不等长或扁平足。

二、触诊

（一）皮肤温度

炎症反应明显时，局部皮肤温度升高。如双侧差异超过2℃，则需要提高警惕。

（二）压痛点

不同的压痛部位可以提示深层组织的潜在损伤。如肩周炎时，会在多处肌肉及关节囊发现压痛点；而肩峰撞击时，压痛点主要靠近肩峰下间隙、肱二头肌长头肌腱和三角肌外侧。压痛点可以分为肌肉组织的压痛点和非肌肉组织的压痛点。肌肉的压痛通常是疼痛引起的肌肉过度紧张、肌腱损伤等原因导致的，关节囊、韧带的压痛常由关节肿胀、炎症反应引起。

如进行斜角肌和胸小肌触诊，可评估斜角肌和胸小肌的活动性和潜在的卡压。患者仰卧，治疗师站在患侧。胸小肌触诊：触诊喙突，然后触诊胸小肌上的扳机点、软组织限制和症状重现。斜角肌触诊：患者的头部转向对侧，触诊斜角肌上的扳机点、软组织限制和症状重现。如图4-1所示。

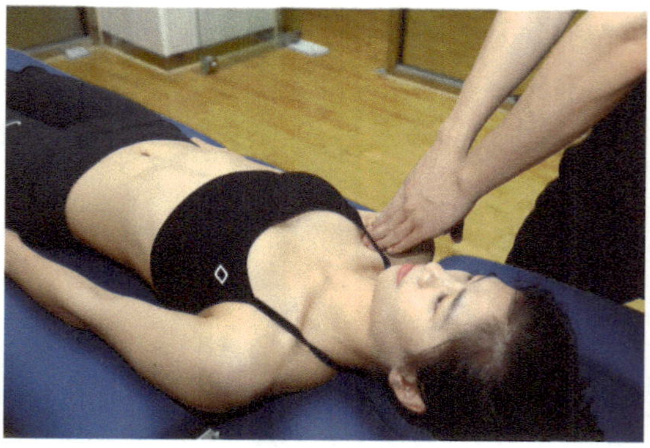

图4-1　胸小肌触诊

三、主动运动

使用关节角度尺测量盂肱关节各方向的活动范围，包括屈曲、伸展、外展、内收、内旋和外旋。

1. 盂肱关节屈曲

（1）体位：坐位、立位、仰卧位、侧卧位，肩关节无外展、内收、旋转，前臂中立位，手掌朝向体侧。

（2）关节角度尺摆放：

轴心：肩峰。

固定臂：腋中线。

移动臂：肱骨长轴。

（3）测量方法：矢状面运动。主动运动时，被检侧上肢沿冠状轴向前上方运动。检查时应固定肩胛骨，防止出现代偿动作。如图4–2所示。

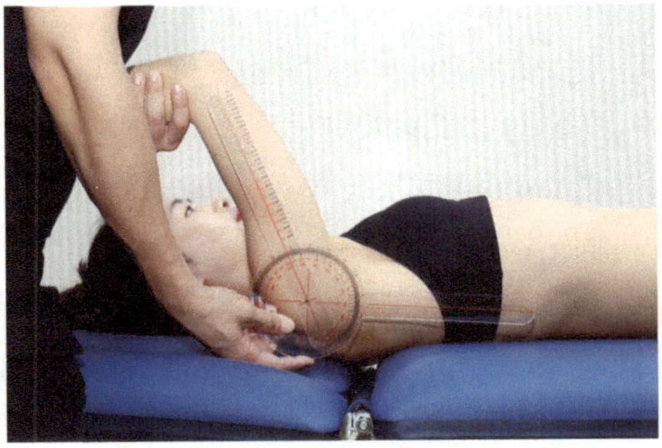

图4–2　盂肱关节屈曲

（4）运动终末感：喙肱韧带后束、关节囊后部、小圆肌、大圆肌以及冈下肌紧张所致的结缔组织抵抗。

（5）参考值范围：0°～180°。

2. 盂肱关节后伸

（1）体位：坐位、立位、俯卧位、侧卧位。

（2）关节角度尺摆放：

轴心：肩峰。

固定臂：腋中线。

移动臂：肱骨长轴。

（3）测量方法：矢状面运动。主动运动时，被检侧上肢沿冠状轴向后上方运动。检查时应固定肩胛骨，防止出现代偿动作。

（4）运动终末感：喙肱韧带的前部、关节囊前部紧张所致的结缔组织抵抗。

（5）参考值范围：0°～60°。

3. 盂肱关节外展

（1）体位：坐位，肩关节屈曲、伸展均呈0°位，前臂旋后，手掌向前方，使肱骨充分外旋，防止因肱三头肌紧张限制运动的完成。

（2）关节角度尺摆放：

轴心：盂肱关节前方或后方。

固定臂：通过肩峰与地面垂直的线（前、后面）。

移动臂：肱骨长轴。

（3）测量方法：沿矢状轴运动，被检侧上肢做外展动作。检查时应固定肩胛骨。

（4）参考值范围：0°~180°。

4. 盂肱关节在中立位外旋

（1）体位：仰卧位，上臂置于躯干侧方，肘关节屈曲90°，前臂中立位。

（2）关节角度尺摆放：

轴心：尺骨鹰嘴下方。

固定臂：与躯干垂直。

移动臂：与尺骨纵轴一致，指向尺骨茎突。

（3）测量方法：检查者手掌沿垂直轴做远离身体（外旋）的平面运动。如图4-3所示。

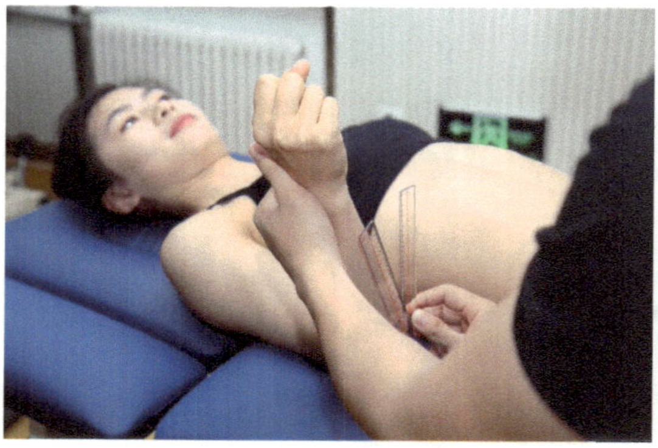

图4-3 盂肱关节在中立位外旋

（4）参考值范围：0°~60°。

5. 盂肱关节在外展位外旋

（1）体位：坐位、仰卧位、俯卧位，肩关节外展90°，肘关节屈曲90°，前臂旋前。

（2）关节角度尺摆放：

轴心：尺骨鹰嘴。

固定臂：通过肘关节，与冠状面垂直的线。

移动臂：尺骨。

（3）测量方法：被检查者前臂在矢状面上沿冠状轴向头部方向运动。检查者应固定肩胛骨，防止肩胛下角下撤、内收。如图4-4所示。

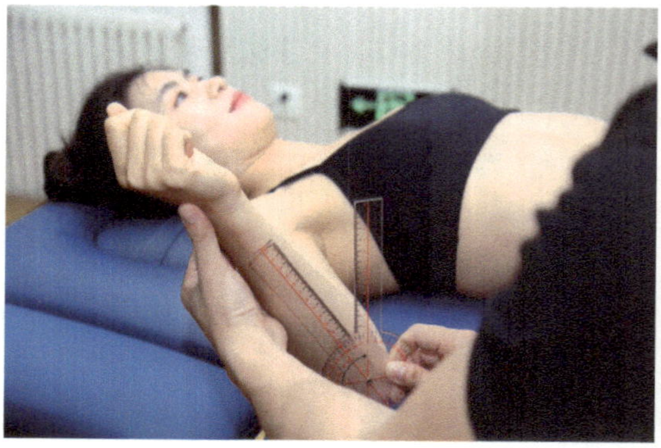

图4-4 盂肱关节在外展位外旋

（4）运动终末感：结缔组织抵抗。肱韧带的三条束、喙肱韧带、关节囊的前部、肩胛下肌、胸大肌、背阔肌、大圆肌紧张所致。

（5）参考值范围：0°~90°。

6. 盂肱关节在中立位内旋

常用的方法有两种。

方法一：背勾检查，适用于内旋角度尚可、可以通过盂肱关节内旋将手置于背后的患者。

（1）体位：患者坐位或立位，肱骨紧贴躯干。

（2）测量方法：患者主动将手放在背后，观察手部在背后的位置，屈肘向上触及肩胛骨，手部能到达的位置越高说明盂肱关节内旋角度越大。如果没有症状的重现，检查者一手放在肩胛骨上来增加压力以稳定肩胛骨，另一手将肘部后推以增加的范围，患者形成新的内收、伸展和内旋范围。如图4–5所示。

（3）参考范围：中指尖可以触及对侧肩胛骨，注意双侧对比。

图4–5　盂肱关节在中立位内旋

方法二：使用关节角度尺测量，适用于内旋角度受限明显，患侧手部无法置于背后的患者。

（1）体位：坐位，上臂置于躯干侧方，肘关节屈曲90°，前臂中立位。

（2）关节角度尺摆放：

轴心：尺骨鹰嘴下方。

固定臂：与躯干垂直。

移动臂：与尺骨纵轴一致，指向尺骨茎突。

（3）测量方法：被检查者手掌沿垂直轴做向腹部移动（内旋）的平面运动。

（4）参考值范围：0°~80°，被检查者腹部较大时，内旋测量结果不精确。

7. 盂肱关节在外展位内旋

（1）体位：坐位、仰卧位、俯卧位，肩关节外展90°，肘关节屈曲90°，前臂旋前。

（2）关节角度尺摆放：

轴心：尺骨鹰嘴。

固定臂：通过肘关节，与冠状面垂直的线。

移动臂：尺骨。

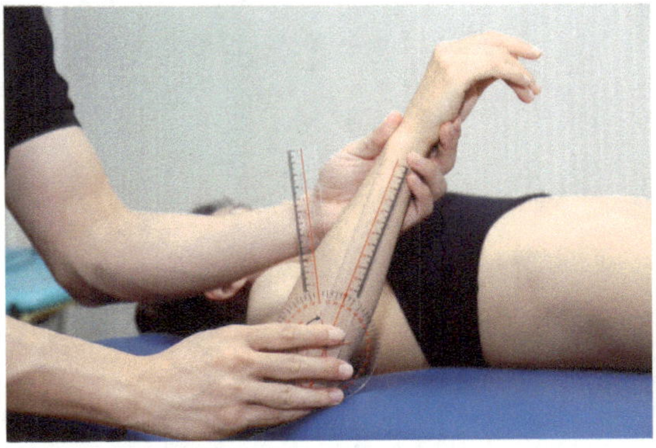

图4–6　盂肱关节在外展位内旋

（3）测量方法：被检查者前臂在矢状面上向下肢的方向运动。检查者固定肱骨远端，防止肩胛骨上抬和外展。如图4–6所示。

（4）运动终末感：结缔组织抵抗。关节囊后部，冈下肌、小圆肌紧张所致。

（5）参考值范围：0°~70°。

8. 盂肱关节水平内收

（1）体位：坐位，肩关节外展90°，内旋。

（2）关节角度尺摆放：

轴心：肩峰顶部。

固定臂：与肱骨长轴平行并与躯干垂直（呈水平位）。

移动臂：肱骨长轴。

（3）测量方法：上肢沿垂直轴在水平面上做跨中线运动。

（4）参考值范围：0° ~135° 。如起始位与水平外展起始位相同，则参考值范围：0° ~45° 。

四、被动运动

（一）生理运动的被动检查

评估和治疗激惹度较高的患者。患者仰卧。检查者站立于被检查者肩旁。寻找可达到的活动范围、范围受限的程度、疼痛、症状再现和终末感受。如图4–7、图4–8所示。

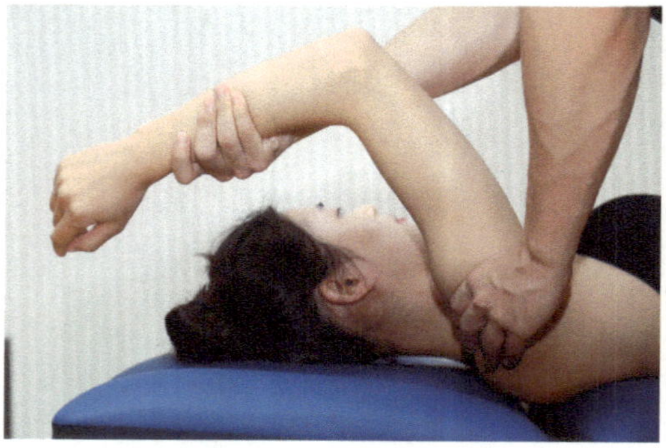

图4–7　肩关节前屈被动运动检查

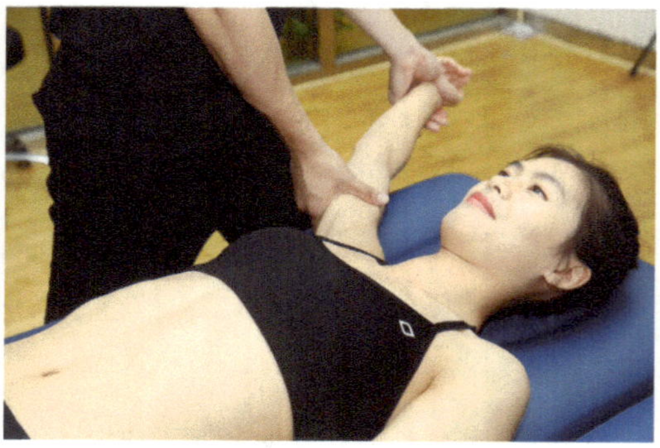

图4–8　肩关节外展被动运动检查

（二）附属运动检查

1. 盂肱关节

（1）向后滑动（AP）：评估肩部前方的附属运动。被检查者仰卧。检查者站在被检侧。检查者用靠近被检查者的手稳定肩峰，另一手抓住肱骨近端并向后滑动肱骨。向后滑动运动缺损或前囊松弛者常常出现过度前移。

（2）向前滑动（PA）：评估肩部后方的附属运动。被检查者仰卧。检查者站在被检侧。检查者双手拇指固定在肱骨头后方，其余手指包绕在肩周，拇指向上移动推动肱骨头向前滑动。如图4–9所示。

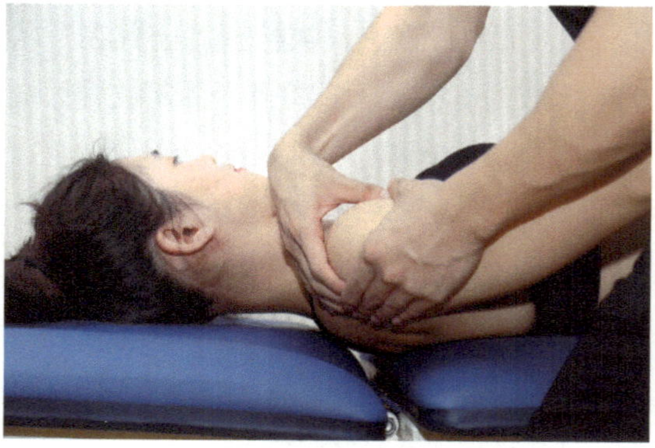

图4–9　盂肱关节向前滑动

（3）分离：被检查者仰卧，上肢休息位。检查者站在被检侧，一手握住被检查者上臂近端内侧，另一手固定在肘关节内侧，推动肱骨头向外分离。

2. 肩胛胸壁关节

被检查者侧卧，屈膝、屈髋保持躯干稳定，被检查侧在上，上肢放松置于身体前方。检查者面对被检查者站立，一手固定在肩胛冈上，另一手从腋下绕过，以虎口固定住肩胛下角，使肩胛骨向头端、足端、内侧、外侧等各方向被动活动，体会活动范围和运动终末感。

五、抗阻运动

（一）盂肱关节周围肌肉力量检查

1. 肩关节90°屈曲

（1）主要动作肌：三角肌、喙肱肌。

（2）辅助肌：三角肌（中部纤维）、胸大肌（锁骨部纤维）、肱二头肌。

（3）运动范围：0°~180°。

（4）体位：坐位（5~2级），仰卧位（1~0级）。

（5）检查方法：坐位，上肢自然下垂，肘关节轻度屈曲，前臂呈旋前位（手掌面向下）。完成肩关节屈曲动作。检查者一手固定其肩胛骨，另一手在肘关节处施加阻力。

（6）评级：

· 5级与4级：能对抗最大阻力完成全关节活动范围运动者为5级，能对抗中等阻力完成以上动作者为4级。

· 3级与2级：解除阻力，能克服肢体重力影响完成全关节活动范围运动者为3级。仅能完成部分运动，达不到全关节活动范围运动者为2级（亦可采用侧卧位，在解除重力下完成全关节活动范围运动者为2级）。

· 1级与0级：仰卧位，令其完成屈曲动作的同时，触诊上肢近端1/3处三角肌前部纤维及喙肱肌，有收缩者为1级，无收缩者为0级。

2. 肩关节伸展

（1）主要动作肌：背阔肌、大圆肌、三角肌后部纤维。

（2）辅助肌：小圆肌、肱三头肌。

（3）运动范围：0°~60°。

（4）体位：坐位（5~2级），俯卧位（1~0级）。

（5）检查方法：坐位或俯卧位，上肢内收、内旋（手掌向上）完成肩关节伸展动作。检查者一手固定其肩胛骨，另一手于肘关节处施加阻力。

（6）评级：

· 5级与4级：能对抗最大阻力完成全关节活动范围运动者为5级，能对抗中等阻力完成以上动作者为4级。

· 3级与2级：解除阻力，能克服肢体重力影响，完成全关节活动范围运动者为3级，仅能完成部分活动范围运动者为2级（侧卧位，腋下置一平板，在解除肢体重力影响下，可完成全活动范围运动者亦为2级）。

· 1级与0级：俯卧位，令其完成上肢伸展的同时，触诊肩胛骨下缘的大圆肌，稍下方的背阔肌及上臂后方的三角肌后部纤维，有收缩者为1级，无收缩者为0级。

3. 肩关节外展

（1）主要动作肌：三角肌中部纤维、冈上肌。

（2）辅助肌：三角肌（前、后部纤维）、前锯肌。

（3）运动范围：0°~180°。

（4）体位：坐位（5~3级），仰卧位（2~0级）。

（5）检查方法：坐位，上肢自然下垂，肘关节轻度屈曲，手掌向下，完成外展动作。检查者一手固定其肩胛骨，另一手于肘关节附近施以阻力。

（6）评级：

· 5级与4级：能对抗最大阻力，完成肩关节外展90°者为5级，能对抗中等阻力完成以上运动者为4级。

· 3级：解除阻力，克服肢体重力影响完成肩关节外展90°者为3级，要防止躯干倾斜及耸肩的代偿动作。

· 2级：仰卧位，解除肢体重力的影响。检查者固定其肩胛骨，被检上肢能沿台面滑动完成90°外展者为2级。

· 1级与0级：仰卧位，做肩外展运动（也可以令被检查者呈坐位，检查者辅助被检查者的肩关节于外展位，令其保持此肢位），触诊三角肌中部（肱骨上1/3的外侧面）、肩胛冈上窝处的冈上肌，有收缩者为1级，无收缩者为0级。

4. 肩关节水平外展

（1）主要动作肌：三角肌。

（2）辅助肌：冈下肌、小圆肌。

（3）运动范围：从肩关节屈曲90°开始，外展范围为90°。从肩关节内收位开始，运动范围为130°（-40°~90°）。

（4）体位：俯卧位（5~3级），坐位（2~0级）。

（5）检查方法：俯卧位，肩关节90°外展，上臂置于台面，前臂于台边缘处下垂。令其上臂尽力上抬做水平位外展，检查者一手固定肩胛骨，另一手于肘关节近端施以阻力。

（6）评级：

· 5级与4级：俯卧位，能对抗最大阻力完成肩关节水平位外展的全关节活动范围运动者为5级，仅能对抗中等阻力完成以上动作者为4级。

· 3级：俯卧位，解除外力，能克服肢体重力影响，完成以上动作的全关节活动范围运动者为3级。

· 2级：坐位，上肢屈曲90°，置于台面，肘关节轻度屈曲。检查者固定其肩胛骨，令其完成沿台面滑动的水平外展运动，可完成全关节活动范围运动者为2级。

· 1级与0级：令其做肩关节水平外展动作，同时触诊三角肌后部纤维，有收缩者为1级，无收缩者为0级。

5. 肩关节水平内收

（1）主要动作肌：胸大肌。

（2）辅助肌：三角肌。

（3）运动范围：从肩关节屈曲90°开始，运动范围为45°，从最大水平外展位开始即为135°。

（4）体位：仰卧位（5~3级），坐位（2~0级）。

（5）检查方法：肩关节90°外展，肘关节屈曲90°。检查者一手固定其躯干，另一手于其肘关节内侧施加阻力，同时令被检侧上肢尽力水平内收。

（6）评级：

· 5级与4级：仰卧位，能对抗较大阻力完成肩关节水平内收的全关节活动范围运动者为5级，仅能对抗轻度阻力完成以上运动者为4级。

· 3级：仰卧位，解除阻力，能克服肢体重力的影响，从肩关节90°外展、内收至上臂与台面垂直者为3级。

· 2级：坐位，被检查者肩关节90°外展置于台面上（台面与腋窝同高），肘关节屈曲90°。检查者固定其躯干并令其上肢在台面上滑动，能完成水平位内收全关节活动范围运动者为2级。

· 1级与0级：坐位，做水平内收运动时，检查者接触胸大肌起点附着部，有收缩者为1级，无收缩者为0级。

6. 肩关节外旋

（1）主要动作肌：冈下肌、小圆肌。

（2）辅助肌：三角肌（后部纤维）。

（3）运动范围：0°~90°。

（4）体位：俯卧位或站立位。

（5）检查方法：肩关节外展90°，上臂置于台面，前臂于床边自然下垂。检查者一手固定其肩胛骨，另一手握住其腕关节近端并施加阻力。令被检侧前臂用力向前、向上方抬起以完成肩关节外旋。

（6）评级：

· 5级与4级：能对抗最大阻力完成肩关节外旋的全关节活动范围运动者为5级。仅能对抗中等阻力完成以上动作者为4级。若站立位测试，阻力施加及固定。如图4-10所示。

图4-10　肩关节外旋肌群徒手肌力检查

· 3级：解除阻力，能对抗肢体重力的影响，完成全关节活动范围运动者为3级。

· 2级：被检侧上肢在台边自然下垂，置于内旋位。检查者固定其肩胛骨，能完成外旋的全关节活动范围运动者为2级。

· 1级与0级：做外旋运动的同时，触诊肩胛骨外侧缘的小圆肌及冈下窝中的冈下肌，有收缩者为1级，无收缩者为0级。

7. 肩关节内旋

（1）主要动作肌：肩胛下肌、胸大肌、背阔肌、大圆肌。

（2）辅助肌：三角肌（前部纤维）。

（3）运动范围：0°~70°。

（4）体位：俯卧位。

（5）检查方法：肩关节外展90°，上臂置于台面，前臂于床边自然下垂。检查者一手固定其肩胛骨，另一手握住其腕关节近端并施加阻力。令被检侧前臂用力向后、向上方摆动（抬起）以完成肩关节的内旋。

（6）评级：

· 5级与4级：能对抗最大阻力，完成肩关节内旋的最大活动范围运动者为5级，仅能对抗中等阻力完成以上动作者为4级。

· 3级：解除阻力，能对抗肢体重力的影响，完成肩关节内旋的全关节活动范围运动者为3级。

· 2级：整个上肢由台边自然下垂，置于外旋位。检查者固定其肩胛骨，能完成内旋的全关节活动范围者为2级。注意防止前臂旋前的代偿动作。

· 1级与0级：做肩关节内旋运动的同时，触诊腋窝深部的肩胛下肌，可触及收缩者为1级，无收缩者为0级。

（二）肩胛带周围肌肉力量检查

1. 斜方肌下束

评估斜方肌下束的力量。被检查者俯卧位，检查者立位。检查者被动将被检查者肩关节外展120°，一手放在盂肱关节下方腋窝处，肘部控制被检查者手臂以保持肩关节最大外旋，另一手触及肩胛骨内侧缘和斜方肌下束，并将肩胛骨移动到缩回和下降的位置。被检查者保持这一位置。

如果被检查者不能保持肩胛骨稳定，或盂肱关节继续伸展，则为斜方肌下束肌力不足。如果被检查者可以保持这个位置，用两根手指在前臂远端提供阻力使患者抵抗。双侧对比。如图4-11所示。

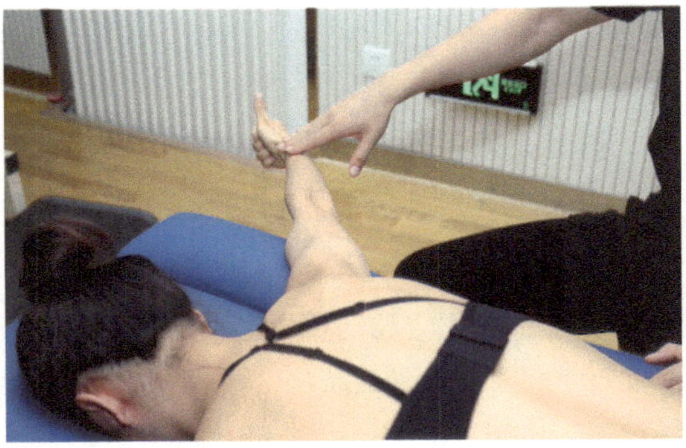

图4-11　斜方肌下束徒手肌力检查

2. 斜方肌中束和菱形肌

评估斜方肌中束和菱形肌的力量。被检查者俯卧位，检查者立位。检查者被动将被检侧肩关节外展90°，一手放在盂肱关节下方腋窝处，肘部控制检查者以保持肩关节最大外旋，另一手触及斜方肌中束，并辅助肩胛骨轻轻回缩，注意肩胛骨回缩距离不用过大以致肌肉被动不足。被检查者保持这一位置。

如果被检查者不能保持且手臂外旋，则为斜方肌中束肌力不足。如果被检查者可以保持这个位置，用两根手指在前臂远端提供阻力使患者抵抗。双侧对比。三角肌后束过度激活和肩胛骨向上活动增加，其他身体部位代偿（包括腰椎、臀部/骨盆和腿部），均表示测试失败。如图4-12所示。

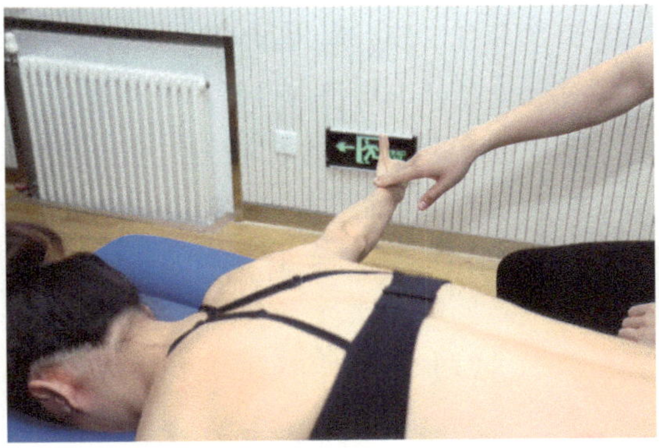

图4-12　斜方肌中束徒手肌力检查

3. 斜方肌上束和肩胛提肌

斜方肌上束和肩胛提肌主要完成肩胛骨上提的动作。被检查者坐位，检查者站于被检查者身后。检查者双手压在被检查者的肩胛骨上方并施加向下的阻力，嘱其向上用力抵抗。注意双侧对比。如果不能完成则改为俯卧位。

颈肩疼痛的患者除了肌力下降之外，往往还能感觉到肌肉较为紧张，有压痛，甚至缩短。在评估其肌力的同时还应该评估其长度和张力。

4. 前锯肌

检查前锯肌是否瘫痪及瘫痪程度的方法。前锯肌的主要功能是使肩胛骨靠近胸壁。前锯肌瘫痪时，肩胛骨下角离开胸壁，呈翼状肩畸形。常用的检查方法有两种。

方法一：推墙测试

患者面向墙壁站立，手置于墙上并与肩同高，双手分开略宽于肩，肘关节伸直。患者屈肘、水平伸肩，胸部向下，完成推墙俯卧撑动作，然后再伸肘、水平屈肩，胸部向上，回到起始动作。检查者观察患者在完成动作的过程中肩胛下角是否紧贴在胸壁上。如果肩胛下角向上翘起，则为翼状肩胛，说明前锯肌无力。

方法二：肩胛骨前伸测试

患者坐位或者立位，检查者站在患者身侧。患者肩关节屈曲130° ，检查者一手在患者肘部施加向下的力量，另一只手在肩胛骨下角处感受肩胛骨运动，并使患者保持不动。正常情况下，肩胛骨有前伸的动作，在肩胛下角稍外侧可以感受到前锯肌收缩。如果感受到肩胛骨下角向内、向下运动，则表示肩胛骨出现内收和下回旋的动作，测试为阳性，代表前锯肌无力。

5. 胸小肌

胸小肌位于胸大肌深面，为三角形扁肌，起自第3～5肋骨的前面及肋间肌表面的筋膜，止于肩胛骨的喙突。胸小肌拉肩胛骨向前、向下。肩胛骨固定时，胸小肌可上提肋骨，但在用力吸气时才有活动。由于胸大肌和胸小肌有重要的协同作用，在肌力检查时往往无法完全分开，因此，胸小肌与胸大肌常同时检查。

被检查者坐位，肩外展90° 至水平线。检查者在其肘部给予向上和向外的阻力，嘱被检查者对抗，完成中立位内收和水平内收的动作。检查者用手触诊患者胸大肌的锁骨部和胸骨部，感觉肌肉的收缩程度和阻力大小，以判断其肌力大小。

胸大肌和胸小肌也是肩胛带中容易产生代偿的肌肉，代偿的结果使其长度变短，张力增加。因此，在评估时，除注意其肌力以外，同时也需要检查其长度。

六、特殊检查

（一）稳定性检查

1. 主动活动范围伴恐惧

评估盂肱关节不稳定性。患者和检查者均立位。患者主动屈曲手臂直到结束范围或疼痛出现，再水平后伸肩关节，寻找运动范围、疼痛或恐惧，最后外展90° 位外旋肩关节，再次寻找运动范围、疼痛或恐惧。

主动活动范围伴恐惧

2. Jerk测试

评估肩关节后盂唇或后部不稳定。患者坐位，检查者站立于患侧后方。检查者一手稳定患者肩膀的上部，另一手被动地将患者的肩部外展至90° 并内旋，对肱骨施加轴向压力，并保持压力水平内收手臂。阳性结果是出现响声，或者患者的症状

Jerk测试

重现。

3. 前方恐惧伴复位试验

评估肩关节前脱位。患者靠近床边仰卧，检查者立位。检查者将患者的远侧肱骨搁置在腿上给予支撑。检查者一手触诊肩前部，一手将患者屈肘90°，被动将肩关节外展至90°。当检查者移动患者手臂时，如果患者出现害怕或恐惧，则试验为阳性。将患者肩关节放回内旋位，之后检查者向后施力使盂肱关节复位，再进行外旋，感觉到末端范围后将向后滑动的力解除，恐惧再次出现为阳性。如图4-13所示。

4. 缝隙征

确定是否有肩关节松弛。患者坐位，检查者站在患者身后。检查者抓住患者肘部并拉下（下牵引力），测量肩峰下表面与肱骨头上部之间的距离（厘米）。在仰卧位肩外展20°和前屈的情况下，重复测试，同时保持中立姿势。正常情况下没有缝隙出现。如果出现缝隙可能意味着肩关节下方不稳定或盂肱下韧带松弛。如图4-14所示。

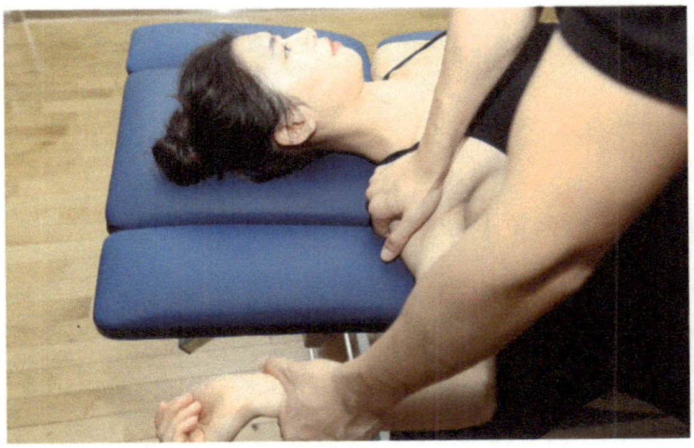

图4-13　前方恐惧伴复位试验

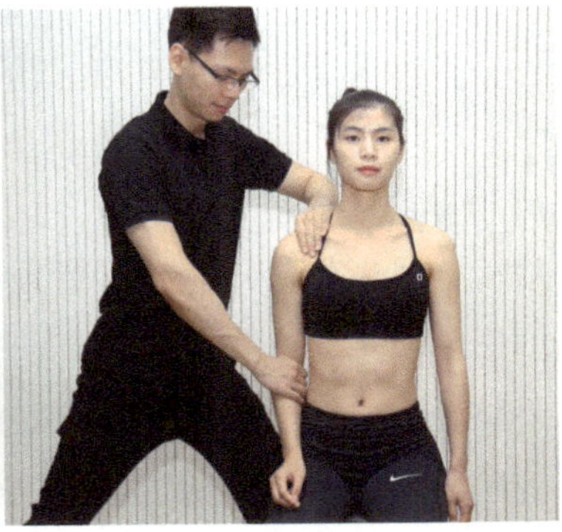

图4-14　缝隙征

（二）肩胛骨运动

1. 肩肱节律

在检查肩关节外展时，检查者通常需要从后面观察肩胛骨与肱骨的外展角度比例，即肩肱节律。在肩关节180°外展中，肱骨与肩胛骨的外展角度比大概为2∶1，即盂肱关节外展角度为120°，肩胛骨外展角度为60°。肩肱节律包括了三个阶段，每个阶段的角度比都不尽相同，有待进一步临床试验及力学分析检查。如图4-15所示。

在外展的最初30°这一阶段，肩胛骨处于“预备”状态。这时肩胛骨既可以轻微地旋内，又可以轻微地旋外，或者静止不动。在这一阶段并不存在角度比问题。由于胸锁关节和肩锁关节的抬高，肩胛冈与锁骨之间的角度增到5°，但是这取决于肩胛骨移动与否。锁骨在此阶段未发生旋转。

第二阶段，继续上举60°，肩胛骨旋转20°，肱骨抬升40°，这时肩胛骨的前伸或上举度最小。因此，肩胛骨与肱骨在运动中存在2：1的角度比。在第二阶段中，由于肩胛骨旋转带动了锁骨15° 的抬高，但锁骨仍未发生旋转。

在最后90° 的第三阶段，仍存在2：1的角度比，而肩胛冈与锁骨之间的角度继续增加10° 。因此肩胛骨继续旋转，并开始抬升。当外展动作完成时，前伸度仍处于最小状态。此阶段，锁骨沿长轴向后旋转30° ~50° ，继续抬高15° 。同样，在最后阶段，肱骨外展90° ，肱骨大结节绕过了肩峰区域。

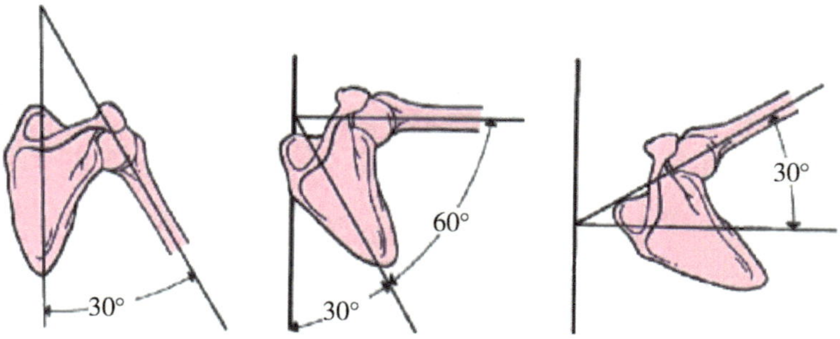

图4-15　肩肱节律

2. 肩胛骨复位试验

评估肩胛骨后倾（纠正肩胛骨前倾）对患者症状性运动或主动抬高的影响。患者立位或坐位，检查者站在患者身后。检查者一手手指接触肩锁关节前方并抓住肩胛骨，手掌和鱼际固定肩胛冈，另一手在肩胛骨下端施加适度的力以促进肩胛骨后倾。在肩胛骨被修正后的位置，再次评估疼痛的运动或评估肩袖力量。阳性测试是症状减轻或运动时力量增加。

肩胛骨复位试验

3. 肩胛骨辅助试验

评估在主动抬高或其他运动期间，改善肩胛骨上回旋和抬高对肩部症状的影响。患者立位或坐位，检查者站在患者身后。观察该运动的质量和症状。检查者一手放置在肩胛骨的内下缘，在主动抬高时提供向上的旋转力，另一手在上缘提供后倾以纠正后倾不足。要求患者在辅助下再次完成该动作，并重新评估患者症状和运动质量。

肩胛骨辅助试验

（三）肌肉长度检查

1. 胸小肌长度测试

评估胸小肌是否缩短。患者仰卧位，检查者站立于患侧肩部。检查者触诊肩峰并测量肩峰最后面与床面之间的距离。正常是2.5厘米。也可以使肱骨平行于地板，检查者将手掌置于喙突上，同时向后推肩部，感觉僵硬程度或抵抗感。如图4–16所示。

2. 胸大肌长度测试

评估胸大肌的长度。患者仰卧位，将健侧手臂置于患肩前方以形成障碍，检查者站立于患者体侧。检查者用自己的前臂将健侧手臂固定在患者胸部。检查胸骨束肌纤维的长度：被动地将患者肩关节外展120° 并完全外旋，使手臂垂向地面。正常情况下能够达到桌面的高度。检查锁骨束肌纤维的长度：被动地将患者的手臂外展90° ，并使手臂向地面下降。正常情况下能够达到桌面的高度。注意双侧对比。如图4–17所示。

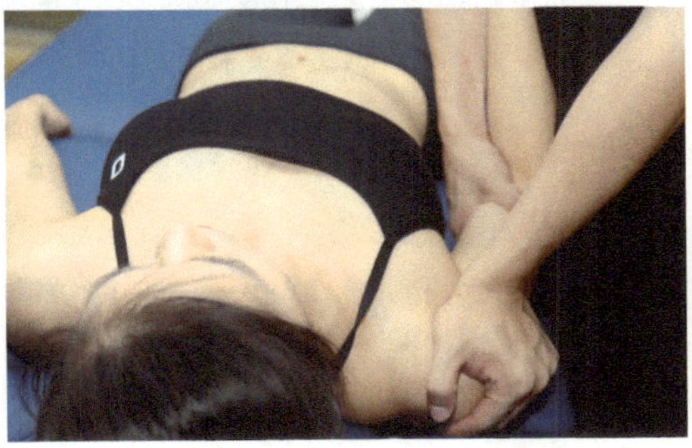

图4–16　胸小肌长度测试

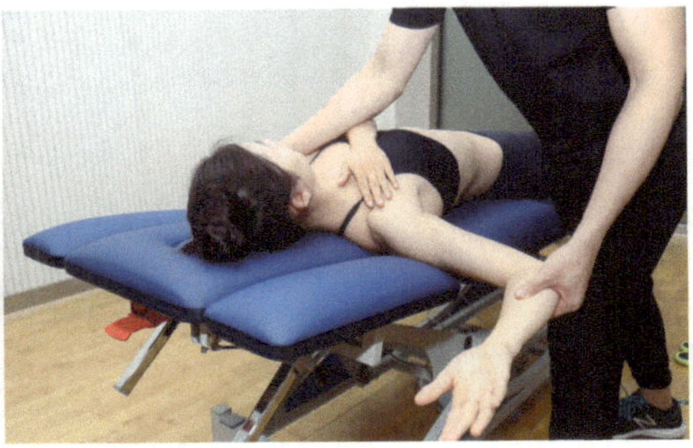

图4–17　胸大肌长度测试

3. 背阔肌长度测试

评估背阔肌的长度。患者仰卧位，屈髋、屈膝，检查者站立于患者头部。患者主动屈肩过头，检查者寻找有效的活动范围和任何胸廓代偿。检查者一手稳定胸廓，另一手置于肘关节处被动外旋患者手臂，然后被动屈曲肩关节至最大范围。注意双侧对比。如图4–18所示。

4. 肩胛提肌长度测试

评估肩胛提肌的长度。患者仰卧位，检查者站立于患者头部。检查者嘱患者放松并被动屈曲颈椎，然后被动地使颈椎向对侧侧屈并向对侧旋转。检查者用胸部或胸骨来帮助保持这个位置，一手固定头部，另一手在肩上施加向下的力，寻找抵抗感或症状的重现。注意双侧对比和末端感觉。如图4–19所示。

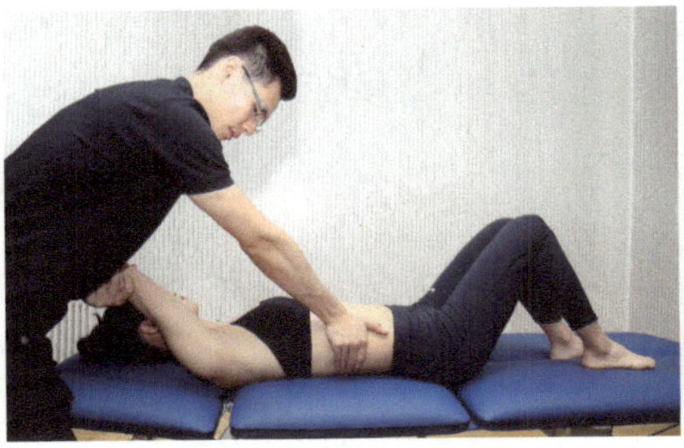

图4–18　背阔肌长度测试

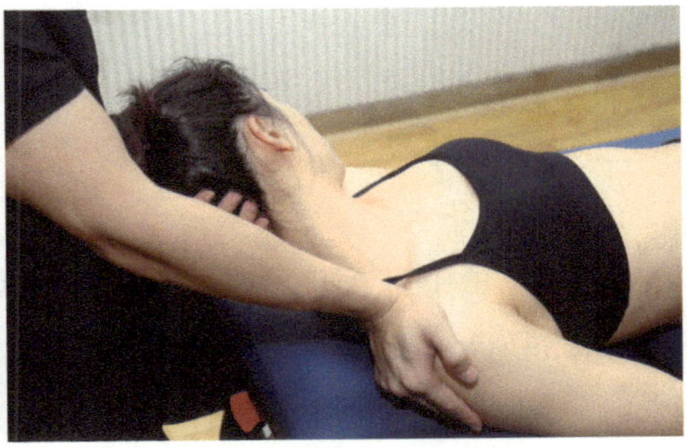

图4–19　肩胛提肌长度测试

5. 后关节囊长度测试

评估后关节囊的紧张程度。患者仰卧位，检查者站立。检查者将患者的手臂屈曲90°，一手臂稳定患者的肩胛骨，防止肩胛骨通过腋中线，另一手使肩膀水平内收，直到感到末端感觉。使用关节角度尺测量水平内收的范围。注意双侧对比。如图4-20所示。

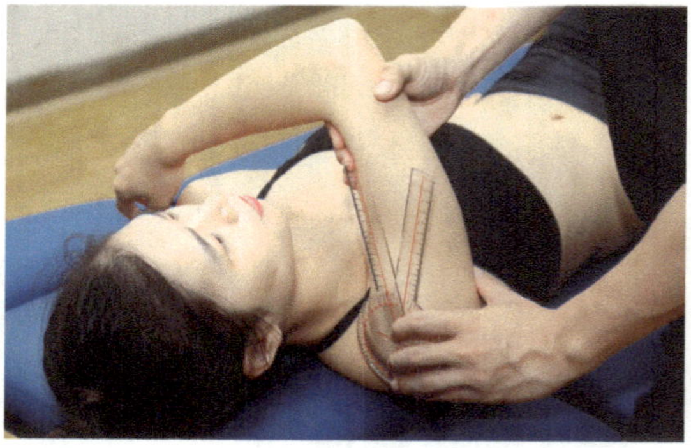

图4-20　后关节囊长度测试

（四）肩袖肌肉损伤检查

1. 压腹试验

评估肩胛下肌有无撕裂。患者坐位或立位，检查者立位。患者将患侧手掌置于腹部，并用力压腹部使肩关节内旋，观察患者是否能够保持肱骨的内旋位。如果患者弯曲手腕，并通过伸肩来压腹，则试验为阳性。如图4-21所示。

图4-21　压腹试验

2. 内旋滞后征

评估肩袖中的肩胛下肌有无撕裂。患者坐位，将患手置于骶骨后方，检查者站于患者后方。检查者一手抓住患者的肘部，另一手抓住手腕，将手臂从背部抬起，并请患者保持这个位置。正常表现是患者可以保持这个位置，阳性结果是患者不能保持手部离开背部的姿势。如图4-22所示。

3. 外旋滞后征

评估肩袖中的冈下肌或小圆肌是否有撕裂。患者坐位，检查者立位。检查者使患者被动屈肘90°，屈肩15°，并最大限度地向外旋肱骨，并要求患者保持这个位置。如果患者的手臂陷入内旋，则测试为阳性。如图4-23所示。

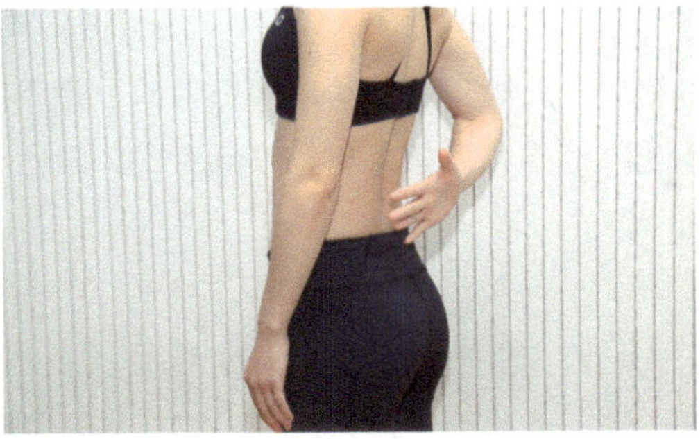

图4-22　内旋滞后征

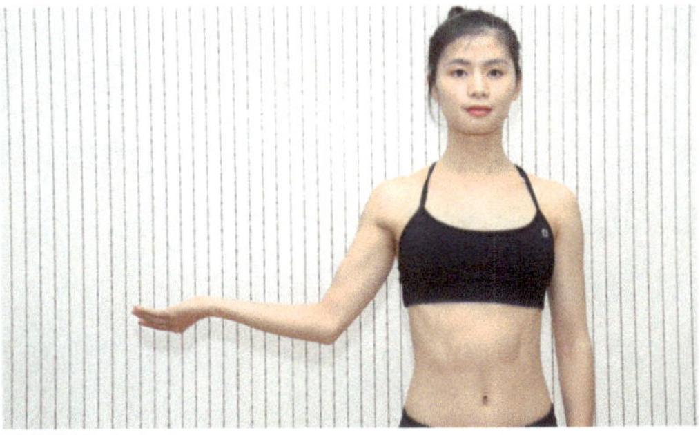

图4-23　外旋滞后征

4. 落臂试验

评估冈上肌是否撕裂。患者和检查者均立位。检查者被动地外展患者的手臂至90°，并内旋肱骨，要求患者保持这个位置。如果患者能够保持这个位置，则要求患者缓慢放下手臂。如果患者无法保持这个位置或通过控制缓慢降低患侧手臂，则测试为阳性。如图4-24所示。

（五）撞击征检查

1. 疼痛弧试验

患者肘伸直，主动将上肢从外展0°位缓慢上举。若患者于60°~120°出现疼痛，超过120°疼痛缓解或消失，则试验为阳性。提示可能存在肩峰下撞击综合征。如图4-25所示。

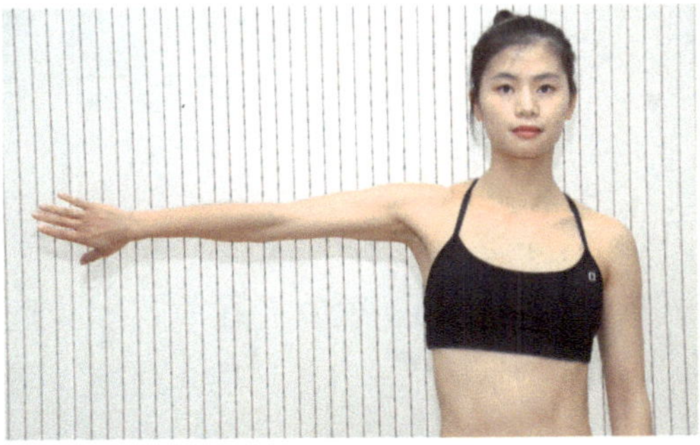

图4-24　落臂试验

图4-25　疼痛弧试验

疼痛弧试验

2. Hawkins试验

评估肩部撞击。患者坐位，检查者站立于患侧后方。检查者被动地将患者的手臂屈曲，水平内收，稳定肩膀的顶部并在内旋肱骨，寻找受限范围和症状再现。双侧对比。阳性结果是活动范围受限或肩膀疼痛。如图4-26所示。

3. Neer试验

评估肩部撞击。患者立位或坐位，检查者立位。检查者被动使患者肩关节完全屈曲，同时保持内旋，诱发疼痛。如果没有症状再现，则再次完成此动作，并将一手放在肩胛骨上，另一手放在盂肱关节附近的腋下，施加过度的压力使肩屈曲和内旋。阳性结果是症状重现。如图4-27所示。

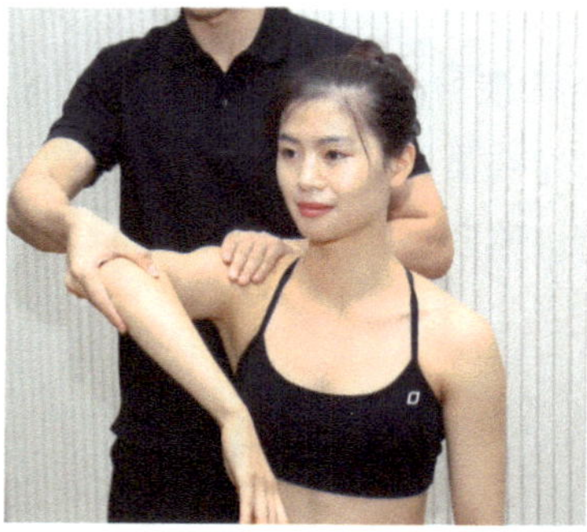

图4-26　Hawkins试验

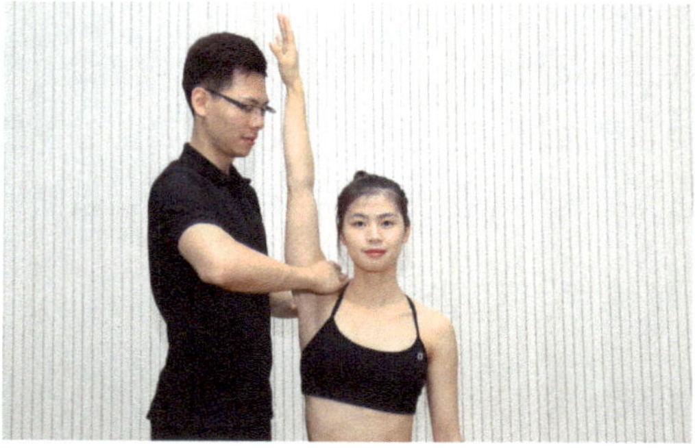

图4-27　Neer试验

（六）盂唇损伤检查

1. 肱二头肌负荷试验

确定是否存在SLAP损伤。患者仰卧位，检查者站立于患侧头部。患者肩关节外展120°，屈肘90°，前臂旋后，将肩关节置于外旋的末端范围。检查者在前臂远端施加阻力，要求患者屈肘抵抗。如果没有症状为正常，如果屈肘抵抗时肩部深层疼痛则为阳性。如图4-28所示。

2. 旋后外旋抗阻试验

评估SLAP损伤。患者仰卧位，检查者立位。检查者被动外展患肩至90°，患者试图将前臂旋后激发肱二头肌，并保持持续收缩的同时被动外旋肱骨。如果出现关节弹响或症状重现则为阳性。如图4-29所示。

3. 向前滑动试验

检查盂唇病变。患者和检查者立位。患者将手放在臀部后方，检查者触诊肱骨远端，施加向上和向前的力并让患者抵抗。如果出现响声或疼痛，则为阳性。如图4-30所示。

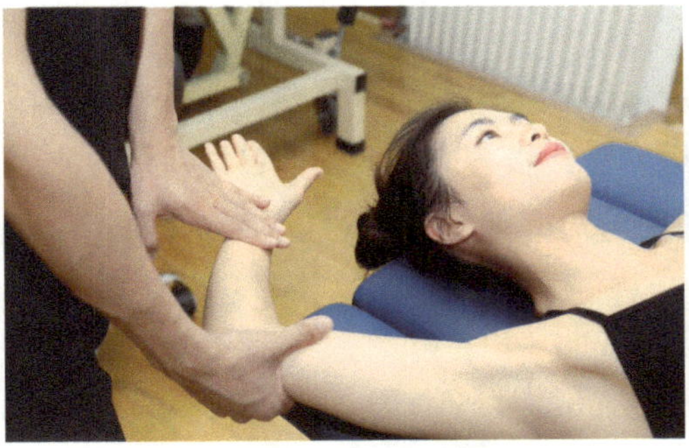

图4-28　肱二头肌负荷试验

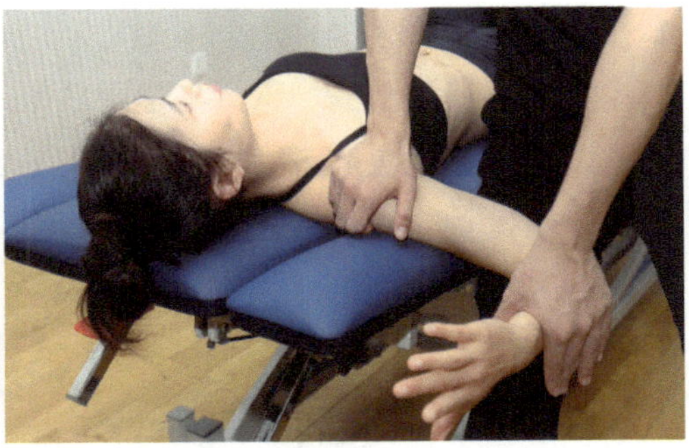

图4-29　旋后外旋抗阻试验

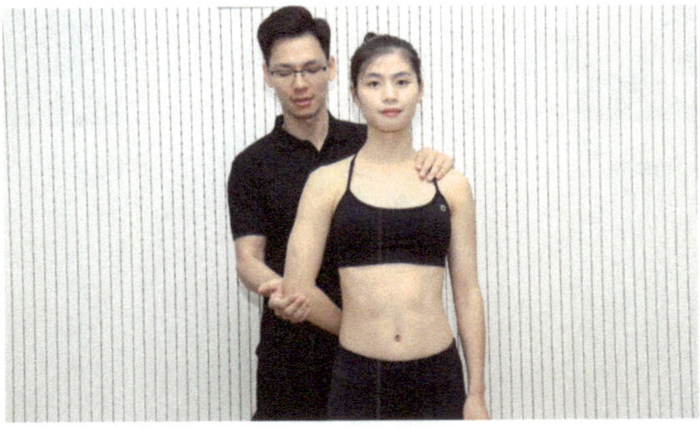

图4-30　向前滑动测试

4. 曲柄试验

评估盂唇病变。将患者肩关节被动外展160°，检查者双手分别放在肱骨远端和前臂远端，用轴向的压力施加于盂唇，并将手臂内旋和外旋。没有症状为正常，如出现肩部深层疼痛则为阳性。

曲柄试验

5. O'Brien主动压迫试验

患者站立位，肘伸直，肩关节屈曲90°，内收10°左右，前臂旋前。检查者在患者前臂远端施加向下的力，嘱患者与之对抗。若出现疼痛，前臂转为旋后位，检查者再次施力令患者与之对抗。若此时疼痛消失，称O'Brien主动压迫试验阳性，提示可能存在肩关节盂唇损伤。

（七）肱二头肌长头肌腱检查

1. Speed试验

评估肱二头肌肌腱病。患者和检查者立位。检查者将患者的肩关节前屈90°并保持手掌向上的姿势，在触摸肱二头肌肌腱的同时增加前臂远端的阻力，寻找肱二头肌肌腱症状的重现。如图4-31所示。

2. Yergason试验

评估肱二头肌肌腱病。患者坐位或立位，肘部屈曲90°，前臂完全旋前，检查者站在患者前方。检查者在二头肌肌腱沟中触诊肱二头肌肌腱，指导患者后旋前臂以对抗检查者的阻力，但允许患者产生动作。阳性结果是在二头肌肌腱沟内再次出现症状。如图4-32所示。

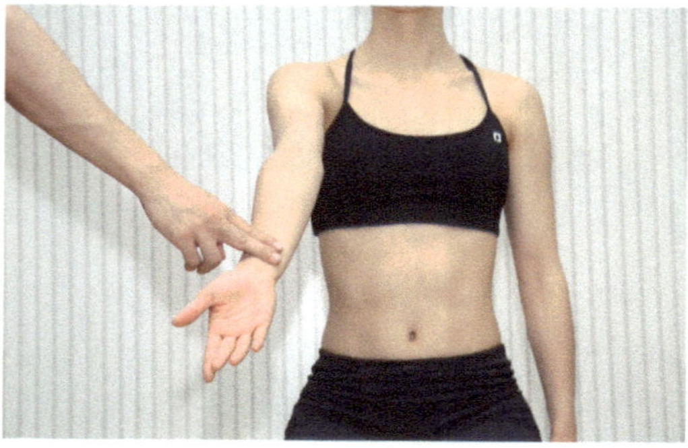

图4-31　Speed试验

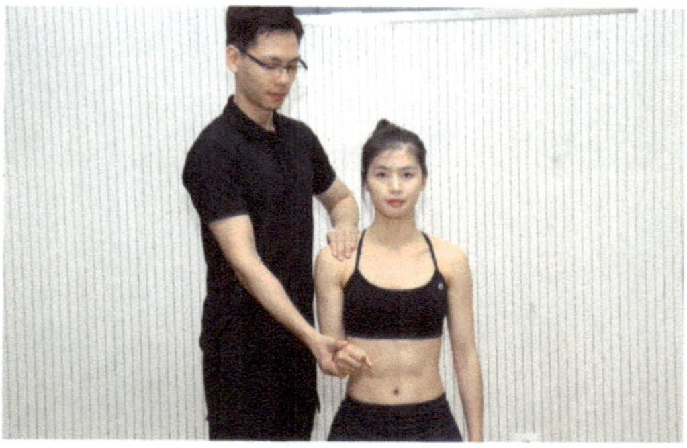

图4-32　Yergason试验

七、临近关节检查

（一）肩锁关节

1. 观察和触诊

评估肩锁关节扭伤或半脱位。患者坐位，检查者立位。观察患者的肩锁关节是否对称并排，如果远端部分抬高，通常伴有肩锁关节分离和韧带损伤。如图4-33所示。

2. 剪切试验

评估肩锁关节病理损伤。患者坐位，检查者立位。检查者一手放在肩关节前部，另一手放在肩锁关节的后部，双手一起挤压肩锁关节。如果在肩锁关节出现症状，则试验为阳性。如图4-34所示。

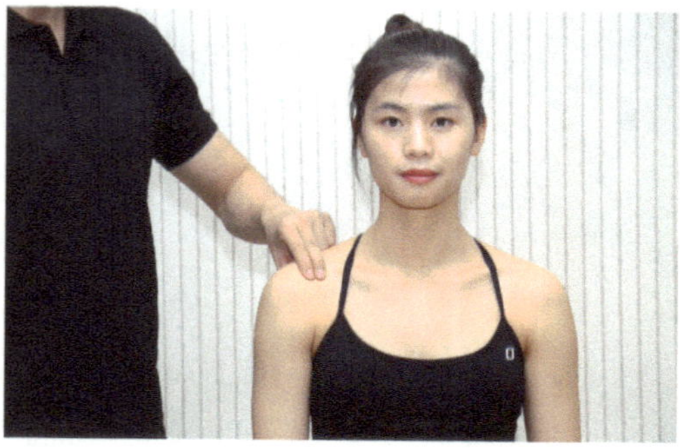

图4-33　肩锁关节触诊

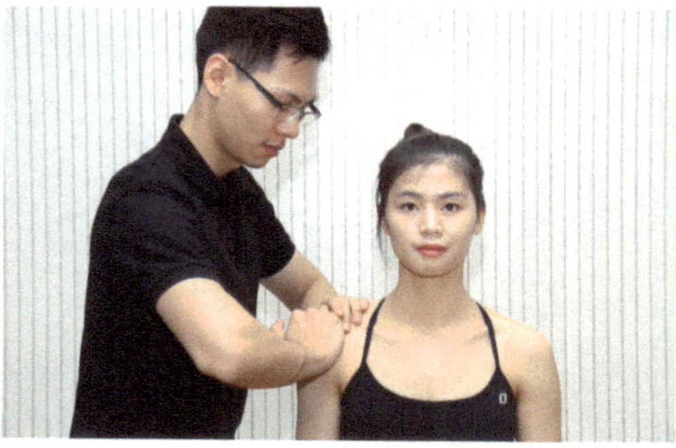

图4-34　剪切试验

（二）颈椎检查

详细内容参见“颈椎功能评定”第三节相关内容。

（三）第一肋骨

第一肋骨弹簧测试

评估第一肋骨的活动性。患者仰卧位，检查者立位。检查者被动地将患者的头部侧屈和旋转至对侧，用拇指或第二掌骨头将上斜方肌推向后方，使用拇指或掌骨头对第一肋骨施加向脚部方向的力，应用弹簧技术寻找症状和/或僵硬的变化。双侧对比。如图4–35所示。

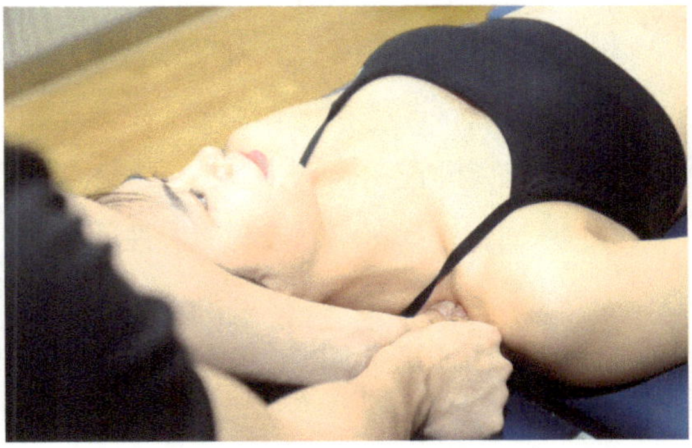

图4–35　第一肋骨弹簧测试

第四节　肩部评定方法应用

案例1：男，40岁，网球爱好者，一个月前在运动中击球后，突感右侧肩部疼痛，休息后缓解，近两周活动范围受限。请简述功能评定流程。

1. 问诊

（1）根据患者主诉，询问其损伤的具体动作，伤后急性期的处理过程和方法。

（2）询问疼痛相关情况，包括疼痛的具体位置、严重程度、性质、深度，哪些动作会使疼痛加重或减轻，有无规律性，疼痛是否影响睡眠，是否会因为姿势改变而影响疼痛程度。

（3）询问是否接受过治疗，肩部是否有影像学检查结果，医生有无治疗建议。

2. 观察

（1）观察肩胛骨和肱骨位置，是否出现双侧不等高、肱骨内旋等异常状况。

（2）观察脊柱是否侧弯，矢状面曲度是否变大，下肢和骨盆是否等长。

（3）观察肩部、胸部、背部的肌肉是否对称。

3. 触诊

（1）检查肩关节周围肌肉是否存在压痛，有无放射到手臂。

（2）在主诉疼痛的部位及周围进行重点检查，检查是否存在压痛、温度升高、肿胀等情况。

（3）检查肩胛带肌肉、肩袖肌肉、胸肌、背肌是否紧张。

4. 主动运动

指导患者完成肩关节屈曲、伸展、外旋、内旋、外展等方向的主动关节活动评估。

5. 被动运动

检查盂肱关节被动活动范围是否正常、是否存在疼痛，双侧对比。评估重要肌肉的长度，其中胸大肌、胸小肌、背阔肌是重点。

6. 抗阻运动

进行重要肌肉的徒手肌力检查，重点是肩袖肌肉及肩胛骨的稳定肌。

7. 特殊检查

通过特殊检查，确诊损伤是盂唇、肩袖肌肉及肌腱、肱二头肌长头肌腱等结构性问题，还是炎症、撞击、关节不稳等功能性问题。

8. 临近关节检查

对腰椎、胸椎、颈椎、第一肋骨等进行排查，检查是否存在影响肩关节功能的因素。

案例2：女，60岁，主诉肩部疼痛，活动受限一月有余。已退休，退休前为文职人员，平时以步行为主要运动方式，无其他运动。请简述运动评估流程。

1. 问诊

（1）询问本次发病的相关情况，包括发病的时间、起初的原因及疼痛情况。确定疼痛的具体位置、加重或减轻的因素、对睡眠的影响程度、对生活的影响程度。

（2）询问是否进行过诊断，有无影像学检查结果及医生的治疗建议，是否接受过药物或其他治疗。

（3）了解患者平时的生活习惯和生活方式，体育活动中对肩部的使用情况。

（4）询问慢性疾病和其他疾病的发病及治疗情况。

2. 观察

（1）观察双侧肩部及胸部、背部的肌肉和骨骼的对称性，包括肩胛骨和盂肱关节的位置、肌肉的丰富程度、有无肿胀等。

（2）观察头部的位置、胸段和腰段脊柱的曲度是否正常，下肢及骨盆有无不等高现象。

3. 触诊

触诊双侧肩胛骨、肌肉的硬度和张力，发现关节囊及主要肌肉上有无压痛点。

4. 主动运动

检查在肩关节各个方向上的活动范围及疼痛情况，评估肩肱节律。

5. 被动运动

检查关节的被动活动范围，并进行双侧对比，将运动过程中的异常感觉记录下来，便于评估治疗效果。

6. 抗阻运动

评估肩关节周围及肩胛带的肌肉力量，可使用徒手肌力检查。

7. 特殊检查

重点检查有无关节不稳、撞击征、盂唇损伤等，以帮助确定损伤的性质。

8. 临近关节检查

进行临近的颈椎、胸椎排查。

思考题

1. 简述肩袖肌群的徒手肌力测试方法。
2. 简述测量肩关节活动度时的注意事项。
3. 简述肩关节的特殊检查。
4. 简述在肩关节外展0° ~180° 时，肱骨与肩胛骨的运动过程。

参考文献

[1] 恽晓平.康复疗法评定学（第2版）[M].北京：华夏出版社，2014.

[2] HISLOP H. *Daniels and Worthingham's Muscle Testing: Techniques of Manual Examination and Performance Testing(ninth edition)*[M]. Philadelphia：W. B. Saunders，2013.

[3] MAGEE D J.骨科检查评估（第4版）[M].罗卓荆，译.北京：人民军医出版社，2007.

[4] TOVIN B J, Greenfield B H. *Evaluation and Treatment of the Shoulder: An Integration of the Guide to Physical Therapist Practice*[M]. Philadelphia：F A Davis Co., 2001.

[5] McFARLAND E G. *Examination of the Shoulder: The Complete Guide*[M]. Leipzig：Thieme，2006.

[6] DONATELLI R A. *Physical Therapy of the Shoulder*[M]. London：Churchill Livingstone，2012.

[7] ELLENBECKER T S. *Clinical Examination of the Shoulder*[M]. Philadelphia：W. B. Saunders，2004.

第五章
肘关节功能评定

本章教学提示

1. 掌握肘关节的评定流程及方法；
2. 熟悉肘关节常见损伤的功能障碍表现特征、损伤机制、诊断标准；
3. 了解肘关节评定方法的新进展。

第一节 肘关节损伤的功能障碍

一、肘关节尺侧副韧带损伤

肘关节尺侧副韧带损伤常见于投掷项目运动员突发性的肘外翻应力中。急性损伤时可听见肘内侧砰的响声，并伴随突发疼痛，不能再继续运动；慢性损伤通常为长期进行投掷动作，肘关节内侧反复出现疼痛，尤以投掷出手时和投掷结束后较为明显。疼痛造成运动水平下降，患者只能维持原有功能水平的50%~75%。

尺侧副韧带损伤后，炎症反应、牵拉、摩擦及压迫都可刺激到神经，超过40%的患者出现神经症状（主要是感觉异常）；由于尺侧副韧带是维持肘关节稳定的重要结构，运动员损伤后产生内侧不稳，形成肘外翻畸形，其进一步牵拉尺神经，严重者可出现尺神经半脱位；后内侧增生性骨赘和肘管内增厚的炎性组织及周围肌肉的反应性增生都会导致尺神经卡压。

（一）损伤机制

急性损伤见于突发性的肘外翻应力，以臂外展、手或前臂撑地跌倒为主；慢性损伤见于投掷运动，如标枪、棒球、手球项目中对尺侧副韧带的反复牵拉，长期的刺激导致韧带发生细微损伤，无法完全愈合，出现韧带增厚和疼痛。

（二）诊断标准

（1）急性损伤可出现血肿；慢性损伤者50%可出现屈肘畸形。

（2）尺侧副韧带局部压痛（内上髁远端2厘米处）。

（3）外翻应力试验阳性；改良挤奶试验阳性；运动外翻应力试验阳性。

（三）主要功能障碍

肘关节侧副韧带损伤急性期以关节活动度受限、疼痛为主，慢性期以投掷运动诱发疼痛为主要特征，临床上最常见的症状是投掷加速期的疼痛，其次是球出手后的疼痛和在击球瞬间的疼痛。

二、肱骨外上髁炎（网球肘）

网球肘，即肱骨外上髁炎，是一种以肘关节外侧疼痛为特征的肱骨外上髁部前臂伸肌总腱附着处的慢性损伤性肌腱病变，常见于网球运动员、家庭主妇、砖瓦工、木工等长期反复做伸腕结合前臂旋前等动作，影响患者反拍击球、拧毛巾、扫地、提重物等活动。

（一）损伤机制

肱骨外上髁炎主要是一种腱组织的退变，并非炎症，主要是肌腱胶原纤维断裂，肌腱部分撕裂，肌腱内钙化，局部组织增生和水肿。

长期以不规范的动作打网球，经常反复屈伸腕关节，尤其在做用力伸腕同时需要前臂旋后动作时，会使肘关节周围肌肉、肌腱因过度运动和扭转产生撕裂性损伤；长期过多的反拍击球动作，且不注重上肢肌群的牵拉和放松，导致肱骨外上髁腕伸肌腱附着处纤维组织变性、粘连。

（二）诊断标准

（1）桡侧腕短伸肌起点处存在压痛（压痛点位于外上髁中点远端0.5~1厘米偏前处）。

（2）伸肘位前臂旋前腕关节抗阻背伸时可诱发疼痛。

（3）伸肘位腕关节做最大程度掌屈加前臂旋前时出现牵拉痛。

（4）肌力检查：患侧握力较健侧弱。

（5）核磁共振表现：伸肌总腱于肱骨外上髁止点处增粗肥厚；伸肌腱附着部有撕裂或水肿信号；伸肌腱止点部钙化；肱骨外上髁骨密度增高，有的显示关节内积液。症状相对轻者核磁表现为局部水肿，增粗为主，镜下是炎性增生退变；症状相对重者核磁表现为病变部位局部破裂、钙化、出现空隙，镜下为肌腱变性颜色改变，纤维化钙化撕裂，并有局部骨质增生表现。

（三）主要功能障碍

患者肘外上方活动痛，尤其是前臂旋转、腕关节主动背伸时疼痛明显，疼痛有时可向上或向下放射。常感觉腕关节力弱，如用力握物或提重物时诱发疼痛，做拧衣服、端壶倒水等动作时疼痛加重。

三、肘部骨关节炎

肘部骨关节炎分为继发性和原发性两种。原发性骨关节炎是关节软骨随年龄增长而衰退，或长期磨损引起关节附近代谢改变，导致软骨细胞数减少，软骨弹性减退，甚至软骨碎裂剥脱。继发性骨关节炎局部存在明显的病因：主要有关节压力增大、关节软骨薄弱、关节软骨下骨支持不良等，其发病迅速，呈进行性发展。早期为关节软骨退变，继而发生骨质增生，出现关节疼痛、肿胀、积液、畸形及关节活动受限等关节炎表现。其特征性病理变化为关节软骨进行性退化甚至消失，关节软骨周围增生硬化、骨赘形成，关节囊进行性紧张、挛缩、纤维化等。

（一）损伤机制

有创伤史，可由炎症、感染、创伤或其他因素引起，另外，手术史或长期重体力劳动史也是造成肘关节炎的原因。

（二）诊断标准

主要临床表现为肘关节疼痛及活动受限，肘关节软骨退化、脱落，更严重的表现是软骨下骨质增生、硬化，导致关节面不光滑，关节间隙变窄，最后肘关节疼痛剧烈并伴有不同程度的活动障碍，肘关节伸屈活动范围越来越小，肘关节疼痛感越来越严重。

X片：常规肘关节正侧位平片可显示关节退变程度、骨赘及游离体的大小与位置。

三维CT：可很好地判断关节破坏的情况及游离体的位置。

（三）主要功能障碍

主要为肘窝前内侧，肱骨内上髁，肘后尺骨鹰嘴及后上方压痛，肘关节各方向活动范围下降，肘关节的屈伸功能受限；前、后关节囊和（或）内侧副韧带紧张、挛缩。如存在关节内游离体，可有机械卡压症状如绞锁、弹响或摩擦感存在，此外，如肘管内骨质增生可有尺神经症状。

四、鹰嘴部滑囊炎

肘关节鹰嘴有2个滑囊，一个位于肱三头肌肌腱与鹰嘴骨面之间，另一个位于肱三头肌在鹰嘴的止点和皮肤之间，后者容易发生滑囊炎。滑囊炎是滑囊因急、慢性损伤引起的非细菌性炎症，多发于矿工及重体力劳动者。

（一）损伤机制

创伤是滑囊发生滑囊炎最常见的机制，急性损伤多为肘尖局部撞击而发生的炎症，滑膜组织出现急性非细菌性炎症反应，临床表现充血、水肿、黏液渗出，炎性水肿易使滑囊隆起。

慢性损伤多见于肘关节运动频繁的患者，由于鹰嘴部长期受到磨损，滑囊壁增厚，而逐渐发生非细菌性炎症。

（二）诊断标准

1. 急性滑囊炎患者有肘关节急性受伤病史，在肘关节鹰嘴部位出现红肿、疼痛和局限性压痛，有肘关节活动功能受限。在患者肘关节鹰嘴附近的骨突处可查出边缘清楚、圆形或椭圆形和大小不等的肿块，在肿块处可触及波动感。

2. 慢性鹰嘴滑囊炎患者则有不同程度的肌肉萎缩和关节活动度障碍。

（三）主要功能障碍

肘后鹰嘴部位局部疼痛、肿胀、伸肘肌肌力下降。

五、肱骨髁上骨折

肱骨髁上骨折在儿童肘部骨折中最常见，约占儿童全部肘关节损伤的60%。肱骨髁上骨折属于关节外骨折，手法复位外固定仍是目前治疗的首选方法。

（一）损伤机制

与肱骨干相比较，髁上部处于疏松骨和密质骨交界处，后有鹰嘴窝，前有冠状窝，两窝之间仅有一层极薄的骨片，承受载荷的能力较差，因此不如肱骨干坚固。当外载荷增加时，肱骨髁上部各点的应力成比例增加，而尺侧边缘的应力要普遍比桡侧边缘应力高出很多，最容易发生骨折。

（二）诊断标准

1. 一般有明确外伤史。

2. 局部肿胀，有压痛，肘部骨性三角关系存在，表示未脱位。

3. 临床表现以肘部肿胀、剧痛及活动受限为主。

4. 影像学检查。常规正、侧位X线片即可确诊及分型：伸直型肱骨髁上骨折的特点是：骨折线位于肱骨下段鹰嘴窝水平或其上方，骨折的方向为前下至后上，骨折向前成角，远折端向后移位。屈曲型肱骨髁上骨折的骨折线可为横断，骨折向后成角，远折端向前移位或无明显移位。肘关节的骨折常合并韧带损伤，当怀疑合并韧带损伤时，应进行CT或核磁检查。

5. 应特别注意有无血管和神经损伤。

（三）主要功能障碍

以肱骨髁上部肿胀、剧痛及活动受限为主。

第二节　肘关节的主观检查

一、主诉及现病史

1. 损伤史。询问患者的损伤动作，是否为伸手着地跌倒，损伤时是否感到砰的一声，是否有一些特殊性的活动及患者在最近一周的功能受限情况。

2. 现病史。疼痛的区域和界限；疼痛的性质，是否为放射痛、麻木或隐痛；疼痛加重或减轻的因素，姿势或动作（握手、书写、提东西、拧毛巾、拧钥匙等）对疼痛的影响；是否有夜间痛；损伤给日常生活中带来的不便和最迫切需要解决的问题等。

3. 有无临近关节疾病，有无肩关节、手、颈椎的损伤史和疼痛情况，有无除肘关节以外多个关节疼痛的现象，此时应考虑是否为类风湿关节炎、骨关节炎等。

二、既往史

是否有过肘关节的过度使用性损伤或外伤史，或尺神经损伤导致缓慢性尺神经麻痹等。

三、个人史

关注患者的年龄、职业、运动项目、兴趣爱好、习惯性动作或姿势。35岁以上且日常工作或活动需要大量腕部的屈伸动作等人群高发网球肘或高尔夫球肘。对于年龄较小的孩子发生肘关节损伤时，主诉肘部疼痛且检查时发现旋后受限，可怀疑桡骨小头半脱位。这种损伤在年龄较小的孩子中较为常见。

四、家族史

了解患者家庭环境、家庭成员是否存在肘关节外翻等力线异常情况，判断其与损伤是否相关，进而更好地了解患者疾病相关问题。

第三节　肘关节的客观检查

一、观察

建议患者双侧上肢暴露，以便更好地观察。

整体观察肘部有无肿胀或皮下瘀血等，肌肉隆起程度，有无毛发异常生长。观察有无结构性改变，如肘后三角位置（正常情况，肘关节屈曲90° 时，肱骨内、外上髁与尺骨鹰嘴呈等腰三角形，伸直时上述在一条直线上），提携角（男性正常为5° ~10° ，女性正常为10~15° ），有无肘过伸、畸形等。进行健患侧对比。观察患者的功能动作情况，握手、持物、拧毛巾、梳头等日常生活功能动作是否可以正常完成。

如果主诉中提示可能是临近关节引发的肘部疼痛，检查者应该检查颈部、肩部或腕部以便找到疼痛出现的根本原因。

二、触诊

触诊皮肤，感受局部皮肤温度、水肿、出汗情况。骨性结构的位置排列，有无骨折或骨错位。触诊肌肉和肌腱止点：判断肌肉的肿胀程度、萎缩情况、压痛和紧张程度，肌腱止点处是否有压痛；对受伤部位进行肢体围度的测量以评估肿胀程度或肌肉情况，并进行健患侧对比；触诊有无内、外侧副韧带损伤，有无滑囊部位压痛。

具体操作：

患者手臂放松，检查者依次进行肘关节前方、内侧、外侧及后侧的触诊。依患者的舒适可取坐位或者仰卧位。检查者主要检查有无触痛、温度以及组织质地的改变（僵硬或颗粒感等）、异常的肿块等。损伤的一侧必须与健侧做对比。如图5-1所示。

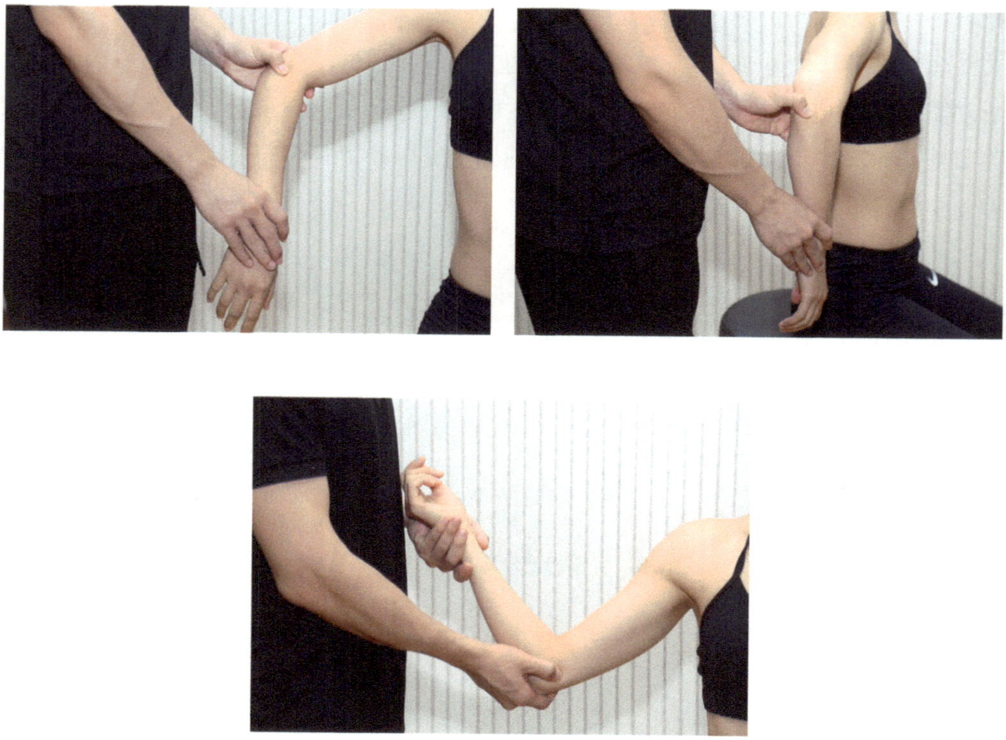

图5-1　肘部触诊

（一）前方

1. 肘窝

在肘窝内可触及肱二头肌肌腱，触诊有无肌腱过紧或肱二头肌的激惹性疼痛，此区还有正中神经和肌皮神经，它们不容易触摸，但其受压迫可导致分布区出现感觉异常等症状。

2. 桡骨小头

前臂旋后位和旋前位时较易触摸桡骨小头。检查者将大拇指放在桡骨小头的前侧，四指放在桡骨小头的后侧上方，触诊桡骨小头同时感受其活动情况。

（二）内侧

1. 内上髁

前臂腕屈肌及旋前圆肌起源于内上髁。肌肉附着处即内上髁的触痛提示可能是肱骨内上髁炎或高尔夫球肘。

2. 内侧（尺侧）副韧带

内侧副韧带呈扇形，可被触摸到，它起自肱骨内上髁延伸到尺骨冠突内缘的前方及鹰嘴突的后方。

3. 尺神经

一般来说，尺神经不能够被直接触摸，但是尺神经受压可导致其皮肤分布区的感觉异常。

（三）外侧

1. 外上髁

外上髁是大部分腕伸肌的附着点，除伸肌外，检查者可在肘外侧触诊到肱桡肌和旋后肌。

2. 外侧（桡侧）副韧带

外侧（桡侧）副韧带起自肱骨的外上髁，延伸到环状韧带和尺骨的外侧面。

3. 环状韧带

环状韧带和桡骨头位于外上髁的远侧，在前臂处于旋前或旋后位时较易触及。

（四）后方

1. 鹰嘴和鹰嘴滑囊

当肘部屈曲90°时，鹰嘴最易触及。如果检查者捏起鹰嘴上覆盖的皮肤，就可以触及鹰嘴滑囊。正常情况下，触诊的感觉是光滑的组织，任何滑膜增厚、肿胀或米粒小体的存在都应当引起注意。米粒体是碎片样纤维组织小粒，这些小粒的存在会进一步刺激鹰嘴滑囊。

2. 肱三头肌

肱三头肌附着于鹰嘴。可触诊鹰嘴部位检查肱三头肌有无肌张力过高等异常现象。

三、主动运动

肘关节是复关节，包括肱尺关节、肱桡关节和桡尺近侧关节三个关节，关节囊前后薄且松弛，而两侧紧张，肘关节主要包括屈曲、伸展、前臂旋前和前臂旋后等方向的运动。检查肘关节的主动活动度可以使用关节角度尺进行测量，指导患者主动运动到某一方向终末端，记录患者的活动范围，在活动中得到疼痛情况，出现疼痛的角度与分值及出现疼痛后能否继续运动，注意健患侧进行对比。

1. 肘关节屈曲

（1）体位：坐位，上臂紧靠躯干，伸肘，前臂解剖中立位。

（2）关节角度尺摆放：

轴心：肱骨外上髁。

固定臂：与肱骨纵轴平行，指向肩峰。

移动臂：与桡骨纵轴平行，指向桡骨茎突。

（3）测量方法：矢状面运动，主动运动时前臂绕冠状轴做靠近肱骨的运动。如图5-2（a）所示。

（4）运动终末感：由附着在前臂与肱骨上的肌腹接触造成的软组织抵抗，由关节囊后部与肱三头肌紧张所造成的结缔组织抵抗，以及由尺骨冠突遇肱骨冠突窝、桡骨头与桡骨窝的接触导致的骨抵抗。

（5）参考值范围：140°~150°。

2. 肘关节伸展

（1）体位：坐位，上臂紧靠躯干，伸肘，前臂解剖中立位。

（2）关节角度尺摆放：

轴心：肱骨外上髁。

固定臂：与肱骨纵轴平行，指向肩峰。

移动臂：与桡骨纵轴平行，指向桡骨茎突。

（3）测量方法：矢状面运动，主动运动时前臂绕冠状轴做远离肱骨的运动，注意防止肩关节发生代偿运动。如图5-2（b）所示。

（4）运动终末感：由关节囊前部、侧副韧带、肱二头肌和肱肌紧张所造成的结缔组织抵抗，以及由尺骨鹰嘴和肱骨鹰嘴窝接触所导致的骨抵抗。

（5）参考值范围：0°~10°。

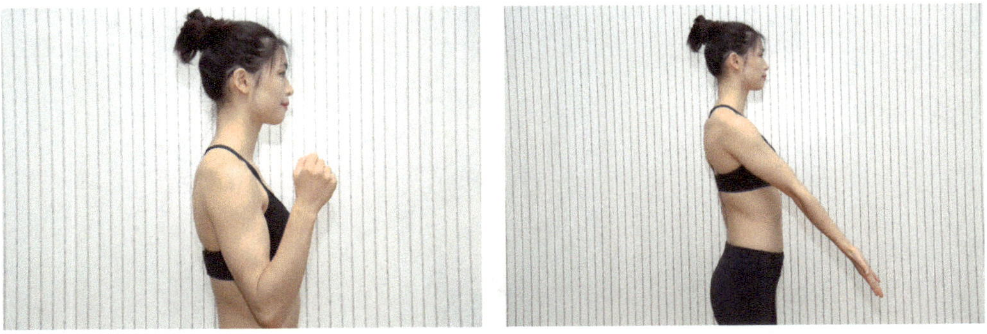

（a）屈曲　　（b）伸展

图5-2 肘关节的屈曲和伸展的主动运动检查

3. 前臂旋前

（1）体位：坐位或站立位，上臂紧靠躯干，肘关节屈曲90°，手握一支笔与地面垂直。

（2）关节角度尺摆放：

轴心：尺骨茎突外侧。

固定臂：与地面垂直。

移动臂：与笔平行。

（3）测量方法：水平面运动，主动运动时进行拇指向内、手掌向下的运动，注意防止肩关节的代偿运动。如图5-3（a）、（b）所示。

（4）运动终末感：由桡骨和尺骨接触造成的骨抵抗，或由于桡尺关节近端背侧的旋后肌、肱二头肌、骨间膜、尺桡韧带紧张而导致的结缔组织抵抗。

（5）参考值范围：80°~90°。

4. 前臂旋后

（1）体位：坐位或站立位，上臂紧靠躯干，肘关节屈曲90°，手握一支笔与地面垂直。

（2）关节角度尺摆放：

轴心：尺骨茎突外侧。

固定臂：与地面垂直。

移动臂：与笔平行。

（3）测量方法：水平面运动，主动运动时进行拇指向外、手掌向上的运动，注意防止肩关节发生内收、外旋运动的代偿。如图5-3（c）所示。

（4）运动终末感：由桡尺关节近端的斜索、尺桡韧带、骨间膜、旋前圆肌、旋前方肌等紧张所造成的结缔组织抵抗。

（5）参考值范围：80°~90°。

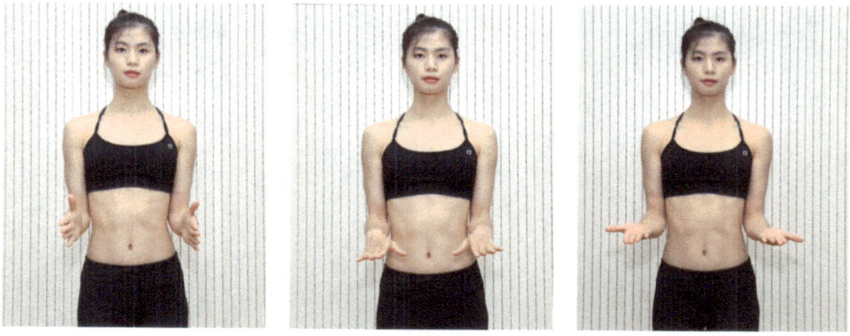

（a）旋转中立位　　（b）旋前　　（c）旋后

图5-3　肘关节旋前、旋后的主动运动检查

四、被动运动

被动运动检查包括被动生理运动和附属运动的检查。先进行健侧检查，后进行患侧检查。

1. 生理运动的被动检查

如果主动运动的活动度完整，则可以在各个方向上轻柔地施加压力来测试终末感觉。如果主动运动的活动度不完整，则要小心地进行被动运动来测试终末感觉以及关节囊状态。

正常肘关节屈曲的终末感觉是组织接近，是冠突碰撞在冠突窝上时的“骨对骨”抵抗。当治疗师给患者施加压力的过程中，患者有疼痛时，治疗师应停止施压，此时关节受限的原因可能是疼痛或肿胀。当活动未到全范围时，治疗师感觉到骨性抵抗，则可能是肘部骨性结构的异常。当治疗师给患者施加压力时，感觉软组织抵抗、有较大阻力但可以继续活动，此时可能是关节囊粘连或拮抗肌张力过高等。如图5-4所示。

屈曲　　伸展

图5-4　肘关节的被动运动检查

2. 附属运动检查

患者坐位。检查者沿尺骨长轴施加分离的力评估肱尺关节的附属活动，在桡骨头施加向

背侧滑动的力评估近端桡尺关节和肱桡关节的附属活动。如图5-5所示。

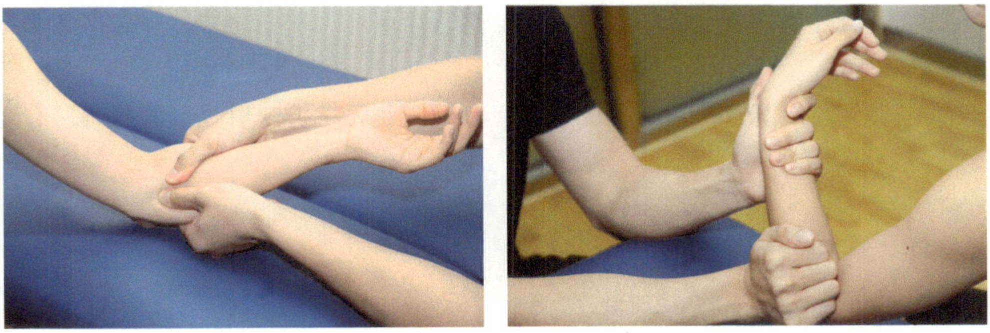

图5-5　肘关节的附属运动检查

五、抗阻运动

利用徒手肌力检查的方法，检查肘关节的屈肌群、伸肌群、前臂旋前和旋后肌群，注意双侧对比。如果检查过程中出现两侧肌力不平衡、引起疼痛、诱发平时症状，应该加以记录。

1. 肘关节屈肌

（1）主要动作肌：肱二头肌、肱肌、肱桡肌。

（2）辅助肌：其他前臂屈肌群。

（3）运动范围：0° ~150°

（4）体位：坐位或站立位（5 ~ 3级），仰卧位（2 ~ 0级）。

（5）检查方法：被检查者站立位或坐位，双上肢自然下垂于体侧，检查肱二头肌时前臂旋后，检查肱肌时前臂旋前，检查肱桡肌时前臂位于中间位置。检查者一手固定检查者上臂，另一手在腕关节近端施以阻力。如图5-6所示。

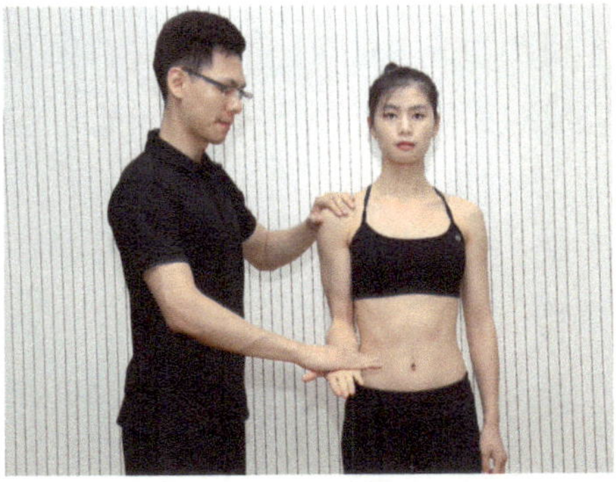

图5-6　肱二头肌徒手肌力检查

（6）评级：

· 5级与4级：坐位，能对抗最大阻力完成肘关节屈曲全关节活动范围运动者为5级，能对抗中等阻力完成以上运动者为4级。

· 3级：坐位，解除阻力，能克服肢体重力影响完成肘关节屈曲全关节活动范围运动者为3级。

· 2级：仰卧位，上臂外展90° ，置于外旋位，检查者固定其上臂，令其前臂在台面上滑动，完成肘关节屈曲，完成全关节活动范围运动者为2级。

· 1级与0级：仰卧位，令被检测上肢做肘关节屈曲动作时，与肘关节前方触诊肱二头肌肌腱，与肱二头肌下方内侧触诊肱肌，与肘下方前臂前外侧触诊肱桡肌，有收缩者为1级，无收缩者为0级。

（7）应避免的代偿动作：三角肌前束、肱二头肌收缩引起肘关节屈曲时伴有肩关节前屈。

2. 肘关节伸肌

（1）主要动作肌：肱三头肌。

（2）辅助肌：肘肌、前臂伸肌群。

（3）运动范围：150° ~0° 。

（4）体位：俯卧位或站立位（5 ~ 3级），坐位（2 ~ 0级）。

（5）检查方法：被检查者俯卧位，肩关节外展90° ，肘关节屈曲。检查者一手固定被检查者上臂，另一手在被检查者的前臂远端施加阻力，令患者最大限度地伸展肘关节。站立位抗阻方法如图5-7所示。

（6）评级：

· 5级与4级：俯卧位，能对抗最大阻力完成肘关节伸展的全关节活动范围运动者为5级，能对抗中等阻力完成以上运动者为4级。

· 3级：俯卧位，解除阻力，能克服肢体重力影响完成肘关节伸展全关节活动范围运动者为3级。

· 2级：坐位，上臂外展90° （台面与腋窝同高），肘关节屈曲约45° 置于台面上。检查者的手置于肘关节下方支撑上肢，令其前臂在台面上滑动，能完成肘关节伸展的全关节活动范围运动者为2级。

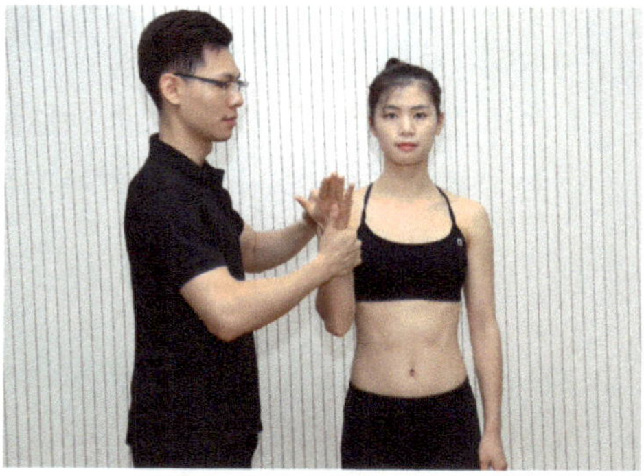
图5-7　肱三头肌徒手肌力检查

· 1级与0级：做肘关节伸展运动时，检查者一手置于前臂下方支撑上肢，另一手在鹰嘴近端触诊肱三头肌肌腱，有收缩者为1级，无收缩者为0级。

（7）应避免的代偿动作：旋前圆肌、旋前方肌收缩引起肘关节在伸展过程中伴有前臂旋前，旋后肌、肱二头肌收缩引起肘关节在伸展过程中伴有前臂旋后。

3. 前臂旋前肌

（1）主要动作肌：旋前圆肌、旋前方肌。

（2）辅助肌：桡侧腕屈肌。

（3）运动范围：0° ~80° 。

（4）体位：坐位。

（5）检查方法：检查者坐位或站立位，双侧上肢于体侧自然下垂，肘关节屈曲90° ，前臂旋后，手指放松。检查者一手固定被检查者上臂，一手在其桡骨远端掌侧和尺骨背侧施加阻力。如图5-8所示。

图5-8　前臂旋前肌群徒手肌力检查

（6）评级：

·5级与4级：能对抗最大阻力完成前臂旋前的全关节活动范围运动者为5级，能对抗中等阻力完成以上运动者为4级。

·3级与2级：解除阻力，能完成前臂旋前的全关节活动范围运动者为3级，仅能完成部分关节活动范围运动者为2级。

·1级与0级：做前臂旋前动作同时，在前臂掌侧远端的1/3处触诊旋前方肌，在肱骨内髁至桡骨外缘，可触诊旋前圆肌，有收缩者为1级，无收缩者为0级。

另外，还可通过下面方法进行旋前圆肌测试。

将患者肘关节屈曲90°，检查者一手固定肘关节，另一手在腕关节施加力使前臂旋后，一边伸直患者肘关节一边令患者持续抵抗阻力以激活旋前圆肌，评估在旋前圆肌肌力及是否引发症状。

（7）应避免的代偿动作：冈上肌收缩引起前臂旋前时伴有肩关节外展，冈下肌、小圆肌等收缩引起前臂旋前时伴有肩关节外旋。

4. 前臂旋后肌

（1）主要动作肌：肱二头肌、旋后肌。

（2）辅助肌：肱桡肌。

（3）运动范围：0°~80°。

（4）体位：坐位。

（5）检查方法：被检查者坐位或站立位，上肢于体侧自然下垂，肘关节屈曲90°，前臂旋前位，手指自然放松。检查者一手托住被检查者的肘关节，另一手在其桡骨远端背侧和尺骨远端掌侧施加阻力，令被检查者尽力做掌心向上的动作。如图5-9所示。

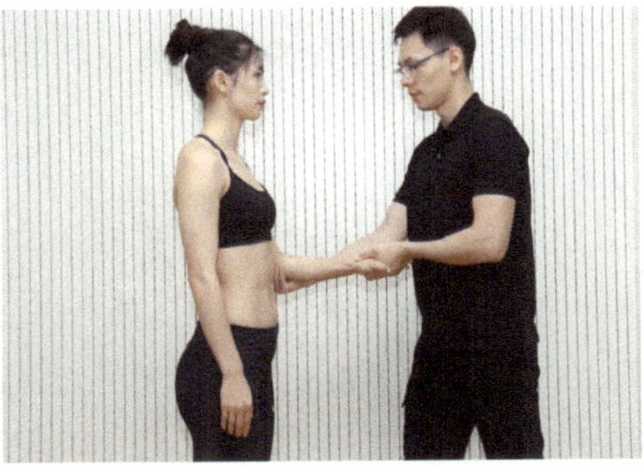

图5-9　前臂旋后肌群徒手肌力检查

（6）评级：

·5级与4级：能对抗最大阻力完成前臂旋后的全关节活动范围运动者为5级，能对抗中等阻力完成以上运动者为4级。

·3级与2级：解除阻力，能完成前臂旋后的全关节活动范围运动者为3级，仅能完成部分关节活动范围运动者为2级。

· 1级与0级：做前臂旋后动作的同时，在前臂背侧的桡骨小头下方触诊旋后肌（腕掌关节屈曲可与伸肌群相区别），在肘关节前下方触诊肱二头肌肌腱，有收缩者为1级，无收缩者为0级。

（7）应避免的代偿动作：胸大肌、大圆肌、肩胛下肌等肌肉收缩引起前臂旋后时伴有肩关节的内收和内旋运动。

六、特殊检查

（一）韧带应力检查

1. 内翻应力试验

检查者一手固定患者上臂，另一手握住患者手腕。将患者的肘部固定在轻度屈曲位（20° ~30° ），检查者对患者的前臂远端施加内翻或内收的力来检查外侧副韧带（内翻稳定性）是否损伤。正常情况下，施力时检查者可感觉到韧带张力情况，任何疼痛、活动度增大或减小都提示可能有肘部损伤。如图5-10所示。

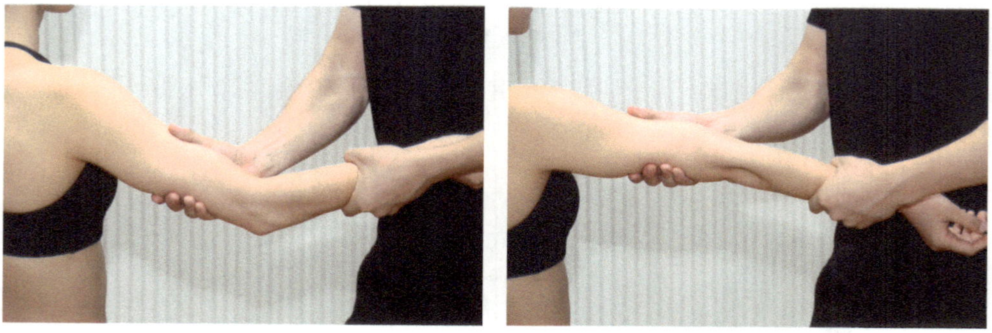

30° 肘位　　　　伸肘位

图5-10　肘关节内翻应力试验

2. 外翻应力试验

检查者一手固定患者上臂，另一手握住患者手腕。将患者的肘部固定在轻度屈曲位（20° ~30° ），检查者对患者的前臂远端施加外翻或外展的力，来检查内侧副韧带（外翻稳定性）是否损伤。肘关节屈曲30° 位外翻的同时触及尺侧副韧带，存在松弛（关节间隙改变大于1毫米，健患侧对比）及疼痛，为阳性。如图5-11所示。

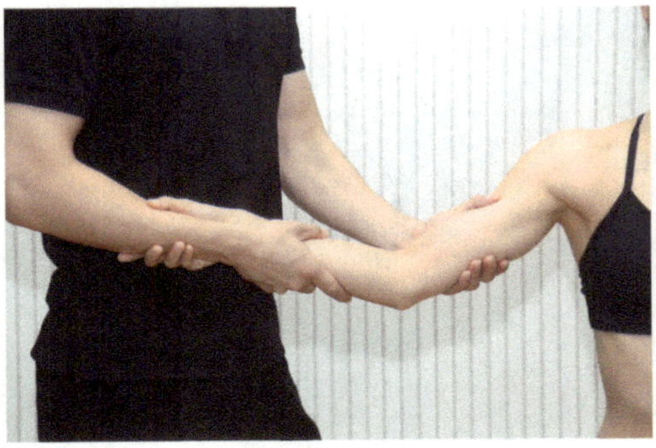

30° 肘位

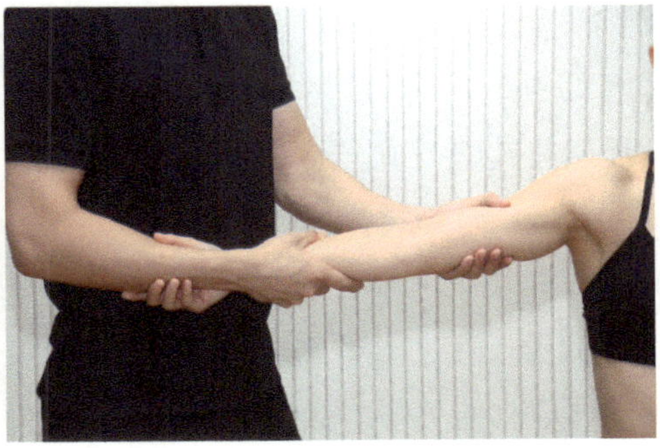

伸肘位

图5-11　肘关节外翻应力试验

3. 改良挤奶试验

患者处于肩关节内收外旋位，屈肘70°。检查者握住患侧拇指外翻肘关节，可引起局部疼痛及内侧间隙增大。如图5-12所示。

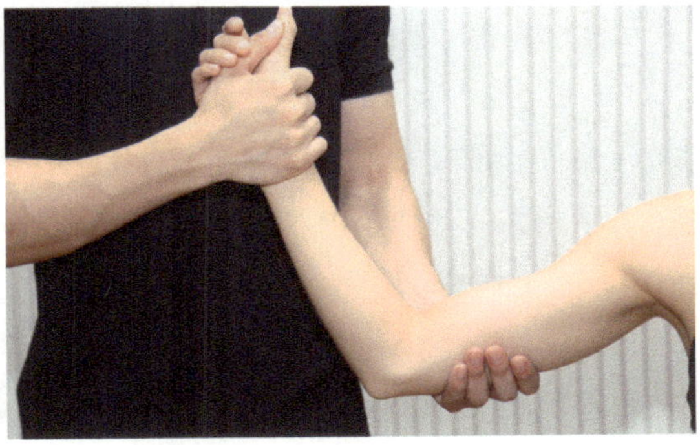

图5-12　肘关节改良挤奶试验

4. 运动外翻应力试验

患者处于肩关节外展外旋位。检查者在肘关节屈伸运动过程中施以外翻应力，常在屈肘80°~120° 中出现固定疼痛以及关节间隙改变。

肘关节运动外翻应力试验

（二）肌肉长度检查

1. 肱二头肌

患者仰卧，肩置于床边缘，将肩关节被动伸展到最大范围，并将肘伸展。通常肘关节的伸展程度同主动运动时相同。

2. 肱三头肌

患者坐位。在肘伸展状况下，检查者将患者上肢被动屈曲到末端。肘也被动屈曲到末端。通常，肘关节的屈曲程度同主动运动时相同。

3. 腕长伸肌

患者仰卧、肘伸展。检查者被动屈曲患者手指，被动屈曲其腕关节。通常，手指和手腕的屈曲程度同主动运动时相同。如图5-13所示。

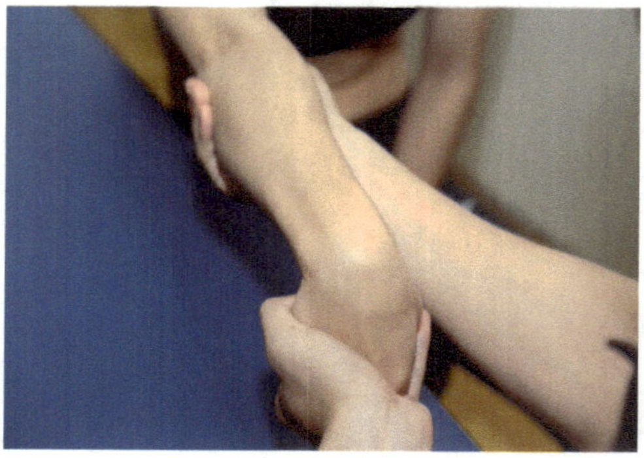

图5-13　腕长伸肌长度检查

4. 腕长屈肌

患者仰卧、肘伸展。检查者被动伸展患者手指，被动伸展其腕关节。通常，手指和手腕的伸展程度同主动运动时相同。

（三）神经功能检查

1. 肘部Tinel征

患者坐位。检查者扶着患者前臂，以示指（或反射锤）轻叩其鹰嘴和内上髁之间的尺神经区域，进行两侧对比。若尺神经所支配的区域（前臂及手部内侧）出现麻、刺、无力感等神经症状即为阳性反应，表示被检查者尺神经可受到压迫或损伤。

2. Wartenberg征

患者坐位，前臂和手放于桌面，前臂旋前，掌心朝下，手指自然伸直。检查者将患者手指被动分开，然后要求患者做手指并拢动作（内收）。若小指无法向中间与其他四指并拢，则为阳性结果，提示可能发生尺神经病变。

3. 肘部弯曲试验

患者坐位或站立位。检查者要求患者将肘关节完全屈曲，腕关节伸展的同时肩关节下垂并外展，并保持3~5分钟。前臂和手部有针刺感或感觉异常为阳性，明确肘管综合征诊断。

图5-14　Phalen试验

4. Phalen试验

患者坐位。检查者令患者两腕关节完全屈曲并保持60秒。若正中神经支配区域有麻木或感觉异常则为阳性，说明正中神经存在异常，可伸直肘关节排除肘管处的原因。如图5-14所示。

（四）肱骨外上髁炎

1. 伸腕抗阻试验（cozen试验）

患者坐位，肘关节伸直，手掌向下并握拳，腕关节保持伸展和略微桡偏。检查者一手大拇指放在患者肱骨外上髁上，另一手在患者手背施加阻力，令患者对抗阻力保持原有姿势。若引发出症状则为阳性，可确诊肱骨外上髁炎。如图5-15所示。

2. Mill试验

患者坐位，肩外展70°，屈肘90°，屈拇指握拳，腕关节屈曲尺偏。检查者一手手指置于肱骨外上髁，另一手握住患者的手使肘关节慢慢伸展。若引发外上髁区域疼痛则为阳性，可确诊肱骨外上髁炎。如图5-16所示。

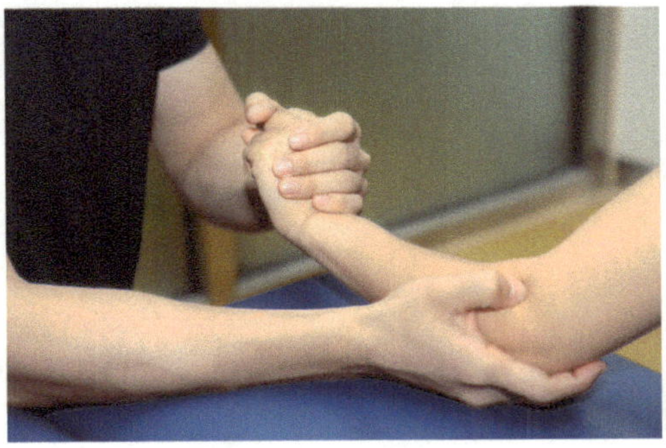

图5-15　Cozen试验

图5-16　Mill试验

七、临近关节检查

根据具体检查情况，对肘关节的临近关节进行排查。检查肩关节、腕关节和颈椎各个方向的活动度，通过臂丛神经牵拉试验、Tinel试验观察患者是否有神经症状。

第四节　肘关节评定方法应用

案例1：一位24岁的女性，羽毛球爱好者，主诉两周前右侧肘部内侧疼痛，提重物时疼痛加重，敷毛巾缓解。请简述功能评定流程。

1. 问诊

询问有无损伤史，是否为首次损伤；疼痛的具体部位、性质、深度、有无放射到前臂和手，可以模拟损伤时动作，加重或减轻疼痛的动作或姿势，有无进行X线片或MRI检查，是否服药，疼痛对生活活动情况的影响，有无肩部、颈椎或腕关节的损伤史或疼痛。

2. 观察

观察肘部内侧疼痛部位有无肿胀或皮下瘀血，放松站立两侧肘关节骨性标志（肘后三角、提携角）是否一致，有无肘过伸、畸形（爪形手）等。观察肩颈部有无异常。

3. 触诊

皮肤：感受肘内侧皮肤温度，水肿，出汗，对前臂上约1/3部位进行肢体围度的测量评估是否有肿胀和肌肉萎缩，并进行健患侧对比。

内侧（尺侧）副韧带：对内侧副韧带进行触诊，此扇形的韧带起自内上髁延伸到尺骨冠突内缘的前方及鹰嘴突的后方。

肌肉：触诊腕屈肌肌腱止点处，询问患者有无疼痛。

4. 主动运动

健患侧对比，疼痛范围内，检查患者肘关节和腕关节的活动度，观察患者在主动和被动伸腕时有无激惹到平时的疼痛。同时检查颈椎和肩关节的活动度，排除颈肩问题。

5. 被动运动

被动运动包括生理运动，即肘关节的屈伸、旋转和桡尺、肱尺关节的附属运动，并体会其终末感。

6. 抗阻运动

健患侧对比，疼痛范围内，检查患者屈腕肌、伸腕肌、屈肘肌、伸肘肌、前臂旋前和旋后肌群的力量，并观察患者在抗阻屈腕时有无激惹到平时的疼痛。

7. 特殊检查

（1）侧副韧带：内翻应力试验和外翻应力试验。

（2）神经检查：肘部Tinel征和臂丛神经牵拉试验，以排除神经损伤。

案例2：女，29岁，公司职员，业余网球爱好者，每周两次网球运动，持续八个月后在打网球时肘部外侧出现疼痛，不敢发力，遂停止该运动。请简述功能评定流程。

1. 问诊

（1）主诉：询问患者当前最困扰或最想解决的问题，即解决打网球时肘部疼痛的问题，重拾爱好的网球运动。

（2）现病史：询问患者疼痛的具体部位、性质、程度等，有无加重或减轻疼痛的具体动作或体位，疼痛在一天中的变化情况，有无影像学诊断，有无对扭伤的肘关节进行处理或治疗，疗效如何。

（3）既往史：询问患者既往有无受伤经历及具体的受伤情况。

（4）职业及家族史：询问患者职业、运动爱好和相关家族遗传史。

2. 观察

肘部外侧疼痛部位有无肿胀或皮下瘀血，放松站立两侧肘关节骨性标志（肘后三角、提携角）是否一致，有无肘过伸、畸形（爪形手）等。观察肩颈部有无异常。

3. 触诊

（1）皮肤：感受肘外侧皮肤温度，水肿，出汗，对前臂上约1/3部位进行肢体围度的测量评估是否有肿胀和肌肉萎缩，并进行健患侧对比。

（2）外侧（桡侧）副韧带：对外侧副韧带进行触诊，起自肱骨外上髁，止于桡骨环状韧带，有无压痛。

（3）肌肉：触诊腕伸肌肌腱止点处，询问患者有无疼痛。

4. 主动运动

主动进行肘关节屈伸、旋转运动，是否能完成该动作，动作质量如何，并记录其活动角度。活动中是否出现疼痛，何时开始出现疼痛，患者是否愿意或惧怕活动等。

5. 被动运动

被动运动包括生理运动，即肘关节的屈伸、旋转和桡尺、肱尺关节的附属运动，并体会其终末感。

6. 抗阻运动

健患侧对比，疼痛范围内，检查患者屈腕肌、伸腕肌、屈肘肌、伸肘肌、前臂旋前和旋后肌群的力量，并观察患者在抗阻伸腕时有无激惹到平时的疼痛。

7. 特殊检查

Mill试验和屈腕抗阻试验。

8. 临近关节排查

对肘临近关节，即肩、腕进行损伤排查，避免漏诊。

思考题

1. 对网球肘患者进行触诊，可能会有什么发现?
2. 试述肘关节神经功能的检查方法。

参考文献

[1] Mark D.Miller, Jon K.Sekiya.运动医学 骨科核心知识[M].邱贵兴，等译.北京：人民卫生出版社，2009.

[2] JeMe Cioppa-Mosca，等.骨科术后康复指南[M].李世民，等译.天津：天津科技翻译出版公司，2009.

[3] MAGEE D J.骨科检查评估（第4版）[M].罗卓荆，等译.北京：人民军医出版社，2007.

[4] MORREY B.*The Elbow and its Disorder(3rd ed)*[M].Philadelphia：W. B. Saunders，2000.

[5] NAUTH A, MCKEE MD, RISTEVSKI B, et al. *Distal humeral fractures in adults*[J]. J Bone Joint Surg Am, 2011, 93(7)：686-700.

[6] 查晔军，蒋协远，公茂琪，等.单一外侧切口治疗肘关拟三联征[J].中华创伤骨科杂志，2014,16(9)：744-749.

[7] 蒋协远,查晔军,公茂琪,等.肘关节内翻刁舌内侧旋转不稳定的诊断和治疗[J].中华创伤骨科杂志,2012,14(1)：68-72.

[8] TOULEMONDE J，ANCELIN D, AZOULAY V, et al. *Complications and revisions after semi−constrained total elbow arthroplasty: a moncrcentre analysis of one hundred cases* [J].Int Orthop, 2016, 40(1): 73−80.

第六章 腕关节及手部功能评定

本章教学提示

1. 掌握腕关节及手部的评定流程及方法；
2. 熟悉腕关节及手部常见损伤的功能障碍表现特征、损伤机制、诊断标准；
3. 了解腕关节及手部评定方法的新进展。

第一节　手腕部损伤的功能障碍

一、腕关节TFCC复合体损伤

三角纤维软骨复合体（triangular fibrocartilage complex，TFCC）是指腕关节尺侧的一组重要结构，包括三角纤维软骨盘、半月板同系物、掌侧和背侧远尺桡韧带、尺侧伸腕肌腱鞘深层、尺侧关节囊、尺月韧带和尺三角韧带。

TFCC的主要功能有：（1）桡骨远端关节面的尺侧延伸，覆盖尺骨头；（2）传导尺腕关节间的轴向应力，吸收部分负荷；（3）形成桡骨、尺骨远端牢固的弹性连接，提供旋转稳定性；（4）对腕关节尺侧部提供支撑。TFCC复杂的解剖和多重的功能，使其易于遭受外伤和出现退变。

（一）损伤机制

TFCC损伤发生于跌倒时、手掌撑地、腕关节过度背伸、前臂旋前或向尺侧偏斜等扭转挤压的暴力致伤。软骨盘挤压于尺骨和三角骨及月骨之间而发生破裂或撕脱。

TFCC损伤也可由反复背伸、旋转挤压引起软骨的慢性损伤，多见腕部做过多支撑固定动作，如排球、举重等项目。网球和体操运动员也容易发生TFCC损伤，常伴随尺骨茎突骨折不愈合。TFCC损伤容易被忽略，导致经久不愈，严重影响运动员的训练。长期使用冲击电钻的震动和扭转力也容易导致TFCC损伤。

TFCC损伤还和三角软骨的退行性改变相关，腕关节重复抓握、旋转、持重物造成软骨退行性改变，随着年龄的增长，退行性改变加重，三角纤维软骨变薄，轻微的外伤就会导致TFCC损伤。

解剖学的因素也会导致TFCC损伤，如先天性尺骨比桡骨远端延长（正常情况尺骨比桡骨远端短2~2.5毫米），引起尺骨腕关节撞击综合征，损伤TFCC。

国际通用Palmer 对TFCC损伤的分型，主要包括Ⅰ型创伤性撕裂和Ⅱ型退化性撕裂。

Ⅰ型：创伤性撕裂。

ⅠA型：中央穿孔。为TFCC撕裂或穿孔。一般为背、掌侧1～2毫米宽的撕裂，裂缝位于TFCC桡侧2～3毫米附着处，偶尔在裂缝的掌侧只有一软骨瓣附着。腕关节造影可发现TFCC靠近桡骨附着处的穿孔。

Ⅰ B型：尺侧撕脱，伴或不伴尺骨远端骨折。为TFCC在尺骨远端抵止点的创伤性撕脱，伴或不伴尺骨茎突骨折。一般伴有远侧桡尺关节不稳定。当桡腕关节注射对比剂时，可无异常发现；而从远侧桡尺关节注射时，可发现对比剂从尺侧渗漏至皮下。

Ⅰ C型：远端撕脱。为TFCC周围撕裂，如尺月韧带或尺三角韧带处撕脱。由于TFCC无穿孔，从桡腕或腕中关节注射对比剂时，可看到关节囊有裂缝。

Ⅰ D型：桡侧撕脱，伴或不伴乙状切迹骨折。为TFCC于桡骨乙状切迹远端附着处的撕脱。从桡腕或远侧桡尺关节注射对比剂时，均可看到桡腕与远侧桡尺关节间有交通。

Ⅱ型：退化性撕裂。

Ⅱ A型：TFCC磨损。TFCC的远端、近端或二者均有磨损而无穿孔。尺骨变化一般为中立（尺骨关节面与桡骨关节面在同一平面）或阳性（尺骨关节面超过桡骨关节面）。关节造影可看到TFCC的近端和（或）远端凹凸不平。

Ⅱ B型：TFCC磨损伴月骨和（或）尺骨软骨软化。除TFCC有磨损外，月骨尺侧或尺骨头桡侧或二者均有磨损或软骨变化。尺骨变化为中立或阳性，偶可见月骨或尺骨头的软骨下侵蚀。

Ⅱ C型：TFCC穿孔伴月骨和（或）尺骨软骨软化。TFCC穿孔，一般呈卵圆形，位于TFCC无血管部分，比创伤性撕裂的位置偏尺侧。

Ⅱ D型：TFCC穿孔伴月骨和（或）尺骨软骨软化及月三角韧带穿孔。除与Ⅱ C型的改变相同外，还表现为月三角韧带退化性松弛，变薄、变细，甚至撕裂。

Ⅱ E型：TFCC穿孔伴月骨和（或）尺骨软骨软化、月三角韧带穿孔及尺腕关节炎。为退化改变的最后期。尺腕关节偶尔有桡腕关节的退行性关节炎。一般TFCC完全消失，月三角韧带亦完全撕裂。

（二）诊断标准

1. 症状与体征

腕关节尺侧肿胀，尺骨头凹处压痛，TFCC挤压试验，钢琴键征（piano key sign）阳性，下尺桡关节与健侧相比不稳定。

2. 影像学检查

X线旋前握拳位片可以观察静态和动态的尺骨变化。虽然X线并不能直接显示软组织病变，但是可以得到某些间接信息，治疗时应考虑减负的方法。CT是用来检查关节不稳定的常用影像学方法。此外，MRI已经成为诊断TFCC的主要手段。

3. 关节镜检查

腕关节镜是诊断TFCC损伤的金标准，因为关节镜下可以更加准确地诊断撕裂的类型和严重程度。关节镜还同时具有诊断和治疗的功能，不可修复和退变性的TFCC损伤可以进行清创，而可修复的损伤可以同时修复。

（三）主要功能障碍

1. 疼痛

最常见的主诉，包括腕尺侧弥漫、深在的疼痛或酸胀不适，有时有烧灼感，一般向背侧放射，很少向掌侧放射。疼痛也可以在用力抓握物体时诱发，从而导致握力减弱，在腕尺偏、腕过伸位用力和前臂用力旋转时加重，难以完成拧毛巾、开车和使用勺子等动作。

2. 运动功能受限

主要表现为腕关节尺侧轻微肿胀，运动弹响，尺神经牵拉症状等。

二、腕管综合征

腕管位于掌根部，底部和两侧由腕骨构成，腕横韧带横跨其上，形成骨—纤维通道。正中神经和指屈肌腱从腕管内通过（屈拇长肌腱，4条屈指浅肌腱，4条屈指深肌腱）。

腕管综合征，又称迟发性正中神经麻痹，是正中神经在腕管受压引起。其是由于腕管内容积减少或压力增高，使正中神经在腕管内受压，以桡侧3或4个手指麻木、疼痛，夜间或清晨较明显，疼痛有时放射到肘，有时拇指外展、对掌无力，动作不灵活为主要表现而形成的综合征。

（一）损伤机制

任何能使腕管内容物增多、增大或使腕管容积缩小的因素均可导致本病。

1. 外源性压迫

过度使用手指，尤其是重复性的活动，如长时间用鼠标或打字等。还可发生在体育运动中，错误的握拍姿势、手部支撑动作，都是导致腕管综合征的重要原因。

2. 管腔本身变小

最常见是特发性腕管内腱周滑膜增生和纤维化，发生机理不明。还有创伤或退行性变导致腕管内骨性结构异常卡压神经，腕管内软组织肿物如腱鞘囊肿等。

3. 管腔内容物增多，体积增大

如孕期和哺乳期妇女发生的腕管综合征被认为与雌激素变化导致组织水肿有关。

（二）诊断标准

1. 临床症状与物理检查结果：感觉异常和手指麻木，肌力减退。
2. 特殊检查：屈腕试验阳性，神经叩击试验（Tinel征）阳性。
3. 神经电生理检查。
4. 影像学检查：CT或MRI检查。

（三）主要功能障碍

1. 感觉异常

最常见的症状，拇指、示指、中指等桡侧的3个手指有蚁行感、麻木、肿胀痛，夜间或清晨明显；还常有难以形容的烧灼痛，并有肿胀与紧张感。

2. 手指麻木

桡侧3个半指异样感及麻木感，有时累及5个手指，开始为间歇性；患手活动不灵，执行精细动作时手感笨拙，甚至有严重的功能障碍。

3. 肌肉无力

约44%的患者有轻度拇短展肌的无力，约21%的患者有严重拇短展肌、拇对掌肌萎缩。

4. 营养改变

拇指和示指严重发绀，指尖出现营养性溃疡，严重者坏死，间隙性发白和发绀。

三、舟骨骨折

腕舟骨是近排腕骨中最桡侧的一块，其独特的解剖形态和生物力学特点，使其成为各腕骨中骨折发病率最高的一个。舟骨的不规则形态也使其骨折线在普通X线平片中容易被遮挡而造成漏诊，加之其比较独特的血供系统，使其近极骨折后近端骨折块的坏死率和骨折不愈合率都较高。

（一）损伤机制

舟骨骨折为间接暴力致伤。多于摔倒时手掌着地，暴力从地面向上冲击舟骨结节，而身体的重力通过桡骨远端传导致舟骨近端，由此产生的剪切应力造成舟骨骨折。仅有舟骨结节部的骨折有可能是直接暴力打击所致。

（二）诊断标准

1. 检查

大多数患者Watson试验阳性。

2. 影像学检查

舟骨骨折的确诊有赖于可靠的影像学检查。X线平片是最初的筛查手段。如果急性期的X线平片未见骨折影，可进一步进行CT检查以确诊。

（三）主要功能障碍

1. 疼痛及活动受限

腕关节的疼痛（尤其是桡侧疼痛）也是一个重要的临床表现，部分病人会出现腕关节活动受限。

2. 肿胀

腕舟骨骨折后，可表现为腕关节局部的肿胀，以鼻烟窝部位的肿胀更为明显，正常情况下鼻烟窝表现为一个软组织凹陷，在外伤后该软组织凹陷消失即提示其肿胀。

第二节　手腕部的主观检查

一、主诉及现病史

主诉是患者现在的主要症状及持续时间，包括疾病开始到本次就诊时整个阶段的发生、发展演变的全过程。通过问诊，对患者的每一个主要症状做出判断：性质、部位、发生时间、严重程度、时间经过及使症状加重或好转的因素。

手腕部损伤最常见的症状是疼痛和关节活动受限，进而影响生活和工作中特定动作的完成。如果影响到周围神经，会产生感觉异常。手部的感觉神经末梢丰富，对异常感觉非常敏感，麻木、肿胀感、刺痛感觉、蚁行感常见。

疼痛相关的信息要主要询问，可以帮助治疗师对病情轻重有基本的判断。疼痛的发生是突发的疼痛，还是缓慢出现的？有无外伤史？从发病到就诊治疗的过程中，疼痛的程度和位置有无变化？疼痛的位置是表浅的，还是深层的？疼痛的性质特征，是牵拉痛还是挤压痛，是持续性的还是阵发性的，是游走性的还是固定位置的？疼痛与活动的关系，活动量增加是否会引起疼痛加重？疼痛加重需要多久才能缓解？疼痛缓解或加重的影响因素有哪些？

手部活动受限非常常见，且手腕部位的肌肉跨过多个关节，引起手指各关节的协同工作，治疗师需要根据患者的主诉判断是哪些关节活动受限。由于手部关节较多，一个关节的受限有可能会引起更多关节的受限，特别是伤后长时间固定、主动活动不足的患者。

询问受伤经过和治疗过程，有无急性损伤史。多数患者有过就医和保守治疗史，但效果可能欠佳或不持久。

询问患病后的全身表现，如饮食、大便、小便、睡眠、精神、体重增减情况。还要注意患者的心理状态。

二、既往史

询问患者过去与损伤相关的病史，是否发生过类似的问题。了解上肢相关的伤病史。

了解患者有无内科疾病，如糖尿病、高血压、心脏病等病史，治疗及康复情况，医嘱等。如糖尿病患者如有末稍神经病变，也会主诉麻木、灼烧感。颈椎病的患者会出现手部感觉异常。

三、个人史

了解患者的年龄和工作性质，对手腕部及上肢功能的需求。年轻患者，应该考虑其工作性质对手功能的需要，而年长患者则重点考虑日常生活自理性活动的需要。

了解患者的利手情况。如果是利手受伤，必要时可考虑非利手的代偿性训练。如果是非利手受伤，对生活和工作影响度较小。

了解患者运动史，包括训练强度、训练时间、训练类型、训练频率等。

四、家族史

了解患者家庭环境、家庭成员等情况，判断其与损伤是否相关，进而更好地了解患者疾病相关问题，寻找影响症状的因素，也能够在治疗中更好地取得患者家属的支持和配合。

第三节　腕关节及手部的客观检查

一、观察

患者暴露双手，以便治疗师观察。

1. 手腕部的姿势

手的休息位是手处于自然静止状态，此时手部的肌肉处于相对的平衡状态。休息位时腕关节背伸10° ~15° ，并有轻度尺偏，手的掌指关节及指间关节半屈曲，拇指轻度外展，指腹接近或触及示指远端指间关节的桡侧，第2~5指的屈度逐渐增大，呈放射状指向舟骨。如果损伤中枢神经、周围神经、肌肉或肌腱时，破坏了手部肌肉原有的平衡，则改变了休息位而产生畸形。

手的功能位为腕背伸20° ~30° ，拇指充分外展，掌指关节及指间关节微屈，其他手指略微分开，各指间关节的屈曲位置较为一致：掌指关节及近端指间关节半屈曲，而远端指间关节微屈曲。

2. 皮肤及皮纹

观察手部皮肤的色泽、营养状况，有无缺失、伤口、瘢痕或变薄等，皮纹、横纹是否正常对称，大、小鱼际形态、轮廓是否正常。

手掌有3条主要的皮纹：大鱼际纹（或称近端掌纹）、掌中横纹、远端掌横纹。大鱼际纹，于大鱼际基底勾画出大鱼际轮廓；掌中横纹从大鱼际纹的桡侧开始，朝远端掌横纹相平行的方向延伸；远端掌横纹，从食、中指的指蹼间到手掌尺侧。

拇指掌侧基底有掌指横纹，拇指掌侧指间关节处有指间横纹，其余4指的掌指横纹位于近节指骨的中部平面。掌侧的近端指间关节和远端指间关节处，有近端指间横纹和远端指间横纹。

手背的指蹼位于近节指骨的中部，指蹼从背面观形成一斜面。

皮肤瘢痕，常可为深部组织损伤提示检查线索。

3. 腕和手部肿胀

常见的肿胀部位包括腕部、鼻烟窝、腕骨背侧、手指等，同时还要注意有无皮肤温度升高、皮肤变红等。

腕部出现肿胀，多因关节内损伤或病变。腕部挫伤、韧带或关节囊撕裂、腕骨骨折或月骨脱位则肿胀明显。急性化脓性腕关节炎则全腕肿胀显著，且发红发热。腕关节结核呈梭形肿胀，不红不热。风湿性关节炎肿胀发展迅速，时肿时消，往往呈对称性肿胀。

鼻烟窝肿胀时，正常的生理凹陷消失，多因腕舟骨骨折。

腕骨背侧肿胀多见于伸指肌腱腱鞘炎、腕骨骨折、腱鞘囊肿等。

掌指关节与指间关节的肿胀可由外伤引起。如无明显外伤，远端指间关节肿胀，中年以上患者多见于骨性关节炎；近端指间关节梭形肿胀，多见于类风湿性关节炎。

4. 腕部和手指畸形

组织损伤，造成肌力平衡破坏或直接损伤皮肤、肌肉、神经、骨和关节等，在外观上可造成形态的改变，出现某种畸形。

腕部餐叉样畸形常发生于伸直型桡骨远端骨折。

猿手畸形为由正中神经损伤所致。爪形手由尺神经损伤所致，或因前臂缺血性肌挛缩所致，出现掌指关节过伸，近端指间关节屈曲畸形。垂腕由桡神经损伤后所致，或因外伤性伸腕肌腱断裂。

锤状指（mallet finger）因指伸肌腱止点及附近断裂或撕脱骨折导致，表现远端指间关节屈曲，不能主动伸指，形成锤状。杵状指（clubbed finger）指尖宽而大，如杵状，提示呼吸系统疾病或先天性心脏疾病。鹅颈指（swan-neck finger）表现为近侧的指间关节梭状肿大呈过度背伸，远端指间关节过度屈曲。

手指的先天性畸形发生率较其他部位更高，且胎儿B超检查时不易发现，常见的有并指畸形、短指畸形、缺指畸形、巨指畸形、多指畸形等。

5. 手部肌肉萎缩

双手进行对比观察，检查者可以发现手部和前臂主要肌群发生肌肉萎缩，主要表现为肌肉体积减小，同时影响手部力量和功能。

大鱼际肌萎缩多由正中神经损伤引起，肌肉麻痹造成，或腕管综合征正中神经长期受压所致。大鱼际处创伤，造成正中神经运动损伤，也可引起大鱼际肌萎缩。

小鱼际肌萎缩常由尺神经损伤或在肘后内侧尺神经沟处长期受压，或尺神经炎，可造成小鱼际肌萎缩。

掌侧骨间肌萎缩因解剖位置关系，临床表现不明显，而背侧骨间肌萎缩可清楚地看到。

6. 指甲

观察指甲的形状和颜色。正常指甲呈浅粉色，无凹陷或裂痕，其根部小月形区域应是白色。甲床苍白提示贫血或血液循环系统疾病；指甲呈凹形（匙状甲）提示霉菌严重感染；指甲呈半球形，宽而大（杵状甲）提示呼吸系统疾病或先天性心脏病。

二、触诊

触诊手腕部的皮肤、瘢痕、肌肉、骨性结构等，来判断皮肤温度、结节大小、组织软硬度和柔韧度，以及是否存在压痛，与周围组织是否粘连和粘连程度。如图6–1所示。

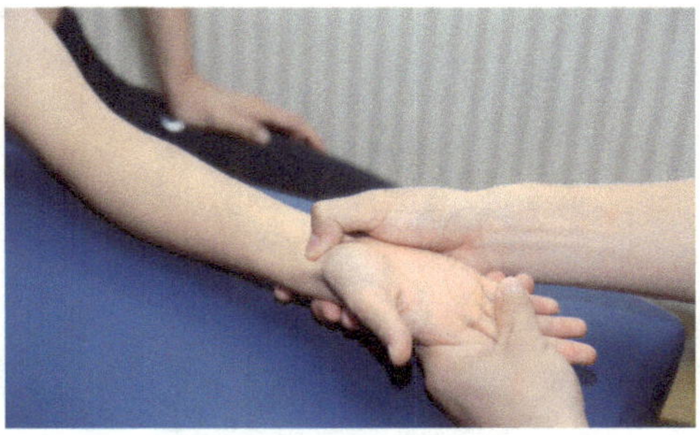

图6–1　手部触诊图

手部感觉异常时，重点触诊支配神经有无卡压或粘连。活动受限时，重点触诊受限关节和相关肌肉肌腱。

1. 正中神经卡压部位

患者仰卧或坐位，颈椎在中立位置。治疗师坐在患者旁边，并告知患者随时报告自己的感受，治疗师触诊评估Struthers韧带、二头肌腱膜、旋前圆肌、腕关节腕管等区域的软组织限制和Tinel征。如图6–2所示。

2. 拇长展肌和拇短伸肌

重现与De Quervain综合征（桡骨茎突狭窄性腱鞘炎）或手腕腱鞘炎相关的症状。患者和治疗师坐位。治疗师要求患者外展并伸展拇指，找到解剖鼻烟窝。观察构成解剖鼻烟窝外侧缘的拇长展肌和拇短伸肌腱。触诊肌腱的紧张度。阳性结果表现为触诊张力增加或触痛，提示拇长展肌腱炎。如图6–3所示。

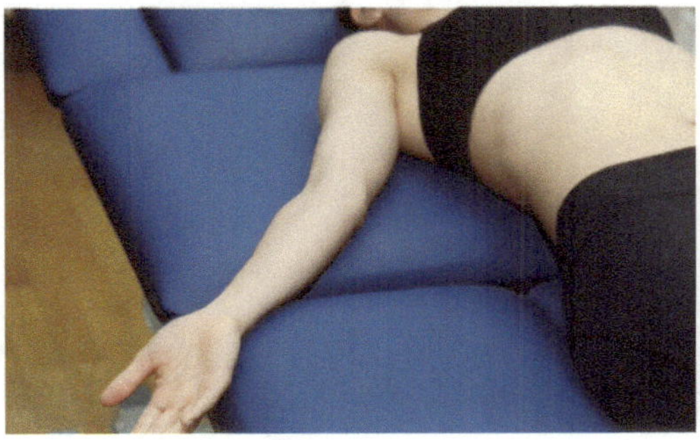

图6–2　正中神经卡压部位

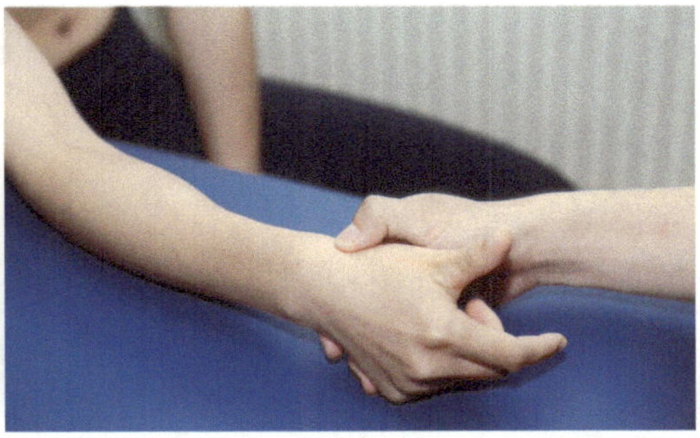

图6–3　触诊拇长展肌和拇短伸肌

3. 鼻烟窝

排除舟骨骨折。患者坐位，前臂和手置于桌子，保持中立位置。治疗师坐在病人对面，一手扶住病人的手。治疗师要求病人外展并伸展拇指，以找到解剖鼻烟窝。治疗师观察构成鼻烟窝边界的拇长展肌、拇短伸肌和掌长肌肌腱。触诊鼻烟窝以评估舟骨压痛。阳性结果：触诊压痛，提示可能的舟骨骨折。如图6-4所示。

4. 豆钩韧带附近的间隙

对于尺侧感觉异常的患者，评估在豆钩韧带（Guyon氏管）的共同包埋部位是非常重要的。阳性结果是轻击豆钩韧带处重现疼痛或感觉异常。如图6-5所示。

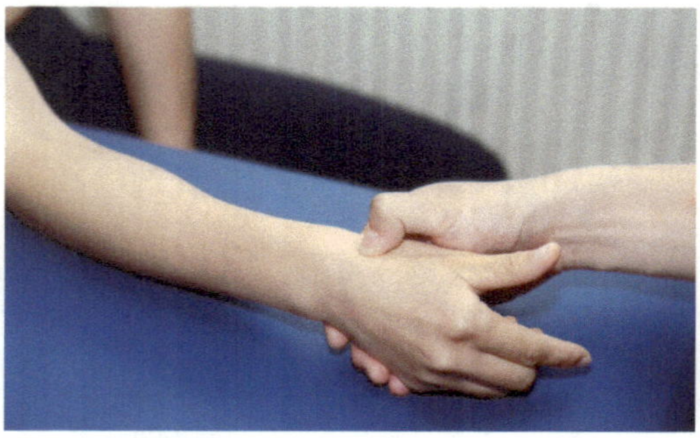

图6-4　触诊解剖鼻烟窝

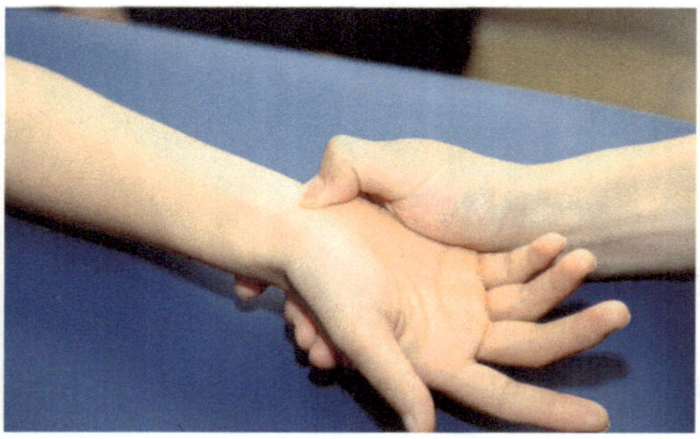

图6-5　触诊豆钩韧带附近的间隙

三、主动运动

（一）腕关节

1. 屈曲

（1）体位：被检查者坐位或仰卧位，肩关节外展90°，肘关节屈曲90°，手掌与地面平行，手指轻度伸展。腕关节保持正中位，不得尺偏或桡偏。

（2）关节角度尺摆放：

轴心：尺骨茎突稍远端，或桡骨茎突。

固定臂：与尺骨长轴平行。

移动臂：与第五掌骨长轴平行。

（3）测量方法：矢状面运动，主动运动时手掌向前臂掌侧靠近，注意固定下尺桡关节，防止前臂旋前或旋后，同时还要注意腕关节屈曲过程中不能发生桡偏、尺偏、手指屈曲等。被动运动时检查者在被检查者的手掌背侧施加压力至腕关节完全屈曲。如图6-6（a）所示。

（4）运动终末感：由背侧、桡侧腕韧带和背侧关节囊紧张导致的结缔组织抵抗。

（5）参考值范围：0°~80°。

2. 伸展

（1）体位：被检查者坐位或仰卧位，肩关节外展90°，肘关节屈曲90°，手掌与地面平行，手指微屈。腕关节保持正中位，不得尺偏或桡偏。

（2）关节角度尺摆放：

轴心：尺骨茎突稍远端，或桡骨茎突。

固定臂：与尺骨长轴平行。

移动臂：与第五掌骨长轴平行。

（3）测量方法：矢状面运动，主动运动时手掌向前臂背侧靠近，注意固定尺骨和桡骨，防止前臂旋前或旋后，同时还要注意腕关节伸展过程中不能发生桡偏、尺偏、手指伸展等。被动运动时检查者一手固定下尺桡关节，另一手在掌侧施加压力至腕关节完全伸展。如图6-6（b）所示。

（4）运动终末感：桡腕掌侧韧带和掌侧关节囊紧张导致的结缔组织抵抗。

（5）参考值范围：0°~70°。

3. 桡偏

（1）体位：被检查者坐位或仰卧位，肩关节外展90°，肘关节屈曲90°，手掌与地面平行，手指轻度伸展。腕关节保持正中位，不得尺偏或桡偏。

（2）关节角度尺摆放：

轴心：腕关节背侧中点，第三掌骨基底部。

固定臂：前臂背侧中线。

移动臂：第三掌骨背侧纵轴平行线。

（3）测量方法：冠状面运动，主动运动时，检查者一手固定被检查者尺骨和桡骨的远端和固定臂，另一手握住被检查者的掌骨，手掌向桡侧运动。被动运动时检查者在掌骨处施加压力至最大活动范围。注意防止前臂的旋前、旋后，以及腕关节的掌屈、背屈。如图6-6（c）所示。

（4）运动终末感：由桡骨茎突与舟骨接触导致的骨抵抗，腕尺侧副韧带、关节囊尺侧紧张造成的结缔组织抵抗。

（5）参考值范围：0°~25°。

4. 尺偏

（1）体位：被检查者坐位或仰卧位，肩关节外展90°，肘关节屈曲90°，手掌与地面平行，手指轻度伸展。腕关节保持正中位，不得尺偏或桡偏。

（2）关节角度尺摆放：

轴心：腕关节背侧中点，第三掌骨基底部。

固定臂：前臂背侧中线。

移动臂：第三掌骨背侧纵轴平行线。

（3）测量方法：冠状面运动，主动运动时，检查者一手固定被检查者尺骨和桡骨的远端和固定臂，另一手握住被检查者的第二、三掌骨，手掌向尺侧运动。被动运动时检查者在第二、三掌骨处施加压力至最大活动范围。注意防止前臂的旋前、旋后，以及腕关节的掌屈、背屈。如图6-6（d）所示。

（4）运动终末感：桡侧副韧带和关节囊桡侧紧张导致的结缔组织抵抗。

（5）参考值范围：0°~30°。

5. 前臂旋前

（1）体位：被检查者坐位或仰卧位，肩关节中立位，肘关节屈曲90°，前臂与水平面平行并处于中立位，手心向内，腕关节中立位。

（2）关节角度尺摆放：

轴心：腕关节背侧尺骨茎突处。

固定臂：与地面垂直。

移动臂：与尺桡骨远端背侧平行。

（3）测量方法：前臂做旋前动作，移动臂随尺桡骨远端背侧向内旋转。主动测量时，前臂主动完成旋前动作。被动测量时，检查者一手固定肘部，另一手握于尺桡骨远端，被动旋前后再行测量。如图6-6（e）所示。

（4）运动终末感：旋后肌与尺桡骨骨间膜紧张导致的结缔组织抵抗。

（5）参与值范围：0°~90°，正常情况下，腕关节中立位时手掌向下，并与地面平行。

6. 前臂旋后

（1）体位：被检查者坐位或仰卧位，肩关节中立位，肘关节屈曲90°，前臂与水平面平行并处于中立位，手心向内，腕关节中立位。

（2）关节角度尺摆放：

轴心：腕关节掌侧尺骨外侧。

固定臂：与地面垂直。

移动臂：与尺桡骨远端掌侧平行。

（3）测量方法：前臂做旋后动作，移动臂随尺桡骨远端掌侧向外旋转。主动测量时，前臂主动完成旋后动作。被动测量时，检查者一手固定肘部，另一手握于尺桡骨远端，被动旋后后再行测量。如图6-6（f）所示。

（4）运动终末感：旋前肌与尺桡骨骨间膜紧张导致的结缔组织抵抗。

（5）参与值范围：0°~90°，正常情况下，腕关节中立位时手背向下，并与地面平行。

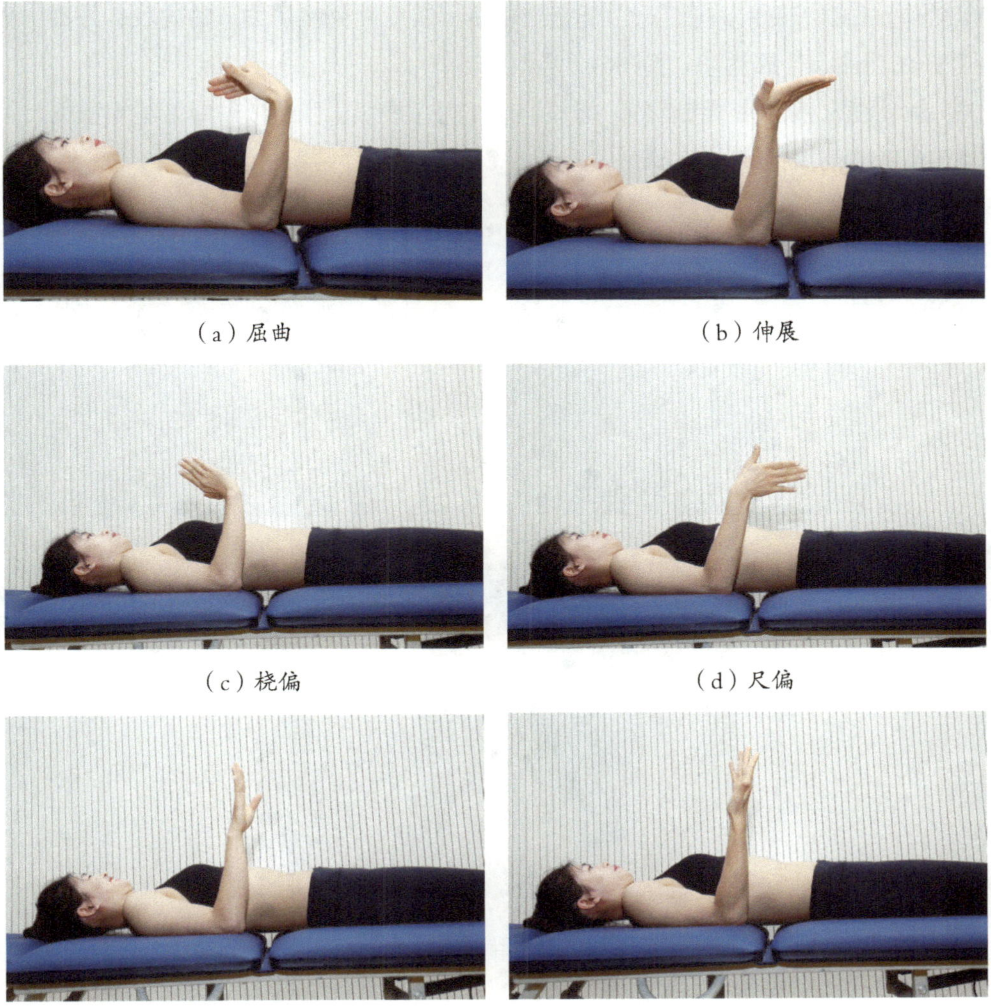

（a）屈曲　（b）伸展

（c）桡偏　（d）尺偏

（e）旋前　（f）旋后

图6-6　手腕主动活动范围

（二）拇指

1. 腕掌关节屈曲

（1）体位：坐位或仰卧位，前臂旋后，腕关节中立位，拇指的掌指关节、指间关节无屈曲、伸展。拇指指尖位于示指指腹。

（2）关节角度尺摆放：

轴心：腕关节桡侧第一掌骨基底部和大多角骨的接合部。

固定臂：与桡骨长轴平行。

移动臂：与第一掌骨长轴平行。

（3）测量方法：冠状面运动，主动运动为拇指做划过掌心的运动。被动运动时检查者在被检查者的拇指施加屈曲方向的压力至完全屈曲。注意避免腕掌关节的内收、外展，以及拇指指间关节的屈曲、伸展运动。如图6-7所示。

（4）运动终末感：关节囊背侧、拇短伸肌、拇短展肌紧张所致的结缔组织抵抗。

（5）参考值范围：0° ~15° 。

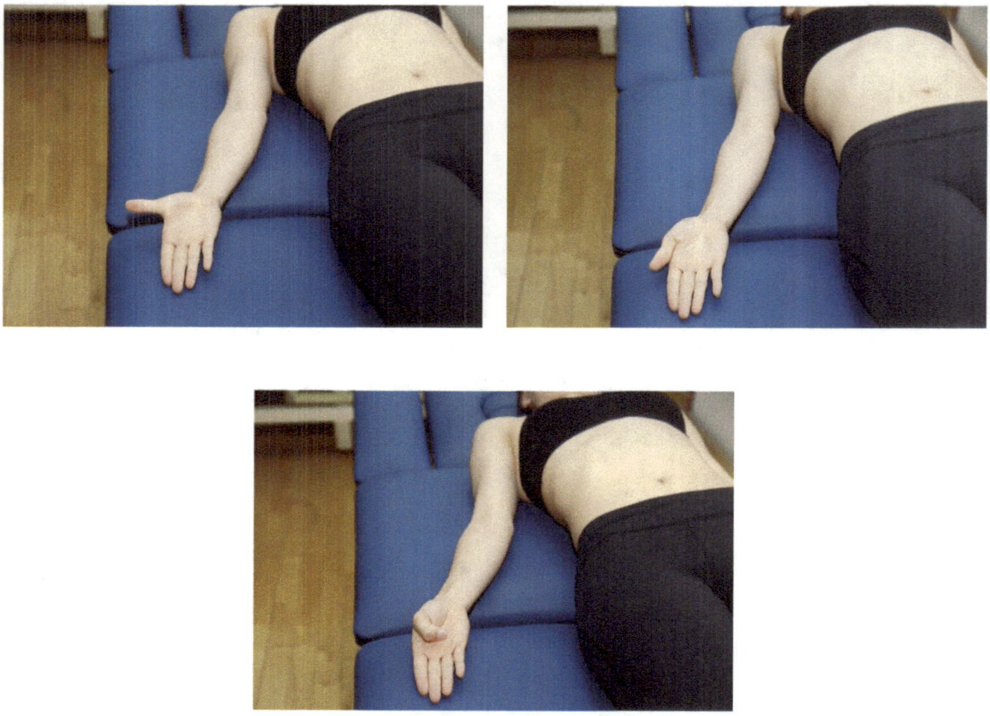

图6-7　腕掌关节主动运动

2. 腕掌关节伸展

（1）体位：坐位或仰卧位，前臂旋后，腕关节中立位，拇指的掌指关节、指间关节无屈曲、伸展。拇指指尖位于示指指腹。

（2）关节角度尺摆放：

轴心：腕关节桡侧第一掌骨基底部和大多角骨的接合部。

固定臂：与桡骨长轴平行。

移动臂：与第一掌骨长轴平行。

（3）测量方法：冠状面运动，检查者固定第一掌骨，一手固定腕关节，主动运动时拇指向外侧伸展运动。被动运动时检查者在被检查者的拇指施加伸展方向的压力至完全伸展。注意要避免腕关节的桡偏和掌屈。

（4）运动终末感：关节囊掌侧、拇短屈肌、拇收肌、拇对掌肌、骨间肌紧张造成的结缔组织抵抗。

（5）参考值范围：0° ~20° 。

3. 腕掌关节外展

（1）体位：坐位或仰卧位，前臂、腕关节中立位，拇指腕掌关节、掌指关节指间关节均为解剖0° 位。

（2）关节角度尺摆放：

轴心：腕关节。

固定臂：第二掌骨的桡侧中线，即示指纵轴。

移动臂：第一掌骨的桡侧中线，即拇指纵轴。

（3）测量方法：矢状面运动，检查者一手固定被检查者的第二掌骨，另一手捏住腕掌关节，主动运动时拇指在与掌面垂直的面上做远离示指的运动。被动运动时检查者在拇指上继续施加远离示指方向的压力，至最大活动范围。

（4）运动终末感：拇指与示指之间的深筋膜和皮肤紧张或拇收肌、骨间肌紧张所造成的结缔组织抵抗。

（5）参考值范围：0° ~70° 。

4. 腕掌关节对掌

（1）体位：坐位或仰卧位，前臂充分旋后，腕关节中立位，拇指和小指的指间关节无屈曲、伸展。

（2）关节角度尺摆放：使用皮尺测量拇指指尖与小指指尖或小指掌指关节之间的距离。

（3）测量方法：拇指对掌运动是复合运动，检查者一手固定第五掌骨，令被检查者小指的掌骨和第一节指骨处于对掌位。主动运动时，被检查者拇指向小指靠拢。被动运动时，检查者用一手按压被检查者的第一掌骨。注意防止腕关节的代偿运动。

（4）运动终末感：大鱼际肌腹与手掌接触时产生的软组织抵抗，关节囊、拇短伸肌、腕横韧带紧张造成的结缔组织抵抗。

（5）参考值范围：拇指指端与小指末端接触。

（三）手指各关节

1. 掌指关节

（1）体位：坐位，肘关节屈曲，前臂旋前，腕关节中立位，手指无内收或外展。

（2）关节角度尺摆放：选择小号关节角度尺放置于手背侧。

轴心：掌指关节背侧的中点。

固定臂：掌骨背侧的中点。

移动臂：近节指骨背侧的中点。

（3）测量方法：检查者一手固定掌骨，令被检查者掌指关节做屈曲动作。被动运动时，检查者用一手按压近节指节。注意掌指关节处于中立位。

（4）运动终末感：背侧关节囊结缔组织抵抗。

（5）参考值范围：0°~85°。

2. 指间关节（近指间关节PIP，远指间关节DIP）

掌指关节（metacarpophalangeal point，MP）；近指间关节（proximal interphalangeal point，PIP）；远指间关节（distal interphalangeal point，DIP）。

（1）体位：坐位，肘关节屈曲，前臂旋前，腕关节中立位，手指无内收或外展。

（2）关节角度尺摆放：选择小号关节角度尺放置于手背侧。

测量近指间关节时，轴心位于近指间关节背侧的中点，固定臂位于近节指骨背侧的中点，移动臂位于中节指骨背侧的中点。

测量远指间关节时，轴心位于远指间关节背侧的中点，固定臂位于中节指骨背侧的中点，移动臂位于末节指骨背侧的中点。

（3）测量方法：检查者一手固定近端指骨，令被检查者指间关节做屈曲、伸展动作。被动运动时，检查者用一手按压远端指骨。

（4）运动终末感：背侧关节囊结缔组织抵抗。

（5）参考值范围：近指间关节0°~110°，远指间关节0°~65°。

3. 手指总活动范围

（1）正常范围：手指三个关节的运动相互关联，其总活动范围是影响手功能的重要方面。其计算方法为：

总主动活动范围（total active motion，TAM）=（MP、PIP、DIP的总屈曲角度）–（MP、PIP、DIP的总伸展角度）。

正常TAM=（85+110+65）–（0+0+0）=260°。

当手指活动范围受限时，患侧TAM达到健侧的75%以上为良，50%以上为可，50%以下为差。

（2）直尺法：

使用直尺测量手指距离特定部位的距离，来表示手指屈伸的关节活动范围。

屈曲角度可以测量握拳时指尖距近端掌横纹或远端掌横纹的距离，正常情况下指尖可触及远侧掌横纹。当这一距离达0.5~1.5厘米时，可认为对手功能的影响程度较小，疗效满意。

伸直角度可以测量手背平放于桌面时指尖距离桌面的垂直距离，小于2~3厘米即可认为疗效满意。

四、被动运动

（一）生理运动的被动检查

评估腕关节被动活动范围，并进行两侧对比。如图6–8所示。

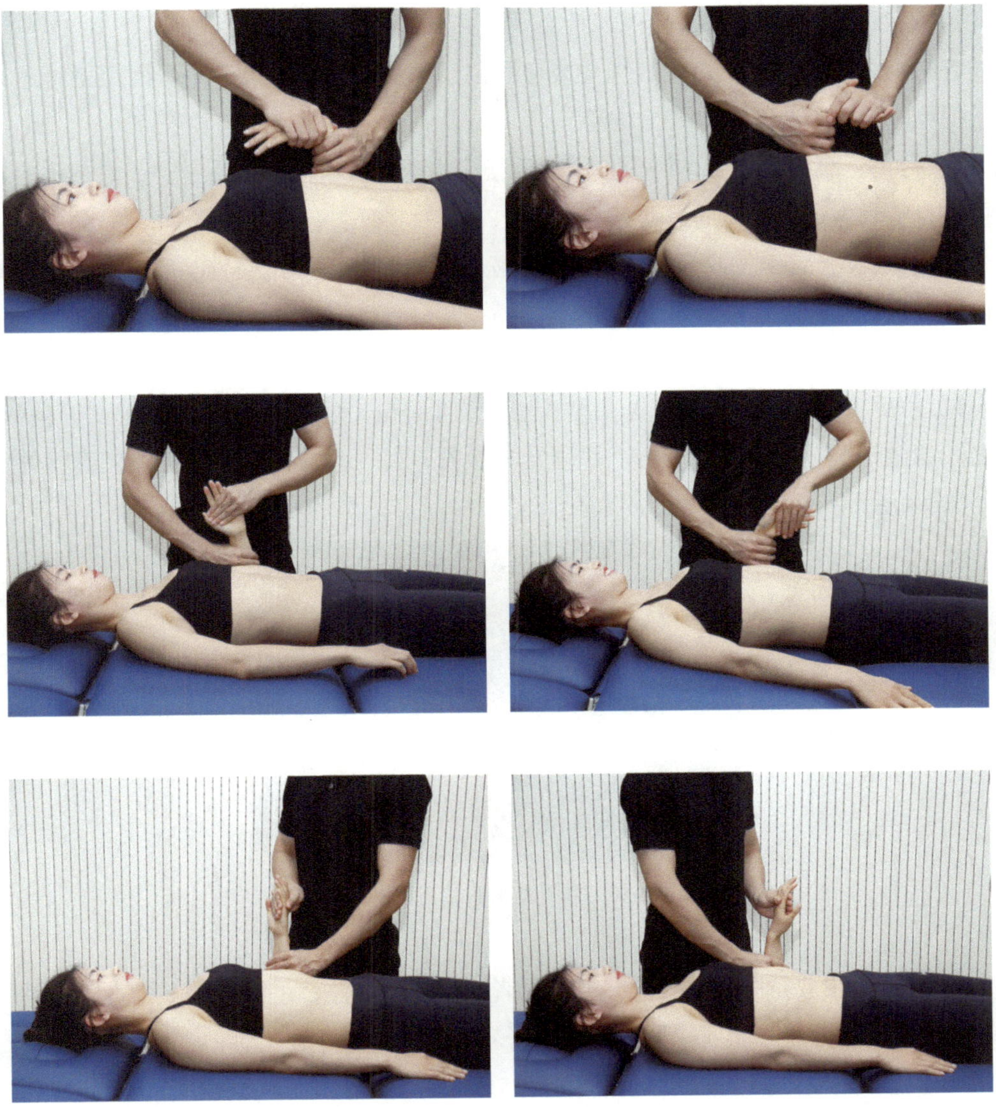

图6–8　腕关节被动运动

（二）附属运动检查

1. 桡尺远端关节

（1）向后滑动（AP）：患者坐位或仰卧位，手肘放松。检查者一手固定桡骨茎突，另一手的拇指和示指捏住尺骨茎突向下推动。

（2）向前滑动（PA）：患者坐位或仰卧位，手肘放松。检查者一手固定桡骨茎突，另一手的拇指和示指捏住尺骨茎突向上推动。

2. 桡腕关节

（1）向后滑动（AP）：患者坐位或仰卧位，手肘放松。检查者一手固定桡骨茎突，另一手的拇指和示指捏住舟状骨向下推动。

（2）向前滑动（PA）：患者坐位或仰卧位，手肘放松。检查者一手固定桡骨茎突，另一手的拇指和示指捏住舟状骨向上推动。

（3）分离：患者坐位或仰卧位，手肘放松。检查者一手固定桡骨茎突，另一手的拇指和示指捏住舟状骨做远离桡骨的运动。

（4）牵引：患者坐位或仰卧位，手肘放松。检查者一手固定桡骨茎突，另一手的拇指和示指捏住舟状骨沿桡骨长轴做牵引运动。

3. 腕骨间活动

（1）前后/后前滑动（AP/PA）：患者坐位或仰卧位，手肘放松，以近侧列的舟状骨和头状骨之间的微动关节为例。检查者一手固定舟状骨，另一手的拇指和示指捏住头状骨上下推动。如图6-9所示。

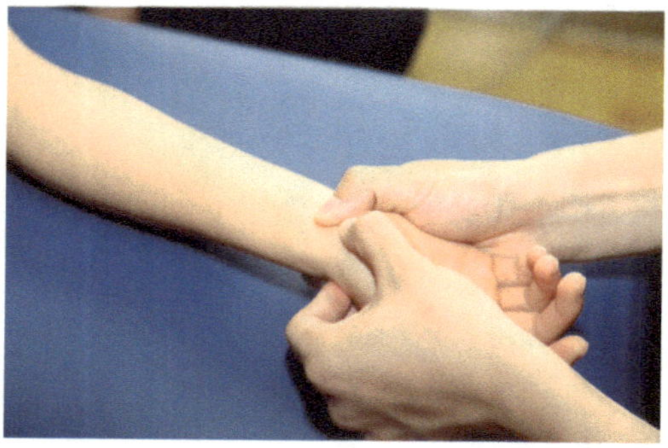

图6-9　掌骨背侧和掌侧滑动评估

（2）分离：主要是腕横关节的分离。患者坐位或仰卧位，手肘放松。检查者一手固定近侧列腕骨，另一手握住远侧列腕骨，做远侧列远离近侧列腕骨的运动。

4. 拇指腕掌关节

（1）从前向后滑动（AP）：患者坐位或仰卧位，手肘放松。检查者一手固定大多角骨，另一手捏住第一掌骨基底部向下推动。

（2）从后向前滑动（PA）：患者坐位或仰卧位，手肘放松。检查者一手固定大多角骨，另一手捏住第一掌骨基底部向上推动。

（3）分离：患者坐位或仰卧位，手肘放松。检查者一手固定大多角骨，另一手捏住第一掌骨基底部做远离大多角骨方向的运动。

五、抗阻运动

利用徒手肌力检查法，对腕关节屈肌、伸肌肌力进行检查，并以拇指为例，检查掌指关节屈肌、伸肌、外展肌、内收肌，指间关节屈肌、伸肌，以及拇指对掌肌等的肌力。注意进行双侧对比。

1. 腕关节屈肌

（1）主要动作肌：桡侧腕屈肌、尺侧腕屈肌。

（2）辅助肌：掌长肌。

（3）运动范围：0°～80°。

（4）体位：坐位或仰卧位。

（5）检查方法：被检查者前臂旋后，手指放松。检查者一手位于前臂远端固定，检查桡侧腕屈肌时，另一手置于第二掌骨掌侧基底部，施加向背侧、尺侧方向的阻力，令被检查者抵抗阻力进行腕关节屈曲运动；检查尺侧腕屈肌时，检查者另一手置于第五掌骨掌侧基底部，施加向背侧、桡侧方向的阻力，令被检查者抵抗阻力进行腕关节屈曲。

（6）评级：

· 5级与4级：若能对抗最大阻力并完成全关节活动范围运动者为5级，若能对抗中等阻力完成腕关节屈曲最大活动者为4级。

· 3级：不施加阻力，被检查者能够抵抗自身肢体重力完成全范围腕关节屈曲运动，则为3级。

· 2级：被检查者的手置于桌子上，前臂中间位，手的内侧缘置于桌子上，若被检查者能够在桌子上滑动完成腕关节屈曲的全范围活动者为2级；或在抗重力体位下，被检查者能够完成部分关节范围的活动者为2级。

· 1级与0级：令患者做腕关节屈曲动作，触诊腕关节掌面桡侧腕屈肌腱和尺侧腕屈肌腱，有收缩者为1级，无收缩者为0级。

（7）应避免的代偿动作：若尺骨、桡骨固定无效，则可能出现前臂的旋前、旋后运动。

2. 腕关节伸肌

（1）主要动作肌：桡侧腕长伸肌、桡侧腕短伸肌、尺侧腕伸肌。

（2）运动范围：0°～70°。

（3）体位：坐位或仰卧位。

（4）检查方法：被检查者前臂旋前，手指放松。检查者一手握住其前臂远端，检查桡侧伸腕长、短肌时，另一手置于第二、三掌骨背侧，施加屈曲、尺偏方向的阻力，令被检查者抵抗阻力做伸腕动作；检查尺侧腕伸肌时，检查者另一手位于第四、五掌骨背侧，施加屈曲、桡偏方向的阻力，令被检查者最大范围地抗阻伸腕；同时检查三块肌肉，检查者的另一手放在手背，施加垂直掌面的阻力，令被检查者抵抗阻力做腕关节伸展运动。

（5）评级：

· 5级与4级：若能对抗最大阻力并完成全关节活动范围运动者为5级，若能对抗中等阻力完成腕关节伸展最大活动者为4级。

· 3级：不施加阻力，被检查者能够抵抗自身肢体重力完成全范围腕关节伸展运动者为3

级。

· 2级：被检查者的手置于桌子上，前臂中间位，手的内侧缘置于桌子上，若被检查者能够在桌子上滑动完成腕关节伸展的全范围运动者为2级；或在抗重力体位下，被检查者能够完成部分关节范围的运动者为2级。

· 1级与0级：令患者做腕关节伸展动作，触诊腕关节背面桡侧腕长、短伸肌腱，以及第五掌骨背面的尺侧腕伸肌腱，有收缩者为1级，无收缩者为0级。

（6）应避免的代偿动作：若尺骨、桡骨固定无效，则可能出现前臂的旋前、旋后运动。此外，还要防止手指伸展，避免指浅屈肌、指深屈肌紧张限制腕关节的伸展。

3. 拇指掌指关节和指间关节屈肌

（1）主要动作肌：拇短屈肌（掌指关节）、拇长屈肌（指间关节）。

（2）运动范围：掌指关节屈曲0° ~50° ，指间关节0° ~80° 。

（3）体位：坐位或仰卧位。

（4）检查方法：前臂旋后，掌指关节解剖0° 位，拇指末端指骨放松。检查者一手固定被检查者的第一掌骨，另一手在近节指骨处施加阻力。

（5）评级：

· 5级与4级：拇指近节指骨抗阻屈曲运动过程中能对抗最大阻力，并完成全关节活动范围运动者则为5级，能对抗中等阻力完成全范围运动者为4级。

· 3级与2级：不施加阻力，被检查者能够完成全关节活动者为3级，完成部分活动范围或者需要在外力帮助的情况下完成全范围运动者为2级。

· 1级与0级：对于不满足2级的患者，令其做拇指掌指关节屈曲的动作，触诊拇短屈肌，有收缩者为1级，无收缩者为0 级。

拇指指间关节肌力的评级方法与掌指关节相同，但是检查者固定的位置为近节指骨，而阻力施加在远节指骨。1级和0级的判定触诊的部位为拇长屈肌腱。

（6）应避免的代偿动作：若第一掌骨未能有效固定则可能出现腕关节、拇指腕掌关节屈曲和对掌运动的代偿。

4. 拇指掌指关节和指间关节伸肌

（1）主要动作肌：拇长伸肌。

（2）运动范围：50° ~0° ，指间关节80° ~0° 。

（3）体位：坐位或仰卧位。

（4）检查方法：被检查者的前臂、腕关节均中立位，检查者一手固定另外4指，另一手在拇指近节指骨背侧施加阻力，令被检查者抵抗阻力进行近节指骨的背侧方向运动。

（5）评级：

· 5级与4级：拇指近节指骨抗阻伸展过程中能对抗最大阻力，并完成全关节活动范围运动者为5级，能对抗中等阻力完成全范围运动者为4级。

·3级与2级：不施加阻力，被检查者能够完成全关节活动范围运动者为3级，完成部分活动范围或者需要在外力帮助的情况下完成全范围运动者为2级。

·1级与0级：对于不满足2级的患者，令其做拇指掌指关节伸展的动作，触诊拇短伸肌，有收缩者为1级，无收缩者为0级。

拇指指间关节伸肌肌力的评级方法与掌指关节相同，但是检查者固定的位置为近节指骨，而阻力施加在远节指骨背侧。1级和0级的判定触诊的部位为拇长伸肌腱。

（6）应避免的代偿动作：若第一掌骨未能有效固定则可能出现腕关节、拇指腕掌关节伸展代偿。

5. 拇指外展肌

（1）主要动作肌：拇长展肌、拇短展肌。

（2）辅助肌：掌长肌。

（3）运动范围：0°~70°。

（4）体位：坐位或仰卧位。

（5）检查方法：被检查者前臂旋后，腕掌关节中立位。检查者一手固定腕关节和第二~五掌骨，令拇指与掌面垂直做外展运动，另一手置于拇指近节指骨外缘（检查拇长展肌）或掌骨末端（检查拇短展肌）施加阻力。

（6）评级：

·5级与4级：能对抗最大阻力完成拇指外展全关节活动范围运动者为5级，能对抗中等阻力完成全范围运动者为4级。

·3级与2级：不施加阻力，被检查者能够完成全关节活动者为3级，完成部分活动范围或者需要在外力帮助的情况下完成全范围运动者为2级。

·1级与0级：对于不满足2级的患者，令其做拇指外展的动作，触诊拇短展肌和拇长展肌，有收缩者为1级，无收缩者为0级。

（7）应避免的代偿动作：避免腕关节的屈曲、伸展、桡偏、尺偏造成的影响。

6. 拇指内收肌

（1）主要动作肌：拇收肌。

（2）辅助肌：骨间肌等。

（3）运动范围：70°~0°。

（4）体位：坐位或仰卧位。

（5）检查方法：被检查者前臂旋前，腕掌关节中立位。检查者一手于第二~第五掌骨进行固定，另一手置于拇指近节指骨内侧施加阻力，令被检查者抵抗阻力进行拇指内收动作。

（6）评级：

·5级与4级：能对抗最大阻力完成拇指内收全关节活动范围者为5级，能对抗中等阻力完成全范围运动者为4级。

・3级与2级：不施加阻力，被检查者能够完成全关节活动者为3级，完成部分活动范围或者需要在外力帮助的情况下完成全范围运动者为2级。

・1级与0级：对于不满足2级的患者，令其做拇指内收的动作，触诊第一骨间背侧肌和拇内收肌，有收缩者为1级，无收缩为0 级。

（7）应避免的代偿动作：避免腕关节和拇指对掌运动造成的影响。

7. 拇指对掌肌

（1）主要动作肌：拇对掌肌。

（2）辅助肌：拇长展肌、拇短展肌。

（3）运动范围：拇指末端指腹与小指末端指腹接触。

（4）体位：坐位或仰卧位。

（5）检查方法：前臂旋后，腕掌关节中立位。检查者一手固定腕关节背面，另一手置于第一掌骨掌侧末端，施加伸展、外旋方向的阻力，令被检查者拇指抵抗阻力与小指接触。

（6）评级：

・5级与4级：能对抗最大阻力完成拇指对掌运动者为5级，能对抗中等阻力完成对掌的全范围运动者为4级。

・3级与2级：不施加阻力，被检查者能够完成全拇指对掌活动者为3级，完成部分活动范围而无法接触或者需要在外力帮助的情况下才能接触者为2级。

・1级与0级：对于不满足2级的患者，令其做拇指对掌的动作，触诊拇对掌肌，有收缩者为1级，无收缩者为0 级。

（7）应避免的代偿动作：避免腕关节活动引起的代偿。

8. 最大握力测试

测量最大握力。患者和治疗师均坐位。病人上臂自然放松，肘部屈曲90°，手握测力计，让患者尽可能地挤压。测量三次并取平均值。

9. 无痛握力测试

平均无痛范围的握力。患者坐位，治疗师坐位或站立位。治疗师将患者屈肘90°，将手持式测力计放入患者手中，要求患者尽可能地努力挤压，直到出现疼痛之前停止。重复测试三次，并取平均值。与健侧对比。

六、手指的灵活性评估

1. O’Connor手指灵巧测试

评估手指的灵活性。患者坐位，治疗师坐位或站立。患者一次拾起三个插针并插入孔中，以最快的速度每个孔中插一个插针。每次只用一只手。如果你是用左手的话，从离你最远的角落开始，可以从左边到右边或者从右边到左边。填充完一行再开始下一行。不要跳过，不要停下来去捡掉落的插针。当治疗师发令时开始，直到板子填满才停止。测试开始前，给患者30个插针做十次练习。使用秒表记录第一个50个孔和第二个50个孔的时间。如图6-10所示。

2. 普渡钉板试验

评估手腕和手的灵活性。患者坐位，治疗师坐位或站立。

右手测试：用右手从右侧杯子中一次拿起一个插针，从右列的顶部孔向下移动，直到30秒结束。30秒后，计数插针的个数并记录。

左手测试：用左手从左侧杯子中一次拿起一个插针，从左列的顶部孔向下移动，直到30秒结束。30秒后，计数插针的个数并记录。

装配测试：用右手拿起一个插针，用左手拿一个铜圈套在插针上，再用右手拿起一个铁环套在插针上，用左手拿起一个铜圈套在插针上，至此由一个插针、一个铜圈、一个铁环及另一个铜圈组成的“装配”完成，并将其放在右上角的孔中。如此重复，持续1分钟。1分钟后记录装配了多少个孔。如图6-11所示。

图6-10　O' Connor手指灵巧测试

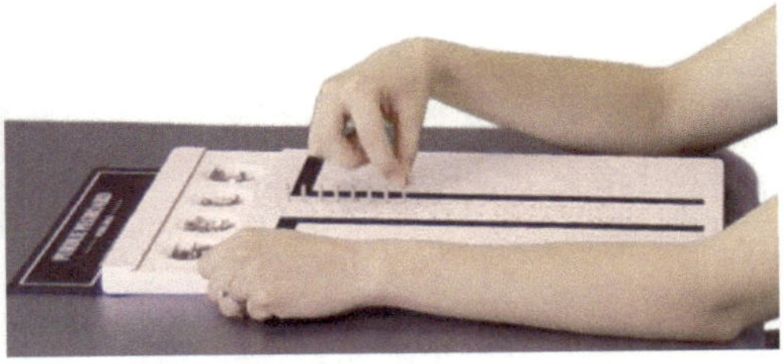

图6-11　普渡钉板试验

七、特殊检查

（一）韧带及稳定性评估

1. 冲击（里根）试验

评估腕部不稳定。患者坐在桌前，前臂和手旋前放在桌子上。治疗师坐在患者对面。治疗师一手握住拇指与示指之间的三角形，另一手握住拇指和示指之间的月骨。治疗师将月骨向手掌和背部移动，移向三角形区域。阳性测试为松弛、捻发音或疼痛再现。如图6-12所示。

2. Watson舟骨试验

评估舟月韧带的完整性。患者坐位，前臂旋前，手部放松放在桌子上。治疗师坐在患者对面。治疗师将患者的手轻微伸展和尺偏，在桡骨远端找到舟骨，并用拇指和示指固定，另一手被动地向屈曲和桡偏方向移动手腕，然后释放舟骨。阳性结果为听得见/可触知的声音或疼痛的重现。如图6-13所示。

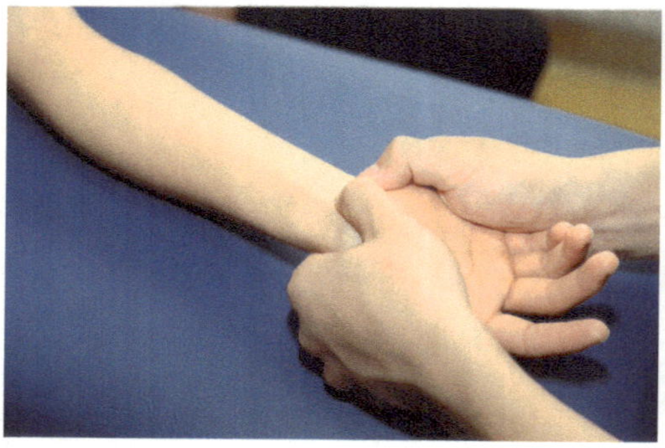

图6-12　冲击（里根）试验

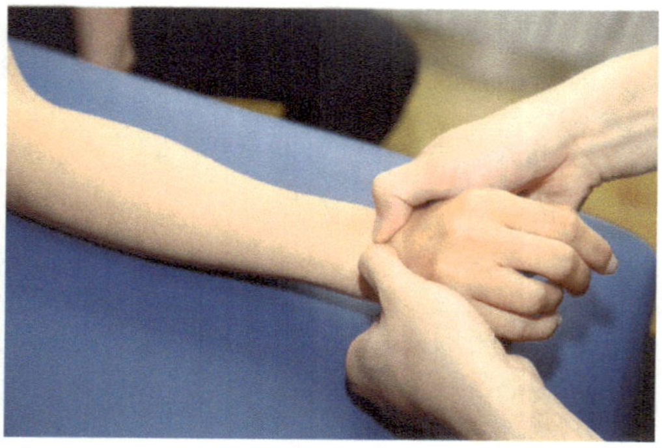

图6-13　Watson舟骨试验

3. 研磨试验

评估第一腕掌关节的完整性。患者坐位或仰卧，手和手指放松。治疗师一手握住病人拇指近节指骨，另一手放在第一掌骨上。沿掌骨向下直到腕掌关节关节线，并通过向第一掌骨加压来研磨关节。阳性结果为患者症状的重现，表明过度使用和可能的腕掌关节炎。如图6-14所示。

4. 拇指外翻压力测试

测试拇指尺侧副韧带的完整性。患者坐位，治疗师坐在病人对面。治疗师一手固定病人的手部，另一手将病人的大拇指完全伸展。治疗师用拇指对患者拇指掌指关节施加外翻应力，来压迫尺侧副韧带。阳性测试是外翻大于30°~35°，表明尺侧副韧带和附属韧带完全撕裂。如图6-15所示。

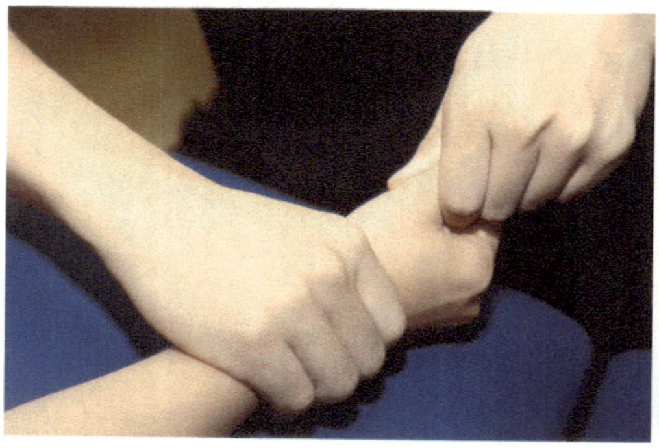

图6-14　研磨试验

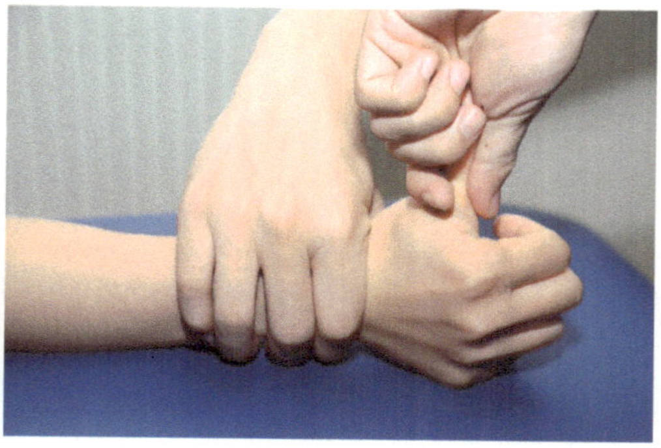

图6-15　拇指外翻压力测试

（二）肿胀的评估

使用皮尺测量手部及腕部肢体肿胀程度。

肿胀的“8”字形测试：评估手部和腕部的肿胀。患者和治疗师坐位。治疗师将卷尺的“0”放在尺骨茎突的远侧面上，卷尺从手腕的掌侧拉到桡骨茎突的最远侧。卷尺在背侧为对角线形式，并穿过第五掌指关节线。卷尺在掌面通过掌指关节。卷尺缠绕在腕部背侧，重新回到尺骨茎突上的起点处。如图6–16所示。

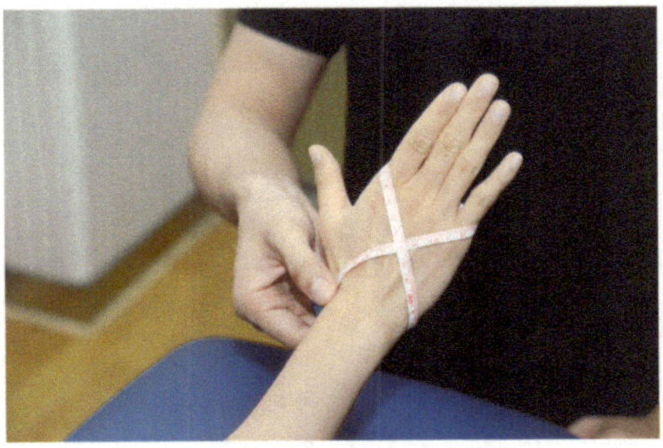

图6–16 手部肿胀的“8”字形测试

（三）感觉评估

1. 异常性疼痛评估

为了评估创伤后或慢性上肢功能障碍（例如第一腕掌关节炎、拇长展肌腱炎、腕管综合征，或Colles骨折）中的中枢敏化程度。患者坐位，手臂放松置于桌上。治疗师坐在病人对面，用刷子在疼痛区域施加轻微的压力，询问患者感觉如何。阳性结果是感觉异常或烧灼感。如图6–17所示。

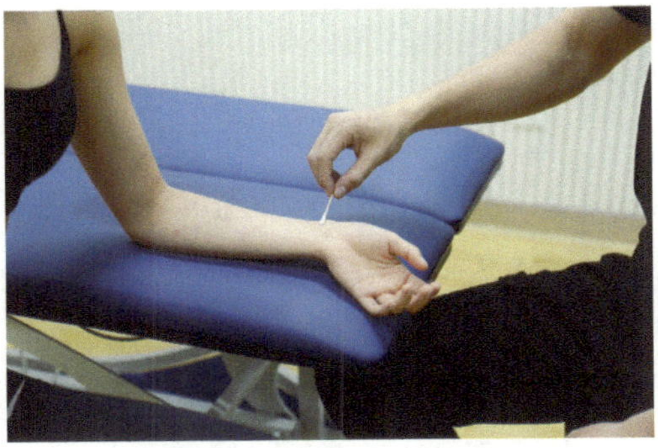

图6–17 异常性疼痛评估

2. 压力疼痛阈值评估

评估中枢敏化的迹象。患者坐位，手臂置于桌上。治疗师坐在病人旁边，将测力计放在患者身上，垂直于疼痛最严重的区域。治疗师指导病人，在压力变得疼痛时告知治疗师，然后逐渐增加压力。在每次测量之间休息30秒，三次测量，以减少发生相互干扰的可能性。与健侧对比，与疼痛部位近端和远端的不同部位对比。

（四）肌肉/肌腱评估

1. 腕部伸肌僵硬程度和长度评估

评估腕伸肌群的长度。患者和治疗师均坐位。治疗师将患者的肘部伸直并被动地屈曲手腕。观察手指伸展情况，指示组织僵硬。然后充分伸展患者的手指。如图6-18所示。

2. 握拇尺偏试验

该试验用于筛查桡骨茎突狭窄性腱鞘炎。患者坐位。治疗师坐在病人对面，请患者将拇指紧握在其余4指内，稳定前臂，并将手腕尺偏。阳性测试是手腕上的拇长展肌和拇短伸肌腱的疼痛重现。如图6-19所示。

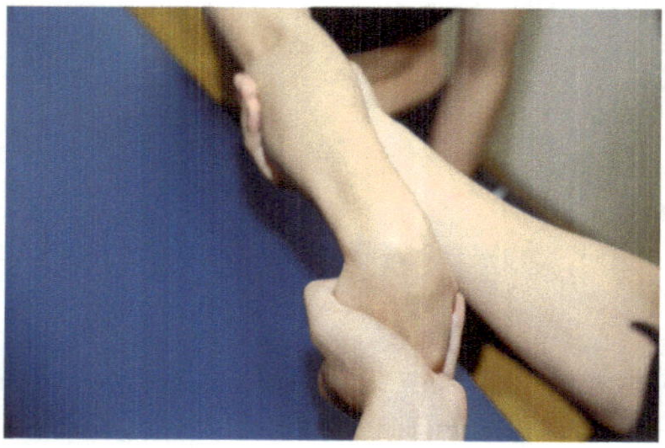

图6-18　腕部伸肌僵硬程度和长度评估

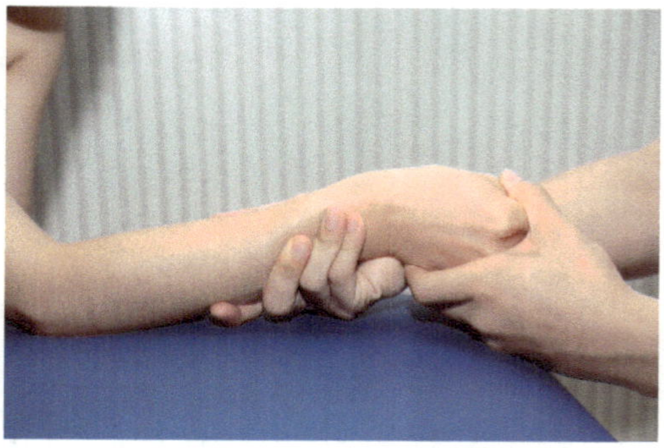

图6-19　握拇尺偏试验

（五）正中神经及腕管综合征评估

1. 握拳蚓部激发试验

从蚓状肌收缩诱发腕管综合征。患者和治疗师坐位。要求患者紧握拳头并保持1分钟。试验阳性是沿正中神经分布范围症状重现。如图6-20所示。

2. 屈腕试验

评估正中神经病理学。患者和治疗师坐位。要求患者完全弯曲双侧手腕并保持60秒。阳性结果为在正中神经分布的区域重现麻木感或感觉异常。也可以通过伸展肘部，评估肘管隧道参与的可能性。如图6-21所示。

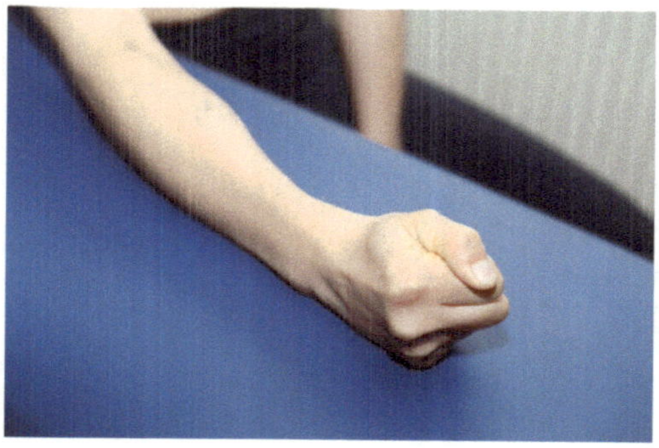

图6-20　握拳蚓部激发试验

图6-21　屈腕试验

3. 轻摇试验

评估腕管综合征。患者坐位。患者剧烈地摇动患侧手部，阳性结果是患者感觉异常缓解，患者可能会报告通过轻摇手部而减轻疼痛和感觉异常。

轻摇试验

4. 旋前圆肌试验

评估正中神经受累和旋前圆肌的易激惹性。患者和治疗师坐位或站立。将毛巾卷放在肱骨远端下方，并弯曲肘部至90° 。前臂被动旋前，施加旋后的阻力以激活旋前圆肌。然后治疗师完全伸展肘部的过程中，让患者继续抵抗。评估旋前圆肌区域症状的重现情况。如图6–22所示。

5. 腕管Tinel征

评估腕管综合征。患者坐位，前臂和手放松置于桌子上。治疗师坐在病人对面。治疗师用一手托住患者手部，另一手使用手指扣击患者腕管。在腕管的不同区域点击长达30秒。阳性结果是患者症状的重现。如图6–23所示。

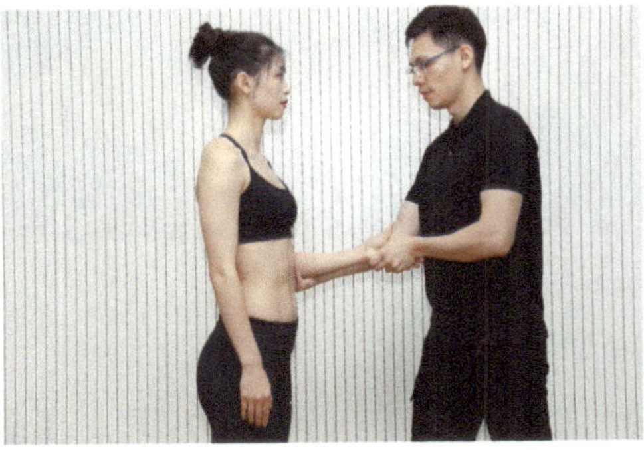

图6–22 旋前圆肌试验

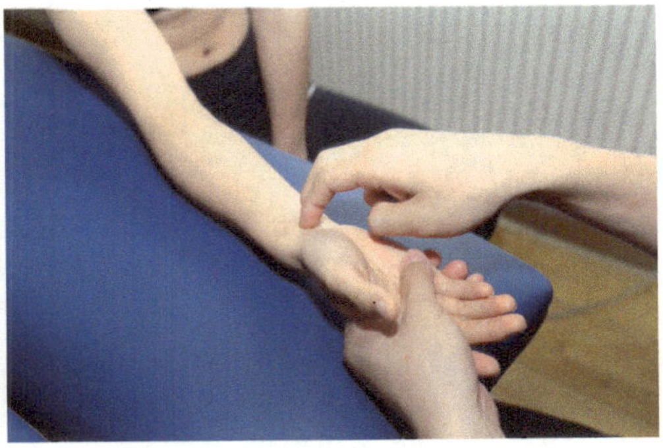

图6–23 腕管Tinel征

6. 手腕比例指数（AP/ML）

评估腕管综合征的风险。患者和治疗师均坐位。治疗师在手腕远端折痕处应用卡尺，测量手腕的前后（AP）直径和手腕的内外（ML）直径。将AP直径除以ML直径（AP/ML）。手腕比例指数> 0.67是腕管综合征的诱发因素。相比于手腕的宽度，这样的腕关节可能更厚，因此腕管可能没有足够的空间，进而导致腕管隧道内压力增加。如图6–24所示。

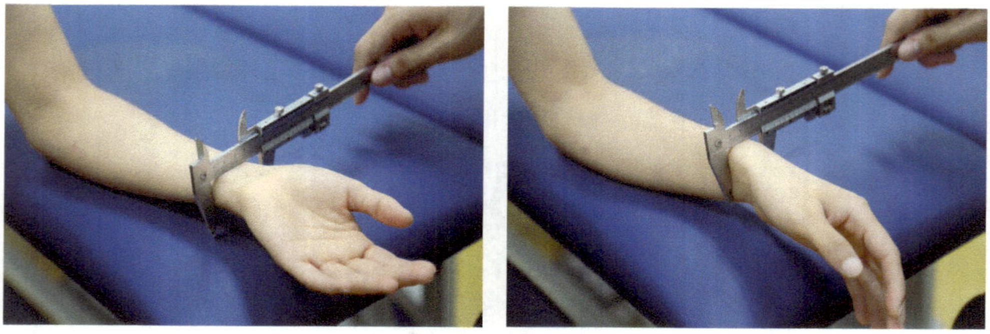

图6-24　手腕比例指数（AP/ML）

（六）神经损伤

Froment试验

评估尺神经损伤。患者坐位。治疗师坐在患者旁边。让患者使用拇指和示指侧面侧捏住一张纸。治疗师试图抽出这张纸，以评估拇指位置的移动。阴性结果是患者保持侧捏的能力，表明拇指内收肌完好使用。阳性结果是拇指和示指指尖之间变为“O”（拇指掌指关节和指尖关节屈曲），指示拇长屈肌的代偿、拇指收肌无力。如图6-25所示。

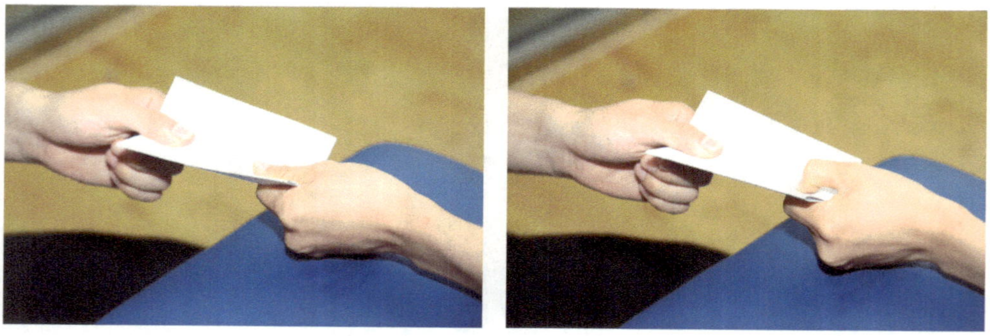

图6-25　Froment试验

八、临近关节检查

对互为临近关节的腕关节及手部各小关节进行主、被动活动检查。

第四节　腕关节评定方法应用

案例1：赵先生，36岁，运动爱好者，一周前卧推训练后，腕部疼痛，不能支撑用力，挤毛巾时疼痛加重。请简述运动评估流程。

1. 问诊

（1）根据患者主诉，询问其损伤的具体动作，伤后急性期的处理过程和方法。

（2）询问疼痛相关情况，包括疼痛的具体位置、严重程度、性质、深度，哪些动作会使疼痛加重或减轻，有无规律性，疼痛是否影响睡眠，是否会因为姿势改变而影响疼痛程度。

（3）询问是否接受过治疗，手部影像学的检查结果，医生有无治疗建议。

（4）询问工作性质，对工作和生活的影响程度。

（5）询问运动情况：类型、时间、频率、强度等。

2. 观察

（1）观察双侧手部，患侧腕关节有无肿胀。

（2）手部有无颜色变化，有无瘢痕。

3. 触诊

（1）在主诉疼痛的部位及周围进行重点检查，检查是否存在压痛、温度升高、肿胀等情况。

（2）患侧腕关节周围有无压痛，重点触诊与TFCC相关的组织结构。

（3）腕部屈肌、伸肌有无缩短或粘连。

4. 主动运动

指导患者完成腕关节屈曲、伸展、尺偏、桡偏等方向的主动关节活动评估，并进行重要肌肉的肌力检查，重点是握力与尺侧屈指肌、尺侧伸指肌的力量。

5. 被动运动

检查腕关节被动活动范围是否正常、是否存在疼痛，双侧对比。重点检查尺侧挤压痛和与TFCC相关的韧带结构是否完整。

6. 特殊检查

通过特殊检查，确诊损伤的结构是TFC，还是单纯腕关节扭伤，并排除神经损伤、骨折等其他损伤。

7. 临近关节检查

对其余指间关节、掌指关节、肘关节、肩关节的活动范围进行评估。

案例2：周小姐，26岁，手工业从业者，两周前在工作过程中造成手指切割伤，行手屈指肌腱断裂缝合术，现术后两周。请简述运动评估流程。

1. 问诊

（1）根据患者主诉，询问其受伤经过，伤后处理过程及手术治疗情况。

（2）询问手术后的治疗情况，包括护理、换药、医嘱等。

（3）询问手术后的疼痛、感觉、肿胀情况及两周时间内的变化情况。

（4）询问工作性质和生活情况。

2. 观察

（1）观察双侧手部，重点观察患指的颜色、肿胀程度，手术切口有无红肿、渗出。

（2）观察其余手指及手腕的颜色和活动状态。

3. 触诊

（1）在手术切口和受伤肌腱周围进行重点检查，检查是否存在压痛、温度升高、肿胀等情况。

（2）腕部屈肌、伸肌有无缩短或粘连。

4. 主动运动

除患指不能主动屈曲外，治疗师可指导患者完成腕关节屈曲、伸展、尺偏、桡偏等方向的主动关节活动评估。进行除患指以外其他手指的全拳、直角拳、勾拳检查，评估肌腱有无粘连。进行重要肌肉的肌力检查。

5. 被动运动

检查腕关节和各手指关节被动活动范围是否正常、是否存在疼痛，双侧对比。注意控制患指的疼痛和被动活动角度。

6. 特殊检查

进行浅感觉和本体感觉检查，排除神经损伤、骨折等其他损伤。

7. 临近关节检查

对其余指间关节、掌指关节、肘关节、肩关节的活动范围进行评估。

思考题

1. 简述手腕部的主动运动检查。

2. 简述手部的感觉评估方法。

参考文献

[1] 恽晓平.康复疗法评定学（第2版）[M].北京：华夏出版社，2014.

[2] HISLOP H. *Daniels and Worthingham's Muscle Testing: Techniques of Manual Examination and Performance Testing(ninth edition)*[M]. Philadelphia：W. B. Saunders，2013.

[3] MAGEE D J.骨科检查评估（第4版）[M].罗卓荆，译.北京：人民军医出版社，2007.

[4] HARRELSON G. *Evaluation of the Wrist and Hand.Kenneth Wright*[M]. New York：McGraw-Hill Humanities，2014.

[5] FREDERIC AS, et al. *Functional and outcome evaluation of the hand and wrist*[J]. HAND CLINICS. 2003,19:361-369.

第七章
颈椎功能评定

本章教学提示

1. 掌握颈椎的评定流程及方法；
2. 熟悉颈椎常见损伤的功能障碍表现特征、损伤机制、诊断标准；
3. 了解颈椎评定方法的新进展。

第一节 颈椎损伤的功能障碍

一、颈部挥鞭样损伤

挥鞭样损伤是身体被撞击引起的颈部加速、减速机制所造成的颈部骨或软组织的损伤。其定义最初由Crowe于1928年提出，专指机动车追尾撞车对乘员头颈产生突然的过伸及过屈机械力，使颈部软组织承受过度应力而造成的损伤。此外，运动场上各种冲撞导致运动员颈椎产生类似动作所造成的损伤也归于此类。

（一）损伤机制

急性颈椎拉伤常因头颈部挥鞭样动作造成，为加速度—减速度伤害或过度后伸—过度屈曲伤害。这种挥鞭样动作发生于车祸、摔跤、运动意外或是其他创伤意外，在头颈部发生的突然猛烈的拉扯。颈部结构若因外力产生拉扯，可能导致软组织急性拉伤或扭伤，严重的可造成骨折或脱位。

常见损伤的部位包括颈部韧带、肌肉、关节突关节、颈椎间盘、神经等。其中，韧带包括前纵韧带、后纵韧带、黄韧带和棘突间韧带等。颈部韧带的损伤多发生在颈部挥鞭样运动的后伸期，主要表现为韧带拉伸及力学性质改变。颈部肌肉在被快速拉伸的刺激下会产生牵张反射，出现反射性收缩，这种收缩在控制颈部活动中贡献很小，反而会因为收缩下被拉长而出现颈部肌肉损伤。关节突关节面的压缩和关节突囊韧带的拉伸造成的关节突关节的损伤也是颈部疼痛的主要来源，尤其是在慢性挥鞭样损伤患者中。同时，挥鞭样损伤后可能出现神经根性损伤，其症状可能与颈脊根神经节在椎间孔内受压损伤有关。故在X线片检查中，其周围组织的损伤常易被忽略。

（二）诊断标准

（1）明确的受伤史。

（2）颈脑综合征：头痛、疲劳、眩晕、注意力不集中以及对光的适应能力减弱等。

（3）下颈段综合征：颈痛和颈肩痛。

（4）临床症状的严重程度分为五个等级：

0级无任何症状和体征；

Ⅰ级有颈部疼痛或不适感但没有体征；

Ⅱ级有颈部疼痛或不适感且有肌肉骨骼系统体征；

Ⅲ级有颈部疼痛或不适感且有神经系统体征；

Ⅳ级有颈部疼痛或不适感且伴有骨折或脱位；

其中以Ⅰ、Ⅱ、Ⅲ级常见，0级和Ⅳ级少见。

（5）影像学检查：挥鞭样损伤患者进行X线片检查时常无明显异常发现，部分检查可发生颈椎生理前凸的消失甚至发生颈椎的反弓，其中颈椎生理前凸消失在症状较严重的患者中发生率更高。对于挥鞭样损伤导致的韧带损伤或椎间盘突出等问题，MRI检查显然优于X线片和CT检查。

（三）主要功能障碍

严重的头部挥鞭样损伤可能出现以下功能障碍：

（1）颈部疼痛：意外发生时，颈部疼痛较轻，在之后的12~72小时内症状才会开始较明显。

（2）头痛：典型表现为枕部或枕下疼痛，并可放射至颞部、眼眶及头顶部。

（3）颈椎活动度会明显减小。

（4）其他可能出现的症状：脑震荡、晕眩、耳鸣、视力模糊或复视、疼痛难以入眠、集中力和记忆力下降；可出现包括上肢沉重无力、麻痹、感觉异常等其他神经学症状。

二、颈椎病

颈椎病是颈椎结构的退行性改变导致颈脊神经、颈髓、椎动脉和交感神经受到刺激或压迫而出现的一系列临床症状和体征，在中老年人群中较为常见，发病率约占总人数的10%。近年来，其在年轻人中发病率也逐年增高。颈椎病的临床表现复杂多样，分型至今未统一，目前大多数将其分为颈型、神经根型、椎动脉型、交感型、脊髓型和混合型六型。

（一）损伤机制

颈椎病相关的危险因素包括：年龄、工作压力、长时间不良坐姿、挥鞭样损伤等；此外，营养不良、抽烟、动脉硬化、不良工作状态、基因都是可能加速颈椎退化的因素。不同型颈椎病产生机制不同，神经根型颈椎病来自神经根被压迫，压迫的原因有椎间盘突出、椎孔狭窄或是椎间盘释放的糖蛋白发炎物质造成的刺激等。脊髓型颈椎病常因椎管狭窄造成，其狭窄可能因椎间盘突出造成；此外，椎间盘环状纤维若向后突出，椎管管腔的横截面积会变小；黄韧带及后纵韧带钙化等也会让脊髓腔的管径变小。

颈部疼痛可来自任何有神经支配的组织受到刺激，疼痛的潜在来源包括椎间盘、终板、小面关节、关节囊、韧带、硬脊膜、神经根、肌肉。神经根压迫刺激背根神经节或是曾受过伤害的背根神经节，从而在受压迫神经根的疼痛传入神经产生异位性神经冲动而出现神经根疼痛。除疼痛外，颈椎病可出现关节活动受限的问题，其原因包括关节囊增厚及挛缩、骨退化、肌肉痉挛、肌筋膜延展性不足、神经张力过高等。此外，也存在颈椎活动度过大的问题，其原因是当脊椎某节段出现活动度过小的情况，常使邻近节段产生代偿性活动度过大的继发反应。临床上，代偿性活动度过大的节段常是产生症状的部位，因为他们代偿了别处受限的角度，需要更大的活动度，接受更多的力量与刺激，进而产生疼痛。

上述颈椎的退变与颈椎的稳定性不足有着密切的关系。脊椎稳定度的维持来自三个次级系统：被动子系统，包括脊椎、椎间盘、关节囊、韧带；主动子系统，包括肌肉和肌腱；控制子系统，是指神经和反馈机制。任何一个子系统的缺失都可能导致脊椎椎节的不稳定。其中，肌肉功能影响主动稳定：所有的肌肉对于维持脊椎的主动稳定都很重要。肌肉系统可依功能分为两类：表浅肌肉又称原动肌，主要起身体运动的作用；深层肌肉则是在脊椎每节之间或周围做支撑稳定。浅层肌肉过于强大而深层肌肉激活不足会导致脊柱椎体间稳定性下降。

（二）诊断标准

（1）具有比较典型的症状和（或）体征；

（2）颈椎的X线片及其他检查证明颈椎存在退变，并压迫神经、血管等；

（3）影像学检查存在的神经、血管压迫与刺激，同临床症状和体征具有明确的因果关系。

（三）主要功能障碍

（1）颈型颈椎病：颈肩部疼痛，肌肉紧张、力弱，颈椎活动度受限，可呈圆肩驼背姿势。无其他神经根或头晕等症状。

（2）神经根型颈椎病：颈肩部疼痛；沿神经根向上肢放射痛，手指麻木；手或臂无力感，持物不稳或失落；颈后伸侧屈活动受限，肌萎缩，肌力下降，手指感觉迟钝。加重因素：颈后伸，咳嗽等。

（3）椎动脉型颈椎病：眩晕、耳鸣、恶心呕吐、猝倒、持物落地等，颈部活动可诱发或加重以上症状。

（4）脊髓型颈椎病：早期下肢（单或双）麻木无力，落地踩空感（踩棉感），胸背部有束带感；逐步发展为上肢发麻（精细动作差），持物脱落，步态不稳；重者：四肢瘫痪，二便困难（潴留）。上、下肢生理反射亢进，可引出病理反射，髌阵挛、踝阵挛、Hoffmann征等阳性。

（5）交感神经型颈椎病：交感神经受累导致交感神经功能紊乱；出现头昏、面麻、出汗或无汗、眼涩、心律不齐、情绪不稳等，主观症状多，客观体征少。

三、胸廓出口综合征

胸廓出口综合征是在颈部和上胸廓的神经血管组织受到压迫、伤害或是刺激造成的一系列症状。

（一）损伤机制

胸廓出口综合征中受影响的神经和血管主要包括锁骨下动、静脉和臂丛神经。造成胸廓出口综合征的原因很多，一般认为主要是机械性或是姿势性的因素。压力、过度使用、不良习惯会导致头前伸、肩膀下垂、含胸等姿势，这些姿势可能会使胸廓出口出现狭窄而压迫到神经和血管等结构而出现相应的症状。

常见的神经血管受压迫区是前斜角肌和中斜角肌之间、锁骨和第一肋骨之间、胸小肌下方三处：

若前斜角肌损伤或痉挛，可能刺激和压迫臂丛神经血管束而产生症状。

颈肋多发生在第七颈椎上（可单侧或双侧同时存在，也可见于第六颈椎），有颈肋的患者可无症状，如有症状多因颈肋向前突出与前斜角肌形成对臂丛血管束的挤压而产生；锁骨中内1/3交界处的深面有臂丛血管束经过，此处也有锁骨下肌附着于锁骨下缘，若锁骨下肌痉挛使锁骨挤压第一肋骨，也可压迫臂丛血管束出现症状。

胸小肌止于喙突，其深面有臂丛血管束经过。胸小肌紧张或损伤或肩过度外展均可能会压迫或刺激臂丛血管束而产生症状。

创伤也会造成肩和胸部的功能减退或肌肉骨骼结构位置改变，导致症状发生。除此之外，伴随锁骨骨折的创伤可能直接导致臂神经丛被压迫而出现相应症状。

（二）诊断标准

（1）因神经、血管或两者是否受压及其程度不同而表现各异，胸廓出口综合征包括三种分类：

①单纯神经性胸廓出口综合征：只有臂丛神经受损，可通过肌电图或是神经传导速率测试进行诊断；

②单纯血管性胸廓出口综合征：锁骨下动脉或是静脉受压或是梗塞，由动脉或静脉血管造影可诊断；

③非特定性胸廓出口综合征：患者有症状但是测试其损伤部位的结果都正常，这种问题在临床上最为常见。

胸廓出口症候群需要进行详细的神经学和肌肉骨骼检查。

（2）有上肢过顶、过度外展运动史或损伤史。

（3）上肢有与运动相关疼痛或窜麻。

（4）双手可出现冰凉、苍白、肿胀等现象。

（5）特殊试验检查中，举臂运动试验、Wright试验等呈阳性体征。

（6）易与颈椎病等混淆，需通过体格检查排除其他颈部和上肢问题。

（7）X光片可确诊是否有颈肋存在，多普勒动脉造影可以检查受压部位。

（三）主要功能障碍

（1）疼痛：疼痛常出现在锁骨上窝前斜角肌处、锁骨中段下缘或喙突下胸小肌处；疼痛亦可放射到颈部，疼痛和窜麻可放射到肩部、上肢及手指。发病早期疼痛为间歇性，可在运动时出现疼痛，上肢外展和颈部过伸体位时出现或加重疼痛。

（2）麻木或感觉异常：臂丛神经受压表现不同支配区域出现感觉功能障碍。

（3）肌力减退或伴肌萎缩：患者大鱼际肌及前臂肌肉肌力减退，严重的可出现上肢肌肉瘫痪及萎缩，以小鱼际及骨间肌萎缩更为常见，有时可存在爪形手畸形。

（4）供血障碍：动、静脉及交感神经受压，患肢上举时可感发冷，颜色苍白，桡动脉搏动减弱；锁骨下静脉严重受压时，则出现患肢远端水肿，发绀，严重可出现血栓。

第二节　颈椎的主观检查

一、主诉及现病史

询问患者现在最主要症状，尤其是疼痛和功能障碍等相关问题，包括疼痛的部位、严重程度、性质、深度、24小时变化等。

了解损伤发生的最初时间、原因以及最初损伤到现在的进程变化，询问治疗情况。详细了解引起损伤的动作，分析判断损伤机制。如果没有受伤病史，应询问是否从事造成相关组织过度使用的工作或活动。

重点了解引起疼痛或不适加重或减轻的因素，疼痛是持续的还是间歇的，如时间（夜间，晨起），姿势以及缓解因素（休息，姿势改变等）等。若疼痛非常剧烈，在夜间更加严重，或疼痛不会随着姿势和动作改变，有可能是其他更加严重的病理性问题，而不是肌肉骨骼组织造成的机械性问题。如果活动的时候疼痛，但是休息后就会减轻，通常是机械性问题或者组织粘连。在早晨比较疼痛可能是颈椎椎间盘的问题，在早晨起床觉得僵硬可能就是关节的问题。

从疼痛和感觉异常的分布区域可以推断出受影响的颈椎节段。同时，应了解其激惹性。如果引发症状只需一点点活动，或症状引发出来之后需要很长时间才能消失，表示问题的激惹性高。此时，任何检查手法中会导致症状加重的动作以及姿势都应该很小心地操作。

此外，要了解损伤给日常生活中带来的不便和最迫切解决的问题等，了解患者不能从事的工作或体育活动，可以帮助确认其失能的程度，并且制定精准的功能性治疗目标。

二、既往史

既往史是临床假设的第一步，有经验的治疗师通常会先从病史做出一个初步判断，利用接下来的检查来确认刚刚的假设，并且考量适当的治疗方法。从患者描述他的问题当中，治疗师可以了解这个患者的动机、对疾病的认知以及对疼痛的耐受度。

既往史的采集要问患者过去与损伤相关的病史，是否发生过类似的问题以及相关的治疗方法，是否存在其他关节与之相关的问题；若有相邻多个部位出现过伤痛，治疗师要考虑不同部位损伤之间在时间轴上的相关影响，以对需治疗部位有更全面的掌握。

此外，治疗师还要了解患者整体健康状况，过去是否有重大疾病史，有无糖尿病、有无类风湿性关节炎、癌症、心脏病或者是运动创伤等病史。此外，治疗师还应了解到患者服用药物的情况。

三、个人史

了解患者的年龄，对照年龄与常见的颈椎疾病之间的关系，颈椎的椎间盘疾病和脊椎滑脱在中年（40~60岁）较为常见，而脊髓病变常见于老年患者（大于60岁）。了解患者的职业和参与运动情况。了解患者睡觉的姿势以及夜晚使用枕头的种类和高度，了解患者使用的家具、工作场所座位的高度、键盘的位置等，这些均有助于判断疾病的风险因素，且有益于协助患者减少不良姿势造成颈部的压力。

四、家族史

了解患者家庭成员健康情况，判断其与损伤是否相关，进而更好地了解患者疾病相关问题，寻找影响症状的因素，也能够在治疗中更好地取得患者家属的支持和配合。

五、问卷

针对颈椎问题的各种颈痛量表在临床应用广泛。颈痛相关功能障碍量表主要用于评价颈痛对患者日常生活能力影响的程度，常用的有Neck Disability Index（NDI）、Neck Pain and Disability Scale（NPDS）、Patient -Specific Functional Scale（PSFS）等。其中，NDI量表在临床上应用最为广泛。

NDI 量表包括疼痛强度、自我照顾、直立、阅读、头痛、注意力、工作、驾驶、睡眠和娱乐共十个方面，每项6个选项，分值从0 分到5分，分数越高表示功能障碍程度越重。NDI 用于评价神经根型颈椎病具有良好的信度和效度。

NPDS有20个条目，评定颈部疼痛强度及其对职业、休闲、社会、整体功能及情感因素的影响。患者通过标记一条10厘米长的目测类比量表来回答，每项得分为0 ~ 5 分，总分从0 分（无残疾）到100分（完全残疾）。

PSFS是由患者列出不适症状而造成的生活中不能完成或完成困难的活动，再根据程度进行排序。该方法能够准确评价同一患者不同功能障碍的程度差别，但在不同患者之间无法比较。

此外，在评价颈椎病引起的颈痛方面，还常用的量表是Northwick Park颈痛量表NPQ。NPQ由9个条目组成，以综合测量患者在疼痛程度，症状持续时间，夜间的针刺或麻木感，疼痛对睡眠的影响，疼痛对社交活动的影响，搬抬重物，读书、看电视，工作、做家务和驾驶汽车九个方面的感受，为国际上应用较为广泛的颈痛程度测量量表。

第三节　颈椎的客观检查

一、观察

当患者走进治疗室就要开始对患者的观察。若出现步态失调，尤其是发生在老年患者，可能是存在颈椎脊髓病变。

患者在接受视诊检查时应适当地脱去衣服，检查者应观察他脱衣服时的情况，如患者脱衣服时是否可以轻松地活动头部。检查者应记录患者是否愿意做动作及动作方式。检查者应在患者讲述病情、移动、姿势改变等活动过程中仔细观察患者的表情变化以帮助了解患者的主观感觉。

站位或坐位进行检查，但为了更全面地观察以及避免坐姿下腰椎姿势对颈椎的影响，所以通常站立位更适合接受检查。一般姿势评估内容可参见第一篇第三章。

要观察患者是否存在肌肉痉挛或存在三角肌萎缩（腋神经瘫痪）或斜颈（肌肉痉挛、紧张或胸锁乳突肌突起），手部内在肌肉是否存在萎缩（神经根被压迫）。

检查者应观察并详细记录上肢皮肤颜色、溃疡、静脉曲张等上肢缺血性改变的迹象。

二、触诊

颈椎的触诊应采用稳定而柔和的手法进行。触诊时可取坐位或卧位进行。触诊的内容包括枕外隆突、枕骨、乳突、颈椎棘突和横突、关节突关节等重要的骨性标志；斜方肌、胸锁乳突肌、枕下肌肉、斜角肌、肩胛提肌等重要肌肉；颈部前方的舌骨、甲状舌骨膜、甲状软骨、环状软骨、气管、锁骨上窝以及淋巴结等结构。

从颈部后方开始，慢而轻柔地向上滑行，可触碰到枕骨后方的枕外隆突。枕外隆突向下移动触到的圆形突起就是颈2棘突，颈椎棘突触诊一般从颈2开始，颈2棘突比较清楚而且定位准确。然后再顺序向下触摸，颈3~颈5棘突比较小，不容易触摸清楚。颈6、颈7棘突和胸1棘突比较大，容易触摸清楚。触摸时要注意检查棘突是否偏斜，压痛点是在棘突的中央区还是在两侧，并由轻到重测定压痛点是位于浅层还是位于深部。 颈7棘突和胸1棘突的鉴别做法是示指和中指分别按住一个棘突，然后再让患者活动颈椎，如果是上一节或者是所按节的活动，那么可以确定它不是胸椎，不活动的下一节是胸椎，那么上一节就是颈7。

手指直接放在耳垂下，可感到两边各有一个圆形突起，这就是乳突。乳突下约1厘米等胸锁乳突肌之下可触诊颈2的横突，顺着颈部外侧往下可触诊各颈椎横突。触诊时可感受其活动度或是否能诱发出疼痛。

前斜角肌触诊时患者头向健侧并稍侧屈，深吸气后闭气，以示指、中指在其锁骨上沿胸锁乳突肌外缘向内上方按压，可以触到前斜角肌的下端，轻轻触压来了解该肌的硬度及是否有压痛。如果由颈肋及颈椎病等引起的前斜角肌综合征，可以出现放射性压痛。

三、主动运动

检查颈椎的主动活动度可用关节角度尺进行测量。检查者应注意观察双侧活动度是否存在差异，记录有无颈部疼痛、痉挛、僵硬。颈椎主动运动可按特定的顺序进行，激惹疼痛的运动方向放在最后检查。如图7–1所示。

颈椎运动中，枕骨—寰椎关节伸展和屈曲可以分别产生头前伸（下巴向前）和头后缩（收下巴）的运动。故检查者应区别检查上颈椎和下颈椎运动。如屈曲时点头运动发生于上颈椎，而屈曲运动发生于下颈椎。如果没有点头运动，表明上颈椎运动障碍；如果屈曲运动没有出现，表明下颈椎运动障碍。在颈椎的运动中，颈2~颈7椎体运动时产生联合运动，而颈1与颈2椎体间可产生单独运动而不影响其他颈椎。

当患者达到主动运动的最大活动度时，可小心地实施被动的施压运动，此操作只有在完全达到最大主动运动范围且不存在疼痛的情况下才能进行（见后面的被动运动)。这种被动运动可以使检查者了解运动终末觉，以及区分生理性（主动）最大活动度和解剖性（被动）最大活动度。

1. 屈曲

（1）体位：坐位，胸腰椎紧靠在椅背上，颈椎无旋转及侧屈。

（2）关节角度尺摆放：

轴心：两臂交点。

固定臂：与地面垂直。

移动臂：外耳道与鼻尖的连线。

（3）测量方法：矢状面运动，患者主动将下颌向胸骨运动。检查者同时控制其胸部，防止胸腰椎的屈曲。

（4）参考值范围：0°~45°。闭口时下颌触到胸骨可以达到最大屈曲度；但通常情况下，下颌屈曲到距胸骨两横指距离即为正常范围。

2. 后伸

（1）体位：坐位胸腰椎紧靠在椅背上，颈椎无旋转及侧屈。

（2）关节角度尺摆放：

轴心：两臂交点。

固定臂：与地面垂直。

移动臂：外耳道与鼻尖的连线。

（3）测量方法：矢状面运动，患者主动伸展颈椎。检查者右手扶持患者下颌，左手扶持头后部，防止颈椎的旋转与侧屈。胸腰椎紧靠椅背，防止出现伸展的代偿动作。

（4）参考值范围：0°~45°。

3. 侧屈

（1）体位：坐位，胸腰椎紧靠椅背，颈椎无屈曲、伸展和旋转。

（2）关节角度尺摆放：

轴心：与第七颈椎棘突一致。

固定臂：沿胸椎棘突与地面垂直。

移动臂：以枕外粗隆为标志点与后头部中线一致。

（3）测量方法：冠状面运动，固定患者肩胛骨，防止胸腰椎侧屈。检查者应确保是患者的耳朵向肩部运动，而不是肩部向耳朵运动。

（4）参考值范围：0°~45°。

4. 旋转

（1）体位：坐位，胸腰椎紧靠椅背，颈椎无屈曲、伸展和侧屈。

（2）关节角度尺摆放：

轴心：头顶中心点。

固定臂：与两侧肩峰连线平行。

移动臂：头顶与鼻尖连线一致。

（3）测量方法：在水平面上以垂直轴为轴进行运动，固定肩胛骨防止躯干旋转。

（4）参考值范围：0°~60°。

屈曲

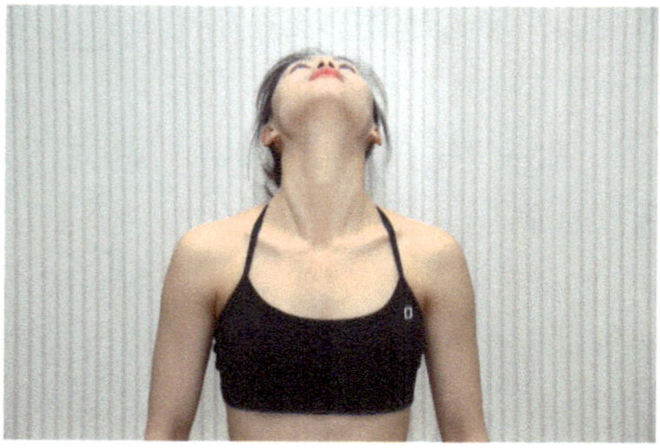

伸展

左侧屈

右侧屈

左旋转

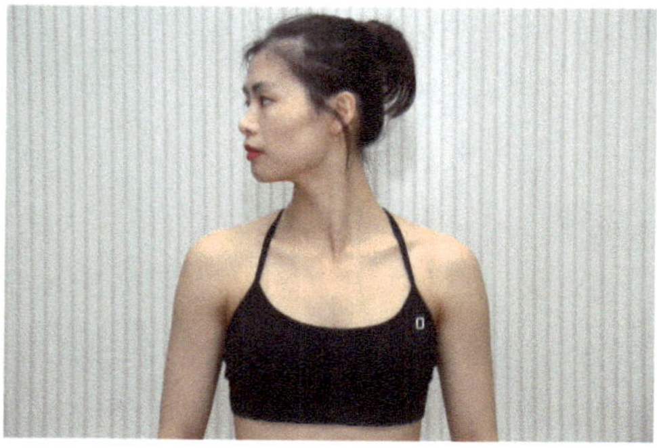

右旋转

图7-1　颈椎主动活动度

四、被动运动

如果患者主动运动达不到最大的关节活动度或检查者未对患者实施被动的施压运动以检查运动终末觉，则患者应在仰卧位接受检查。这时，检查者对患者进行被动屈曲、后伸、侧屈、旋转运动检查。患者仰卧时被动运动范围一般大于坐位时被动运动范围。

颈椎的被动运动检查还包括每对椎体间的生理性运动，这被称为椎体间被动性生理运动。通过先稳定或限制一个椎体的运动（通常是远端的椎体），然后检查者通过移动患者头部完成不同的生理性动作，对每个节段进行逐一检查。检查时首先触诊找出有压痛感的颈椎部位。通过被动运动检查可分辨压痛颈椎节段和临近没有压痛感的节段之间活动度的差异。单关节活动度测试是要找出活动时会出现相似痛的节段。

（一）枕骨—寰椎关节

1. 伸直受限：枕骨髁向前滑动受限

体位：患者仰卧。

过程：检查者双手手掌心放在患者头部两侧，示指与中指分别放在患者耳朵前后，给予患者一定压力，以控制住患者的头部。保持头部不离床的姿势下，做出枕骨—寰椎关节被动伸直动作，两侧枕骨髁会向前滑动。在保持住此被动伸直的角度下，再施以枕骨相对寰椎的侧滑或侧弯动作，往左侧滑（表示右侧弯）可测得右侧枕骨髁向前滑动是否受限；往右侧滑（表示向左侧弯）可测得左侧枕骨髁向前滑动是否受限。比较两侧的测试结果判断枕骨髁向前滑动是否受限。如图7–2所示。

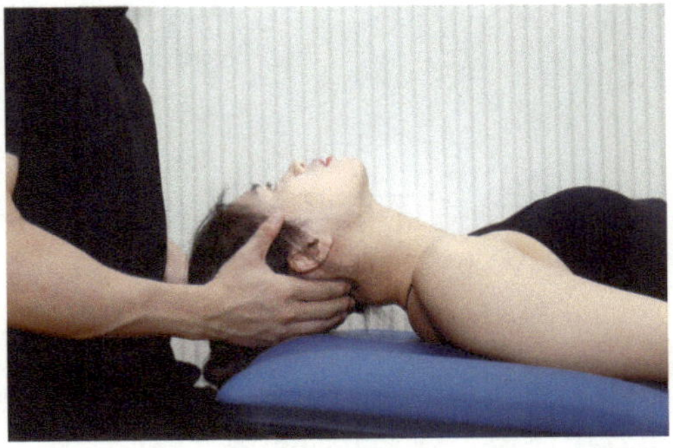

图7–2　枕骨—寰椎关节被动伸直活动度评估

2. 屈曲受限：枕骨髁向后滑动受限

体位：患者仰卧。

过程：检查者双手掌心放在患者的头部两侧，示指与中指分别放在患者耳朵的前后，给予患者一定压力，以控制住患者的头部。在保持头部不离床的姿势下，做出枕骨—寰椎关节被动屈曲动作（收下巴的点头动作），两侧枕骨髁会向后滑动。在保持住此最大被动屈曲角度下再施以枕骨相对于寰椎的侧滑或侧弯动作，向左侧滑（表示向右侧弯）可测得左侧枕骨髁向后滑动是否受限；向右侧滑（表示向左侧弯）可测得右侧枕骨髁向后滑动是否受限。比较两侧的测试结果，判断枕骨髁向后滑动是否受限。

（二）寰椎—枢椎关节被动旋转活动度评估

此测试是在颈椎屈曲终末的位置下，比较头颈旋转至两侧的差异，可以判断颈1及颈2之间有无旋转受限问题，测试方法如下:

体位：患者仰卧。

过程：检查者把患者颈部屈曲到底，让颈椎锁紧，使得颈2以下颈椎各关节间做不出旋转的动作。保持颈部最大屈曲姿势下，将患者颈部转向两侧，此时旋转动作全部发生在寰椎（颈1）和枢椎（颈2）之间，故可以比较两侧颈1和颈2旋转活动度。观察角度时，检查者可用患者的鼻子当作指标，来估计在水平面上的颈1旋转活动度。如果左右两边旋转活动度不相等，说明角度小的那一侧可能有寰椎—枢椎受限的问题。如图7-3所示。

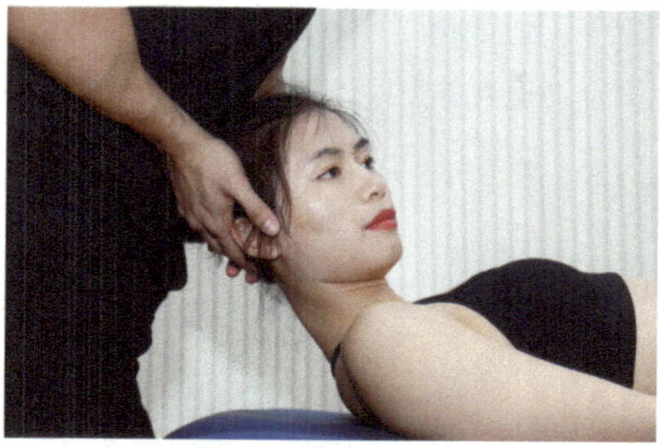

图7-3　寰椎-枢椎关节被动旋转活动度评估

（三）中下颈椎椎体被动活动度评估

针对中下颈椎椎体被动活动度测试，主要是测试小面关节的活动度。测试过程中，检查者用示指和中指的指尖去感受椎体之间的动作幅度比较各椎体之间是否活动度过大或过小或诱发出疼痛。各个方向测试方式如下：

1. 颈椎前屈

颈椎前屈的动作是上一节的小面关节面相对于下一节的关节面，左右两侧同时做出向上、向前的滑动。检查者将患者的颈部和头部带到前屈30° 的位置，使得颈椎小面关节的关节面和地面接近垂直；检查者用双手示指与中指置于两侧的小面关节处，把患者的颈椎由第2颈椎小面关节开始，一节一节向前推动，做被动颈椎前屈动作，动作过程中检查者利用膝部由微弯姿势到伸直的动作来做评估。

2. 颈椎后伸

颈椎后伸是用类似前屈的手法，测试位置是将头颈部摆在正中位置，离开或接触床面均可。检查者用双手示指与中指放于两侧小面关节处，把患者的颈椎由第2颈椎小面关节开始，一节一节推向上、向前做被动颈椎后伸的动作。如图7-4所示。

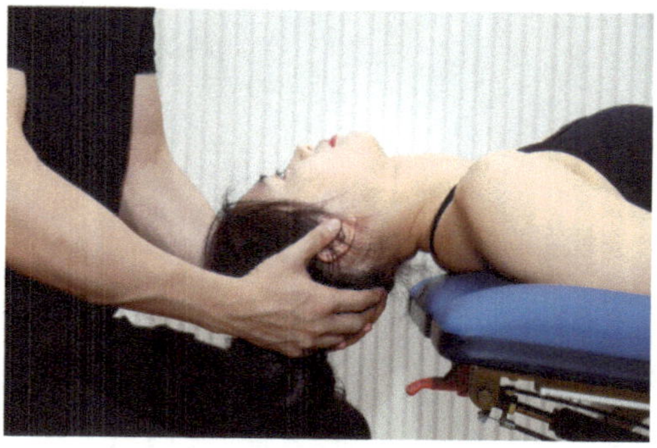

图7-4　中下颈椎椎体被动活动度评估：颈椎后伸

3. 颈椎旋转

颈椎旋转的动作是上一节的单侧小面关节面相对于下一节的关节面，做出向上、向前的滑动，另一侧自然出现向下、向后的滑动。旋转也是用和前屈相同的手法来测试，但是摆在颈部正中位下进行。检查者用双手示指与中指放于两侧小面关节处，把患者的颈椎由第二颈椎小面关节开始，一节一节地做被动旋转动作，一次只测一侧的动作，如果测试向左旋转，用右手向上推，左手只是支撑着。如图7–5所示。

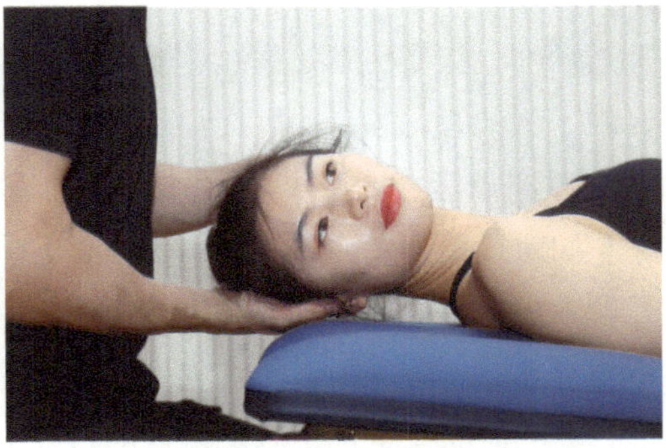

图7–5 中下颈椎椎体被动活动度评估：颈椎旋转

4. 颈椎侧弯

颈椎侧弯的动作是上一节的单侧小面关节相对于下一节的关节面，做出向内、向下的滑动，另一侧自然出现向上的滑动。患者头颈部悬空，检查者以自己的腹部予以支撑；检查者用双手示指与中指放于两侧小面关节处，把患者的颈椎由第二颈椎小面关节开始，一节一节地做被动侧弯动作，一次只推一边，侧弯时，患者的头顶不动。检查者也可以使用示指根部靠在小面关节的侧面，向内和微向下施力，接触点在示指的掌指关节外侧偏掌心的位置。让临近的脊椎相对于施力的那节做出侧弯的动作。如图7–6所示。

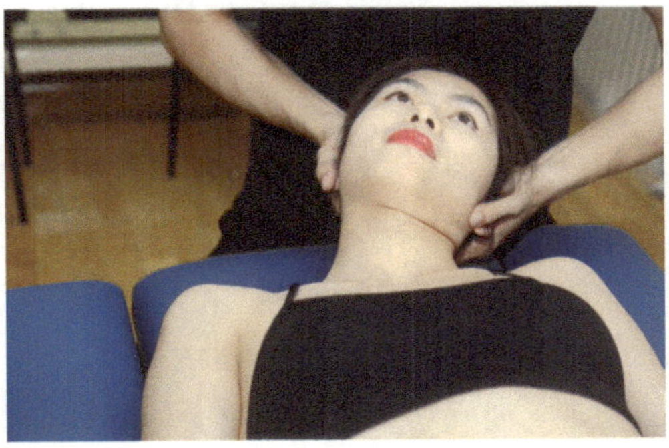

图7–6 中下颈椎被动椎节活动度评估：颈椎侧弯

5. 颈椎侧移

测试颈椎侧边平移时，患者头颈部悬空，检查者以自己的腹部予以支撑；检查者用双手示指与中指放在两侧小面关节处，把患者的颈椎从第二颈椎小面关节开始，一节一节地做被动侧移动作，一次只推一边，侧移时患者整个头部跟着平行移动。检查者也可以使用示指根部靠在小面关节的侧面，向内施力，接触点在示指的掌指关节外侧偏掌心的位置，让临近的椎体相对于施力的那节做出侧移的动作。在进行这项测试时，检查者要向动作的方向转移自己的体重。如图7–7所示。

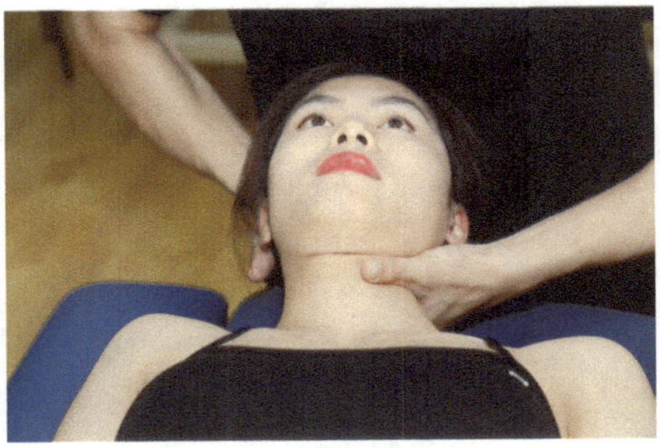

图7–7 中下颈椎被动椎节活动度评估：颈椎侧移

（四）第一肋骨的活动度测试

颈椎、胸椎交界处是许多软组织和第一胸椎的连接处，检查第一肋骨的活动度是相当重要的。测试时，患者仰卧在评估床上。检查者一手支撑在患者枕骨下，被动带出头部的侧弯动作。同时，检查者的另一手由颈椎第七节横突向外触诊患者的第一肋骨。在进行头颈左侧弯时，检查者在第一肋骨上的拇指感觉第一肋骨开始向上移动的时间点（记录测试侧弯的角度），将此与对侧动作做比较，找出是否有不对称的情形。在颈椎侧弯时，过早的第一肋骨动作表示该侧斜角肌可能较为紧张。如图7-8所示。

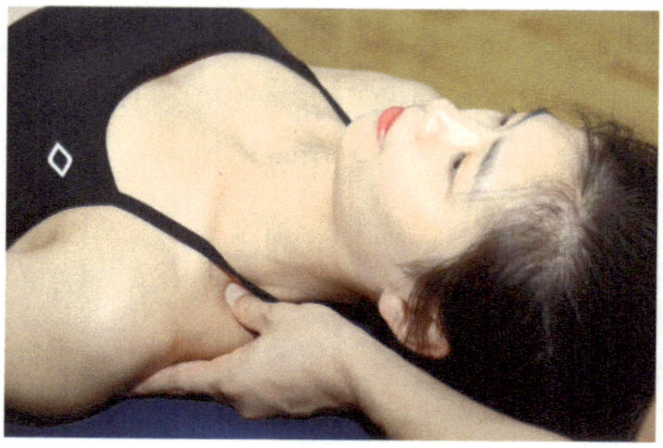

图7-8　第一肋骨的活动度测试

（五）颈椎节段性活动

1. 颈椎向前方滑动（PA）

患者俯卧于检查床，踝部垫枕头。检查者肘部伸直，两手大拇指叠加对每个棘突上和棘突旁（关节柱）施加由后向前的力，评估每一节颈椎的活动，观察是否有疼痛、受限或引发的其他症状。注意判断疼痛和组织抵抗的关系。如图7-9所示。

2. 上颈段向前方滑动（PA）

患者俯卧位。检查者沿着患者枕外隆突向下触诊到C1（寰椎）的后弓，用两个大拇指叠加在后弓上施加由后向前的力，继续向下找到C2的棘突，向旁找到C2的关节柱，以及在乳突和下颌角之间找到C1的横突，均施加由后向前的力，评估其附属活动并与对侧对比。如图7-10所示。

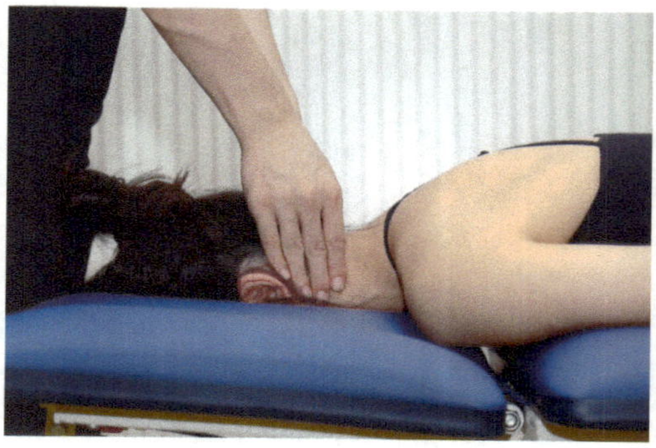

图7-9　颈椎PA

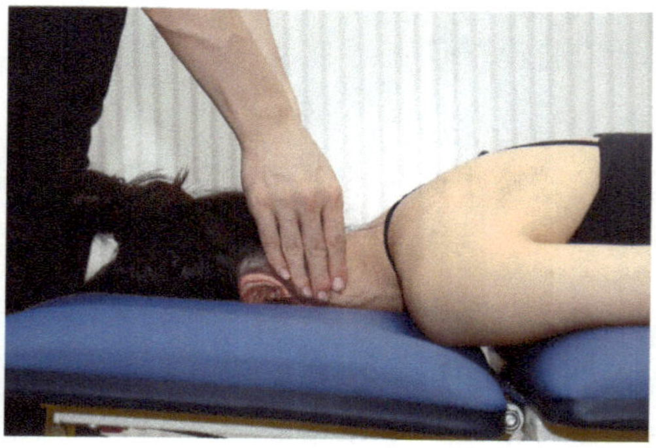

图7-10　上颈段PA

五、抗阻运动

1. 头部后伸

（1）主要动作肌：头后大直肌、头后小直肌、头最长肌、头上斜肌、头下斜肌、头夹肌、头半棘肌、斜方肌、头棘肌及胸锁乳突肌。

（2）体位：俯卧位（5~3级）、仰卧位（2~0级）。

（3）检查方法：被检查者头伸出检查床前端，双上肢置于体侧。检查者一手置于被检查者的头后部，向下方施加阻力，另一手置于下颌予以保护。

（4）评级：

· 5级与4级：被检查者俯卧位，头垂出床边，双手臂置于身体两侧，在点头动作中向上抬下巴将头部后伸（颈椎不可后伸）。检查者阻力施加的方向和头部的动作方向相反。在没有颈椎后伸的代偿情况下，可完成活动范围动作，且能抵抗最大阻力者为5级，能抵抗强至中度阻力者为4级。如图7–11所示。

· 3级：能抵抗重力完成活动范围动作者为3级。如图7–12所示。

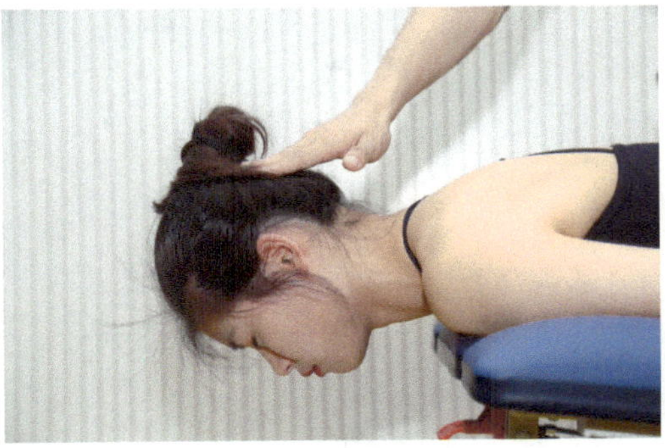

图7–11　肌力评估——头部后伸1

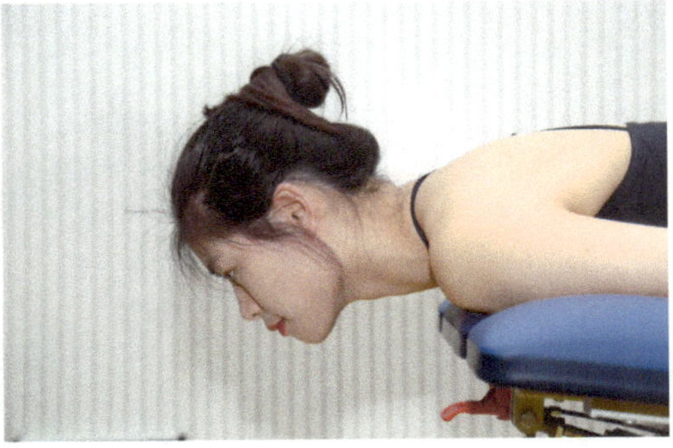

图7–12　肌力评估——头部后伸2

· 2级：被检查者仰卧位，头平放于床面，双手置于体侧。注意：不建议在重力影响最小的姿势下进行肌力2分或以下的测试，因为检查者试图支撑头部，难免会产生测试的人为反应，提供了测试动作不该有的协助。检查者站在床头，面对被检查者，双手摆在枕骨下方，支撑头部，手指放在枕骨基部脊柱外侧的位置，触诊头部后伸肌。可将头部稍微抬离床面，以降低摩擦力。被检查者向上抬起下巴，但不可将头抬离床面。能完成有限活动范围的动作者为2级。如图7–13所示。

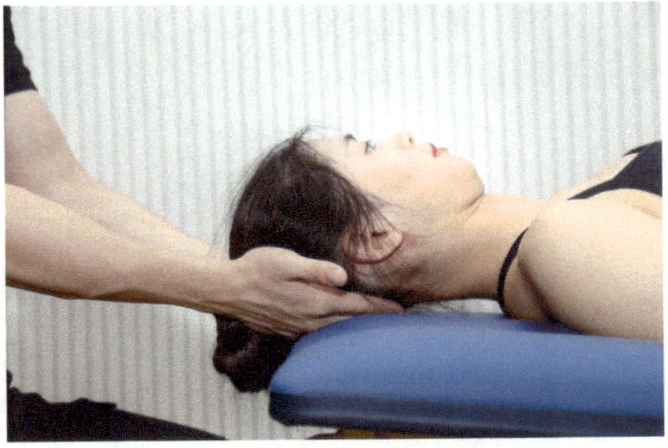

图7–13　肌力评估——头部后伸3

· 1级与0级：触及头部后伸肌肌肉收缩者为1级，无收缩者为0级。

2. 颈部后伸

（1）主要动作肌：颈最长肌、颈半棘肌、颈髂肋肌、颈夹肌、斜方肌、颈棘间肌、颈横突间肌、颈转肌、多裂肌、肩胛提肌。颈部后伸肌群只限于作用在颈椎，而且动作集中在下颈椎的肌肉。

（2）体位：俯卧位（5~3级）、仰卧位（2~0级）。

（3）检查方法：被检查者俯卧，头垂出床缘，双手置于身体两侧。检查者站在被检查者头部侧边的位置，一手置于顶骨与枕骨处施加阻力，另一手置于下巴下方，准备在突然无法承受阻力时给予头部支撑。

（4）评级：

· 5级与4级：被检查者俯卧位，头部伸直，但不抬起下巴。检查者手置于顶骨与枕骨处施加阻力。可完成活动范围动作，且能抵抗最大阻力并维持姿势者为5级。能完成可活动范围动作，且能抵抗中度阻力者为4级。临床上治疗师要注意，因为这些肌肉并不强壮，最大收缩时仍不能抵抗太大的阻力。如图7-14所示。

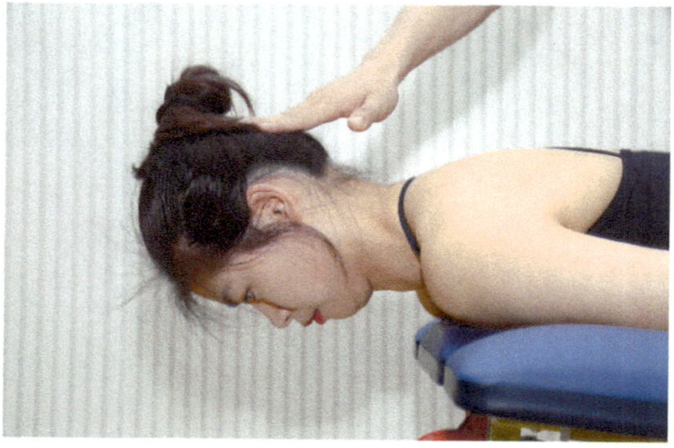

图7-14 肌力评估——颈部后伸1

· 3级：被检查者伸直头部，但不向上看或抬高下巴。可完成活动范围动作，但无法抵抗阻力者为3级。如图7-15所示。

图7-15 肌力评估——颈部后伸2

· 2级：被检查者仰卧位，头部完全由床面支撑，双手置于身体两侧。检查者面对被检查者，站在床头，双手放在头部下方，手指触摸枕骨远端、颈椎高度的位置。被检查者尝试往床面后伸头部。把头部推向检查者的手，能完成小范围的颈部后伸动作者为2级。如图7-16所示。

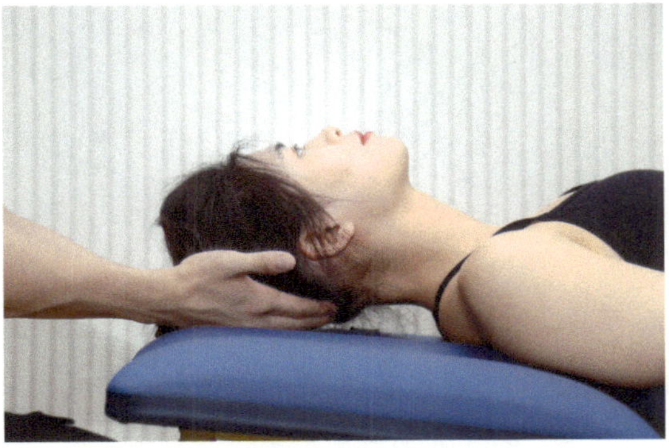

图7-16　肌力评估——颈部后伸3

· 1级与0级：可触摸到颈部后伸肌收缩者为1级，无法触摸到肌肉收缩者为0级。

3. 头颈部合并后伸

（1）体位：俯卧位。

（2）检查方法：被检查者俯卧位，头垂出床缘，双手置于身体两侧。检查者站在被检查者头部一侧的位置，一手置于顶骨与枕骨部位施加阻力，阻力为向下合并向前的方向，另一手置于下巴下方，准备在被检查者无法承受阻力时给予支撑。

（3）评级：

· 5级与4级： 被检查者俯卧位，由抬起下巴及向上看来做出头部及颈部全范围活动的后伸。可完成活动范围动作，且能抵抗最大阻力者为5级。可完成活动范围动作，且能抵抗中度阻力者为4级。如图7-17所示。

· 3级：在重力下可完成活动范围的动作，但无法抵抗额外的阻力者为3级。如图7-18所示。

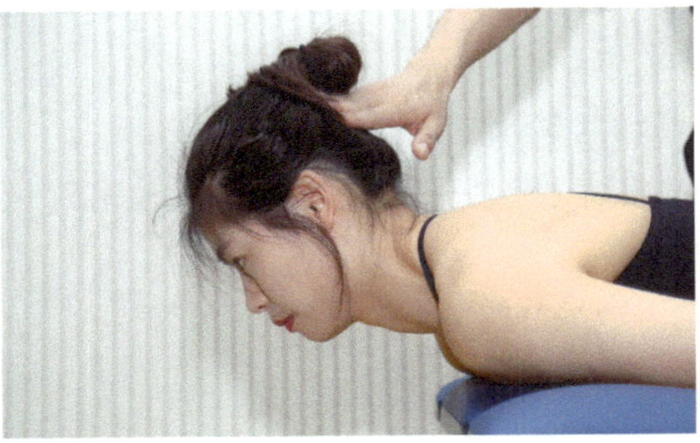

图7-17　肌力评估——头颈部合并后伸1

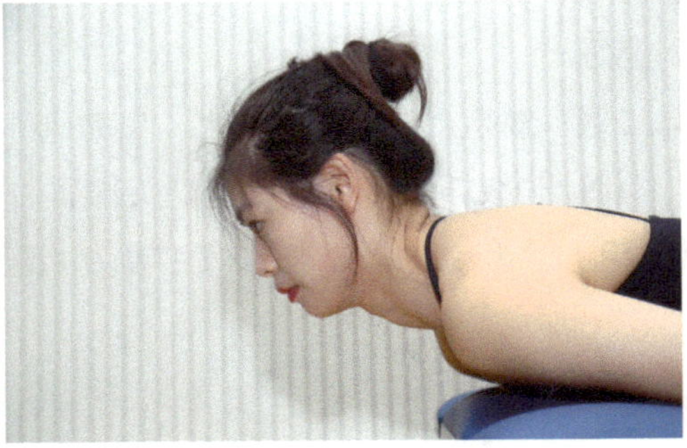

图7-18　肌力评估——头颈部合并后伸 2

· 2级：被检查者俯卧，头部完全由床面支撑，双手置于身体两侧。检查者站在被检查者上半身的侧面，双手放在颈部和枕骨基部，准备触诊。被检查者尝试抬头并向上看。仅能完成部分活动范围动作者为2级。

· 1级与0级：可触摸到头部和颈部后伸肌收缩，但没有动作产生者为1级，无法触摸到肌肉收缩者为0级。

4. 头部屈曲

（1）主要动作肌：头前直肌、头外直肌、头长肌、舌骨上肌群、下颌舌骨肌、茎突舌骨肌、颏骨舌骨肌、二腹肌。

（2）体位：仰卧位。

（3）检查方法：被检查者仰卧，头部由床面支撑，双手置于身体两侧。检查者面对被检查者，站在床头。双手呈杯状置于下颌骨的下方，施加方向为向上和向后的阻力。如图7-19所示。

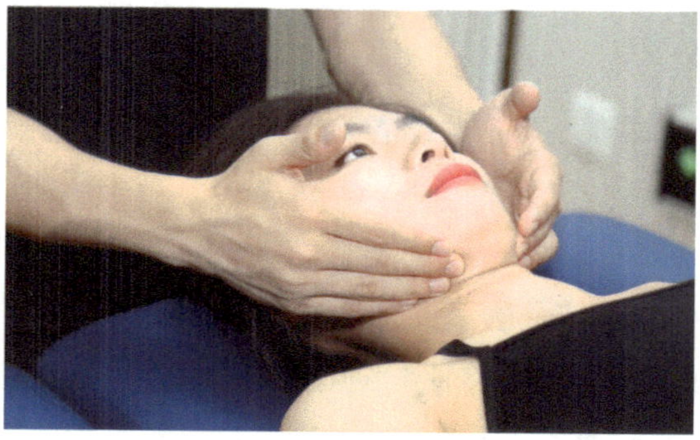

图7-19　肌力评估——头部屈曲1

（4）评级：

· 5级与4级：被检查者收下巴，朝颈部靠近，但不可将头从床面抬起，颈椎不应该产生任何动作，即点头动作。可完成活动范围动作，且能抵抗最大阻力者为5级。可完成活动范围动作，且能抵抗中度阻力者为4级。

· 3级：被检查者收下巴，但不可将头抬离床面。能完成可活动范围动作，但无法抵抗阻力者为3级。

· 2级：被检查者尝试收下巴。仅完成部分活动范围动作者为2级。如图7-20所示。

· 1级与0级：可能可以触摸到头部屈曲肌的收缩（但是有困难，而且只能使用最小的压力做触诊）者为1级，没有肌肉收缩者为0级。

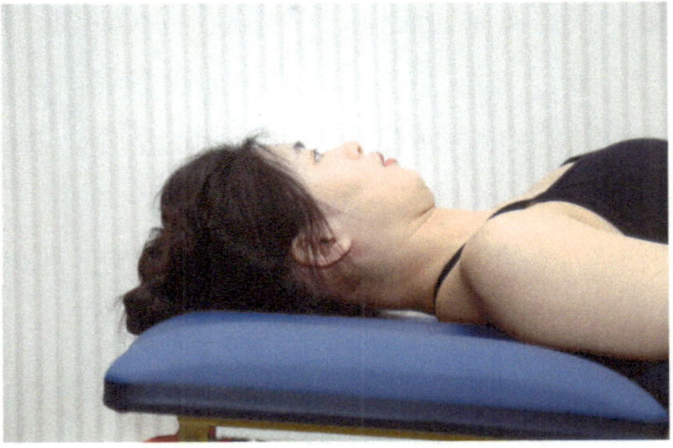

图7-20　肌力评估——头部屈曲2

5. 颈部屈曲

（1）主要动作肌：胸锁乳突肌、颈长肌、前斜角肌、中斜角肌、后斜角肌和下舌骨肌群、胸骨甲状肌、甲状舌骨肌、胸骨舌骨肌、肩胛舌骨肌。这些颈部屈曲的肌群只作用在颈椎上，动作集中位于下颈椎。

（2）体位：仰卧位。

（3）检查方法：仰卧，双手置于身体两侧，头部由床面支撑。检查者站在被检查者头部侧面的位置，施加阻力的手置于被检查者前额，只用两根手指给予阻力，另一手可置于胸前，在患者躯干无力时协助稳定。

（4）评级：

· 5级与4级：被检查者屈曲颈部将头由床面垂直抬起，不可收下巴。可完成活动范围动作，且能抵抗两根手指的中度阻力者为5级。可完成活动范围动作，且能抵抗两根手指的轻度阻力者为4级。

· 3级：被检查者和检查者姿势和之前测试相同，但不在前额给予阻力。被检查者屈曲颈部，保持注视天花板。能完成可活动范围动作者为3级。如图7-21所示。

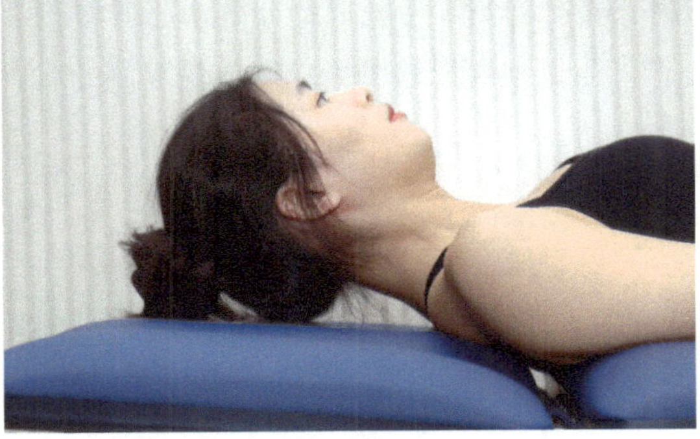

图7-21　肌力评估——颈部屈曲

· 2级：被检查者仰卧，头部由床面支撑，双手置于身体两侧。检查者面对患者，站在床头，测试时双手的手指（或只有示指）放在胸锁乳突肌上触诊。被检查者将头部由一侧转至另一侧，保持头部由床面支撑。仅能完成部分活动范围的动作。右侧的胸锁乳突肌负责向左转，反之亦然者为2级。

· 1级与0级：没有动作产生，但可以检测到单侧或是双侧的肌肉收缩者为1级。没有动作产生，也无法检测到肌肉收缩者为0级。

6. 头颈部合并屈曲

（1）体位：仰卧。

（2）检查方法：被检查者仰卧，头部由床面支撑，双手置于身体两侧。检查者靠近被检查者肩部站立，一手放在被检查者的前额给予阻力。若被检查者躯干无力，可将另一手置于胸口给予固定。

（3）评级：

· 5级与4级：被检查者屈曲头部和颈部，把下巴带向胸口。可完成活动范围动作，且能抵抗最大阻力者为5级。可完成活动范围动作，且能抵抗中度阻力者为4级。

· 3级：检查者站在被检查者胸部位置的床侧，不用对头部动作施加阻力，对于躯干无力的被检查者需要提供协助固定胸部。患者收下巴屈曲颈部，直到完成活动范围动作。可完成活动范围动作，但无法抵抗阻力者为3级。如图7–22所示。

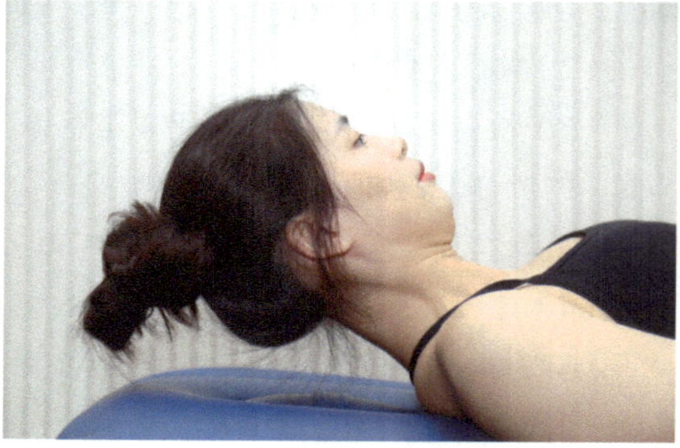

图7–22　肌力评估——头颈部合并屈曲

· 2级：检查者面对被检查者站在床头。双手的手指，或最好是只用示指触摸两侧的胸锁乳突肌。被检查者尝试将头由一侧转至另一侧。胸锁乳突肌负责将头转向对侧的动作，而大部分的头部屈曲肌群负责将头转至同侧。可完成部分活动范围动作者为2级。

· 1级与0级：没有动作产生，但可以检测到单侧或是双侧的肌肉收缩者为1级，无法触摸到肌肉收缩者为0级。

7. 颈部转动

（1）主要动作肌：头后大直肌、头下斜肌、头最长肌、头夹肌、头半棘肌、颈半棘肌、颈夹肌、颈转肌、头长肌、颈长肌、前斜角肌、中斜角肌、后斜角肌、胸锁乳突肌、斜方肌、肩胛提肌。

（2）运动范围：0°~90°。

（3）体位：仰卧位或坐位（5~3级）、坐位（2~0级）。

（4）检查方法：被检查者仰卧，颈椎摆在正中位置（屈曲和后伸之间），头部由床面支撑，脸尽可能转向一侧。也可于坐姿下进行测试。检查者站在床头，面对被检查者，一手置于头侧，在耳朵上方给予阻力（只在5级和4级时给予阻力）。

（5）评级：

·5级与4级：被检查者抵抗最大阻力将头转回正中位置。这群肌肉力量很强。改变起始姿势，脸转向另一侧，重复动作，以测试另一侧的转动肌。或者，要求被检查者转头，从左脸贴床面变成右脸贴床面。转头到左、右两侧，完成活动范围动作，且能抵抗最大阻力者为5级。转头到左、右两侧，完成活动范围动作，且能抵抗中度阻力者为4级。

·3级：转头到左、右两侧，完成活动范围动作，但无法抵抗阻力者为3级。

·2级：被检查者坐姿，躯干和头部可用高椅背的椅子来支撑，头部摆在正中姿势。检查者站在患者正前方。被检查者尝试将头由一侧转至另一侧，保持头部在正中位置（下巴不可收回或抬高）。仅能完成部分活动范围动作者为2级。

·1级与0级：可见到或可明显触摸到胸锁乳突肌或后侧肌群收缩，但是没有动作产生者为1级。无法触摸到肌肉收缩者为0级。

六、神经检查

（一）神经定位

1. 皮节：感觉功能检查

皮节指每个脊髓阶段神经的感觉神经（根）轴突所支配的相应皮肤区域。在皮节测试中出现的阳性反应为感觉丧失或变差，提示支配该区的神经根或周围神经有损伤。

（1）痛觉检查：用大头针的针尖轻刺被检查者的皮肤，询问患者有无疼痛感觉，两侧对比并记录感觉障碍类型（过敏、减退或消失）与范围。

（2）触觉检查：用棉签或软纸片轻触被检查者的皮肤，询问有无感觉、左侧与右侧差别。正常情况下患者双侧触觉应对称，若不对称则说明存在感觉系统异常。

C5——上臂外侧；

C6——前臂外侧、大拇指、示指、中指外侧一半；

C7——中指；

C8——无名指和小指、前臂内侧；

T1——上臂内侧到腋窝处。

2. 肌节：运动功能检查

肌节指受每个脊髓节段神经的运动神经（根）轴突所支配的相应一组肌群。肌节测试是指通过抗阻运动的方法来评估支配该肌肉的神经根功能是否正常。肌肉无力通常与某一神经节段的损伤有关。

C5——肩外展；

C6——肘部屈曲、腕部伸直；

C7——肘部伸直、腕部屈曲；

C8——手指屈曲、拇指屈曲与伸直；

T1——手指内收与外展。

3. 深（腱）反射

深（腱）反射检查指使用反射锤敲击肌肉伸展的肌腱，让肌肉出现快速伸展，正常情况是受试肌肉会立即收缩。深（腱）反射检查的等级及描述参见表7–1。

表7–1　深（腱）反射等级

深（腱）反射等级	描述
0	消失
1+或者+	减弱
2+或者++	正常
3+或者+++	过度但无阵挛
4+或者++++	过度且有阵挛

（1）肱二头肌肌腱反射（C5~C6神经根）

评估神经功能缺陷。患者仰卧，治疗师站立。患者的手放在治疗师的肘部，治疗师握住患者的肱骨远端，将拇指放在患者的二头肌肌腱上。治疗师使用叩诊锤敲击拇指的顶部，观察二头肌的反射运动。

（2）肱三头肌肌腱反射（C7神经根）

评估完整的反射和神经系统障碍。患者仰卧位，治疗师站立。患者的肘部屈曲，前臂置于腹部，以显露肱三头肌肌腱。治疗师触诊患者的肱三头肌肌腱，然后握住患者的手臂感觉运动。治疗师用叩诊锤轻击肱三头肌肌腱。如图7–23所示。

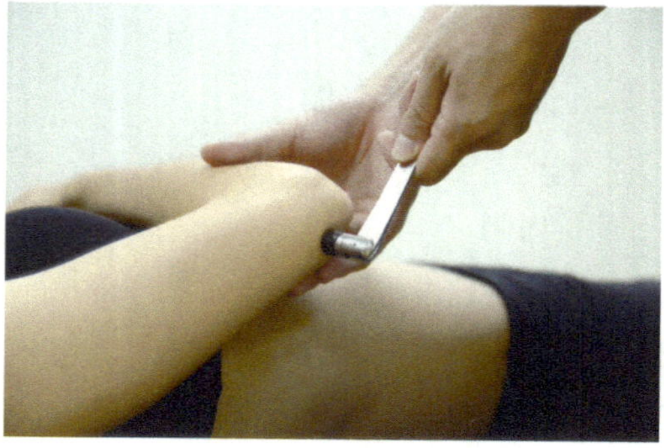

图7–23　肱三头肌肌腱反射

（二）神经张力诱发测试

神经张力诱发测试又称为神经动力学测试或上臂神经张力测试（upper limb tension test，ULTTs）。运用神经组织诱发测试，可施加功能性压力在神经组织以及支持神经的结缔组织界面上。可依据神经走向评估这些压力与患者临床症状及表里之间的相互影响。

此测试适用于有头部、颈椎、胸椎及上肢相关症状激惹性低的患者。需注意的是，任何症状产生或是活动度下降，应搭配其他临床检查结果来做综合判断。

常见的神经动力学测试包括四种测试方法（见表7-2）：（1）ULTT1——正中神经（图7-24）；（2）ULTT2a——正中神经；（3）ULTT2b——桡神经（图7-25）；（4）ULTT3——尺神经（图7-26）。各测试所包含的动作详见表7-2，故治疗师应考量患者症状，在依循解剖原理下给予个体化测试。

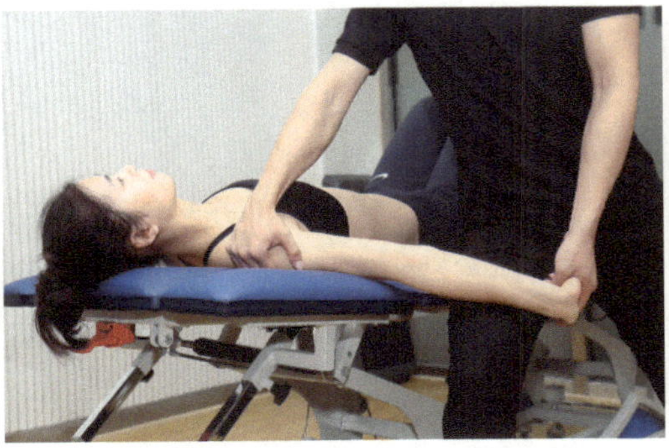

图7-24　ULTT1——正中神经

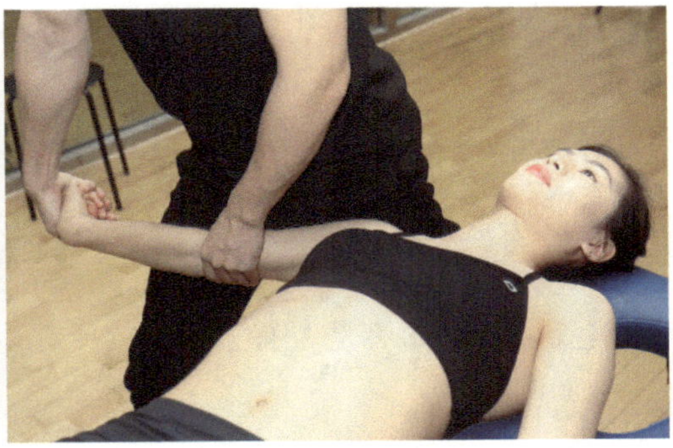

图7-25　ULTT2b——桡神经

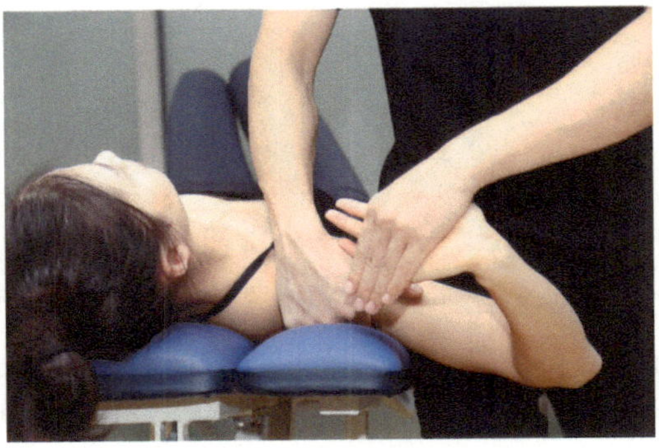

图7-26　ULTT3——尺神经

表7-2　神经张力诱发测试种类与动作

	ULTT1正中神经测试	ULTT2a正中神经测试	ULTT2b桡神经测试	ULTT3尺神经测试
肩带	下压与外展（110°）	下压与外展（10°）	下压与外展（10°）	下压与外展（10°～90°）、手心往耳朵
手肘	伸直	伸直	伸直	屈曲

续表

	ULTT1正中神经测试	ULTT2a正中神经测试	ULTT2b桡神经测试	ULTT3尺神经测试
前臂	旋后	旋后	旋前	旋后或旋前
手腕	伸直	伸直	屈曲与向尺侧偏斜	伸直与向桡侧偏斜
手指与拇指	伸直	伸直	屈曲	伸直
肩关节		外旋	内旋	外旋
颈椎	向对侧侧屈	向对侧侧屈	向对侧侧屈	向对侧侧屈

七、特殊检查

（一）椎底动脉血流不足检查

常用方法为椎动脉扭曲试验，该测试可取坐位或仰卧位进行。

患者采取仰卧姿势，头部以上垂出床缘。检查者将患者头部完全后伸并转向一边，维持这个姿势一段时间（10~60秒）。检查者观察患者是否出现眩晕、视物模糊、恶心、想吐等现象，患者要以言语回答是否有上述症状或其他不舒服的感觉，有以上症状出现则表示测试为阳性。

患者坐位。检查者一手扶患者头顶，另一手扶其后颈部。检查者使头向后仰并左右旋转45°，约停15秒，若患者出现上述不适症状即为阳性。若测试结果为阳性，临床治疗手法要避免施行颈椎关节松动术等，避免治疗中颈椎同时向后伸直加上旋转的动作。

（二）颈椎稳定性检查

1. 翼状韧带压力检查

患者坐位。检查者站在患者侧面，一手放在患者的头顶，另一手示指摸在颈2的棘突。

将患者的头向右侧弯时，应该立刻感觉到颈2的棘突偏向左边，表示颈2向右旋转。重复一样的测试向左侧弯时颈2的棘突偏向右边，感觉到颈2向左旋转。如果颈2棘突的偏移动作发生太慢，则表示测试为阳性，翼状韧带可能有松弛。

2. 横韧带压力检查

夏普—波瑟测试（Sharp–Purser test）可用来检查寰椎在枢椎上是否有脱位现象。做此测试要非常小心谨慎，动作缓和，如有不适症状出现应立即停止。

患者坐位。

（1）先让患者低头，如果有任何不适的神经性症状，需立即告诉检查者。局部的酸痛症状可以忽略。若没有诱发出主要的症状，测试就可以停止。

（2）如果低头即会诱发出颈椎不稳的症状，检查者可用下列两种方法来做颈1、颈2复位动作，减少颈1往前位移：维持在低头的屈曲姿势下，检查者一手固定患者前额，另一手把患者枢椎（颈2）向前推；或是一手将枢椎（颈2）固定好，另一手施力在前额，将头推向后。如果在上述情形下会发生咯啦一声，且不适症状减轻，表示复位。

（3）若向前过多的位移是造成主要症状的原因，夏普—波瑟测试是利用减少位移来让症状消失，可以证明寰椎—枢椎在矢状面上的不稳定就是造成症状的原因。

（三）胸廓出口综合征检查

1. Wright试验

此综合征症状有许多与颈椎问题的症状相似，故需予以鉴别诊断。

患者先在坐位而后在仰卧位做该试验。通过外展并外旋肩关节使肘和臂在额状面上高于头部，让患者做深呼吸或背伸，旋转头颈部，触诊脉搏并观察被检查者的表现。该试验用来探查肋锁间隙是否有挤压。该试验的改进版，被做如下描述：检查者使患者上臂水平向侧面伸直，肘部屈曲90°，然后患者头转向对侧，检查者触诊桡动脉脉搏，记录在头转向对侧过程中桡动脉搏动何时消失。以这样方式做该检查也被称作Allen运动。脉搏消失是胸廓出口综合征的阳性结果。

2. 举臂运动试验（Roos试验）

患者坐位，双上肢外展90°并旋后，屈肘90°，手向上坚持30秒，同时快速伸屈指间关节，可诱发患手至前臂向心性麻木，甚至感觉疲劳无力或下垂者为阳性。

举臂运动试验

（四）神经学检查

1. 颈椎拉离测试

颈椎拉离测试也叫颈牵引试验。针对颈椎做轴向牵拉动作，属于一项神经学和活动度的测试。测试方法如下：患者坐位。检查者站在患者后方，以双手手心拖住患者两侧颞骨的乳突，或一手托于患者颏部，另一手扶枕部，缓慢施以一个向上的拉力，使得颈椎被拉开。如果拉离的动作可以减轻症状，表示颈神经根可能有被挤压的现象。此外，若因小面关节或是椎间盘造成的疼痛，也可能被拉离动作所缓解。如图7-27所示。

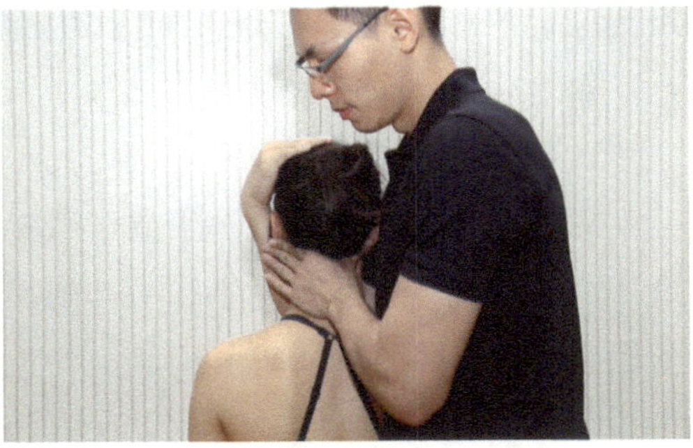

图7-27　颈椎拉离测试

2. 颈椎压迫测试

颈椎压迫测试也叫颈压轴试验。该检查针对颈椎做压迫动作，可诱发出神经受压的症状。测试方法如下：

患者坐位，把颈部分别摆在（1）正中位置；（2）稍微后伸；（3）稍微侧弯（通常先健侧）；（4）稍微后伸加旋转位置（通常先健侧）。

检查者站在患者后方，以双手或单手手心施压于患者头顶，使压力传导到颈椎，若产生神经根疼痛，或使疼痛传导到头部侧弯压迫侧的手臂（神经定位区域），测试结果为阳性，代表了因神经受到压迫所造成的颈神经根炎。如图7–28所示。

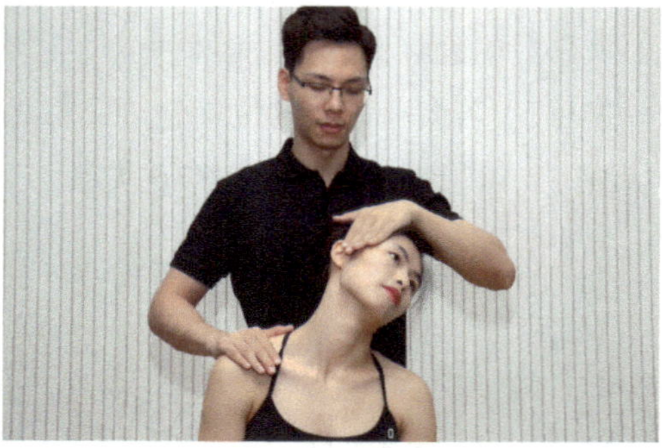

图7–28　颈椎压迫测试

3. 臂丛牵拉试验

患者坐位，头微屈。检查者立于患者被检查侧，一手推头部向对侧，另一手握该侧腕部做相对牵引，此时臂丛神经受牵拉，若患者出现放射痛或麻木等感觉，则为阳性反应，多见于神经根型颈椎病。

4. Hoffmann征

患者坐位或卧位。患者腕部稍背伸，手指微屈曲。检查者以右手示指及中指轻夹病人中指远侧指间关节，以拇指向下弹按其中指指甲，拇指屈曲内收，其他手指屈曲者为阳性反应。它代表上肢锥体束症（损伤或病变），常见于脑血管疾病等，也可见于颈椎病变。

（五）肌肉测试

1. 肩胛提肌长度测试

患者仰卧位。检查者一手放于患者头部使颈椎向对侧被动屈曲、侧屈和旋转并用胸部固定此位置，另一手在肩部施加向下的力量，观察是否有组织抵抗或引发症状。注意与健侧对比。如图7–29所示。

2. 斜方肌上束长度测试

患者仰卧位。检查者一手放于患者头部使颈椎被动屈曲并向对侧侧屈和同侧旋转，用腹部固定这个姿势后另一手在肩部施加向下的力，观察是否有组织抵抗或引发症状。注意与健侧对比。如图7–30所示。

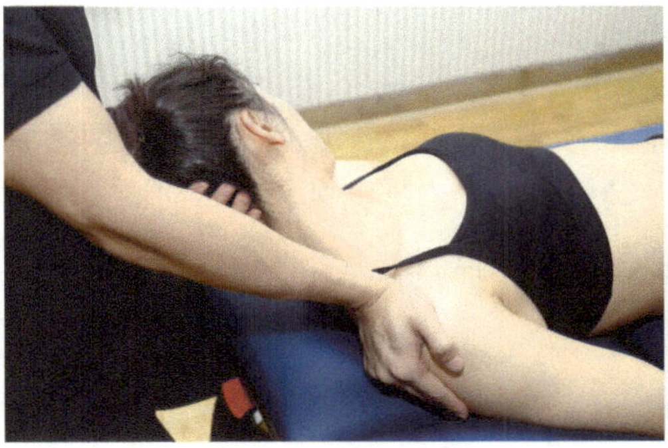

图7-29 肩胛提肌长度测试

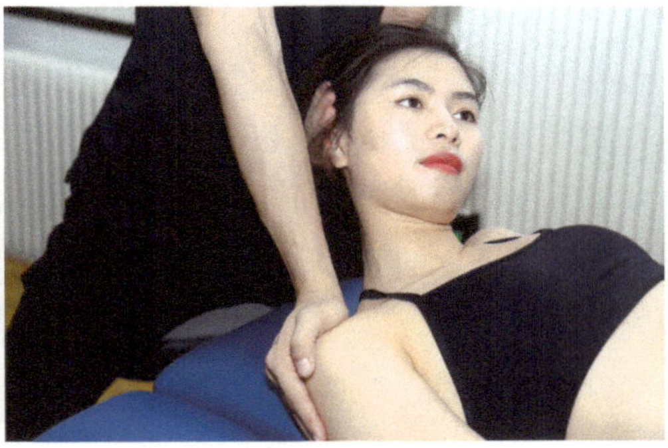

图7-30 斜方肌上束长度测试

3. 胸小肌长度测试

详细内容参见“肩关节功能评定”第三节相关内容。

4. 胸大肌长度测试

详细内容参见“肩关节功能评定”第三节相关内容。

5. 颈部屈肌耐力测试

患者仰卧位，尽可能地主动回缩下颏，并将头抬离检查床2.5厘米，尽力保持这个姿势。检查者注意观察颈侧的皮肤皱褶，当出现患者不能保持双下颏的姿势，或头部接触检查床超过1秒，或颈部皱褶展开则测试结束，记录患者保持的时间。如图7-31所示。

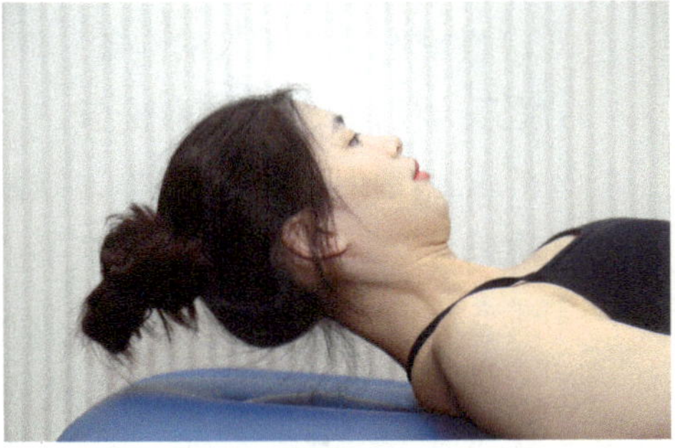

图7-31 颈部屈肌耐力测试

（六）其他测试

1. 上肢卸载试验

首先评估患者是否存在休息时的疼痛或活动范围内的疼痛，若存在，则检查者对患者肩部进行减重。检查者一手轻轻固定肩关节前方，另一手帮助上提该侧肩胛骨，再次评估是否存在疼痛；站在患者身后，双手置于患者腋下上抬双侧肩部，令患者放松，再次评估是否存在疼痛。若疼痛因此减轻，则可利用休息或垫枕头的方法来为上肢减重。鼓励患者全天保持这种休息的坐位，并且在无痛范围内活动。如图7-32所示。

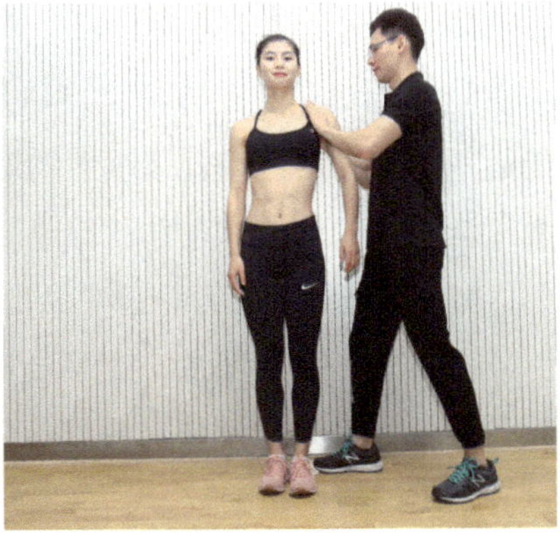

图7-32 上肢卸载试验

八、动作控制评估

针对肌力失衡测试中，易于缩短（过度使用）的肌肉，评估的重点在于比较两侧肌肉长度、紧绷程度是否不同。而容易无力（被抑制）的肌肉，则需评估其肌力与肌肉耐力。颈深屈肌常常是被弱化的肌群。针对颈部前侧深层肌肉的动作控制能力做评估的方法，称为颅颈屈曲测试。

颅颈屈曲测试

（1）起始位置

①测试姿势为患者平躺双腿屈膝，头颈部与颈椎在正中位置。可用脸部的横切线与颈椎的纵切线的交点来确认头部的正中位置。

②为了摆出正中位置，也可以在头下垫毛巾，毛巾必须放在枕骨处，让上头部动作不会受限。

③如果患者有颈胸椎驼背或是胸椎驼背情形，需再在头部后侧与床面之间垫几层毛巾；否则，在设定基础压力值时，袋子会过度充气而对头部后侧的动作位移不敏感。

（2）生物压力反馈仪的准备

①把压力反馈仪的充气袋充气。

②把压力反馈仪拉向上颈椎，放置在颈部枕骨下。

③将压力反馈仪充气至20毫米汞柱。

④注意一旦压力稳定后，就无须再充气。如果在测试过程中压力下降，可能反映患者出现较差的运动觉（例如：患者无法回到同样的正中位置），不过也有可能是充气袋滑离原本枕骨下的位置，所以请将充气袋重新摆正，不要继续充气，否则充气袋过度充气，会出现充气袋扭曲而敏感度下降。

（3）正式测试

步骤1：颅颈屈曲动作控制训练

①这个测试是测动作精确度以及控制能力，而不是测肌力。测试时观察重点是看患者是否能运用颈部深层肌肉做持续性收缩。

②向患者说明测试动作就像是轻轻地点头。

③让患者做练习，确认患者做出的是一个纯粹的点头，而非是抬头或是头往后压的动作。

④教导患者将舌头放在上颚，嘴唇闭合但上下齿列分开。这样可以防止患者使用头阔肌或舌骨附近肌肉来做动作。要确认舌骨附近的肌肉组织在放松的情况，可轻轻地左右松动其气管。下颌的肌肉也要放松。

⑤指导患者执行动作要柔和轻缓。

⑥将压力反馈仪的刻度表交给患者，确认压力的刻度为20毫米汞柱，视情况，给予充气直到稳定，测试中不需要额外地充气。

⑦请患者缓慢地点头让压力值慢慢上升到22毫米汞柱，再来到24、26、28、30毫米汞柱，在每个目标压力值下，治疗师观察患者随着压力值增加而逐渐增加颅颈屈曲动作。测试过程中治疗师着重观察患者头部动作的错误。

⑧最常出现的错误代偿颅颈屈曲动作为头颈部往后压，当目标压力增加时出现头颈部往后会减少颅颈屈曲角度而不是增加。治疗师可用手触摸头部来感觉是否有错误的代偿动作，注意出现代偿动作时的压力值。其他代偿的动作还有胸锁乳突肌或斜角肌的过度收缩。

注意：患者一开始如果无法做出颅颈屈曲，首先要教导正确的颅颈屈曲动作，提醒患者利用眼睛向下看带出点头的动作，较容易做出正确的动作。先做一次大幅度的颅颈屈曲—伸直动作，如果该动作形态有很明显的错误，则需延缓测试的进度直到做出正确的动作。

步骤2：测试颈部深层屈曲肌肉耐力

①让患者看到压力刻度表，检查压力标准值为20毫米汞柱。如果压力值下降，需调整至此标准基础值。

②请患者做出缓慢点头动作，让压力慢慢上升至22毫米汞柱，试着请患者保持此压力值，稳定且持续收缩，维持10秒，不要出现头颈部往后压的动作，且此时浅层颈部屈曲肌没有明显的参与，也没有颤抖不稳定的动作出现，才通过此压力值的测试。达成目标压力值后，让患者休息一下，再分段完成每一个压力目标值。当来到某压力值时，患者出现前述的错误代偿动作，就表示此为患者目前的能力极限，可在此压力值下针对颈部肌肉的耐力加以训练。按照依次训练原则，慢慢地使患者达到最大目标压力，即30毫米汞柱。

③在某个压力值下，患者可以稳定持续收缩10秒，做10次，而且浅层肌群参与很少，这就是该患者肌耐力的指标。

深层颈部肌群的正常表现：一般人正常的表现应该能在至少26毫米汞柱处，可以稳定维持10次，一次10秒的持续收缩。而理想的目标是在28~30毫米汞柱，且颅颈屈曲必须做到浅层肌群没有明显参与。常见错误：观察患者的动作才能发现不正确的动作（如头颈部往后压或是浅层肌群出现明显收缩），而最常过度使用的肌肉就是胸锁乳突肌、斜角肌、舌骨的肌群。

第四节 颈椎评定方法应用

案例1：52岁，女性，主诉疼痛以及颈部、头部有胀的感觉，两周前受风后出现症状，主诉长时间工作会加重症状。请简述运动评估流程。

1. 问诊

询问与疼痛相关的症状，如：最近头痛的频率有增加吗？最近有无恶心或呕吐？有没有不正常的手臂、腿部或者脸部的感觉减弱、刺痛或者麻木？

2. 观察

（1）观察脊柱的曲线、力线是否正常，有无颈前伸等不良姿势。

（2）观察患者是否存在肌肉痉挛或存在三角肌萎缩或斜颈，手部内在肌肉是否存在萎缩。

（3）观察并详细记录上肢皮肤颜色、溃疡、静脉曲张等上肢缺血性改变的迹象。

3. 触诊

（1）触诊两侧肌肉，是否存在不平衡、紧张或无力等现象。

（2）触诊棘突、横突，感受两侧活动度差异并观察是否引起症状。

4. 主动运动

主动完成屈伸、侧屈、旋转动作，观察有无肌卫现象，有无活动度不足或疼痛出现。

5. 被动运动

分别评估枕骨—寰椎关节、寰枢椎关节的活动度，以及下颈椎和第1肋的活动度。

6. 抗阻运动

检查颈椎周围的肌力和肌耐力，观察是否出现疼痛或力量下降，同时检查是否有激活不足或代偿的现象。

7. 特殊检查

（1）进行颈椎肌肉抗阻测试，检查周围肌肉功能和长度。

（2）进行颈椎稳定性检查，观察是否出现症状。

（3）进行神经功能测试，观察是否存在神经功能问题。

8. 临近关节排查

对颈部临近关节，即胸椎、肩部进行损伤排查，避免漏诊。

案例2：35岁女文案员，长期伏案工作，肩颈部不适多年且有明显的驼背颈前伸姿态，两天前，在开空调的办公室连续工作八小时后，感觉颈部疼痛加剧，不能继续工作，晚上用热毛巾敷肩颈部，疼痛稍缓解，第二天疼痛减轻但工作一会儿症状反复。请简述运动评估流程。

1. 问诊

（1）主诉：询问患者当前最困扰或最想解决的问题，即颈部疼痛。

（2）现病史：询问患者疼痛的具体部位、性质、程度等，有无加重或减轻疼痛的具体动作或体位，疼痛在一天中的变化情况，有无影像学诊断，有无对疼痛的颈部进行处理或治疗，疗效如何。

（3）既往史：询问患者既往有无受伤经历及具体的受伤情况。

（4）职业及家族史：询问患者职业（了解患者的工作状态、可以模拟工作场景、工作时间）、运动爱好和相关家族遗传史。

2. 观察

观察该患者在坐位、立位下的姿态，行走的步态，脊柱的曲线，体表标志的对称性等。

3. 触诊

感受颈肩部皮肤温度、肿胀、出汗情况，触诊颈肩部周围韧带、关节间隙、棘突的排列是否偏移、横突是否发生旋转、肌肉质感和紧张度及条索等。

4. 主动运动

主动进行颈部屈伸、侧屈、旋转运动，是否能完成该动作，动作质量如何，并记录其活动角度，活动中是否出现疼痛，何时开始出现疼痛，患者是否愿意或惧怕活动等。

5. 被动运动

被动运动包括生理运动，即颈部的屈伸、侧屈、旋转，体会其运动终末感的性质（骨抵抗、软组织抵抗、结缔组织抵抗、虚性抵抗等）来确定运动受限的结构性原因。

被动运动还包括附属运动，在关节松弛位进行牵拉、牵引和滑动，体会和判断可动程度是正常还是高于或低于正常。包括使用Maitland手法按压棘突，感受其活动度。

6. 抗阻运动

通过徒手肌力检查对颈部周围的肌肉力量进行评估。

7. 特殊检查

（1）进行颈椎肌肉抗阻测试，检查周围肌肉功能和长度。

（2）进行颈椎稳定性检查，观察是否出现症状。

（3）进行神经功能测试，观察是否存在神经功能问题。

8. 临近关节排查

对颈部近关节，即胸椎、肩部进行损伤排查，避免漏诊。

思考题

1. 临床上常用的颈痛量表有哪些？
2. 疑似神经根型颈椎病患者，如何进行神经定位？
3. 简述触诊颈痛患者的主要内容。

参考文献

[1] HELEN H, et al. *Daniels and Worthingham's Muscle Testing: Techniques of Manual Examination and Performance Testing (9th edition)*[M]. Philadelphia：W. B. Saunders, 2013.

[2] MAGEE D J. *Orthopedic Physical Assessment (4th Edition)*[M]. Philadelphia：W. B. Saunders, 2002.

[3] MAGEE D J.骨科检查评估（第4版）[M]. 罗卓荆，译.北京：人民军医出版社，2007.

[4] GROSS J M, et al. *Musculoskeletal Examination (4th Edition)*[M]. Oxford：Wiley-blackwell, 2015.

[5] PALMER M L, et al. *Fundamentals of Musculoskeletal Assessment Techniques (2th Edition)*[M]. Philadelphia：Lippincott Williams&Wilkins, 1998.

[6] 徐阿田，等.骨科物理治疗学(上)[M].台北：禾丰书局有限公司，2012.

第八章
胸椎功能评定

本章教学提示

1. 掌握胸椎的评定流程及方法；
2. 熟悉胸椎常见损伤的功能障碍表现特征、损伤机制、诊断标准；
3. 了解胸椎评定方法的新进展。

第一节 胸椎损伤的功能障碍

一、胸椎小关节综合征

胸椎小关节综合征又称胸椎小关节紊乱或胸椎小关节错位，是指胸椎的上、下关节突关节在外力作用下发生解剖位置的变化，不能自行复位的一种病症。其是引起胸背痛的常见原因（84.52%），抑或伴有不同程度的急慢性肋间神经痛（25.81%）和胸腹腔脏器功能紊乱(9.68%)等症状，易被误诊为心血管系统、呼吸系统及消化系统的神经官能症。

（一）损伤机制

胸椎在胸腔后，共12块，形成脊柱胸椎段，具有承受重力、缓解冲力、支持脊神经及血管等作用。胸椎小关节由胸椎后关节、肋骨小头关节、肋横突关节组成，属联动和微动关节。胸椎小关节在脊柱突然过度受力或长期姿势不正等外力作用下，超出正常活动范围而发生侧向滑移，也可能造成椎体的移位而引起后关节错缝或半脱位，而使肋椎关节、肋骨横突关节错缝或半脱位，压迫刺激肋间神经或胸脊神经后支引起症状，造成其周围韧带肌肉损伤和超出生理活动范围而导致胸椎功能障碍，同时也可导致脊柱胸段的相关疾病。

此外，胸段的交感神经与脊神经同行，其主要作用是调节内脏的活动，分管心脏、胃、肝、胆、胰、小肠和肾等内脏的功能。因此，胸椎的位置与整个内脏功能及全身健康状况有极密切的关系。

（二）诊断标准

（1）有外伤史或不良姿势劳作病史；

（2）在胸部后方感觉到单侧的钝痛，偶尔可转移到肩胛骨之间；

（3）棘突偏离脊柱中轴线，后凸隆起或凹陷；

（4）受损胸椎节段棘突有压痛、叩击痛或椎旁压痛，触及痛性结节或条索状物，甚至痉挛；

（5）疼痛且主动活动受限，深吸气时疼痛加剧；

（6）X线片可见两侧小关节突不对称，侧位片可见小关节移位增生等。

（三）主要功能障碍

（1）胸椎节段性活动度受限；
（2）错位节段及周围软组织产生明显疼痛；
（3）不同程度的急、慢性肋间神经痛；
（4）胸腹腔脏器功能紊乱；
（5）损伤节段相应脊神经支配区域组织的感觉和运动功能障碍。

二、肋骨骨折

肋骨共12对，平分在胸部两侧，前与胸骨、后与胸椎相连，构成一个完整的胸廓，对胸部脏器起着保护作用。胸部损伤时，无论是闭合性损伤或开放性损伤，肋骨骨折最为常见，约占胸廓骨折的90%。第1~3肋骨较短，且有着锁骨、肩胛骨的保护，较少发生骨折；第4~7肋骨较长且固定，最易发生骨折；第8、9肋骨借第7肋骨间接与胸骨相连形成肋弓，弹性较大，不易骨折；第11、12肋骨前缘游离，也称浮肋，较易避免暴力作用，不易骨折。儿童，肋骨富有弹性，不易折断；而成人，尤其是老年人，肋骨弹性减弱，容易骨折。

（一）损伤机制

肋骨骨折一般由外来暴力所致，直接暴力作用于胸部时，肋骨骨折常发生于受打击部位，骨折端向内折断，同时对胸内脏器造成损伤。间接暴力作用于胸部时，如胸部受挤压的暴力，肋骨骨折发生于暴力作用点以外的部位，骨折端向外，容易损伤胸壁软组织，产生胸部血肿。开放性骨折多见于火器或锐器直接损伤。此外，当肋骨有病理性改变如骨质疏松，在骨质软化或原发性和转移性肋骨肿瘤的基础上发生骨折，为病理性肋骨骨折。

（二）诊断标准

（1）肋骨骨折的诊断主要依据受伤史。
（2）胸部挤压试验阳性。
（3）临床表现和X线胸片检查。如有胸部外伤史，胸壁有局部疼痛和压痛，胸廓挤压试验为阳性，应想到有胸廓骨折可能，结合X线检查可确诊，如果压痛点可触到摩擦音，胸壁可出现反常呼吸运动。

（三）主要功能障碍

（1）骨折处有明显疼痛，痛点明确，深呼吸、咳嗽、打喷嚏时疼痛加剧；
（2）肋骨骨折处畸形；
（3）连枷胸会出现反常呼吸运动。

第二节　胸椎的主观检查

一、主诉及现病史

通过查阅病历或面谈来了解患者存在的问题，主要集中在以下两点。

了解创伤的机制：包括主要问题是外伤引起的还是疾病导致的。如果患者主诉有外伤史，要特别注意损伤机制。暴力的方向、撞击时的位置，患者在损伤过程中的动作，都有助于更好地了解情况、更好地指导检查。

了解关于疼痛的信息：包括疼痛的部位和范围、疼痛的性质和强度、疼痛的时间，缓解或加重的因素、24小时内的变化，疼痛是持续性的还是间歇性的。这些问题的答案会提供有关疼痛性质是化学性还是机械性的信息。疼痛是否随体位而改变？如果疼痛可以随体位而改变，则考虑是存在机械性致痛基础。分析研究影响患者主诉症状加重或缓解的因素。疼痛是浅表性的还是深部痛？是刺痛、钝痛，还是隐痛？比如胸部神经根性疼痛常较剧烈，并沿肋间行走，呈一斜行条带。

二、既往史

询问患者过去与损伤相关的病史，是否发生过类似的问题，如果有，是怎样治疗的，以及是否存在其他关节与之相关的问题；若有相邻多个部位出现过伤痛，要考虑不同部位损伤之间在时间轴上的相关影响，以帮助治疗师对需治疗部位有更全面的掌握。比如是否存在颈痛或腰痛的问题，由此考虑其与胸椎问题的相关性。

此外，如果伴随内脏系统的相关症状，治疗师还要了解患者整体健康状况，过去是否有重大疾病史，有无糖尿病、类风湿性关节炎、癌症、心脏病或者是其他运动创伤等病史，了解患者服用药物的情况。

三、个人史

询问患者的年龄、职业、兴趣爱好、个人习惯性姿势等。其中青少年驼背多发于13~16岁的青少年，特发性脊柱侧弯常见于青春期女性。患者的疾病可能与年龄、性别、种族背景、身体形态、静止或运动姿态、职业、休闲活动、嗜好以及通常的运动水平有关。要了解患者日常生活的任何改变以及患者参与的任何特殊的活动；了解是否从事造成相关组织过度使用的活动；了解患者无法完成的工作或体育活动，可以帮助确认失能的程度，并且制定精准的功能性治疗目标。

四、家族史

了解患者家庭环境、家庭成员等情况，判断其与损伤是否相关。有研究认为青少年原发性脊柱侧弯存在一定的遗传倾向。了解患者疾病其他相关问题，寻找影响症状的因素，能够在治疗中更好地取得患者家属的支持和配合。

第三节　胸椎的客观检查

一、观察

检查时需脱衣暴露以便观察脊柱和胸部情况。在检查胸椎问题时，除观察全脊柱形态任何变化外，还应注意观察患者整个躯体的姿态变化。胸椎及胸背部的形态变化需要结合触诊重要的体表标志进行观察。

对整体形态的观察可以在立位从三个方向进行观察，前方观察评估髂前上棘和髂骨棘的高度和对称性；侧方观察胸椎后凸的曲度是否正常，胸椎过于后凸可伴圆肩和头部前伸一起存在。另外，在侧面观察时，可评估腹肌张力；后方观察有无脊柱侧弯、外移和左右侧髂棘及髂后上棘的高度和对称性。

（一）脊柱后凸

（1）圆背畸形：骨盆倾斜角变小，伴有胸腰段或胸段的脊柱后凸。

（2）驼背畸形：是一种局部的向后尖锐成角的驼背畸形。驼背多属结构畸形，多因骨折、肿瘤或骨病导致一或两个椎体的前部楔形变所致，骨盆前倾角正常。

（3）平背畸形：骨盆前倾角变小，该畸形类似圆背，但其胸椎可沿长轴转动，从而纠正骨盆倾斜角变小引起的重心改变。

（二）脊柱侧弯

脊柱侧弯是胸或腰向侧方发生一或多个弯曲的畸形。侧弯畸形可仅发生在胸椎或腰椎，也可在胸椎、腰椎均发生。侧弯可分为结构侧弯及功能侧弯两种。在临床上鉴别方法是，在患者处于直立的姿势时，将表面标记物贴在胸椎、腰椎的棘突上，然后令患者将身体向前弯曲，观察脊柱的排列是否改变。结构性侧弯的患者无论躯干直立或屈曲，其弯曲都不会改变。而功能性侧弯患者此弯曲会因躯干屈曲而变直。

除此之外，检查者应注意肋骨的外形，两侧是否对称。特发性脊柱侧弯的肋骨左右不对称。畸形引起的肌肉痉挛也是诊断依据之一。检查骨和软组织外形时应做两侧对比，并注意有无其他异常。如果脊柱曲线外观正常，应注意患者坐姿是否正确。

（三）呼吸模式

检查患者的呼吸模式：胸式呼吸和腹式呼吸；呼吸的频率、幅度、节律以及呼气、吸气时用力大小，此外，应注意咳嗽、杂音等异常呼吸形式。

（四）胸部畸形

（1）鸡胸：胸骨前下方呈靴跟样突起，胸廓前后径增大。

（2）漏斗胸：肋骨过度生长，向后挤压胸骨引起的先天畸形。胸腔前后径减小，可能有心脏移位。

（3）桶状胸：胸骨向上、向前倾斜，胸腔前后径增加。见于病理状态下，如肺气肿。

二、触诊

胸椎在胸腔后，分12块，形成脊椎中间部分，具有承受重力、缓解冲力、支持脊神经及血管等作用。胸椎与颈椎和腰椎有明显区别，它有肋骨协助维持稳定。实际上在脊柱的胸段是一个由胸椎、肋骨和胸骨组成的桶状结构，与颈椎和腰椎相比，胸椎稳定性好，错位的机会较少。一个典型的胸椎椎骨都有椎体、椎弓和突起，椎骨自上而下（即胸1至胸12）逐渐增大。在椎体的后面有棘突，侧面有横突，左、右各有一个关节突。在椎体侧面后部近体上缘和下缘处，各有半球形肋凹，与肋骨形成肋横突关节。上关节突和下关节突的关节面几乎呈冠状位；棘突较长，伸向后方，并依次相掩，呈叠瓦状。这些都是与颈椎、腰椎不同的解剖特点。

触诊检查从患者立位开始。这样可以观察负重状态患者下肢对躯干和腰椎的影响。如果患者站立困难，可以背向检查者坐在凳子上。患者必须脱去衣物，充分暴露胸椎。触诊时，检查者需要了解是否有压痛、肌肉痉挛、皮肤温度改变、肿胀或其他特征。

（一）前方结构

主要检查胸骨、肋骨、肋软骨、锁骨和腹部是否存在异常。

（1）胸骨上切迹：站在患者对面，用中指或示指确定两个锁骨之间的三角形切迹。

（2）胸骨角：找到胸骨上切迹后，继续向下触诊5厘米直到触到一个横行骨突，胸骨柄与胸骨体在此处融合。向外侧移动触诊，可以发现第2肋骨附着处。

（3）肋骨：第2肋骨是胸廓前侧最上面的肋骨。确定胸骨角，向外移动即可定位第2肋骨。将手指置于肋间隙可以向远端继续触诊并计数肋骨。第5肋骨位于剑突胸骨关节处。注意双侧肋骨排列的对称性和运动情况。

（4）锁骨及周围区域：从胸锁关节沿锁骨前外骨性弧度继续向外侧移动。锁骨骨性表面应该是平滑且连续的。任何区域的凸起、疼痛或活动感觉提示可能存在骨折。

（二）后方结构

主要检查肩胛骨和胸椎棘突和横突是否出现不对称和其他的异常表现。

（1）肩胛冈：触摸到肩峰后侧，沿肩胛冈向内触诊直至它逐渐变细并终止于第3胸椎棘突水平。

（2）肩胛骨内侧缘（脊柱缘）：从肩胛冈内侧缘向上触诊，直至触到位于第2胸椎水平的肩胛骨上角。此处有肩胛提肌附着，并且是颈部疼痛好发部位。继续向下触诊内侧边界，注意肩胛骨是否平坦地贴在胸廓上。如果肩胛骨与胸廓间有空隙，提示前锯肌无力，原因可能是胸长神经损伤等。菱形肌附着于从肩胛冈至下角长度的内侧缘处。肩胛骨下角位于第7胸椎水平处。

（3）胸椎棘突和横突：胸椎棘突比颈椎棘突长。棘突与横突的位置关系：第1至第3胸椎棘突与同椎体横突位于同一水平。第4至第6胸椎棘突有一个轻度向下的角度，棘突尖位于同椎体与下位椎体横突之间的中点。第7至第9胸椎棘突有一个中度向下的角度，棘突与下位椎体横突位于同一水平上。第10至第12胸椎棘突与横突处于同一水平。

三、主动运动

为减轻或排除髋部活动的影响，主动运动尽量在坐位检查，同时可加重被检查者症状的检查应在最后进行。

（一）关节活动度

1. 前屈

（1）体位：坐位，膝关节屈曲。

（2）测量方法：正常胸椎前屈的活动度为20°~45°，由于每个椎体的活动度难以测量，可用卷尺大略估计总体的活动情况。首先于被检查者自然立位下测量第7颈椎棘突到第12胸椎棘突间脊柱的长度，然后让被检查者向前弯腰，再次测量。两次测量结果间相差约2.7厘米为正常。

（3）注意事项：避免髋关节屈曲的角度增加；避免骨盆前倾；允许颈椎屈曲。

2. 后伸

（1）体位：坐位，膝关节屈曲。

（2）测量方法：正常胸椎后伸的活动度为25°~45°，与屈曲相同，可用卷尺测量两点（第7颈椎和第12胸椎棘突）间距离的变化，中立位与后伸位时相差2.5厘米属正常。在坐位或俯卧位时测量。

（3）注意事项：避免髋关节伸直角度增加；避免骨盆后倾；避免躯干旋转。

3. 侧屈

（1）体位：立位，双脚掌平贴地面，大约相隔2英寸。

（2）测量方法：胸椎左右侧屈的活动度为20°~40°，令被检查者中立位侧屈（无前屈、后伸或旋转），尽量伸手触摸同侧下肢，检查者则可测量指尖与地面间的距离，用于估计侧屈的角度。同时，应注意两侧的比较。

（3）注意事项：避免躯干屈曲、伸直和旋转；避免骨盆向外侧倾斜。

4. 旋转

绝大部分的旋转均发生在胸椎上，胸椎、腰椎的旋转会伴随胸椎、腰椎侧弯到对侧的现象。

（1）体位：坐位。

（2）测量方法：皮尺测量，胸椎侧旋的活动度为35°~50°，坐位，令被检查者将双臂交叉放于胸前或双手抱肩，向左右旋转，观察其转动程度并左右对比。

（3）注意事项：避免骨盆旋转；避免躯干屈曲、伸直和侧弯。

（二）特殊检查

1. 重复前屈和后伸

目标：重复的屈伸测试能够观察分析症状或功能异常是来自软骨盘凸出还是其他脊椎结构。

方法：检查者观察被检查者在第一次动作时出现的症状，然后再记录重复完成的表现。所有动作可多次重复，如被检查者症状出现或增强，以及疼痛传导到下肢，则停止检查。在测试中需观察被检查者重复动作时的活动度。

动作：站立下，前屈和后伸；仰卧下，前屈和后伸。

结果：可确定是椎间盘突出、关节和软组织的功能失常，或是姿势不良产生的问题。

2. 重复侧屈

目的：因侧屈而引发、加重，或减轻症状，会指出那一方向的外移会和此症状相关。

方法：被检查者站立。检查者站在被检查者旁边，双手抓住其骨盆并用肩膀顶住其下胸廓，然后两手施加一平均且相对的水平力量。

结果：终末感觉和持续此动作（10~15s），可评估被检查者症状的反应（疼痛是减轻或加重，传向中心或传向远端）。

四、被动运动

1. 第5颈椎至第3胸椎

被检查者坐位。检查者一手触摸低位颈椎和上位胸椎的棘突及其间隙，当患者将头前屈、后伸、侧旋和侧屈时感受棘突和横突的运动。

2. 第3胸椎至第11胸椎

被检查者坐位，双手交叉于颈后，双肘向前。检查者一侧前臂和手环绕于被检查者肘上，一手如前所述触摸被检查者棘突及其间隙，然后将被检查者的肘部抬起或压下，从而使脊柱屈曲和后伸时感受T3和T11间椎体的运动。同法检查侧屈和侧旋，被检查者双手抱头，坐位。检查者将拇指置于棘突一侧，侧屈和侧旋时用其他手指感受对侧的棘突间隙。

3. 椎体中央按压法(PACVP)

被检查者俯卧。检查者将手掌及各指放置于患者背部，以拇指按压棘突，将椎体推向前方。动作要轻柔缓慢，这样才能体会出椎体的细微移动。在判断移动性质时可反复进行该试验。施加于棘突上的压力主要由胸椎承担，一小部分由胸廓承担。做该检查时应注意胸椎的棘突并非都与其椎体的位置相对应，比如第1胸椎、第2胸椎、第3胸椎和第12胸椎的椎体与其棘突在同一水平，而第7胸椎、第8胸椎、第9胸椎和第10胸椎的棘突位置则分别与第8胸椎、第9胸椎、第10胸椎和第11胸椎的椎体位置相对应。

4. 椎体单侧按压法(PAUVP)

被检查者俯卧。检查者将手指从棘突尖向侧方移动，拇指置于胸椎椎板或横突处。如PACVP中向前按压每一椎体，检查并对比两侧的结果。同样应注意同一胸椎的棘突和横突未必在相同水平，如第9胸椎棘突的位置与第10胸椎横突相对应。因此检查第9胸椎横突时需要将置于第9胸椎棘突尖的手指向上外侧移动至第8胸椎棘突水平。应注意PAUVP对椎体施加了一种旋转力，因此与椎体相连的肋骨和肋椎关节也受到很大压力。对右侧横突进行PAUVP将导致椎体向左侧旋转。

5. 椎体横向按压法(TVP)

检查者将手指置于棘突侧方施加一定压力，感受其移动的性质，注意两侧对比。该法同样对椎体施加了一种旋转力，其方向与PAUVP中力的方向相反。施于横突右侧的TVP使横突向左侧转动，使椎体向右侧转动。

6. 单个小关节检查

被检查者俯卧，胸椎中立位。为检查小关节向上移动的情况（比如检查上位椎体第6胸椎的下关节突在下位椎体第7胸椎的上关节突关节面上向上滑移的情况），检查者一手拇指将下位椎体（如第7胸椎）的横突固定，另一拇指将其上位椎体（如第6胸椎）的下关节突向上外侧移动，注意其移动的性质和终末感觉。

为检查小关节向下移动的情况，检查者一手拇指将下位椎体的横突固定，另一拇指将其上位椎体的下关节突向下方移动，注意其移动的性质和末端感觉。

7. 肋横突关节检查

被检查者俯卧，脊椎中立位。检查者一手拇指朝向或背向横突，将胸椎固定，另一拇指置于肋骨结节的侧后和（或）侧上方。检查者的拇指应能够交叉。向前方或下方移动手指，可感到肋骨相应的运动。

8. 肋骨弹性检查

被检查者俯卧或侧卧。检查者将手置于患者背部两侧，与被检查者身体中线约呈45°，从背部最上端开始向下，交替向下按压肋骨，然后迅速放手。比较两侧活动度的性质和大小。如果一侧肋骨比其对侧的活动度减小或者增大，则需要单独从前面和后面仔细检查该肋或所有肋。

9. 胸椎节段活动度评估

（1）胸椎棘突向前方滑动（PA）

被检查者俯卧于检查床，双臂置于体侧，踝下可垫一枕头。检查者在评估上段胸椎时应站在床头，评估中、下段胸椎时应站于床旁。

上段胸椎：检查者将两大拇指叠放于胸椎棘突上，肘关节伸直，保持胸部在手的正上方，施加由后向前的压力。如图8-1所示。

中段胸椎：检查者站在床旁，将靠近头端手的豌豆骨放在患者胸椎棘突上，另一手叠加在头端手上以增大力量，肘关节伸直，保持胸部在手的正上方，施加由后向前的力。如图8-2所示。

正常情况下每一阶段胸椎都能正常活动且无引发症状，若引发症状或某一节段与其他节段相比活动度过大或不足则说明存在异常。

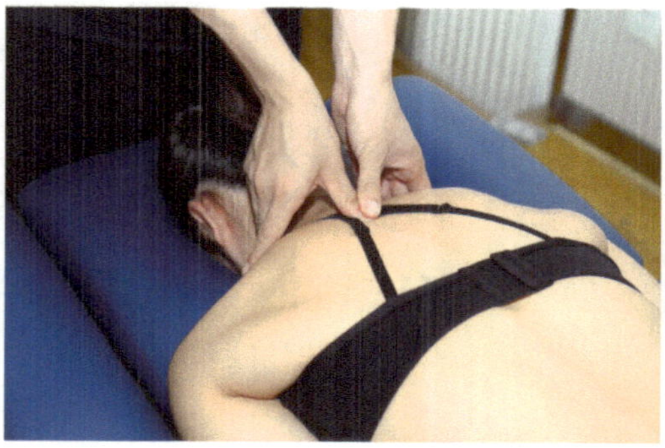

图8-1　上段胸椎PA

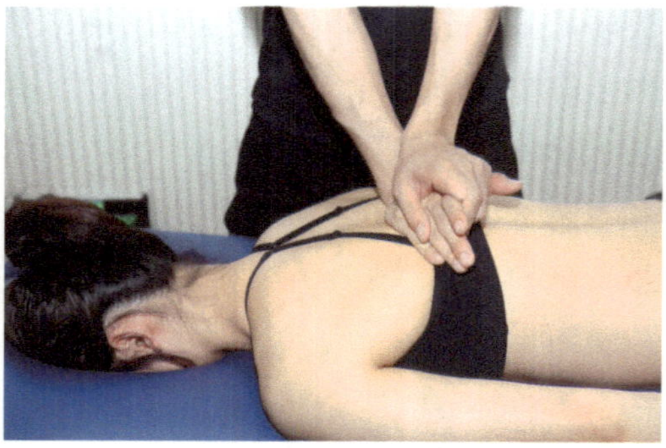

图8-2　中段胸椎PA

（2）胸椎横突向前方滑动（PA）

被检查者与检查者体位同上。

上段胸椎：检查者将两大拇指叠放于从棘突向评估一侧的对侧旁开1英寸处，肘关节伸直，保持胸部在手的正上方，施加由后向前的压力。

中段胸椎：检查者站在床旁，将手的豌豆骨放于棘突向评估一侧的对侧旁开1英寸处，另一手叠加在上，肘关节伸直，保持胸部在手的正上方，施加由后向前的力。如图8-3所示。

正常情况下每一阶段胸椎都能正常活动且无引发症状，若引发症状或某一节段与其他节段相比活动度过大或不足则说明存在异常。

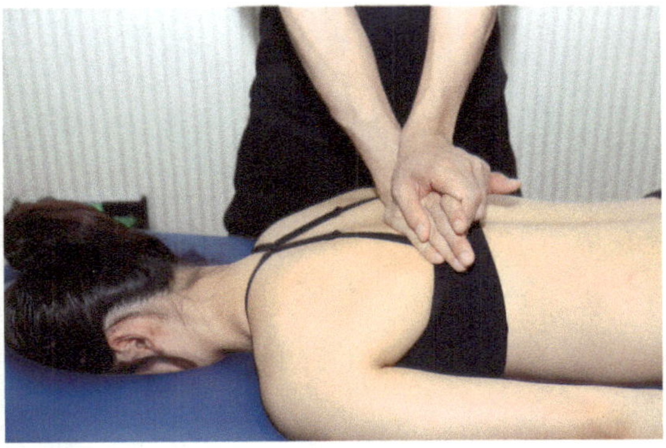

图8-3　胸椎横突PA

五、抗阻运动

参见“腰椎功能评定”第三节相关内容。

六、神经学检查

感觉检查是检查身体左、右侧皮节的关键点（第1胸椎至第12胸椎）。每个关键点要检查两种感觉：轻触觉和针刺觉（锐/钝区分）。

第1胸椎——肘前窝的内侧（尺侧），肱骨内上髁近端；

第2胸椎——腋窝的顶部；

第3胸椎——第3肋间锁骨中线和第3肋间，触诊胸骨柄，该处为第2肋骨水平，自该点向外可触及第2肋，其下即为第3肋；

第4胸椎——锁骨中线第4肋间（乳线）；

第5胸椎——锁骨中线第5肋间（第4至第6胸椎的中点）；

第6胸椎——锁骨中线第6肋间（剑突水平）；

第7胸椎——锁骨中线第7肋间（第6至第8胸椎的中点）；

第8胸椎——锁骨中线第8肋间（第6至第10胸椎的中点）；

第9胸椎——锁骨中线第9肋间（第8至第10胸椎的中点）；

第10胸椎——锁骨中线第10肋间（脐水平）；

第11胸椎——锁骨中线第11肋间（第10至第12胸椎的中点）；

第12胸椎——锁骨中线腹股沟韧带中点。

七、特殊检查

1. 仰卧肩屈曲测试

患者仰卧位，屈膝、屈髋尽量将大腿靠近胸口，同时双手举过头顶，双手掌心朝向天花板，下背部紧贴地面。伸直手臂，逐渐将手臂完全平放在地板上。

如果手臂能完全平放在地面上，说明背阔肌柔韧性很好。如果手臂不能平放在地面上，尝试逐渐伸直双腿并保持下背部紧贴地面（目的是让背阔肌更加松弛），如果屈肩柔韧性没有得到改善，不能将手臂平放在地面上，提示背阔肌柔韧性存在不足。

2. 象限测试

患者立位。检查者站于患者后方。患者主动伸展脊柱。检查者手托住患者肩，检查者的肩托住患者头部提供支持，同时患者侧屈和旋转到疼痛的一侧，直到达到关节的最大范围或出现症状。这个测试尽量缩小椎间孔的空间，并且使旋转侧关节突关节压力增大。如果症状出现，则为阳性表现。如图8-4所示。

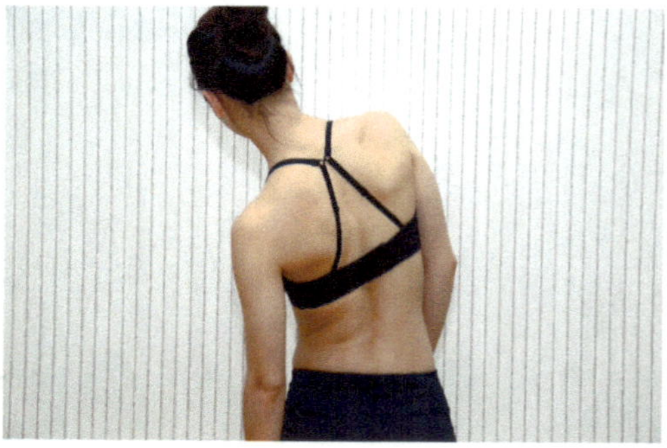

图8-4　象限测试

第四节　胸椎评定方法应用

案例1：女，43岁，一年前骑车时不慎摔倒后反复背部不适，伴随腹外侧疼痛，深吸气时疼痛加剧，夜间常常疼痛至醒。请简述运动评估流程。

1. 问诊

（1）根据患者主诉，推断可能是胸椎小关节紊乱。

（2）询问疼痛相关情况，包括疼痛的具体位置、严重程度、性质、深度，上肢及胸椎节段主动活动是否受限，深吸气时是否加重，疼痛是否影响睡眠，是否会因为姿势改变而影响疼痛程度。

（3）询问是否接受过治疗，疼痛部位是否有影像学检查结果。

2. 观察

（1）观察棘突是否偏离中轴线，后凸隆起或凹陷。

（2）观察髂前上棘和髂骨棘的高度和对称性。

（3）观察脊柱曲度、下肢结构和生物力线是否正常。

（4）观察有无脊柱侧弯、外移和左、右侧之髂骨棘及髂后上棘的高度和对称性。

3. 触诊

（1）立位：触诊髂嵴、髂前上棘、髂后上棘等结构是否正常，是否存在疼痛或肿胀。

（2）俯卧位：触诊错位节段的棘突有无压痛、叩击痛和椎旁压痛；胸椎小关节或是脊柱两旁的肌肉有无压痛感，能否触及痛性结节或条索状物，甚至痉挛。

4. 主动运动

指导患者完成胸椎的节段性前屈、后伸、侧屈、侧旋运动，观察活动度是否正常，双侧活动是否对称。

5. 被动运动

检查各节段胸椎棘突、横突以及椎体等被活动范围是否正常、是否存在疼痛，侧屈和侧旋要注意双侧对比。

6. 抗阻运动

检查胸椎后伸、前屈、旋转肌群的肌肉力量及耐力。

7. 特殊检查

（1）进行神经学检查，判断是否存在损伤节段相应脊神经支配区域组织的感觉和运动功能障碍。

（2）进行仰卧肩屈伸测试，判断背阔肌的柔韧性以及后侧链的紧张程度。

8. 临近关节检查

对腰椎、颈椎、肋间关节等进行排查，检查是否存在影响骶髂关节功能的因素。

案例2：男，52岁，三小时前驾车发生翻车事故，致伤右胸部，伤后患处疼痛明显，无胸闷、气促，无昏迷、恶心。请简述运动评估流程。

1. 问诊

（1）根据患者主诉，推断可能是单发肋骨骨折，无气、血胸。

（2）询问疼痛相关情况，包括疼痛的具体位置、严重程度、性质、深度，深呼吸、咳嗽、打喷嚏时是否加重。

（3）询问是否接受过治疗，疼痛部位是否有影像学检查结果。

2. 观察

（1）观察疼痛部位是否肿胀畸形。

（2）观察患者是否面容痛苦，双手护住受伤部位。

（3）观察胸廓起伏、呼吸是否浅快。

（4）观察对比双侧肋间隙。

（5）观察是否存在反常呼吸运动。

3. 触诊

仰卧位：触诊胸廓畸形部位，是否存在明显疼痛或肿胀发热，是否存在骨折处的摩擦音。

4. 主动运动

指导患者完成正常呼吸，观察胸廓起伏是否正常，双侧活动是否对称，是否产生剧烈疼痛。

5. 其他检查

进行神经学检查，有无肋间神经支配区域的放射痛，判断是否存在肋间神经损伤。

思考题

1. 如何检查胸椎的附属运动?
2. 简述评定呼吸模式时观察的内容。

参考文献

[1] 王玉龙.康复功能评定学（第2版）[M].北京:人民卫生出版社,2013.

[2] HELEN H, et al. *Daniels and Worthingham's Muscle Testing: Techniques of Manual Examination and Performance Testing* (9th edition)[M]. Philadelphia：W. B. Saunders, 2013.

[3] MAGEE D J. *Orthopedic Physical Assessment* (4th Edition)[M]. Philadelphia：W. B. Saunders, 2002.

[4] MAGEE D J.骨科检查评估（第4版）[M]. 罗卓荆，译.北京：人民军医出版社，2007.

[5] GROSS J M, et al. *Musculoskeletal Examination* (4th Edition)[M]. Oxford：Wiley−black well, 2015.

[6] PALMER M L, et al. *Fundamentals of Musculoskeletal Assessment Techniques* (2th Edition)[M]. Lippincott Williams & Wilkins，1998.

[7] DAVID I P. *Orthopedic Rehabilitation, Assessment, and Enablement*[M]. New York：Springer，2007.

第九章
腰椎功能评定

本章教学提示

1. 掌握腰椎的评定流程及方法；
2. 熟悉腰椎常见损伤的功能障碍表现特征、损伤机制、诊断标准；
3. 了解腰椎评定方法的新进展。

第一节　腰椎损伤的功能障碍

一、腰椎间盘突出症

腰椎间盘突出症主要指腰椎，尤其是腰3/4间、腰4/5间、腰5/骶1间的椎间盘纤维环破裂和髓核组织突出压迫和刺激相应水平的一侧或双侧腰骶神经根所引起的一系列症状和体征。在腰椎间盘突出症的患者中，腰4/5、腰5/骶1突出占90%以上，年龄以20~50岁多发，年龄增大，腰3/4、腰2/3发生突出的危险性增加。诱发因素有退行性变、职业、吸烟、心理因素、医源性损伤、体育活动以及寒冷、肥胖等。

（一）损伤机制

腰椎是脊柱运动的枢纽，腰椎间盘和后方的小关节组成三关节复合体，对腰椎骨性结构的稳定性起决定作用。三关节复合体中任何一个关节的异常将累及另外两个关节。一般认为，在三关节复合体中腰椎间盘的退变最早，在腰椎退行性变中起主导作用，后方小关节的退变是继发于椎间盘退变，而后出现一系列的退行性变又互为因果，使腰椎退行性变加速。另外，还可继发黄韧带肥厚和后纵韧带骨化等。

椎间盘的退变最早始于软骨终板，表现为软骨终板变薄且不完整，纤维环失去附着点而变薄，促进了纤维环和髓核的变性和退变。纤维环虽坚固，但过度承载可引起邻层纤维环交叉处相互摩擦，导致纤维环变性和透明变性，纤维环由内向外发生环状和放射状裂隙，纤维环松弛，弹性降低。此时，上下椎体的骨质也发生变化，出现椎间盘吸收。

病理上将腰椎间盘突出分为退变型、膨出型、突出型、脱出后纵韧带下型、脱出后纵韧带型和游离型。根据突出物与椎管的位置分为中央型、后外侧型、椎间孔内型和椎间孔外型。

（二）诊断标准

（1）直腿抬高试验及加强试验阳性。

（2）神经系统检查：感觉异常、肌力下降、反射异常。

（3）腰椎平片、CT和MRI等影像学检查。

（三）主要功能障碍

腰痛是最早症状，患者常有反复发作的腰痛病史，在日常生活中稍有劳累和受凉，即会引发腰腿痛，腰痛可因咳嗽或打喷嚏而加重，此现象是腰椎间盘突出症的重要表现。

由于腰椎间盘突出多发生于腰4/5间、腰5/骶1间，故坐骨神经痛多见。典型的坐骨神经痛是从下腰部向臀部、大腿后方、小腿外侧直到足部的放射痛。

有少数患者自觉下肢发凉、无汗或出现下肢水肿，这与腰部交感神经根受到刺激有关。

麻木是突出的椎间盘压迫本体感觉和触觉纤维引起的，随受压神经根受累区域分布。

巨大的中央型腰椎间盘突出者，长期压迫突出平面以下的马尾神经，出现大小便障碍，鞍区感觉异常，男性阳痿。严重者大小便失禁、双下肢不完全性瘫痪。

二、肌筋膜炎

腰背肌筋膜炎亦称腰肌筋膜疼痛综合征、肌纤维组织炎，是指因寒冷、潮湿、慢性劳损而使腰背部肌筋膜及肌组织发生水肿、渗出及纤维性变，而出现的一系列临床症状。该症除了多发生在颈肩腰背部外，也会发生在四肢等活动频繁的肌肉群。

（一）损伤机制

当肌肉、筋膜的应力点处于超负荷状态时，突然的扭转、屈伸易发生组织损伤。有的则是反复、轻微的损伤积累而致。寒冷和潮湿常常是该病的诱发因素，野外作业者或煤矿工人是易感人群。其他如病毒感染、风湿症的肌肉变态反应都是诱发症状的因素。

（二）诊断标准

（1）有疼痛并且有压痛点。

（2）背肌牵拉试验阳性。

（3）X线检查无异常，实验室检查抗“O”或血沉正常或稍高。

（4）核磁共振检查：腰背部皮下可见条片状长T1、长T2信号，边界较清，为渗出的液体信号。

（三）主要功能障碍

疼痛为本病的主诉。疼痛的程度不剧烈，特点是晨起重，日间轻，傍晚复重。开始为酸胀不适，无力，时重时轻。以后逐渐加重，劳累时症状明显，休息后减轻。由于肌筋膜炎症，患者常有姿势不正的表现。

患者常能在广泛的痛区明确指出最痛点。按压该点时，疼痛向临近部位扩散，有时会在其深部触及大小不等的硬结，此处加压时常伴有放射痛。

三、强直性脊柱炎

强直性脊柱炎系血清阴性脊柱关节病的一种，多见于青少年，以中轴关节慢性炎症为主，也可累及内脏及其他组织的慢性进行性风湿性疾病。

（一）损伤机制

主要是滑膜、关节囊、韧带或肌腱骨附着点的复发性和非特异性炎症，炎症、纤维化和骨化为本病的基本病变。多见于骶髂关节、脊柱小关节、椎体周围韧带、跟腱、胸肋连接等部位。初期为淋巴细胞、浆细胞浸润，进而肉芽组织形成，最后钙化、新骨形成。在此基础上，又发生新的附着点的炎症、修复，如此反复，出现骶髂关节不同程度的病变、椎体方形变、韧带钙化、脊柱竹节样改变，胸廓活动受限等临床表现。

（二）诊断标准

（1）骶髂关节压痛，骨盆挤压试验和分离试验可出现阳性，脊柱活动度和胸廓活动度减小，“4”字试验阳性。

（2）实验室检查HLA-B27阳性。

（3）影像学检查：韧带钙化，脊柱竹节样改变等。

（三）主要功能障碍

早期症状多为腰骶部不适或疼痛、晨僵，臀部和腹股沟区疼痛，可向下肢放射，类似坐骨神经痛，休息时加重，活动后缓解，夜间痛明显。约半数患者以下肢大关节如髋、膝、踝炎症为首发症状，为非对称性、反复发作与缓解。

脊柱由下而上强直，腰椎前凸消失，驼背畸形。颈椎活动受限，胸肋连接融合，胸廓变硬，呼吸靠膈肌运动。

四、腰椎管狭窄

退行性腰椎管狭窄是引发中老年人腰腿痛并下肢运动障碍的最常见原因。引起腰椎管狭窄的因素主要包括椎间盘膨出或突出、关节突增生内聚以及黄韧带肥厚钙化等导致腰椎中央椎管、神经根管、侧隐窝或椎间孔狭窄，从而引起硬膜囊内的马尾神经、腰神经根及血管受压或炎症刺激而出现一系列症状。它是一种临床综合征，临床表现复杂、不典型，其诊断和定位困难，往往需要借助影像的检查。

（一）损伤机制

引起腰椎管狭窄症的原因有很多种：（1）生理因素：腰部负荷的增加、腰部后伸、负压的增加等；（2）病理因素：黄韧带的增厚、关节突关节增生、椎板增厚、椎弓根发育性较短等。老年腰椎管狭窄症患者常伴有脊柱后凸、侧凸及滑脱等畸形体征；医源性因素、腰椎外伤、特异性和非特异性因素引起的继发性腰椎管狭窄症也并不少见。

（二）诊断标准

（1）临床症状和神经或者马尾神经功能缺损的体征。

（2）相应的影像学等改变，如X线片、CT等。

（三）主要功能障碍

（1）疼痛、肌体无力。腰椎管狭窄常见于反复发作的腰背部疼痛，臀部及下肢放射痛，随后出现下肢麻木无力，肌肉萎缩。疼痛性质多种多样，可为酸痛、麻痛、胀痛、放电样及烧灼样疼痛。

（2）马尾神经受压症状。小便不净，大便不能自控，会阴区麻木，性功能下降。

（3）间歇性跛行。这是椎管狭窄的特征性表现。走路时出现间歇跛行，站立或蹲坐休息后好转。

第二节　腰椎的主观检查

一、主诉及现病史

询问患者最主要症状，尤其是疼痛相关问题，包括疼痛的部位、严重程度、性质、深度、24小时变化等。患者明确指出是一个位置或几个位置，还是一个区域。疼痛描述越具体，越容易定位病理变化的区域。例如，单侧疼痛且没有膝关节以下的牵涉痛，可能的原因是肌肉（拉伤）、韧带（拉伤）、小关节或一些情况下也可能由骶髂关节引起。疼痛的深度和性质的问诊可以帮助定位损伤的结构和疼痛的来源。

了解疼痛是否有缓解、加重，或者没有明显变化。这些相关问题可以帮助判断患者是在炎症阶段（急性阶段）还是恢复阶段。如果患者抱怨的疼痛程度超过损伤后应该发生的疼痛程度，则应该给予一些心理学测试。

了解引起疼痛加重或减轻的因素，包括时间的推移、姿势的改变、休息等。例如，坐位时疼痛增加，其他症状也更明显，检查者可以考虑屈曲的状态可能会导致脊柱机械变形或使椎间盘内压增高。力学结构问题导致的腰痛通常会随活动增加而增加，随休息而减少。

二、既往史

询问患者过去与损伤相关的病史，是否有重大事故导致外伤（如车祸），抬重物常常也会导致腰痛。在损伤之前，患者是否做过任何特殊的重复的动作或负荷过大的运动，这些问题可以帮助检查者明确损伤是重伤还是微小损伤或是二者结合引起。

患者有无用药史，例如类固醇疗法可能导致骨质疏松。

是否发生过类似的问题，如果有，是怎样治疗的，以及是否存在其他关节与之相关的问题，例如骨盆的位置、骶髂关节的位置等。

三、个人史

了解患者的年龄。对于不同年龄的患者，要考虑不同的问题。例如，椎间盘问题常发生在20~50岁人群，骨关节炎和关节僵硬则更常见于45岁以上人群，脊柱恶性肿瘤则更常见于50岁以上人群。

了解患者的职业。患者在工作时所需活动量以及工作情况的信息，如是否全职工作，经常因腰痛请假或因腰痛而无法工作、退休等。腰痛更常见于费力辛苦的职业人群。例如，卡车司机（震动与颠簸）和仓库工人有很高的背部损伤风险。

患者的性别。腰痛在女性中发病率更高。问诊时应该询问患者在月经期间有无任何变化，比如疼痛模式的变化，有无月经不调、腹胀或胸胀。强直性脊柱炎在男性中更常见。

了解患者运动史，包括训练强度、训练时间、训练类型、训练频率等。例如，跑步训练量或训练强度突然增大可能导致腰痛加剧。

了解患者兴趣爱好、个人习惯性姿势等。例如，是否经常跷二郎腿坐着，是否会坐直，运动时全身的用力状况，是否会单侧过多用力等。

四、家族史

了解患者家庭环境、家庭成员等情况，判断其与损伤是否相关，进而更好地了解患者疾病相关问题，有研究表明家庭的影响也是影响腰痛的因素。

第三节　腰椎的客观检查

一、观察

患者站立位，男士只穿着短裤，女士只穿着内衣和短裤。在观察时，检查者要注意患者的运动意愿以及运动模式。

患者用平常采用的习惯的放松姿势站立。当有腰背痛时，患者通常会有几度的倾斜来避痛。一般情况下，如果脊柱前凸消失，则患者可能会出现脊柱侧弯或侧移。这个姿势是不自主产生的，并且通常由于肌肉痉挛的原因而不能减少。

从患者的前方、侧方、后方观察。在观察期间，治疗师应该特别关注患者是否能自然地将骨盆保持在中立位（髂前上棘稍低于髂后上棘，高度相差1~2指的宽度）。很多腰痛患者无法将骨盆保持在中立位，则在观察骨盆位置时应考虑以下几个问题：（1）患者骨盆是否在中立位？如果不能，是什么限制了运动还是哪些肌肉薄弱导致无法保持？（2）患者能否主动将骨盆稳定保持在中立位？如果不行，是哪些肌肉需要被加强？（3）患者可否在运动时将骨盆保持在中立位？如果不可以，是哪些肌肉薄弱和/或功能性动作不足（等长、向心或离心收缩工作）？

（一）前方观察

站立位：头部中立位且鼻子与胸骨柄、胸骨、剑突、肚脐在同一直线上。两侧肩关节和锁骨基本同高对称，优势侧可能会略低。腰部两侧对称，没有倾斜或侧移，侧移是单纯侧移还是脊柱侧弯（伴随旋转）。单纯的侧移更可能是力学原因和肌肉痉挛引起的，在躺下或悬挂情况下会消失。而脊柱侧弯通常有其他部分代偿的弯曲并且不会受体位影响。如图9-1所示。

任意选取两侧髂棘上的高点，两侧应该是同高的，若不同高，则应考虑下肢不等长的因素。髂前上棘应该同高，髌骨指向正前方，没有膝内翻或膝外翻，内髁在同一高度，外髁也在同一高度。

上肢放于体侧并与身体的距离相同，旋转的角度也相同。注意胸骨、肋骨、肋软骨和胸廓的形态，骨和软组织的轮廓要对称。

（二）侧方观察

站立位：观察头部的位置，保证耳廓、肩峰和髂棘的高点在同一直线上。脊柱每一节段都应保持正常曲度。观察骨盆是否在中立位，髂前上棘略低于髂后上棘。膝关节是伸直、屈曲，还是过伸。如图9-2所示。

（三）后方观察

站立位：观察双肩的高度，脊柱和肩胛骨的位置，是否存在畸形（如先天性翼状肩畸形），有无存在脊柱侧弯。双侧臀横纹和膝关节分别位于同一水平。跟腱垂直地面。在中立位下，任何骨的偏移都要记录。如图9-3所示。

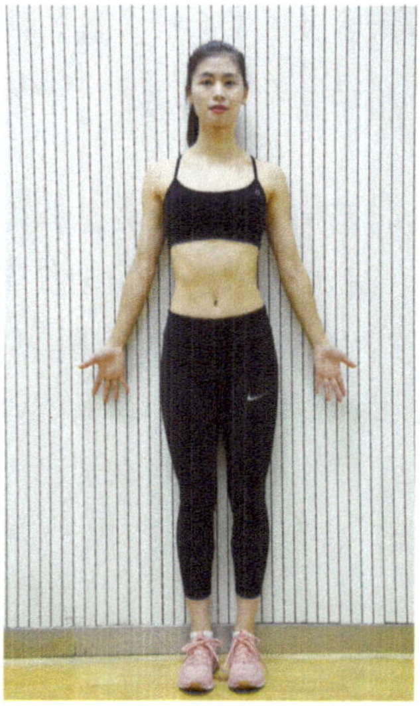

图9-1　站立位前方观察

图9-2　站立位侧方观察

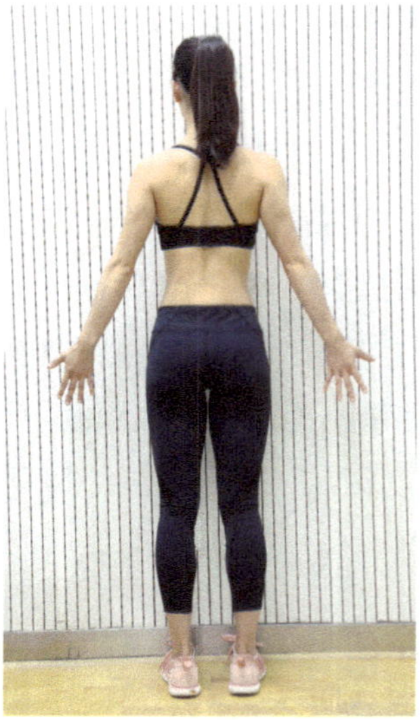

图9-3　站立位后方观察

（四）坐姿检查

有腰背问题的患者其坐姿往往会引起更多的腰背问题。例如，在特殊试验中屈曲不耐受的患者，其典型坐姿通常会涉及大量脊柱屈曲。同样，那些表现出伸展不耐受的患者，其坐位时脊柱常常锁定在伸展位。坐姿是假设形成的第一个线索，因为它通常是在等候时首先观察到的姿势。如图9-4所示。

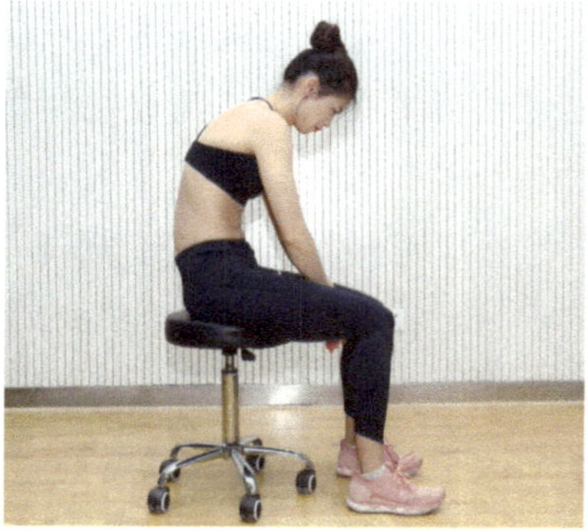

图9-4　坐姿检查

在注意过坐姿之后，观察患者是如何从懒散的坐姿向挺直的坐姿转换的，是上抬了胸腔，并对胸腰椎交界处施加了压力，还是进行了髋关节屈曲，骨盆向前旋转使脊柱呈一条直线。最近有研究显示，最好是将两者结合。如图9-5所示。

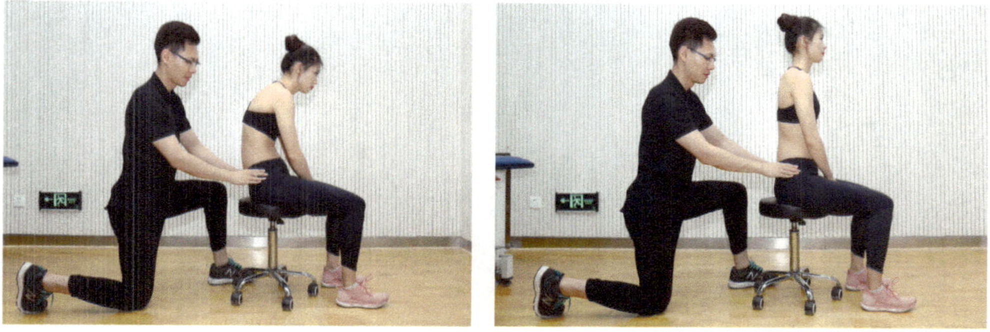

图9-5　坐姿转换检查

（五）步态检查

观察步行模式的过程可以获得许多线索。例如，低头垂肩的姿势、小步幅、由肘关节摆臂、鸭步以及低步频节奏拖拽步行均提示步行是一种加剧疼痛的活动。

观察胸腔相对骨盆的动态变化也可以揭示出一些问题。大幅度动作时，腰椎可能会失控；这类患者的疼痛通常可以通过腹直肌紧张模式得到缓解。而另一些有腰部症状的患者，可能胸部及肩部区域过度紧张，动作仅发生在腰椎区域。

正面　　侧面　　背面

步态分析正常

正面　　侧面　　背面

步态分析异常

（六）卧姿检查

卧位时承受的应力与身体形态、所躺表面及疼痛机制有密切关系。对于仰卧而臀部凸起者，躺在一个硬质的表面会使腰椎下方悬空。这就使得腰背部平贴床垫时脊柱屈曲，而屈曲不耐受的腰背会发生疼痛。这一问题可通过利用折叠的毛巾等进行支撑来解决。同样，侧卧时较宽的臀部会引起全脊柱侧屈以及疼痛。对于这种情况，双垫层表面可使之缓解。如图9-6、图9-7所示。

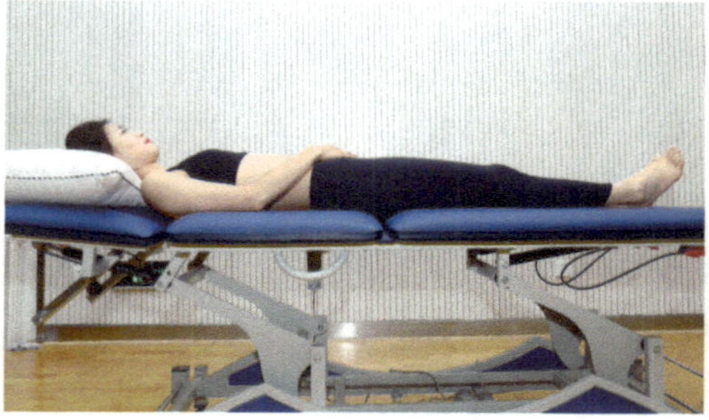

图9-6　卧姿检查：仰卧

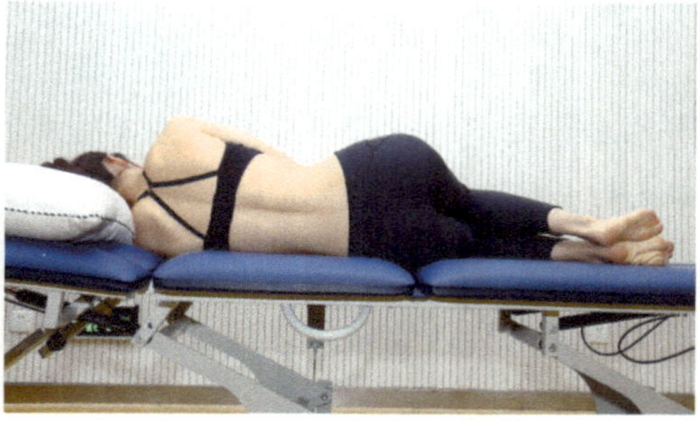

图9-7　卧姿检查：侧卧

二、触诊

腰部触诊时注意是否存在压痛、肌肉痉挛或其他提示可能存在病变的体征。检查皮肤温度是否正常，是否存在肿胀等现象。腰部触诊方法如下：

（一）前方结构

患者呈仰卧位，完成前方结构的触诊。如图9-8所示。

1. 腹股沟区域

此区域在髂前上棘和耻骨联合之间。检查者应该小心触诊，确定有无疝气、脓肿、感染（淋巴结），或其他病理状态。

2. 髂嵴

从髂前上棘向后方触诊，注意有无症状（如髋骨隆凸挫伤或骨突炎）。

3. 耻骨联合

检查者双手拇指触诊耻骨联合。检查者双手拇指从患者头侧向足侧触诊，使检查者的拇指在耻骨联合上端。这样可以确保两个耻骨联合是水平的。如果有压痛点，则需要小心触诊。

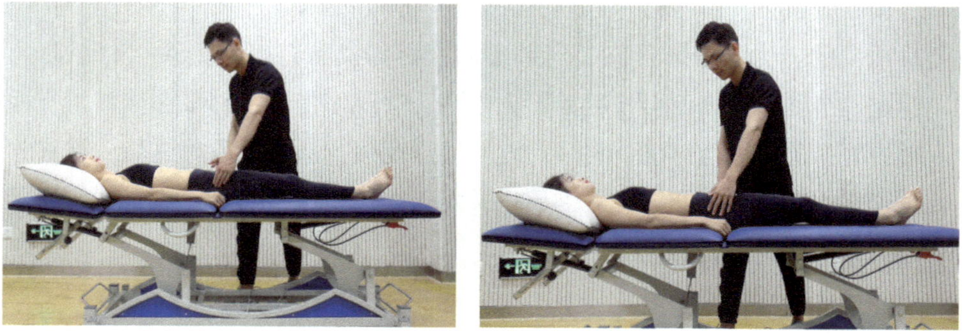

图9-8　髋关节前方结构触诊

（二）后方结构

患者呈俯卧位，完成后方结构的触诊。如图9-9所示。

1. 棘突

患者呈俯卧位，检查者用拇指去触诊单个下胸段、腰段椎体的棘突（或者交替使用小鱼际至豌豆骨部位）。也可对腰椎的关节突关节、多裂肌、横突进行侧向发力触诊。

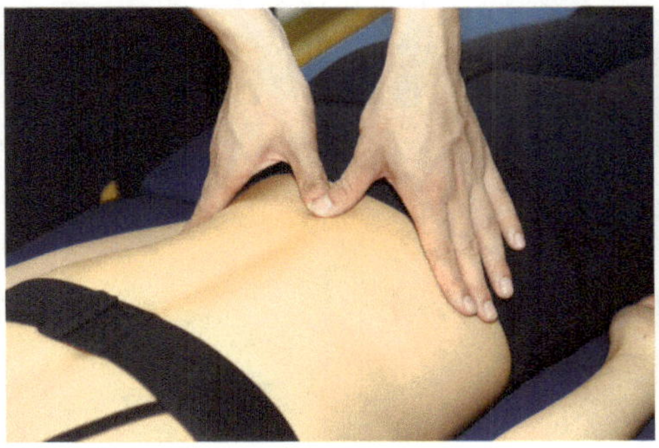

棘突

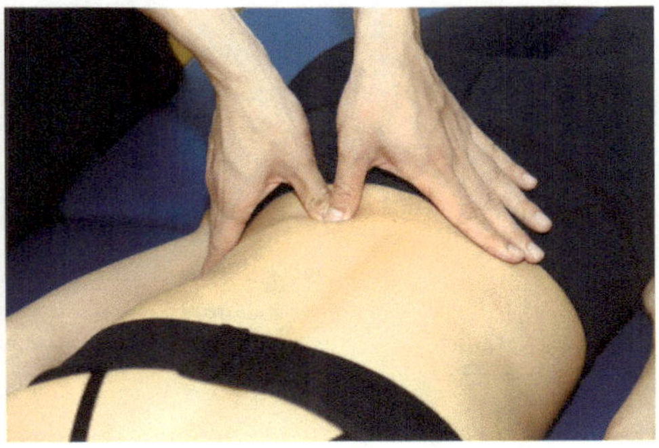

横突

图9-9　触诊棘突、横突

2. 骶骨、骶管裂孔和尾骨

两侧髂骨最高点的连线对应腰4/5椎间盘，向下触到腰5棘突，再继续向下，则可触到骶骨。骶2的棘突平齐两髂后上棘连线。再向远端则可能会触到骶管裂孔，大概在尾骨上尖上5厘米处。

3. 髂嵴、坐骨结节和坐骨神经

从髂后上棘开始，沿髂嵴触诊寻找任何病理现象的标志。然后稍向远端移动，检查臀大肌有无紧张，痛点或结节。检查者继续触诊臀横纹下的坐骨结节。继续向远端触诊股骨的大转子。在坐骨结节到大转子之间，检查者可以触诊坐骨神经的路径，但这条神经是无法触诊到的。再继续触诊梨状肌，这条肌肉走向为从第2~4骶椎前面的骶前孔两侧到大转子。

4. 竖脊肌触诊

患者俯卧，检查者沿脊柱两侧触诊竖脊肌，先健侧后患侧，评估肌肉的张力并观察是否引发疼痛等症状。如图9-10所示。

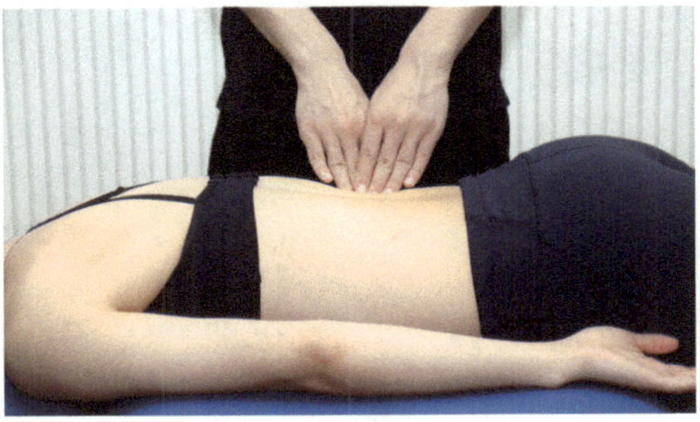

图9-10　竖脊肌触诊

5. 腰方肌触诊

患者俯卧，检查者以第十二肋和髂嵴作为标志点触诊腰方肌，先健侧后患侧，评估肌肉张力并观察是否引发疼痛等症状。如图9-11所示。

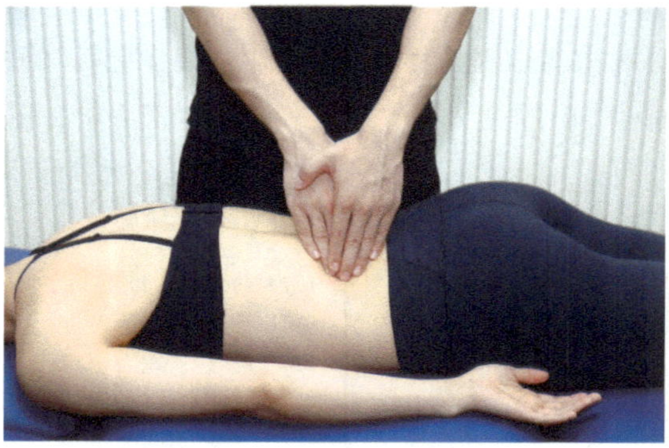

图9-11　腰方肌触诊

三、主动运动

（一）腰椎

1. 屈曲

在屈曲时，腰部的活动范围一般在40°~60°，检查者必须区分是腰部的运动还是胸椎或骨盆的运动。

站立位屈曲时，腰椎应该从正常的曲度变为微屈的曲度或至少曲度变直。如果没有出现，则腰椎可能存在由关节紧张或肌肉痉挛导致的活动不足。如果患者前屈时弯曲一侧或双侧腿，则应观察患者神经根的症状或是否腘绳肌紧张。

也可以通过软尺来测量脊柱前屈时棘突增加的距离。正常情况下会增加7~8厘米（从胸12到骶1）。如图9-12所示。

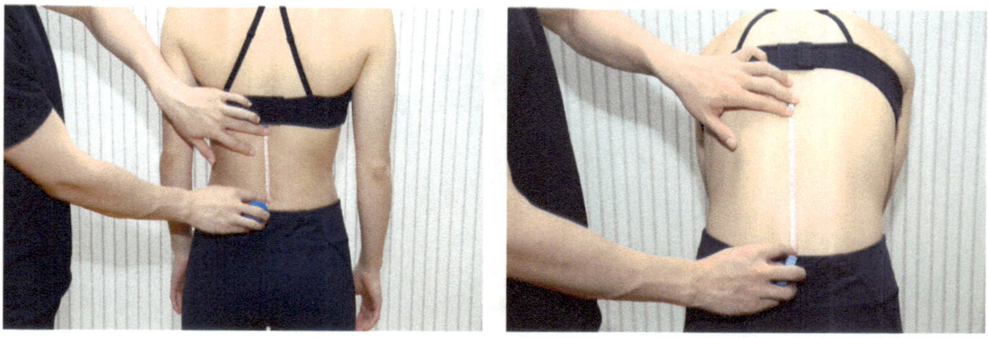

图9-12　腰椎屈曲角度测量

2. 后伸

通常腰椎后伸角度为20° ~35° 。

站立位后伸时，双手可放于腰两侧帮助固定骨盆，观察运动幅度是否正常，询问是否出现疼痛或异常感觉。如图9-13所示。

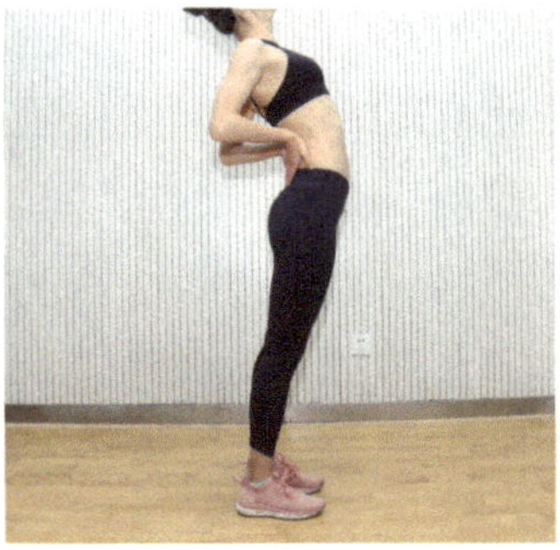

图9-13　腰椎伸展角度测量

观察是否出现异常活动：

（1）屈曲疼痛弧：患者在做屈伸运动过程中，未到达终末位置，即出现疼痛，为阳性。

（2）“抓握”不稳：患者在屈伸运动过程中，偏离正常的水平面的矢向运动，此时为阳性。

（3）高尔征：患者大腿在从屈曲位置逐渐伸直的过程中，需要用手逐渐地承担部分负载帮助完成整个动作，此时为阳性。

（4）逆向腰骶骨盆节律：如果患者从弯腰位置返回时，突然屈膝伸髋，前移骨盆，返回站立姿势，此时为阳性。

3. 侧屈

侧屈时，腰椎的活动范围为15° ~20° 。

站立位测试，患者侧屈，手沿腿侧向下，同时不要有屈曲或后伸的动作。治疗师观察对比两侧的差异。也可以测量两侧手指尖到地面的距离。如图9-14所示。

4. 旋转

腰椎旋转的角度在3° ~18° 。

主动活动的测试通常在站立位完成，但旋转动作在坐位进行以减少骨盆和髋关节的运动。如图9-15所示。

图9-14　腰椎侧屈角度测量

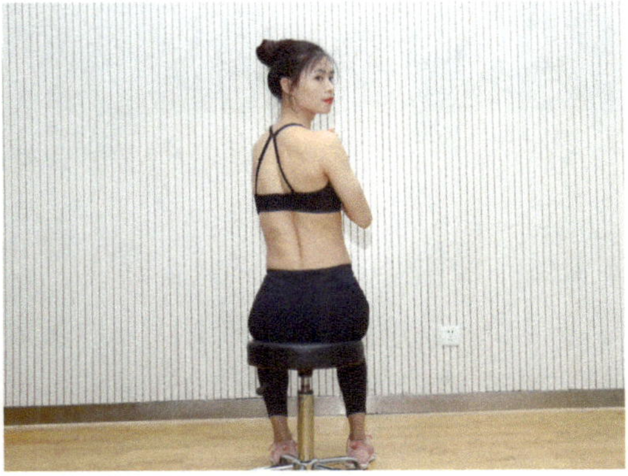

图9-15　腰椎旋转角度测量

5. 活动测试中疼痛向心化的断定

检查者观察患者对运动测试的反应而出现的临床症状，借此来评估机体是否出现疼痛向心化或周围化趋势。向心化的判断首先需要明确患者症状的基本位置，然后应用精确的主动与被动运动，观察患者对运动的反应以及症状基本位置的改变。对于单一的、重复的运动或者持续的运动，患者的症状（例如疼痛、感觉异常）位置变得更靠近近端，则称为向心化，反之则为周围化。

（二）胸椎与腰椎

1. 屈曲

（1）体位：立位，胸椎、腰椎无屈曲及旋转。

（2）关节角度尺摆放：

固定臂：通过第5腰椎棘突的垂直线。

移动臂：第7颈椎棘突与第5腰椎棘突连线的平行线。

轴心：第5腰椎棘突。

（3）检查方法：矢状面运动。检查时应注意固定骨盆，防止髋关节屈曲。也可测量颈7~骶1之间直立位与屈曲位距离的差。如图9-16所示。

（4）参考值范围：0°~80°，约10厘米。

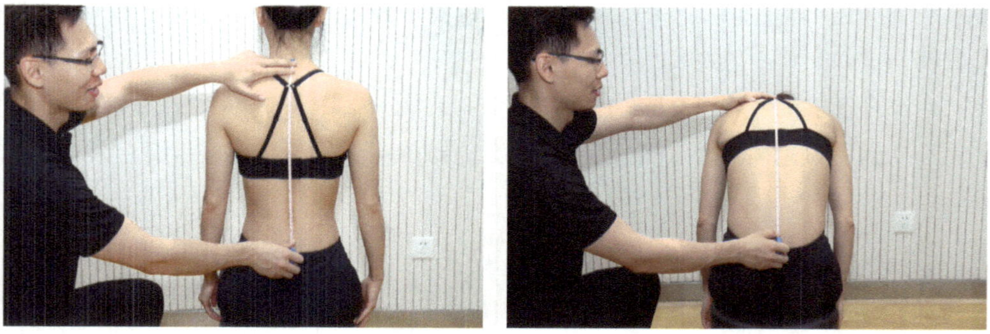

图9-16 胸椎与腰椎屈曲活动度测量

2. 伸展

（1）体位：立位，胸椎、腰椎无屈曲及旋转。

（2）关节角度尺摆放：

固定臂：通过第5腰椎棘突的垂直线。

移动臂：第7颈椎棘突与第5腰椎棘突连线的平行线。

轴心：第5腰椎棘突。

（3）检查方法：矢状面运动。检查时应注意固定骨盆，防止骨盆后倾。

（4）参考值范围：0°~30°。

（5）可能出现并应避免的代偿运动：骨盆后倾。

3. 侧屈

（1）体位：立位，颈椎、胸椎、腰椎无屈曲、伸展及旋转。

（2）关节角度尺摆放：

固定臂：髂嵴连线中点的垂直线。

移动臂：第7颈椎棘突与第5腰椎棘突连线。

轴心：第5腰椎棘突。

（3）检查方法：冠状面运动。检查时应固定骨盆，防止向侧方倾斜。如图9–17所示。

（4）参考值范围：0°~35°。

（5）可能出现并应避免的代偿运动：骨盆侧倾。

4. 旋转

（1）体位：坐位。为防止影响躯干的旋转，不得使用带靠背的椅子。颈椎、胸椎、腰椎无屈曲、伸展、侧屈。

（2）关节角度尺摆放：

固定臂：双侧髂嵴上缘连线的平行线。

移动臂：双侧肩峰连线的平行线。

轴心：头顶部中点。

（3）检查方法：检查者双手置于被检查者骨盆的髂前上棘，固定骨盆，防止其旋转。在水平面上以垂直轴为轴，完成最大限度的胸椎与腰椎左、右旋转运动。如图9–18所示。

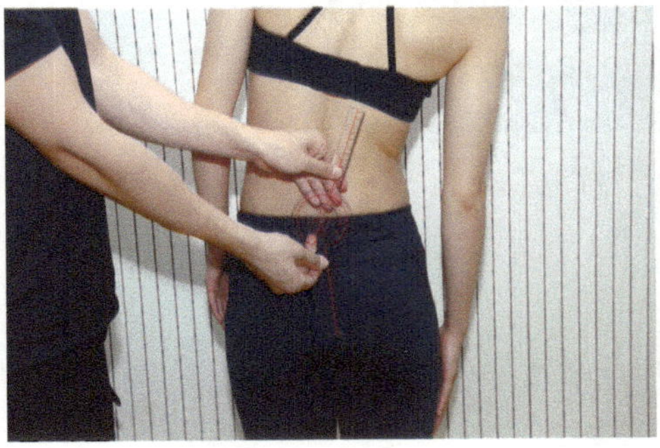

图9–17　胸椎与腰椎侧屈测量

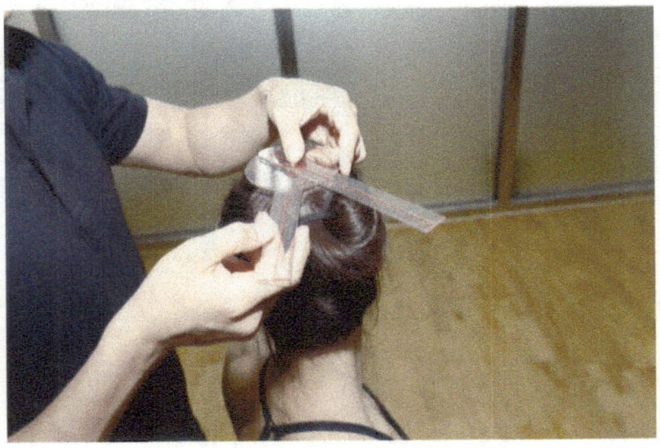

图9–18　胸椎与腰椎旋转活动度测量

四、被动运动

被动运动检查包括生理运动和附属运动检查。

（一）生理运动的被动检查

在腰椎部分，由于要承担上半身的重量，被动运动很难完成。如果主动运动可以做到全范围并且没有疼痛出现，可以适当加压，也可以感受被检查者在活动末端的感觉。

（二）附属运动检查

在附属运动检查时，检查者应伸直肘关节，运用上身的力量逐渐将力传至棘突，检查每一个下胸节段与腰椎节段的活动度。节段性的活动度通常可分为正常活动、活动过度、活动受限。对于活动度的理解，依赖检查者的经验与认识，以及对每个相应检查的脊髓节段的上位及下位椎体的活动度的感知。

1. 腰椎向前方滑动（PA）

被检查者俯卧位，检查者站在体侧，以一手豌豆骨为着力点，两手交叉相握，固定在松动节段腰椎的棘突上，其余手指放松在两侧，注意体会单一椎体向前滑动的运动范围。如图9-19所示。

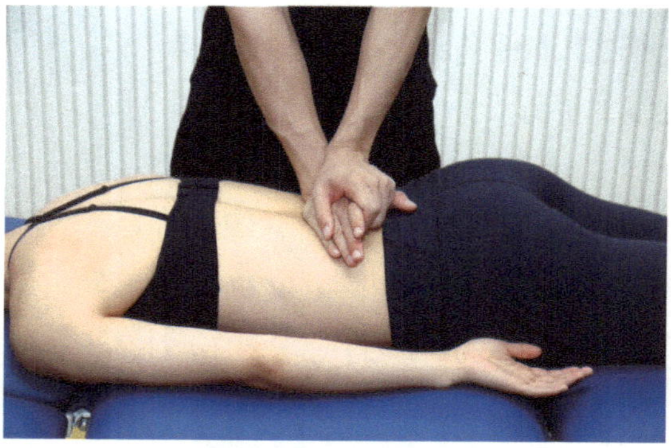

图9-19　腰椎向前方滑动（PA）

2. 单侧腰椎向前方滑动

被检查者俯卧位，检查者一手拇指固定在治疗节段的椎体棘突上，另一手拇指着力于横突，用力向下促进椎体单侧向前滑动，着力点在横突。

五、抗阻运动

（一）肌力测试

1. 躯干前屈

（1）主要动作肌：腹直肌。

（2）辅助肌：腹内斜肌、腹外斜肌。

（3）运动范围：0°~80°　。

（4）体位：仰卧位，固定被检查者双下肢。

（5）检查方法：指导被检查者收缩腹直肌，将身体抬离床面。如图9-20所示。

（6）评级：

· 5级：被检查者双手交叉置于颈后，尽力前屈抬起胸廓，双肩胛骨下角均可以完全离开台面。

· 4级：双上肢于胸前交叉抱胸，令其抬起上身，双肩均可以完全离开台面。

· 3级：双上肢置于躯干两侧，令其尽力抬起上身，双侧肩胛骨下角可以离开台面。

· 2级：双上肢置于躯干两侧，双膝关节屈曲，令其颈椎前屈，检查者按压其胸廓下部使腰椎前曲消失骨盆前倾，如头部能抬起者为2级。

· 1级与0级：仰卧位，令其咳嗽，同时触诊腹壁，有轻微收缩者为1级，无收缩者为0级。

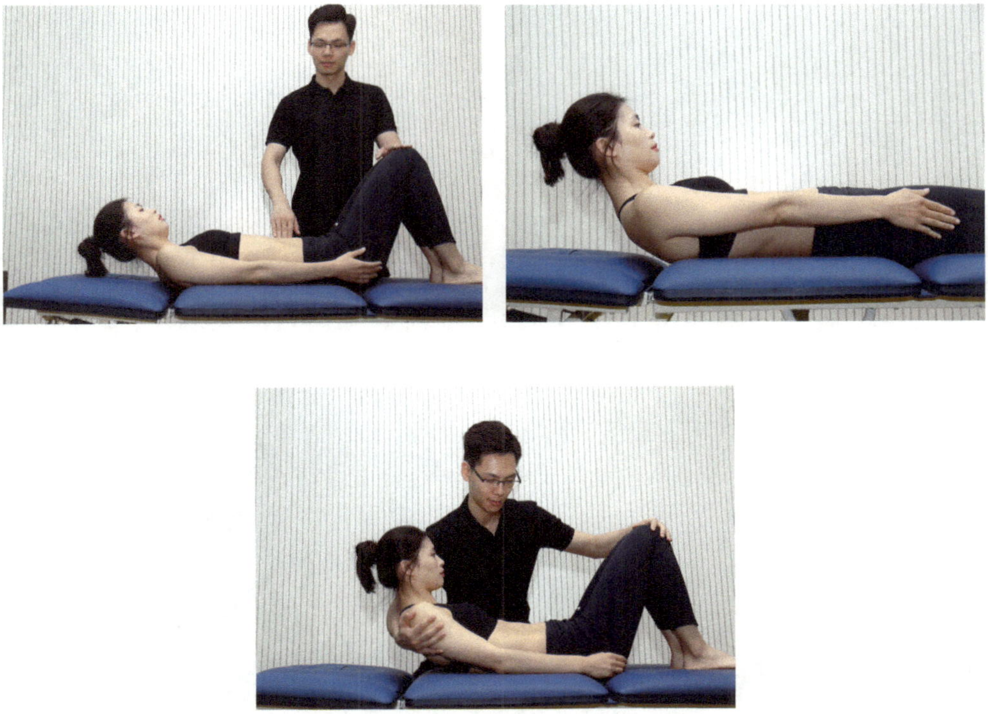

图9-20　躯干前屈肌群徒手肌力检查

2. 躯干旋转

（1）主要动作肌：腹外斜肌、腹内斜肌。

（2）辅助肌：背阔肌、半棘肌、多裂肌。

（3）运动范围：0°~45°　。

（4）体位：仰卧位，双手在头后部交叉。

（5）检查方法：被检查者仰卧位，令被检查者左肘向右膝方向运动（检查左腹外斜肌和右腹内斜肌），胸廓向一侧旋转，屈曲（两侧均做检查）。如图9-21所示。

（6）评级：

· 5级：被检查者双手交叉置于后头部，腹外斜肌收缩侧的肩胛骨可离开台面，完成躯干旋转。

· 4级：被检查者仰卧位，双侧上肢在胸前交叉抱肩，完成与5级相同运动（腹外斜肌收缩侧的肩胛骨可离开台面，完成躯干旋转）。

· 3级：双上肢向躯干上方伸展，完成与5级相同运动（腹外斜肌收缩侧的肩胛骨可离开台面，完成躯干旋转）。

· 2级：仰卧位，完成以上动作时肩胛骨下角不能离开台面，但可以观察到胸廓的凹陷。

· 1级与0级：仰卧位，双上肢置于体侧，双髋关节屈曲，足底踩在床面上。令被检查者左侧胸廓尽力靠近骨盆右侧，同时触诊其肋骨下缘的肌肉，出现收缩者为1级，没有收缩者为0级。

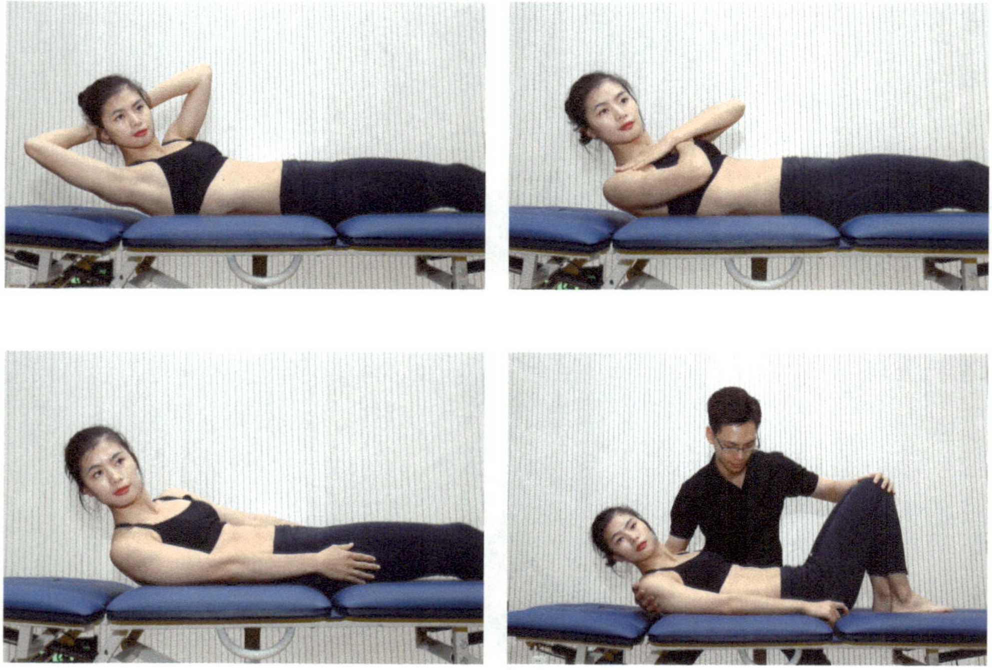

图9-21　躯干旋转肌群徒手肌力检查

3. 躯干后伸

（1）主要动作肌：骶棘肌、背髂肋肌、胸最长肌、背棘肌、腰髂肋肌、腰方肌。

（2）辅助肌：半棘肌、旋转肌、多裂肌。

（3）运动范围：0°~25°。

（4）检查方法：令被检查者将胸廓下部尽量高地抬起。如图9-22所示。

（5）评级：

· 5级：在检查者固定双踝关节的条件下，被检查者躯干伸展可以稳定地维持姿势不动，并看不到勉强用力的表现。

· 4级：在检查者固定双踝关节的条件下，被检查者能抬起躯干，但到最终点出现摇晃并表现出勉强维持的状态。

· 3级：被检查者俯卧位，双上肢置于体侧，检查者固定其双踝。令其完成胸椎与腰椎的后伸，能完成抗重力的充分后伸运动，脐部离开台面者为3级。

· 2级：检查方法与三级相同，被检查者仅能部分完成后伸运动（不能达到正常范围）为2级。

· 1级与0级：令被检查者完成以上运动的同时触诊其脊柱，可触及收缩者为1级，无收缩者为0级。

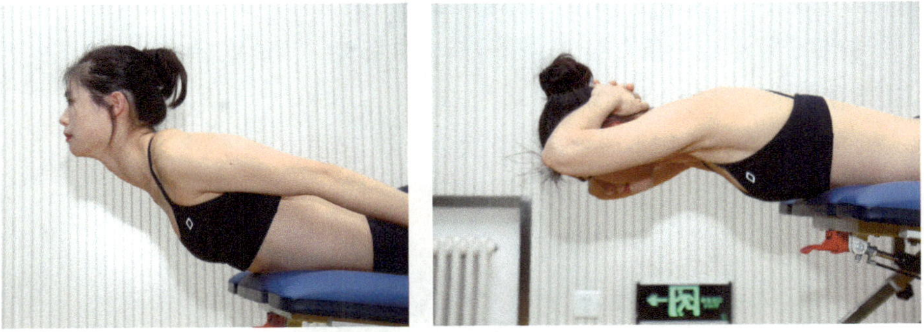

图9–22　躯干后伸肌群徒手肌力检查

4. 骨盆上提肌群

参见“骨盆功能评定”第三节相关内容。

（二）肌耐力测评

1. 躯干屈肌耐力测试

（1）测试方法：被检查者双手抱胸，坐在检查床或地面上，躯干与大腿、大腿与小腿之间呈90°，躯干和头颈在一条线上保持正直，尽量保持标准姿势，测试维持时间。如图9–23所示。

（2）正常值标准：维持姿势70~130秒。

（3）停止测试标准：动作不能维持，三次以上纠正动作，出现疼痛或不适。

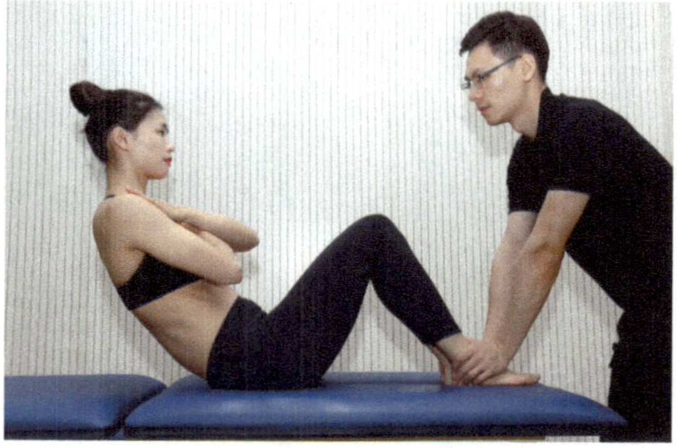

图9-23　躯干屈肌耐力测试

2. 侧桥耐力测试

（1）测试方法：左、右侧桥动作，被检查者一侧肘支撑，位于肩关节正下方，双足在平地上支撑，保持整个躯干成一条直线，尽量保持标准姿势，测试维持时间。如图9-24所示。

（2）正常值标准：维持姿势90秒。

（3）停止测试标准：动作不能维持，三次以上纠正动作，出现疼痛或不适。

图9-24　侧桥耐力测试

3. 躯干伸肌耐力测试

（1）测试方法：被检查者双手抱胸，俯卧于治疗床上，两侧髂前上棘位于床的边缘。小腿远端用治疗带固定住，防止不稳。开始测试后，腰背肌发力抬起躯干，保持头颈、躯干和下肢在同一直线上。如图9-25所示。

（2）正常值标准：维持姿势140~180秒。

（3）停止测试标准：动作不能维持，三次以上纠正动作，出现疼痛或不适。

躯干肌耐力测试不平衡标准如下：①侧桥耐力测试两侧差异大于5%；②躯干屈肌耐力测试时间大于躯干伸肌耐力测试时间；③侧桥耐力测试时间大于75%躯干伸肌耐力测试时间。如果出现肌耐力不平衡，则是骨盆处功能障碍和腰痛的隐患，应该在康复训练时进行针对性练习。

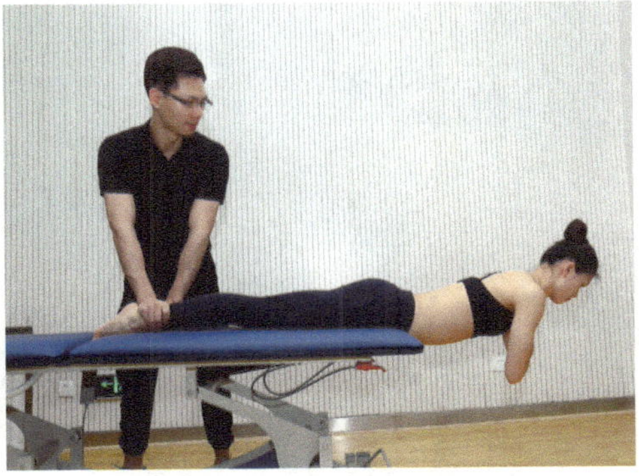

图9-25 躯干伸肌耐力测试

4. 腹横肌

被检查者俯卧位，将压力传感器置于腹部，加压至70毫米汞柱为基准线，维持腹壁收缩固定，保持骨盆与脊柱静止，维持10秒，正常呼吸。记录下压力减少的最大数值。

六、神经检查

1. 皮节：感觉功能检查（图9-26）

第1腰椎——腹股沟；

第2腰椎——大腿近端前内侧；

第3腰椎——膝关节内侧；

第4腰椎——内踝；

第5腰椎——大脚趾附近；

第1骶椎——跟骨外侧或足跟；

第2骶椎——膝后。

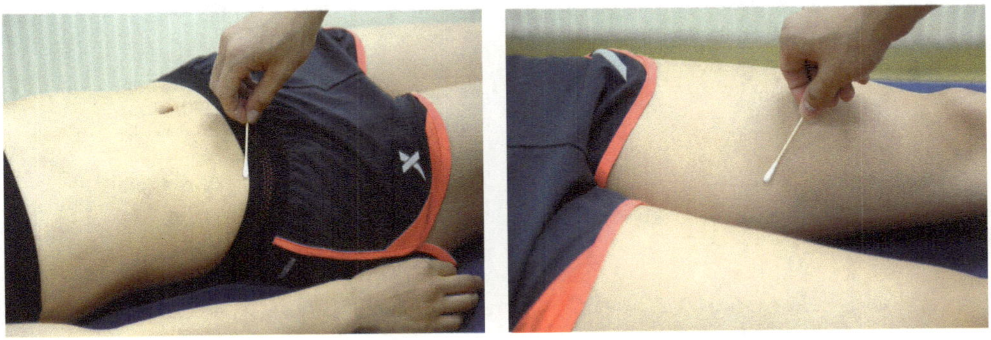

图9-26 感觉功能检查

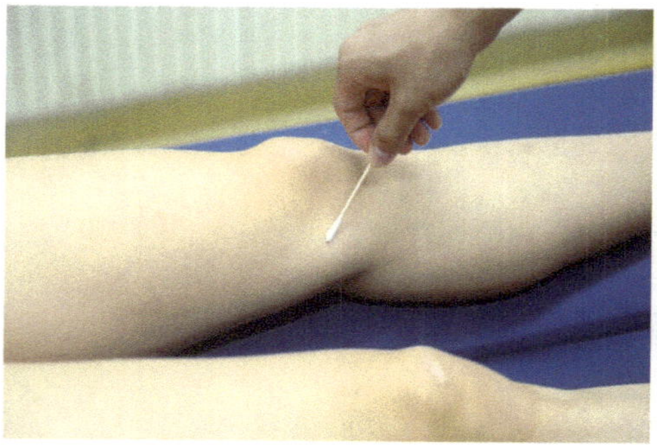
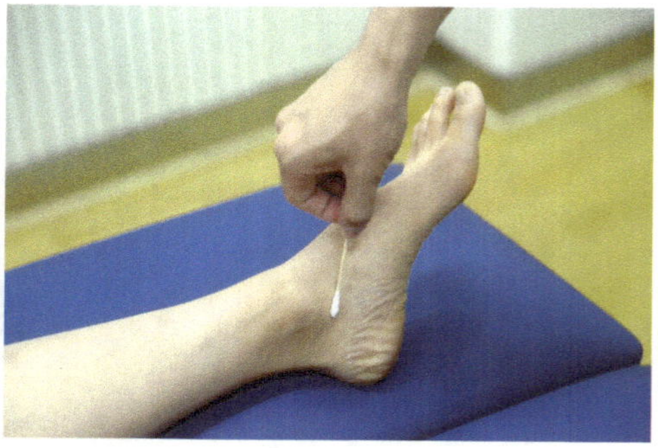

图9-26　感觉功能检查（续）

2. 肌节：运动功能检查

第2腰椎——髋关节屈曲；

第3腰椎——膝关节伸直；

第4腰椎——踝关节背屈+内翻；

第5腰椎——第一跖趾伸直；

第1骶椎——踝关节跖屈+外翻。

3. 深（腱）反射

（1）髌腱反射（第4腰椎神经根）

坐位检查时，患者小腿完全松弛下垂；卧位检查时患者仰卧位。检查者以左手托起膝关节，使其屈曲约120°，用右手持叩诊锤叩击膝盖髌骨下方的髌腱。正常反应为小腿伸展。如图9-27所示。

（2）跟腱反射（第1骶椎神经根）

患者仰卧位，髋及膝关节稍屈曲，下肢取外旋外展位。检查者左手将患者足部背屈成直角，以叩诊锤叩击跟腱。正常反应为腓肠肌收缩，足向跖面屈曲。如图9-28所示。

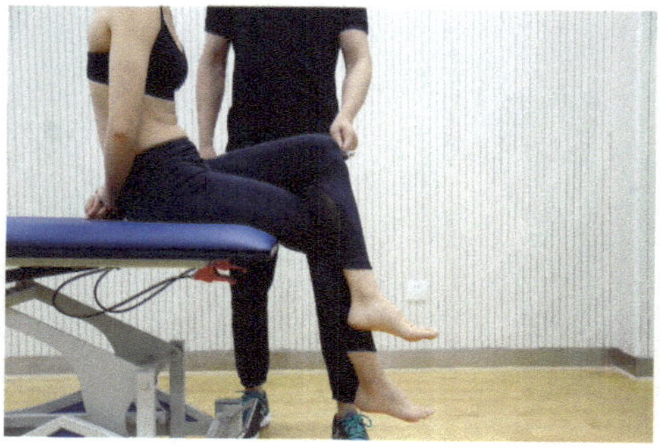

图9-27　髌腱反射

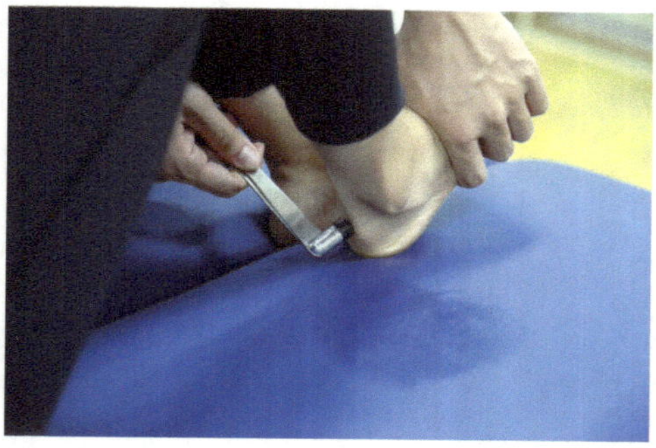

图9-28　跟腱反射

七、特殊检查

（一）骨性结构及关节检查

1. 象限试验

患者站立位，治疗师站于患者后方。患者主动伸展脊柱，治疗师手托住患者肩，治疗师的肩托住患者头部提供支持，同时患者侧屈和旋转到疼痛的一侧，直到达到关节的最大范围或出现症状。这个测试尽量缩小椎间孔的空间，并且使旋转侧关节突关节压力增大。如果症状出现，则为阳性表现。如图9–29所示。

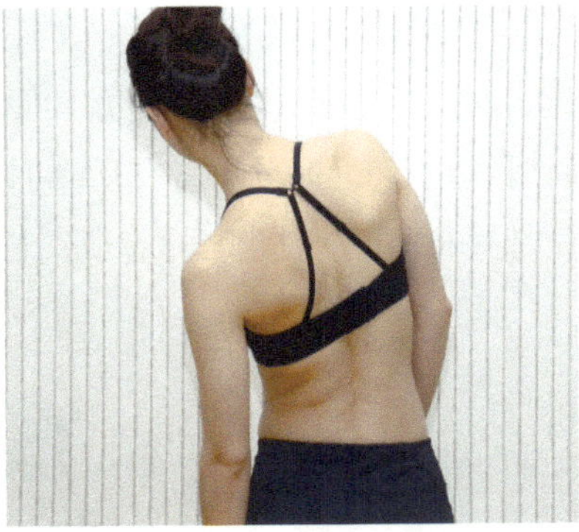

图9–29　象限试验

（二）肌肉测试

1. 俯卧位腰方肌肌肉长度检查

患者俯卧位，上身可在一个可滚动的平面，身体中立位。一个治疗师固定患者的骨盆，另一个治疗师站在患者头的方向，面对患者，稳定患者的上身，使患者被动侧屈到最大范围。当骨盆有移动时则停住，观察两侧的角度，脊柱弯曲曲线是否光滑，以及曲线较直的部分。如图9–30所示。

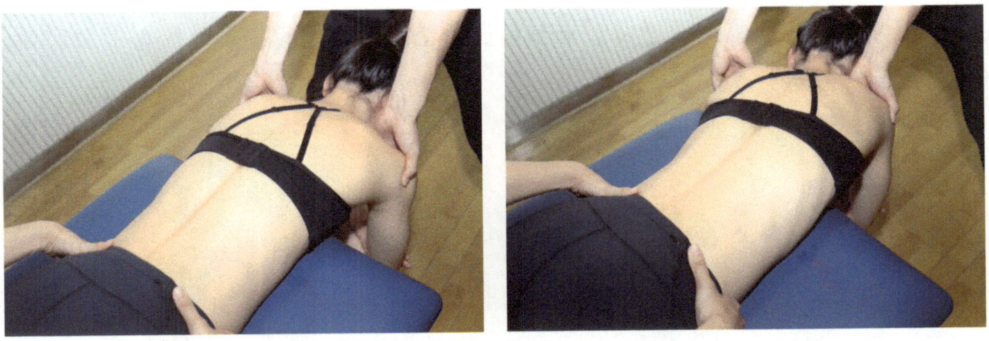

图9–30　俯卧位腰方肌肌肉长度检查

2. 侧卧位腰方肌肌肉长度检查

在站立位时，标记肩胛骨下角。患者侧卧位，下方的手屈曲置于头部下方，上方的手放于床面稳定身体。治疗师位于患者后方，手放置位置稍低于髂棘，感受运动过程中患者的控制以及骨盆运动。测试时，患者屈肘内收下方的手将自己撑起，当治疗师感受到骨盆运动时，则停止运动，测量肩胛下角到床面的距离，为3~5厘米。同时要注意脊柱曲线是否光滑，如果腰方肌缩短，腰椎部分是一条直线。如图9–31所示。

3. 椎旁肌肌肉长度检查

当脊柱深层稳定肌不足时，椎旁肌肉会过度激活。在安静站立或俯卧位时可以观察到肌肉围度的增大。另一个方法是在仰卧位时，腰椎不能放平。另一个测试方法如下：

患者屈髋、屈膝90° 坐位，骨盆微微后倾。治疗师在两髂后上棘连线与脊柱的交点标记，另一个点在这个点上方10厘米处。治疗师位于患者后方，将手放在髂棘上感受患者前屈时骨盆的运动。当骨盆有活动时则停止前屈，这时，治疗师测量两点之间的距离，若距离变化超过6厘米，则表明脊旁肌肉长度正常。如图9-32所示。

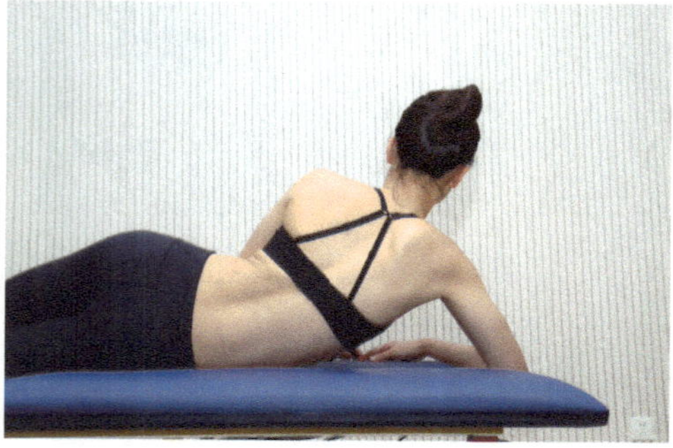

图9-31　侧卧位腰方肌肌肉长度检查

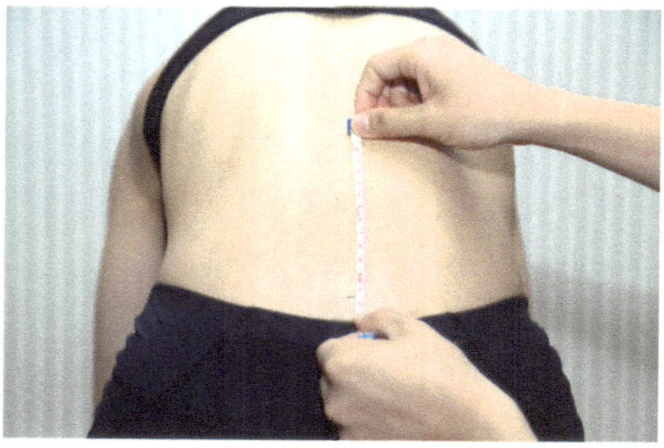

图9-32　椎旁肌肌肉长度检查

4. 90° —90° 直腿抬高试验

患者仰卧位，双侧髋关节屈曲90° 并屈膝。患者可以双手抓住膝后方来稳定髋关节。患者交替伸直双腿，伸直到最大范围，正常情况应完全伸直或相差20° 之内。如果大小腿角度小于125° ，则表明腘绳肌紧张。通常情况下活动末端感觉为牵拉感，但有时会引发神经根症状。如图9-33所示。

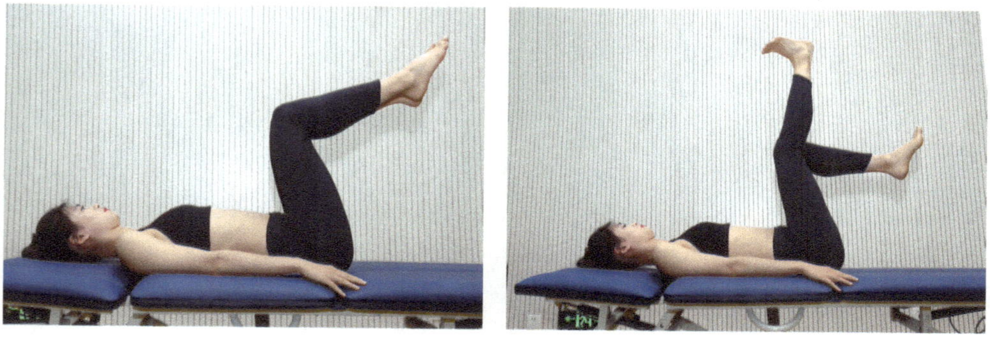

图9-33　90° —90° 直腿抬高试验

5. 臀大肌测试

患者俯卧位，髋伸直，屈膝90° ，主动伸髋的同时保持膝关节屈曲。治疗师在大腿后侧施加一个向下的力，如果患者在这个测试时倾向于更多地屈曲膝关节，则说明更多使用腘绳肌而不是臀大肌。如图9-34所示。

6. 臀中肌和臀小肌测试

患者侧卧，治疗师固定患者骨盆并要求患者外展腿抵抗治疗师施加在大腿远端的力。若外展伴随髋关节屈曲，则说明阔筋膜张肌主导发力。如图9-35所示。

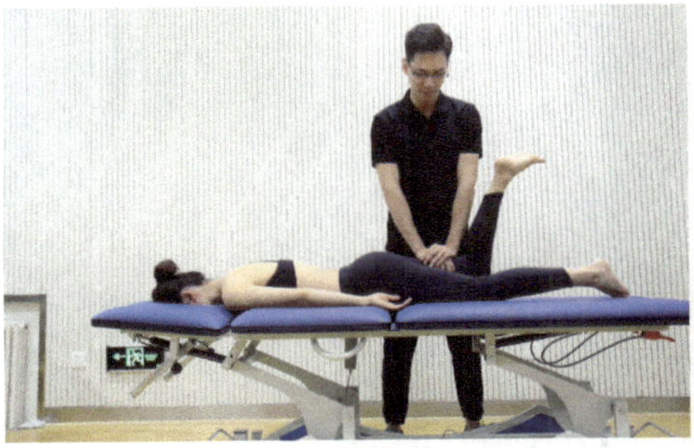

图9-34　臀大肌测试

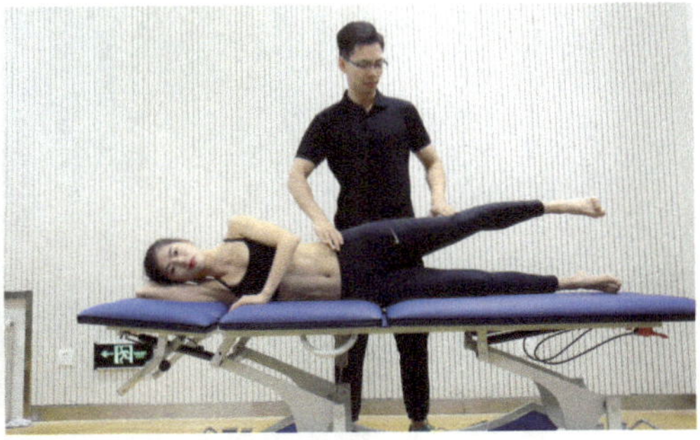

图9-35　臀中肌和臀小肌测试

7. Ober试验

详细方法参见“髋关节功能评定”相关内容。

8. Thomas试验

详细方法参见“髋关节功能评定”相关内容。

9. 背肌牵拉试验

患者俯卧，两手抓紧床头。检查者双手握患者踝部，分别牵拉其下肢，如腰背部出现疼痛者为阳性，说明有腰背肌筋膜炎症存在。如图9-36所示。

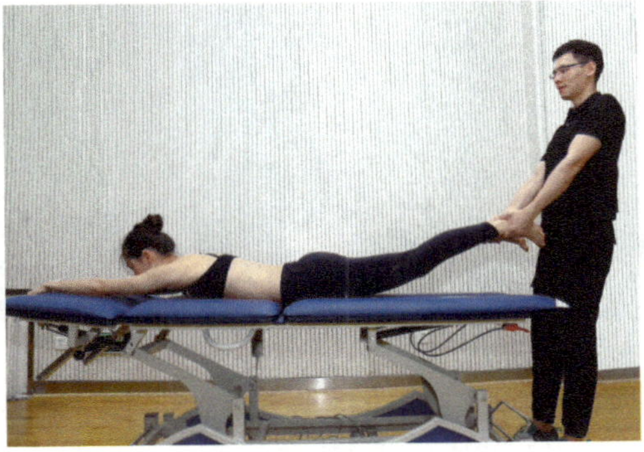

图9-36　背肌牵拉试验

（三）神经张力检查

1. 直腿抬高试验

患者仰卧位，双腿和骨盆平放于检查床上，通常先检查健侧下肢。检查者保持患者膝关节伸直，被动屈髋，将一侧下肢从0°缓慢被动抬高到70°，另一侧下肢和骨盆与检查床床面保持平行。当腿部抬到35°~70°时，如果引起和平时一样的疼痛或麻木感，并传导到小腿，则试验阳性，表明坐骨神经或神经根受到刺激。如果出现腰部、臀部、髋部疼痛，但不会向下传导，则不列为阳性检查结果。如果屈髋超过70° 时引起疼痛，多数由腰椎或骶髂关节问题引起，不是神经问题。如图9–37所示。

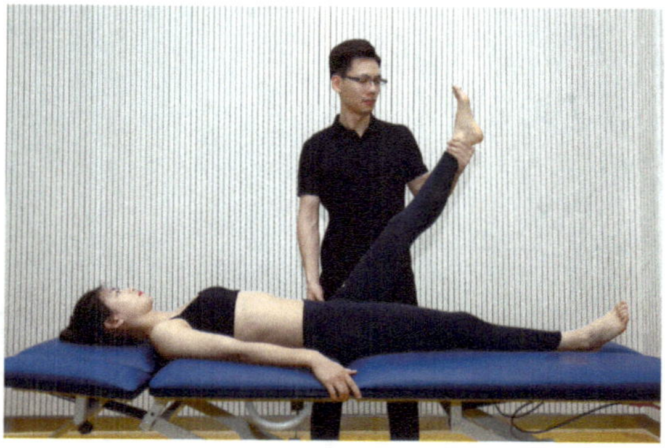

图9–37　直腿抬高试验

2. 直腿抬高加强试验

检查者首先进行直腿抬高试验。当出现神经放射症状时，略微减少屈髋角度，然后被动按压患者足底使其踝关节背屈，或者帮助患者最大限度屈颈。如果引起和平时一样的疼痛或麻木感，并传导到小腿，则试验阳性，表明坐骨神经或神经根受到刺激。如图9–38所示。

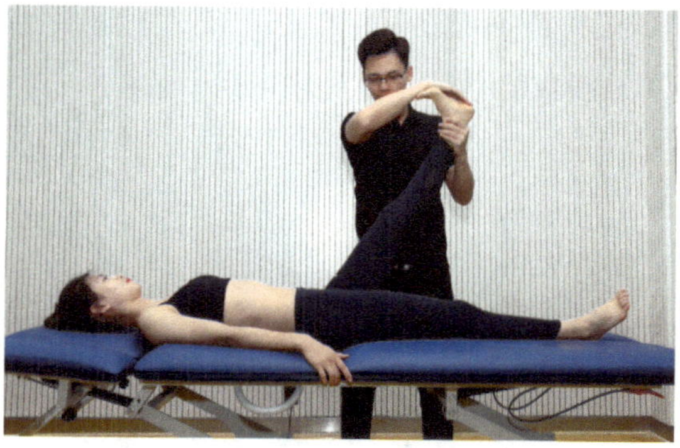

图9–38　直腿抬高加强试验

3. 股神经牵张试验

详细方法参见“髋关节功能评定”相关内容。

4. 下沉试验

患者坐在检查床边缘，骨盆直立，双腿自然下垂，颈部和躯干呈完全屈曲。同时检查者握住患者的踝部，使髋关节被动屈曲90° ，并完全伸直膝关节，最后将踝关节背屈。令患者保持以上姿势，如果出现腰部或下肢神经放射性疼痛，且抬头后明显缓解，则表明神经根炎或坐骨神经受刺激。如图9–39所示。

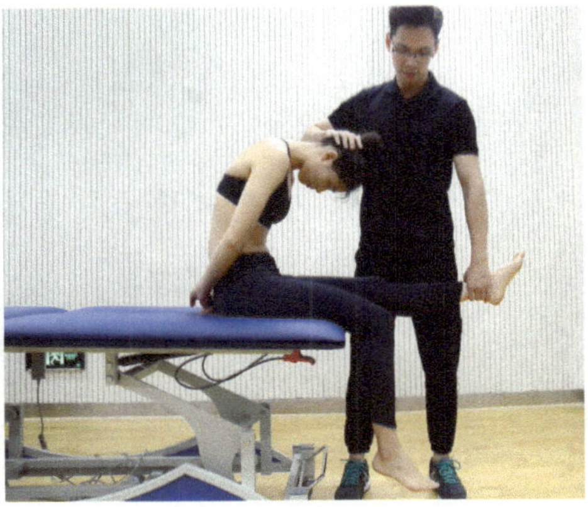

图9-39 下沉试验

（四）稳定性检查

1. 被动腰椎伸展测试

患者俯卧位放松，测试者被动抬起患者双侧下肢约30厘米使其伸展。当保持这个姿势的同时，治疗师轻柔地拉伸双下肢。阳性表现为：患者主诉在腰部区域有强烈痛感，或非常沉重的感觉，或感觉腰部要“掉下来”，并且腰部的感觉在双腿恢复至起始位时消失。提示腰椎稳定性不足。但是麻木和刺痛感不是本试验的阳性体征。如图9-40所示。

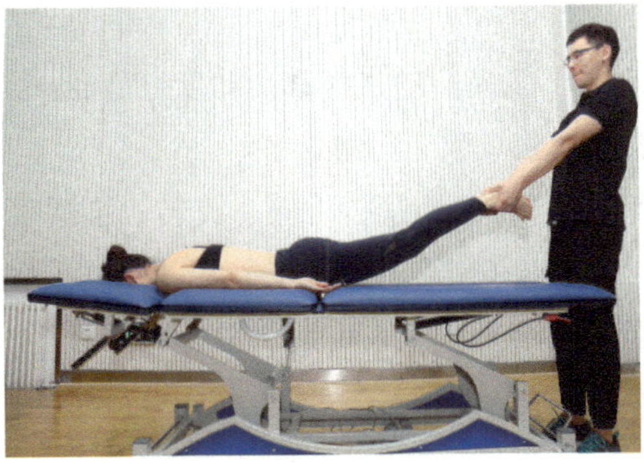

图9-40 被动腰椎伸展测试

2. 俯卧稳定性测试

患者俯卧于检查床边缘，下肢及足顺着床边缘着地，患者保持此静息姿势，检查者逐一对腰椎各棘突触诊按压，探明是否有诱发的疼痛。然后，患者抬高下肢（检查者固定检查床以维持检查体位），再次逐一对腰椎各棘突触诊按压。

如果患者在静息位疼痛，而在抬高下肢时疼痛减轻（疼痛的严重程度或疼痛消失），测试结果是阳性。如果患者在静息位疼痛，而在抬高下肢时疼痛不减轻（疼痛的严重程度或疼痛不消失），测试结果是阴性。此外，如果患者在检查者操作过程中没有诱发疼痛，测试结果是阴性。如图9-41所示。

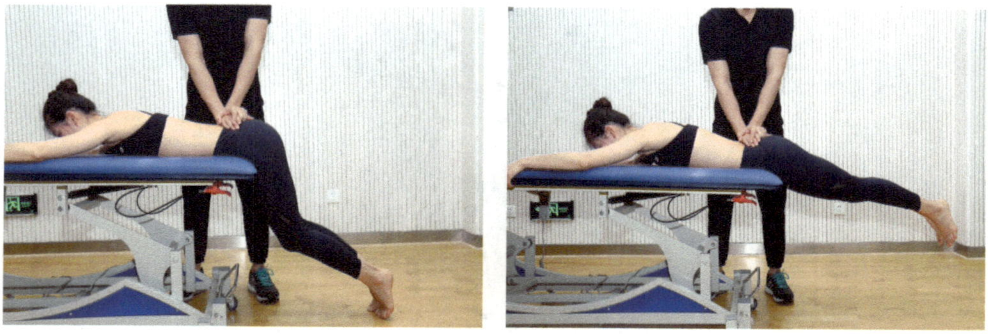

图9-41 俯卧稳定性测试

（五）其他检查

脊柱侧凸试验

脊柱侧凸试验可提示脊柱侧凸是否可以矫正。患者抓住头顶上方的一个木棒。当患者悬起，用上肢承受全部体重时，观察脊柱曲线。如果在附加体重作为前因符合的情况下曲线变直，那么脊柱还有潜力能够对运动疗法训练产生反应。

八、临近关节检查

胸椎：检查胸椎生理曲度、附属运动，腰部活动度、稳定性、力量及耐力，判断是否胸部活动度或者稳定性造成腰椎代偿，引起损伤。

骨盆：评估骨盆位置，是否存在前倾、后倾、旋转、上提等现象，造成腰椎代偿。另外，评估是软组织问题还是下肢长度等问题。

髋关节：检查髋关节活动度及肌肉长度并测试肌力，评估是否存在结构或功能性问题，是否对骨盆造成不良影响。

第四节 腰椎评定方法应用

案例1：男，46岁程序员，有10年间歇性腰痛史，最近激发症状的动作是他在抬起躺椅的时候，感受到腰部一个尖锐的刺痛并且在左侧臀部有牵涉痛。

1. 问诊

询问与疼痛相关的症状，如疼痛的位置、持续时间、性质、缓解和加重的动作、有无下肢痛、功能限制以及康复目标等。

2. 观察

（1）观察脊柱的曲线、力线是否正常。

（2）观察两侧脊柱的肌肉、髂胫束、臀大肌是否对称，是否存在萎缩或肥大的情况。

（3）观察步行中是否存在跛行等异常步态，骨盆是否稳定，双侧是否存在不对称现象，步行过程有无疼痛。

3. 触诊

（1）触诊腰部，大腿肌肉检查是否存在条索、肌肉紧张、压痛、肿胀、温度升高等情况。

（2）触诊棘突，横突，看有无疼痛、活动度不足情况出现。

4. 主动运动

主动完成屈伸、侧屈、旋转动作。观察有无肌卫现象，有无活动度不足或疼痛出现。

5. 被动运动

在主动活动没有明显症状时可以施加压力。

6. 抗阻运动

检查腰椎周围肌力和肌耐力，包括腹肌、侧腹、背肌等，观察是否出现疼痛或力量下降，同时检查是否有激活顺序的错误，激活不足和代偿的现象。

7. 特殊检查

（1）进行腰方肌长度检查、椎旁肌长度检查、Ober试验、ELY试验、Thomas试验检查周围肌肉功能和长度。

（2）进行直腿抬高试验和Slump试验，检查是否存在神经症状。

（3）做象限试验看是否会加重症状。

案例2：35岁，女性，急性腰痛，主诉驾车回身拿东西时疼痛，仰卧平躺时、站立时、步行时增加。

1. 问诊

询问疼痛相关情况，疼痛是什么时候开始的，以前有没有出现过，平常疼痛几分，有没有加重或减轻的动作，有没有下肢疼痛。

2. 观察

（1）观察患者站立时脊柱的曲度，骨盆的位置，头部的位置。

（2）观察臀肌、竖脊肌、腰部肌肉等是否存在萎缩或痉挛，双侧是否对称。

（3）观察脊柱曲度、下肢结构和生物力线是否正常。

（4）观察步行中是否存在跛行等异常步态，骨盆是否稳定，双侧是否存在不对称现象，步行过程有无疼痛。

3. 触诊

（1）触诊腰椎棘突、横突，看有无疼痛。

（2）触诊腰部肌肉，检查是否存在条索、肌肉紧张、压痛、肿胀、温度升高等情况。

4. 主动运动

指导患者完成屈、伸、侧屈、旋转等活动，检查是否存在疼痛。

5. 被动运动

在检查主动运动时，如有需要，则可施加压力，对比两侧症状。

6. 抗阻运动

检查腰椎、骨盆周围的肌肉力量，观察是否出现疼痛或力量下降。

7. 特殊检查

（1）进行象限试验，看是否有无症状改变。

（2）进行直腿抬高加强试验和下沉试验，检查是否存在神经症状。

8. 临近关节检查

对腰椎、髋关节、膝关节等进行排查，检查是否存在影响梨状肌综合征的因素。

思考题

1. 简述如何检查腰椎的稳定性。
2. 简述评估腰痛患者的肌耐力测试。
3. 简述腰间盘突出症患者的主、客观检查。
4. 简述腰痛的评定内容及方法。

参考文献

[1] MAGEE D J. *Orthopedic physical assessment*[M]. Philadelphia：W. B. Sauders，2013.

[2] 王宁华，顾新，谢欲晓. 腰部疾患——循证预防及康复[M]. 北京：北京大学医学出版社，2017：231–274.

[3] 美国物理治疗协会骨科分会.下腰痛美国物理治疗协会骨科分会功能、残疾和健康国际分类相关临床实践指南[J]. 中国运动医学杂志，2015（34）：2–51.

[4] 恽晓平.康复疗法评定学[M]. 北京：华夏出版社，2014：108–111.

第十章
骨盆功能评定

本章教学提示

1. 掌握骨盆的评定流程及方法；
2. 熟悉骨盆常见损伤的功能障碍表现特征、损伤机制、诊断标准；
3. 了解骨盆评定方法的新进展。

第一节　骨盆损伤的功能障碍

一、骶髂关节功能障碍

骶髂关节功能障碍是腰部疼痛的一个亚型，常有多个部位的牵涉痛，包括腰椎、骨盆和大腿。其起源于一系列疾病，病因通常为多因素，与突然或反复的不对称应力以及生物力学异常的因素有关，也和脊柱或髋关节手术后的医源性原因有关。骶髂关节功能障碍无论男性还是女性均可能发生，但女性多发。据报道，45%~58%的患者有急性创伤史，21%的患者有过度负荷损伤史，50%~80%的女性在妊娠后经历过骶髂关节附近疼痛。

（一）损伤机制

骶髂关节功能障碍常发生于创伤性事件，如摔倒后一侧臀部着地时应力作用于骨盆，其造成的不恰当旋转会引发相关症状。同时，涉及腰椎、耻骨联合和髋关节的疾病也会使骶髂关节承受不当负荷，引起继发性代偿疾病，表现为骶髂关节疼痛。此外，妊娠中产生的激素会引起骶髂关节周围韧带松弛，进而减少闭合关节的应力，使得关节运动范围增加，出现疼痛和功能障碍。

（二）诊断标准

（1）骨盆挤压试验阳性。

（2）骨盆分离试验阳性。

（3）FABER试验阳性。

（4）骶髂关节和骨盆后侧明显疼痛。

（三）主要功能障碍

骶髂关节功能障碍患者的疼痛主要位于骨盆后侧骶骨沟和髂后上棘附近，并会向远端放射至臀部，有时放射至下肢。下肢活动时，沿骨盆后部或髋部存在机械症状，如弹响或卡顿。患者在步行、上下台阶、绕轴旋转、跑步或跳跃等活动时，疼痛加重，通过休息不能明显缓解。

二、骨盆应力性骨折

骨盆应力性骨折最常见部位是坐骨和耻骨下支的连接处，其中耻骨下支处应力性骨折女性较男性多发。骨盆部骶骨处应力性骨折常发生于跑步运动员和举重运动员，与腰椎间盘突出症状类似，表现为腰骶疼痛，并放射到臀部，同时伴有腹股沟疼痛，运动后疼痛加剧，休息后有所缓解。

（一）损伤机制

骨骼反复承受超负荷应力，没有得到充分休息，导致应力性骨折。破骨细胞活性增加，破坏骨吸收和重建的平衡，破骨细胞活性大于成骨细胞活性进而导致代谢不平衡，骨能够承受的应力下降，继而发生骨折。骨盆应力性骨折通常发生于跑步、跳跃、承重类运动。

（二）诊断标准

（1）急性期侧面叩击会引发疼痛，骨折处出现肿胀。

（2）单足站立，同侧腹股沟处疼痛。

（3）X线片显示出现骨折线。

（三）主要功能障碍

损伤初期，运动后出现疼痛，休息后可以缓解。如果进行不恰当治疗，运动后疼痛时间会提前，缓解疼痛所需时间逐渐延长，最终因为剧烈疼痛无法运动，甚至影响日常功能活动，导致髋关节和骨盆部位活动度、稳定性下降，且走路、上下台阶、下蹲等动作，都会引发疼痛。

三、梨状肌综合征

梨状肌负责髋关节外展，屈髋90°前辅助外旋，屈髋超过90°辅助内旋。梨状肌综合征是引起急慢性坐骨神经痛的常见疾病。梨状肌受到损伤后会发生充血、水肿、痉挛、粘连等症状，导致肌肉间隙变狭窄，压迫到肌肉间穿出的神经、血管，引起臀部疼痛并延伸至大腿背侧，即坐骨神经痛的症状，这种疾病称为梨状肌综合征。

（一）损伤机制

梨状肌综合征的主要病因是肌肉发生急性或慢性损伤后局部充血、水肿或痉挛，导致梨状肌中穿出的坐骨神经受到压迫，出现疼痛。其次，长期从事划船或自行车等坐姿运动会导致梨状肌过度使用，引起疼痛。此外，部分妇科疾病以及骶髂关节发生炎症时，也可能影响梨状肌，压迫通过梨状肌下孔的坐骨神经而引发相应症状。

（二）诊断标准

（1）腰骶部、臀部、大腿后侧有神经性疼痛。

（2）直腿抬高试验阳性。

（3）梨状肌紧张试验阳性。

（4）X线片或MRI辅助检查，排除其他病因。

（三）主要功能障碍

梨状肌综合征长期存在可导致肌肉产生瘢痕组织，继而出现慢性症状，如持续的疼痛、髋关节活动受限、足部麻木感及行走困难等。梨状肌区域可触及条索，并且部分人存在臀部肌肉萎缩。疼痛主要在骶髂关节、坐骨大切迹和梨状肌附近，弯腰或提举重物、长期保持坐姿、爬楼梯、上陡坡等动作会加重疼痛，松解肌肉后症状缓解。

第二节　骨盆的主观检查

一、主诉及现病史

询问患者最主要症状，尤其是疼痛相关问题，包括疼痛的部位、严重程度、性质、深度、24小时变化等。骶髂关节损伤疼痛位置一般较深，且为钝痛，语言难以描述清楚。疼痛往往是单侧的，有时会牵扯到大腿后侧，有时又在髂窝或患侧的臀部。骶髂关节疼痛的放射一般不超过膝关节。

了解引起疼痛加重或减轻的因素，包括时间的推移、姿势的改变、上下楼梯、长时间运动与休息等。例如，骶髂关节功能障碍患者会存在疼痛难以入眠的情况，疼痛常发生在翻身、下床、患侧走路时，疼痛往往是持续的，与姿势关系不密切。

了解损伤发生的最初时间、原因以及最初损伤到现在的进程变化，询问接受过的治疗和治疗带来的影响。详细了解引起损伤的动作，分析判断损伤机制。骶髂关节损伤通常发生于突然摔倒臀部着地后引起的拉伤、扭伤等，并且多是单侧疼痛。

二、既往史

询问患者过去与损伤相关的病史，是否发生过类似的问题，如果有，是怎样治疗的，以及是否存在其他关节与之相关的问题。了解患者是否有过类风湿关节炎、雷诺现象、强制性脊柱炎的病史，这些疾病均可累及骶髂关节。

三、个人史

了解患者的年龄。关节活动度随年龄增大而减小，其中骶髂关节活动度减少通常见于40~50岁的男性及50岁以后的女性。

了解患者的运动史，包括训练强度、训练时间、训练类型、训练频率等。例如，跑步训练量或训练强度突然增大可能导致骨盆应力性骨折。

了解患者的兴趣爱好、个人习惯性姿势等。例如，是否经常翘二郎腿坐着，是否工作时习惯长期保持骨盆扭转动作，是否习惯站立时重心偏移在单侧下肢，是否经常穿高跟鞋等，都是引起骶髂关节功能障碍的潜在风险因素。

了解患者近期是否有妊娠。女性妊娠期间激素作用可能导致关节周围韧带松弛，进而引起骶髂关节疼痛，妊娠结束后3~4个月或更长时间后才能恢复正常。

四、家族史

了解患者家庭环境、家庭成员等情况，判断其与损伤是否相关，进而更好地了解患者疾病相关问题，寻找影响症状的因素，也能够在治疗中更好地取得患者家属的支持和配合。

第三节 骨盆的客观检查

一、观察

患者站立位，脱去部分衣物，暴露从胸部到脚趾的部位。如果穿着短裤，应该将短裤尽量卷起，使得髂嵴、髂前上棘、髂后上棘、骶髂关节、坐骨结节等部位完全暴露，以便检查者观察。

（一）前方观察

1. 站立位

观察两侧髂嵴、髂前上棘、髂后上棘是否等高，如果一侧髂前上棘和髂后上棘均较对侧高，则表明该侧的髂骨上移，提示患者可能有短腿畸形或肌肉长度缩短。如果髂前上棘高于对侧，同时髂后上棘低于对侧，则表明该侧骶骨向前扭曲，这会导致脊柱侧弯和相应下肢的功能性长度改变。观察双下肢重量分布是否均衡，患者站立位双脚旋转角度是否相同。例如，梨状肌挛缩患者患侧下肢通常表现为外旋角度过大。如图10–1所示。

2. 步行

观察双下肢重量分布是否均衡，迈步时相是否正常，肢体是否协调，骨盆有无过度倾斜，是否出现跛行或蹒跚步态等异常步态。

3. 仰卧位

检查者将一个手指或拇指放于耻骨上缘，通过判断双侧耻骨高度来确定双侧耻骨是否在同一水平。如果一侧髂前上棘较高，且同侧耻骨比对侧高，可判断为单侧髂骨后旋。

（二）侧方观察

1. 站立位

观察髂骨是否有向前或向后倾斜，进而增加或减少腰椎前突曲度。如图10–2所示。

2. 步行

观察双下肢迈步距离与时间是否相同，肢体是否协调，骨盆是否稳定，有无异常步态。

（三）后方观察

1. 站立位

观察并触诊坐骨结节位置，如果一侧坐骨结节高于对侧，提示可能同侧的髂骨相对于骶骨上移。观察臀部肌肉外形和双侧臀褶是否正常，如果疼痛导致臀大肌张力下降，对应一侧臀部会变得扁平。观察是否存在单侧或双侧竖脊肌的痉挛。如图10–3所示。

2. 步行

观察双下肢重量分布是否均衡，迈步时相是否正常，肢体是否协调，骨盆有无过度倾斜，是否出现跛行或蹒跚步态等异常步态。

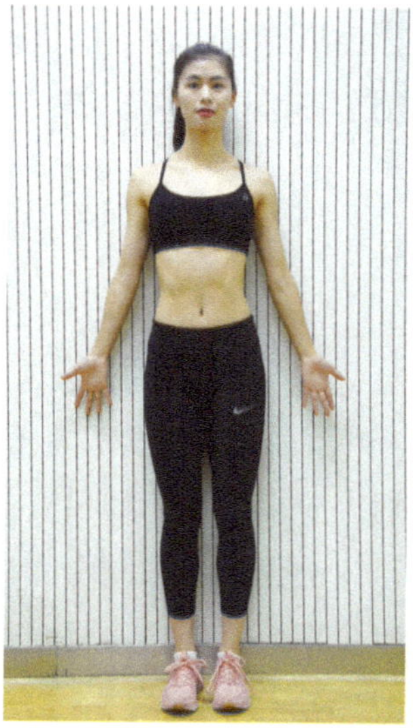

图10–1　骨盆前方观察

图10–2　骨盆侧方观察

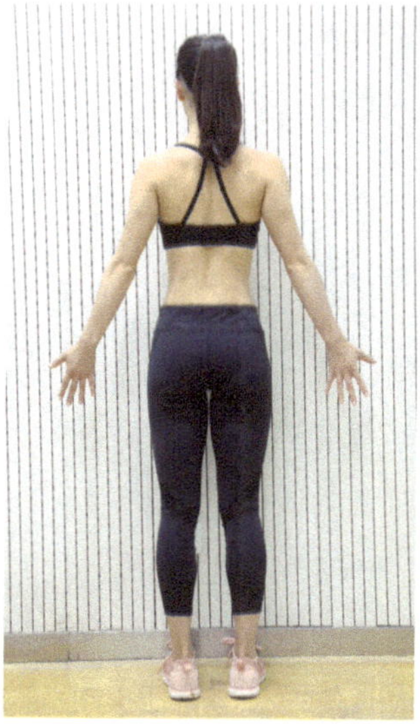

图10–3　骨盆后方观察

（四）下肢真实长度检查

髂骨围绕骶骨的后旋会使下肢变短，向前旋转时则使下肢变长。下肢真实长度的测量通常采取仰卧位，两侧髂前上棘水平，两侧下肢垂直于两侧髂前上棘连线。用一把软尺测量从髂前上棘到同侧内踝或大转子到外踝的距离。两侧比较，相差1厘米以内属于正常情况。若两侧肢体相差在正常范围内而又有骨盆相关症状出现，则认为是异常的。

（五）下肢功能长度检查

患者站立位，全身放松。检查者双手放于髂后上棘及髂前上棘，检查两侧是否对称，如果不对称，则指导患者采取距下关节中立、膝关节伸直、脚趾正对前方的姿势站立，观察不对称姿势是否被纠正。如果可以被纠正，说明肢体在结构上是正常的，属于关节功能缺陷导致的下肢功能性长度异常。

二、触诊

骨盆部位疾病的触诊不局限于骨盆，还包括腰椎、髋关节等。触诊时注意是否存在压痛、肌肉痉挛或其他提示可能存在病变的体征。检查皮肤温度是否正常，是否存在肿胀等现象。骨盆部位触诊方法如下：

（一）前方结构

患者仰卧位，完成前方结构的触诊。如图10–4所示。

1. 髂嵴和髂前上棘

双手放在髂嵴两侧，向前移动，到达髂前上棘，检查骨性结构是否正常，附着于髂嵴的肌肉是否存在挫伤或挤压伤。有骨折移位时，触诊相应部位会有肌肉紧张或疼痛发生。

2. 麦氏点

从一侧髂前上棘向脐画一条虚线，麦氏点位于此线上距离髂前上棘约1/3的位置。若出现压痛，则提示急性阑尾炎。

3. 淋巴结和耻骨联合

沿腹股沟韧带触诊，感觉是否有淋巴结压痛、肿胀以及是否存在腹股沟疝。在腹股沟韧带远端，可触摸到耻骨结节和耻骨联合，判断是否存在压痛或病理性体征。

4. 股骨大转子和转子滑囊

拇指放在耻骨结节上，向外侧移动到股骨大转子。转子滑囊位于大转子上，肿胀时才能被摸到。

5. 股三角和周围肌肉组织

手指返回髂前上棘，继续移动可触诊到股三角。股三角的上面是腹股沟韧带，内侧是长收肌，外侧是缝匠肌。在股三角深层可以摸到股动脉搏动。股神经位于股动脉的外侧，股静脉位于内侧。当腰大肌肿胀时，在股三角也可触摸到。

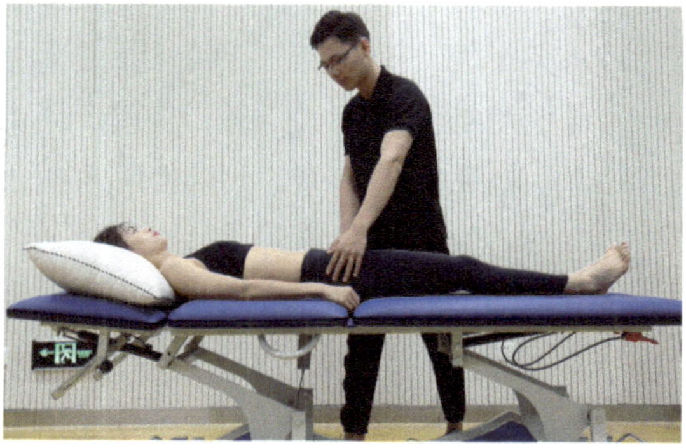

图10-4 仰卧位，骨盆前方触诊

（二）后方结构

患者俯卧位，完成后方结构的触诊。如图10-5所示。

1. 髂嵴和髂后上棘

检查者将手指放在髂嵴上，向后移动直到触摸到髂后上棘，髂后上棘位于腰2棘突水平。

2. 坐骨结节

从髂后上棘向尾侧移动手指，到达臀褶水平可以触摸到坐骨结节，腘绳肌起点附于坐骨结节上。

3. 骶沟和骶髂关节

触诊骶骨和髂骨交界处的上方，比较左右侧骶沟的深度，如果一侧比另一侧深，表明骶骨相对于髂骨在水平面上发生了旋转或扭曲。检查者将手向髂后上棘中线或尾侧移动，触碰到骶髂关节。同侧膝关节屈曲90° 或更大，并将髋关节被动内旋，可以更好地触诊骶髂关节进行检查。

4.骶裂孔和骶棘韧带

在尾骨上方可触及位于中线上的骶裂孔。手指向两侧移动可触及骶骨背侧的骶角。手指回到髂后上棘再向远侧移动，所经路线为骶结节韧带的位置，触诊是否有压痛。髂后上棘与坐骨结节连线中点偏内会触摸到骶棘韧带，此韧带深于骶结节韧带，如果有压痛则表明存在病变。

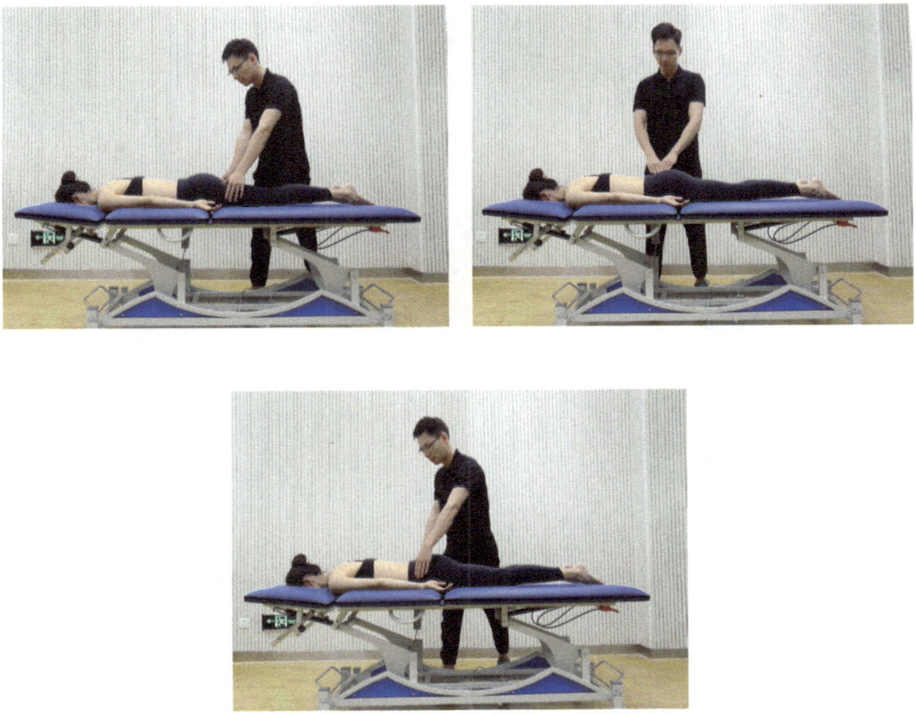

图10-5　骨盆后方触诊

三、主动运动

骨盆的主动运动主要是前倾、后倾、回旋、上提和下沉。与其他关节不同，骨盆处运动不方便进行具体关节活动度的测量，以观察为主。比较骨盆两侧运动是否对称，是否在正常运动范围之内，询问是否出现疼痛或感觉异常。存在骶髂关节功能障碍的人群常有骨盆活动度较差的症状。

1. 前倾

被检查者直立位，微屈髋、屈膝，双手叉腰位于骨盆两侧，髂腰肌主动收缩，使得髂前上棘向下运动，髂后上棘向上运动，骨盆呈前倾姿势。观察运动幅度是否正常，询问是否出现疼痛或异常感觉。如图10–6所示。

2. 后倾

被检查者直立位，微屈髋、屈膝，双手叉腰位于骨盆两侧，臀肌主动收缩，使得髂前上棘向上运动，髂后上棘向下运动，骨盆呈后倾姿势。观察运动幅度是否正常，询问是否出现疼痛或异常感觉。如图10–7所示。

3. 回旋

被检查者直立位，双手叉腰位于骨盆两侧，腹内、外斜肌主动收缩，使得一侧髂嵴在水平面内向前运动，另一侧髂嵴在水平面内向后运动，骨盆呈回旋姿势。观察运动幅度是否正常，询问是否出现疼痛或异常感觉。双侧进行检查对比。如图10-8所示。

图10-6　骨盆前倾

图10-7　骨盆后倾

图10-8　骨盆回旋

4. 上提

被检查者单脚站立在台阶上，双手叉腰位于骨盆两侧，另一侧下肢位于台阶外侧。腰方肌主动收缩，使得悬空一侧下肢髂嵴在矢状面内向上运动，主动上提。观察运动幅度是否正常，询问是否出现疼痛或异常感觉。双侧进行检查对比。如图10-9所示。

5. 下沉

被检查者单脚站立在台阶上，双手叉腰位于骨盆两侧，另一侧下肢位于台阶外侧。进行上提运动之后，使悬空一侧下肢髂嵴在矢状面内继续向下运动，主动下沉。观察运动幅度是否正常，询问是否出现疼痛或异常感觉。双侧进行检查对比。如图10-10所示。

四、被动运动

由于解剖的特殊构成，骨盆部位的被动活动方式与身体其他部位关节的活动略有不同，以骶髂关节处的附属运动为主，并涉及韧带之间和关节内应力的传递。检查者通过施加应力或刺激，检查骶髂关节活动幅度，并寻找出引起被检查者症状的活动，进而判断损伤部位和功能受限情况。

图10-9　骨盆上提

图10-10　骨盆下沉

1. 同侧俯卧运动

检查髂骨屈曲以及向侧方、后方旋转的能力。被检查者俯卧位，检查者一侧拇指放于髂后上棘，另一手的拇指平行放于骶骨上，指导被检查者主动后伸髋关节。正常运动节律为髂后上棘向上并向侧方移动，如果不发生这些活动，表明髂骨活动度下降，同时可能伴有向后的旋转或外倾。如图10-11所示。

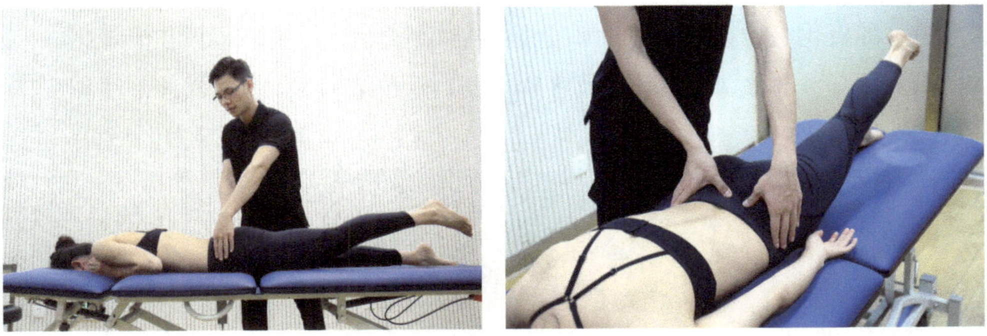

图10-11　同侧俯卧运动

2. 骶骨被动后伸和内旋

被检查者侧卧位，被检侧在上。检查者一手放于髂前上棘，另一手放于髂后上棘，同时手指和手掌放在髂骨后部和骶骨上。放在髂前上棘上的手向前拉髂骨，放在髂后上棘上的手向前推髂骨，可感知髂骨相对骶骨的运动。两侧骶髂关节活动度与疼痛程度进行对比，如果髂骨活动度降低也会伴随出现向后旋转或外倾的情况。如图10-12所示。

3. 骶骨被动前屈和外旋

被检查者侧卧位，被检侧在上。检查者一手放于髂前上棘，另一手放于髂后上棘，同时手指和手掌放在髂骨后部和骶骨上。放于髂前上棘上的手向后推，位于髂骨后部和骶骨上的手同时用力向后下牵拉，感受髂骨相对于骶骨的向后运动。对比两侧骶髂关节活动度与疼痛程度。若一侧髂骨活动度降低，还会伴随该侧髂骨向前旋转或内倾。注意事项：若以上三个被动运动测试均为阳性，则表明髂骨有相对于骶骨的向上滑动。如图10-13所示。

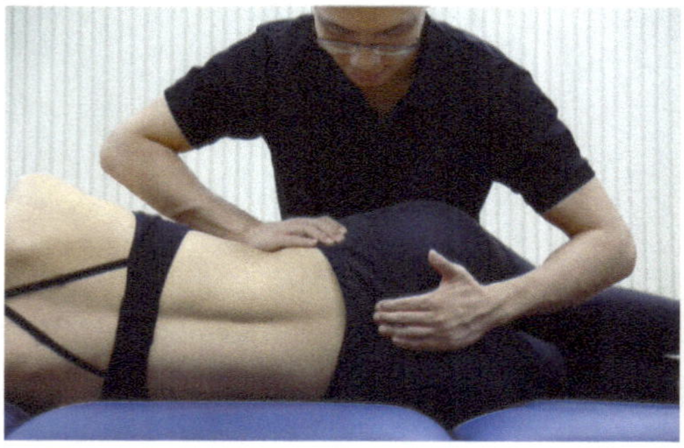

图10-12　骶骨被动后伸和内旋

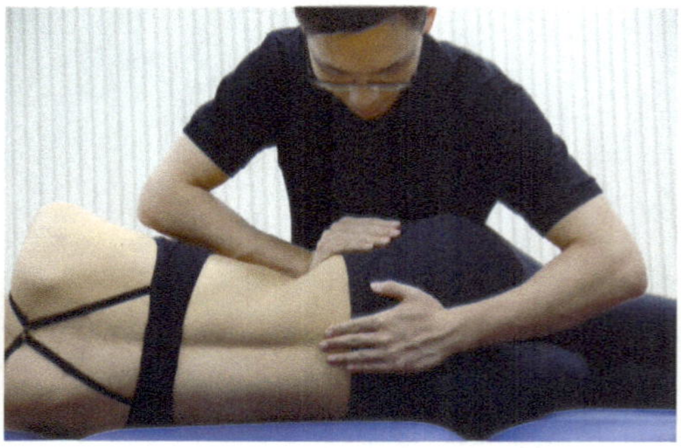

图10-13　骶骨被动前屈和外旋

4. 骶骨的尾向运动和髂骨的头向运动

被检查者俯卧位。检查者一手的掌根部置于骶骨基底部，另一手的掌根部放于坐骨结节上，将髂骨推向头部，骶骨推向尾部。两侧骶髂关节活动度与疼痛程度进行对比。阳性结果为一侧骶髂关节活动度减小或引起疼痛。如图10-14所示。

5. 骶骨的头向运动和髂骨的尾向运动

被检查者俯卧位。检查者一手的掌根放在髂嵴上，另一手的掌根放在骶骨尖部，两手分别推向头部和尾部。对比两侧活动度及疼痛程度。阳性结果为一侧骶髂关节活动度减小或引起疼痛。如图10-15所示。

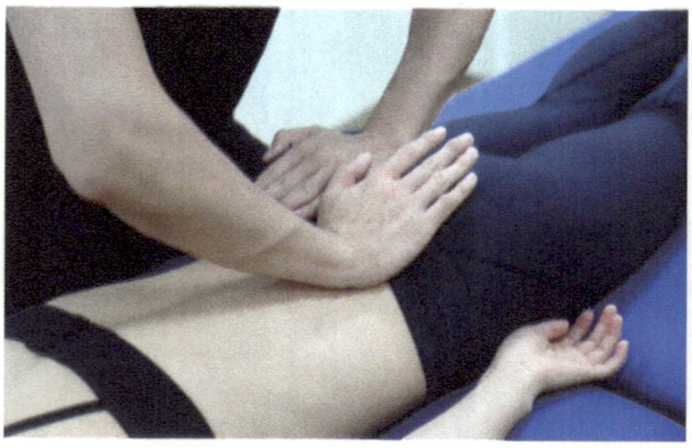

图10-14　骶骨的尾向运动和髂骨的头向运动

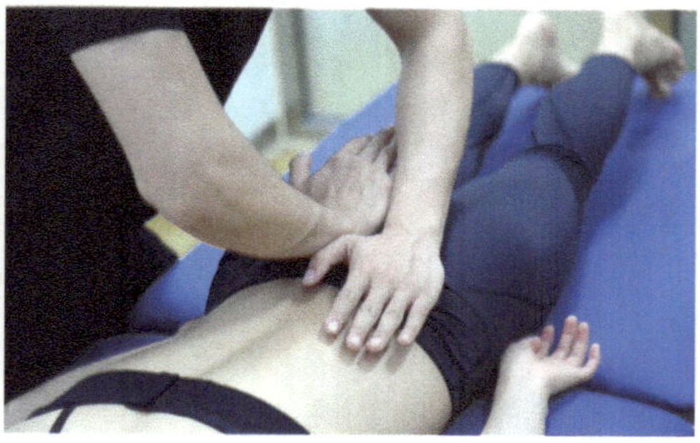

图10-15　骶骨的头向运动和髂骨的尾向运动

6. 骶骨相对于髂骨的前向运动

被检查者俯卧位。检查者一手的掌根放在骶骨上，另一手放在同侧髂前上棘上，两手分别上抬、下压骶骨。对比两侧活动度及疼痛程度。阳性结果为一侧骶髂关节活动度减小或引起疼痛。如图10-16所示。

7. 骶骨相对于髂骨的前后运动

被检查者仰卧位。检查者一手向下施压推动髂嵴，当骨盆开始旋转或腰5、骶1间出现活动时，认为骶骨相对髂骨的活动达到最大范围。对比两侧活动度及疼痛程度。阳性结果为一侧骶髂关节活动度减小或引起疼痛。如图10-17所示。

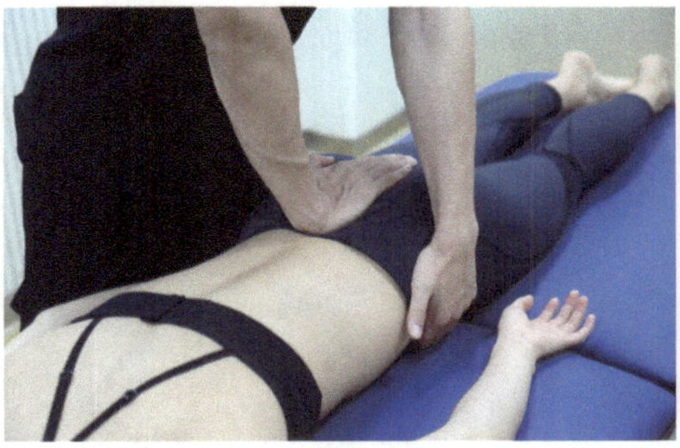

图10-16　骶骨相对于髂骨的前向运动

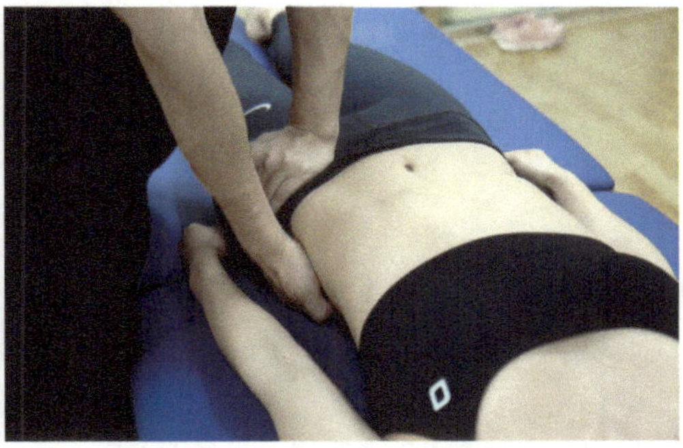

图10-17　骶骨相对于髂骨的前后运动

8. 髂骨相对骶骨的上下运动

被检查者俯卧位，检查者在坐骨结节施加一个向上的力，当腰5、骶1间开始出现侧弯，认为髂骨相对于骶骨的上下运动达到了最大范围。对比两侧活动度及疼痛程度。阳性结果为一侧骶髂关节活动度减小或引起疼痛。如图10-18所示。

9. 髂骨相对骶骨的后下运动

被检查者仰卧位。检查者一手的掌根在同侧髂嵴和髂前上棘施加一个使骨盆向前旋转的力，使得骶髂关节产生向后下的滑动，此方向活动与骶骨的后伸运动有关。对比两侧活动度及疼痛程度。阳性结果为一侧骶髂关节活动度减小或引起疼痛。如图10-19所示。

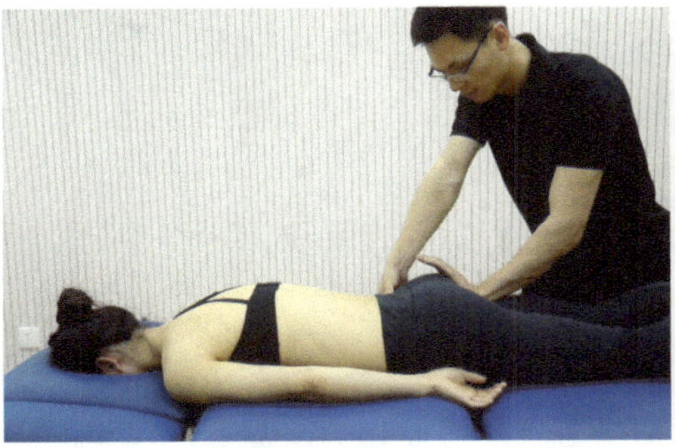

图10-18　髂骨相对骶骨的上下运动

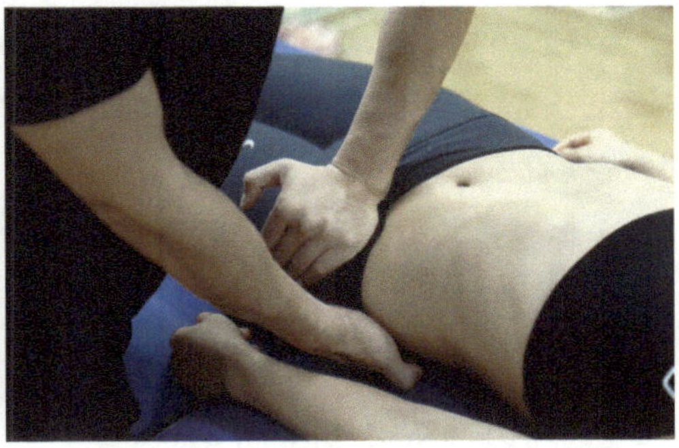

图10-19　髋骨相对骶骨的后下运动

10. 髂骨相对骶骨的前上运动

被检查者仰卧位。检查者掌根给髂嵴和髂前上棘向后翻转的力，引起骶髂关节的前上运动，与骶骨的前屈运动有关。对比两侧活动度及疼痛程度。阳性结果为一侧骶髂关节活动度减小或引起疼痛。如图10-20所示。

11. 骶骨固定试验

被检查者单腿站立，另一侧下肢尽量屈向胸部，使同侧的髂骨和骶骨均向后旋转。检查者坐于患者身后，一手拇指放于髂后上棘，另一手拇指平行放于骶骨上。感受两侧骶髂关节的运动节律。如果膝关节屈曲侧同侧骶髂关节的移动减少，则表明骶髂关节活动度减小。对比两侧活动度及疼痛程度。阳性结果为一侧骶髂关节活动度减小或引起疼痛。如图10–21所示。

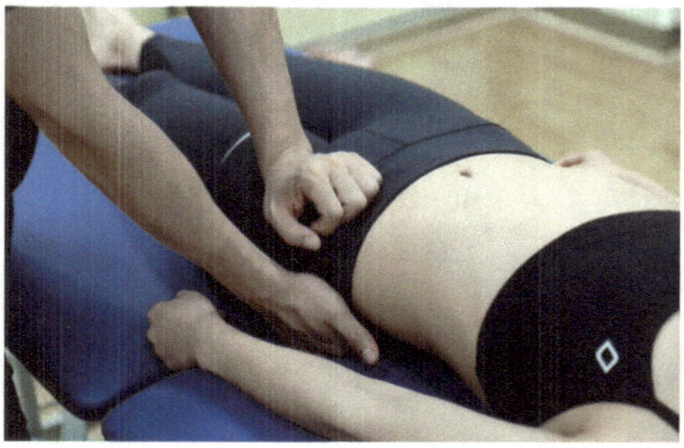

图10–20　髂骨相对骶骨的前上运动

图10–21　骶骨固定试验

五、抗阻运动

腹横肌和会阴肌属于骨盆部的稳定性肌群，腹横肌的收缩和会阴部位肌肉的提肛动作是骨盆最重要的运动。同时，骨盆的灵活性动作包括前倾、后倾、回旋、上提、下沉，在徒手肌力检查中主要检查腰方肌（骨盆上提）。

1. 腹横肌

（1）体位：被检查者仰卧于检查床上，在腰部下方大约腰4、腰5放置一个生物力学反馈计。检查者帮助被检查者直膝、屈髋至90°，作为起始位置。

（2）检查方法：指导被检查者收缩腹横肌，收腹并后倾骨盆，腰部压向床面，保持40毫米汞柱的压力。在腰部向下压力保持不变的情况下且膝盖伸直的前提下，控制下肢缓慢下落至床面，当出现生物力学反馈计指示压力下降或波动时停止动作，并测量此时屈髋的角度。如图10–22所示。

（3）评级

- 5级：屈髋角度0°~15°。
- 4级：屈髋角度16°~45°。
- 3级：屈髋角度46°~75°。

· 2级：屈髋角度76° ~90°　。

· 1级：生物力学反馈计显示肌肉有收缩，但是患者无法完成下肢下落的动作。

· 0级：生物力学反馈计无示数，肌肉无收缩。

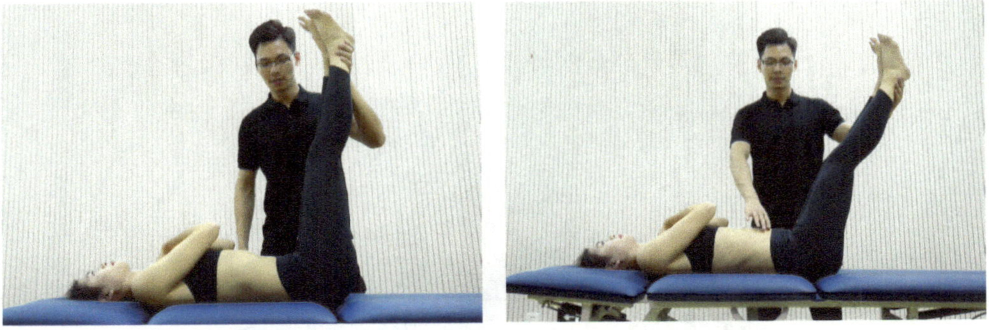

图10–22　腹横肌肌力测评

2. 盆底肌

（1）主要肌群：提肛肌、会阴深横肌。

（2）检查方法：被检查者仰卧位，双脚平放于床面，屈髋、屈膝，露出骨盆下方会阴部位。检查者将手指伸入被检查者（女性）阴道，提示夹紧并且上提盆底肌，利用手指感受肌肉收缩。

（3）评级：

· 5级：感受到盆底肌强烈的收缩和抬起动作，手指头明显感觉在会阴部位提肛过程中被向上拉，体会到会阴后壁较强的阻力抵抗。

· 4级：感受到明显收缩，在上提动作下，盆底肌周围前壁、后壁和侧方都有一定的收缩压力。

· 3级：感受到中等程度收缩，但盆底肌肉周围前壁压力小于后壁。

· 2级：感受到收缩，但是没有上提的动作。

· 1级：感受到轻微搏动的收缩。

· 0级：没有触摸到收缩。

3. 骨盆上提肌群

（1）主要动作肌：腰方肌、腰髂肋肌。

（2）辅助肌：腹外斜肌、腹内斜肌。

（3）检查方法：被检查者仰卧位或俯卧位，腰部适当伸展，双手扶持治疗床以固定胸廓。如图10–23所示。

（4）评级

· 5级与4级：被检查者仰卧位。检查者双手握住踝关节，向下方牵拉下肢，令患者骨盆向胸廓方向上提，能对抗最大阻力完成上提动作者为5级。对抗中等度阻力完成骨盆上提动作者为4级。

· 3级与2级：被检查者俯卧位。检查者一手握踝关节上方，另一手置于膝关节下方使下肢离开台面，令患者一侧完成上提骨盆动作，能完成者为3级。仅能完成部分上提骨盆动作者为2级。

· 1级与0级：骨盆上提肌群部位较深触诊困难，一般不做1级或0级的检查。

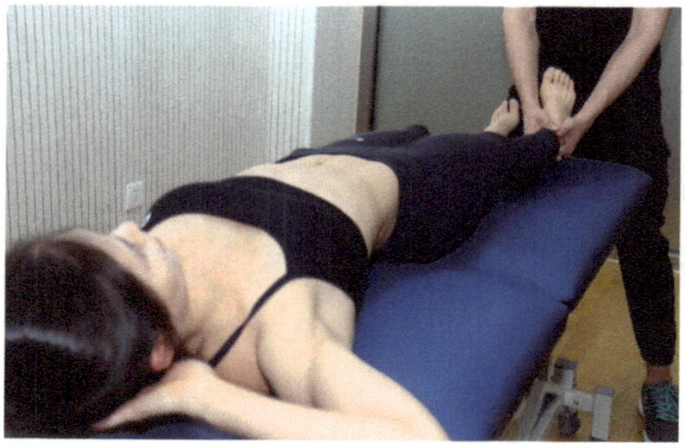

图10-23 骨盆上提肌群肌力测评

此外，腹部前方、侧方、腰背部肌耐力水平也需要做相应评估，详细方法参见“腰部功能评定”相关内容。

六、特殊检查

特殊检查是通过加压或某些特定动作来激惹出患者相关症状，包括骶髂关节的疼痛、神经放射痛等。检查还包括肌肉长度及功能的一些测试。进行检查时，注意及时沟通询问患者主观感受，避免出现过度激惹造成再次损伤的情况。

（一）骨性结构及关节检查

1. 骨盆分离试验

患者仰卧位。检查者双手交叉，手掌分别放在两侧髂前上棘，用力向下、向外施压。如果出现一侧臀部、腹股沟或大腿后部疼痛，则表明骶髂关节处病变或骨盆骨折。检查者用力向下施压时，软组织在检查者手和自己骨盆间受到的挤压也可能会引起疼痛，注意区分。如图10-24所示。

2. 骨盆挤压试验

患者侧卧位。检查者双手放于患者的髂嵴两侧，用力向中线挤压，对骶骨前部施加压力。如果出现疼痛，则试验阳性，表明骶髂关节处病变或骨盆骨折。另一种方法为患者侧卧位。检查者双手放于上侧髂骨部，向下按压，出现疼痛则试验阳性。后一种方法多用于检查骶髂关节病变。如图10-25所示。

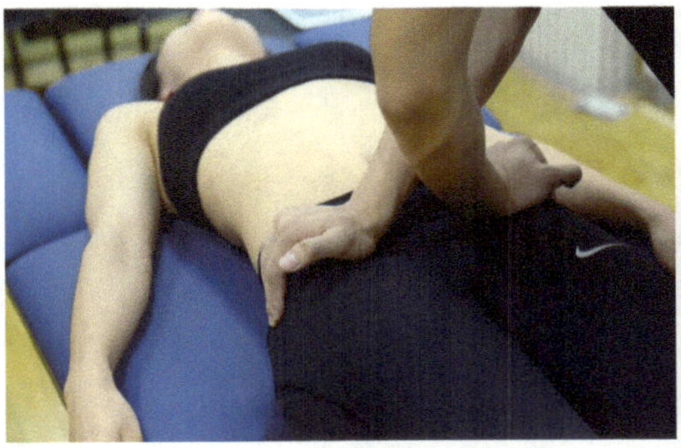

图10-24　骨盆分离试验

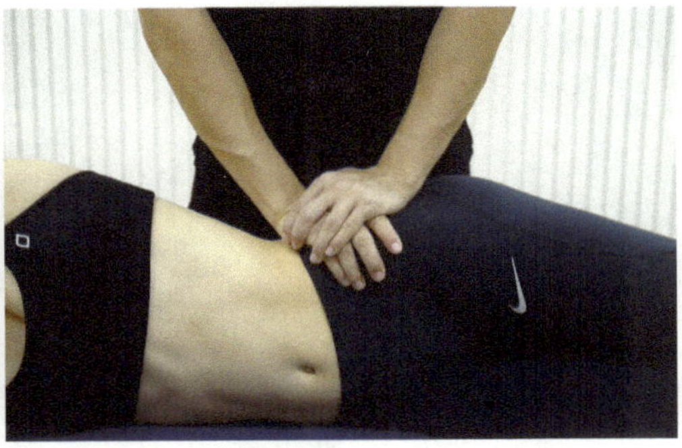

图10-25　骨盆挤压试验

3. 膝—胸试验

患者仰卧位。检查者完全屈曲患者的膝关节及髋关节，同时内收、内旋髋关节，使得膝关节朝向对侧肩关节，增加作用在骶髂关节上的应力。此时可以触及骶结节韧带并确定是否有压痛，如果出现疼痛则表明骶髂关节处存在病变。做此项检查时，确保患者的髋关节、膝关节无活动障碍且无病理改变。检查者施加应力应谨慎，因为该动作会大大增加髋关节和骶髂关节处的应力。如图10-26所示。

4. Yeoman试验

患者俯卧于检查床上，被检查侧微屈膝。检查者站在患者一侧，一手托住患者被检查侧大腿远端，另一手固定住对侧髂棘，然后用力将大腿向上提拉，使患者髋关节伸展。如果出现疼痛，则表明骶髂关节处病变。如图10-27所示。

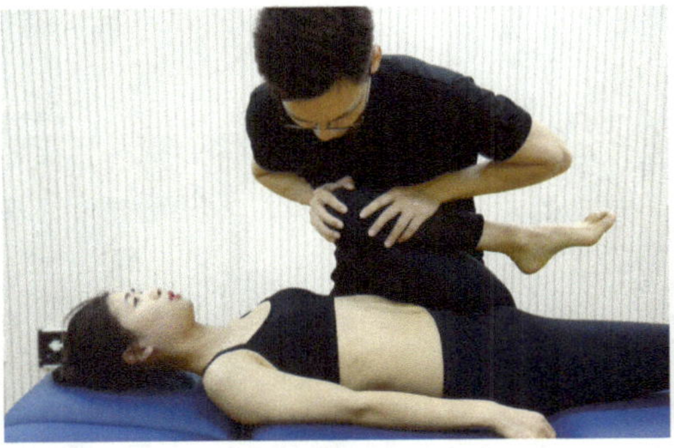

图10-26　膝—胸试验

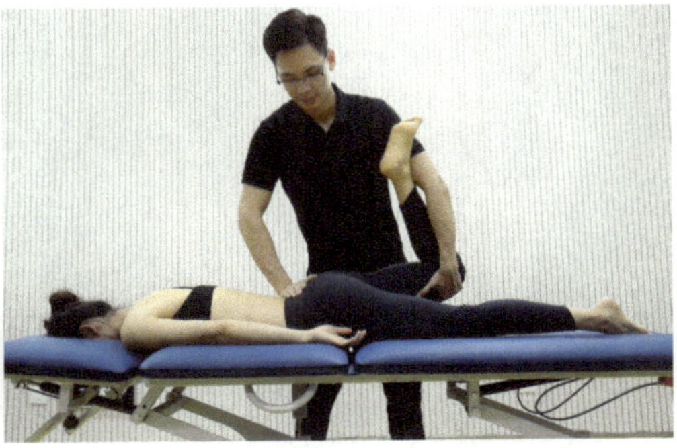

图10-27　Yeoman试验

5. 改良Gaenslen试验

患者仰卧于检查床边缘，抱住一侧髋关节和膝关节使其屈曲，另一侧臀部一部分离开床面，使骶髂关节位于检查床边缘。检查者轻轻将患者膝部向下压，使其离开检查床边缘并且髋部伸展。加强动作幅度时，需要同时更用力压住患者对侧膝部，并固定住骨盆，在骶髂关节处施加一个剪切力。如果出现疼痛，则表明骶髂关节处病变。如图10-28所示。

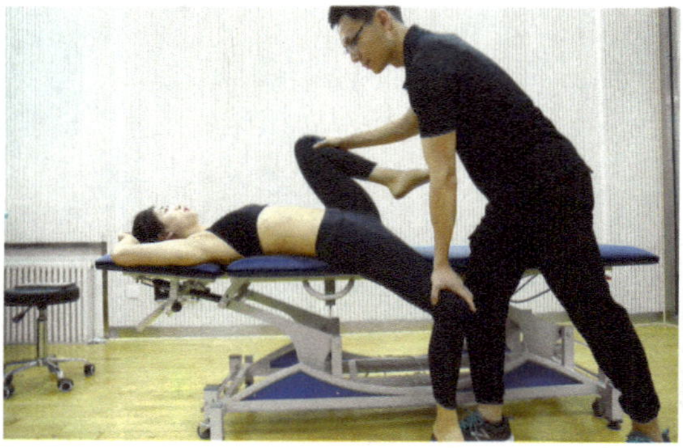

图10-28　改良Gaenslen试验

6. FABER/Patrick试验

详细方法参见“髋关节功能评定”相关内容。

7. 行军测试

患者站立位。检查者站于患者身后，双手分别触诊一侧的髂后上棘和S2棘突，令患者该侧屈膝、屈髋90°，若髂后上棘相对S2棘突没有向后运动（而是向前运动或不动），则骶髂关节可能存在活动受限。如图10-29所示。

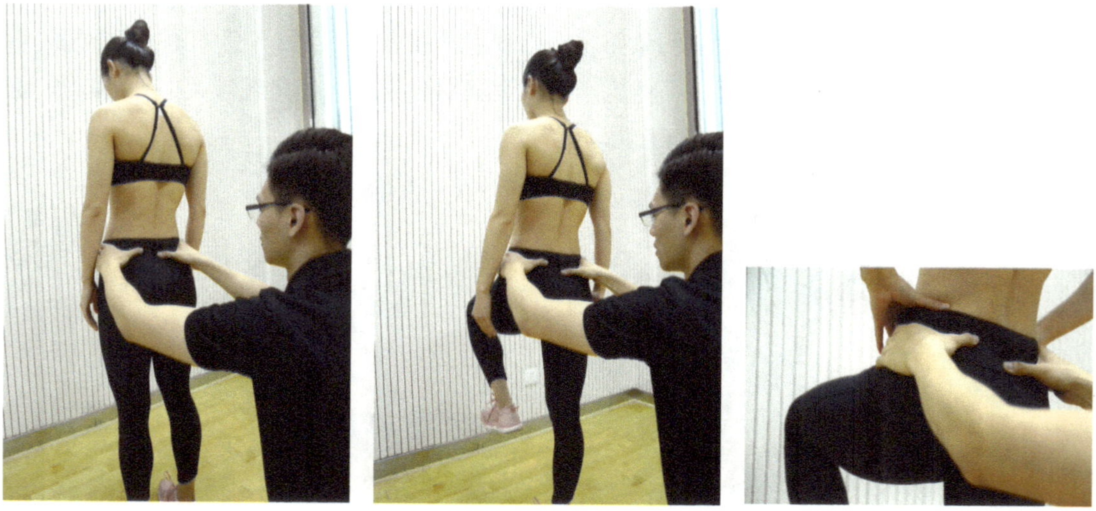

图10-29　行军测试

8. 骶骨冲击试验

患者仰卧位。检查者先评估患者休息状态下的症状，然后一手垫在患者骶骨下方，另一手将检查侧的髋关节屈曲90°并沿股骨长轴对骶骨施加垂直向后的压力，若引发骨盆后方或骶髂关节周围疼痛则为阳性。如图10-30所示。

9. 骶骨按压试验

患者俯卧位。检查者先评估患者休息状态下的症状，然后将靠近患者头侧的手的豌豆骨置于S3上，双手重叠，对S3施加由后向前的压力，观察引发的症状。若无症状，则重复该操作，但注意不超过6次，若引发骨盆后方或骶髂关节周围疼痛则为阳性。如图10-31所示。

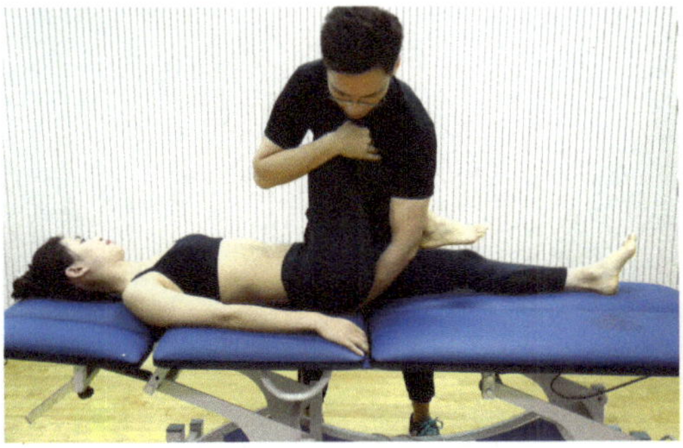

图10-30 骶骨冲击试验

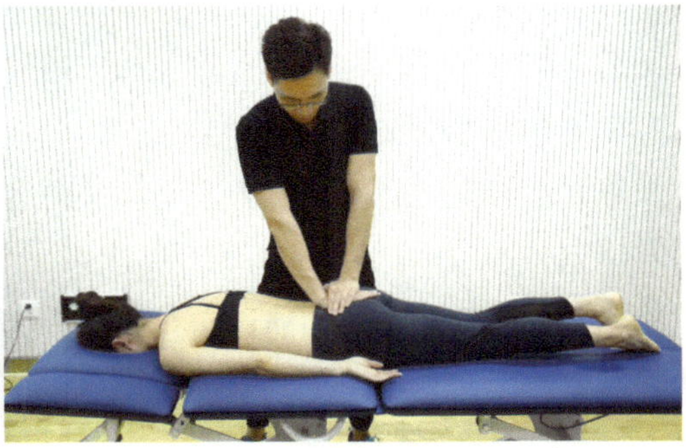

图10-31 骶骨按压试验

（二）肌肉测试

1. 梨状肌紧张试验

患者侧卧于治疗床上，被检查侧下肢屈髋60° 同时屈膝。检查者一手固定患者骨盆，另一手按压膝部向内，拉伸梨状肌。如果出现臀部疼痛和坐骨神经痛，则测试结果呈阳性，表明梨状肌过于紧张或压迫坐骨神经。如图10-32所示。

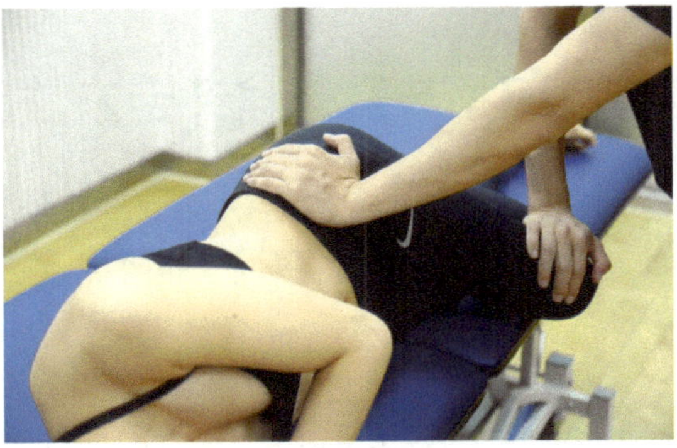

图10-32 梨状肌紧张试验

2. Trendelenburg征

详细方法参见“髋关节功能评定”相关内容。

3. Ober试验

详细方法参见“髋关节功能评定”相关内容。

4. Ely试验

详细方法参见“髋关节功能评定”相关内容。

5. Thomas试验

详细方法参见“髋关节功能评定”相关内容。

（三）神经张力检查

1. 直腿抬高试验

详细方法参见“腰部功能评定”相关内容。

2. 直腿抬高加强试验

详细方法参见“腰部功能评定”相关内容。

3. 下沉试验

详细方法参见“腰部功能评定”相关内容。

七、临近关节检查

腰椎：检查腰椎生理曲度、附属运动，腰部活动度、稳定性、力量及耐力，判断是否由于腰部活动度或者稳定性造成骨盆代偿，引起损伤。

髋关节：检查髋关节活动度及肌肉长度并测试肌力，评估是否存在结构或功能性问题，是否对骨盆造成不良影响。

膝关节：评估膝关节生物力线对位，是否存在膝内扣、股骨内旋等情况，造成骨盆处代偿性损伤。评估膝关节力量及稳定性。

第四节　髋关节及骨盆评定方法应用

案例1：男，40岁，搬运工，在半个月前一次搬运工作中失足摔倒，臀部着地，引起腰骶部疼痛，上下台阶、跑步等情况下疼痛加重，卧床休息时没有明显缓解。请简述功能评定流程。

1. 问诊

（1）根据患者主诉，推断可能是骶髂关节损伤。询问其损伤的具体动作，是否有一侧臀部着地造成骨盆受到倾斜或扭转应力的动作。

（2）询问疼痛相关情况，包括疼痛的具体位置、严重程度、性质、深度，是否放射到臀部、大腿等部位，单腿站立等动作下疼痛是否加重。询问疼痛是否影响睡眠，是否会因为姿势改变而影响疼痛程度。

（3）询问是否接受过治疗，骶髂关节部位是否有影像学检查结果。

2. 观察

（1）观察髂嵴、髂前上棘、髂后上棘位置，是否出现骨盆前倾、后倾、侧倾、回旋等异常状况。

（2）观察竖脊肌、腰部肌肉、臀肌、髂腰肌等是否存在萎缩或痉挛，双侧是否对称。

（3）观察脊柱曲度、下肢结构和生物力线是否正常。

（4）观察步行中是否存在跛行等异常步态，双侧是否存在不对称现象，步行过程有无疼痛。

（5）测量下肢长度，两侧比较。

3. 触诊

（1）站立位，触诊髂嵴、髂前上棘、髂后上棘等结构是否正常，是否存在疼痛或肿胀。

（2）仰卧位，触诊耻骨联合、股骨大转子、大转子滑囊、股三角区域，检查是否存在压痛、温度升高、肿胀等情况。

（3）俯卧位，触诊骶骨、坐骨结节、骶棘韧带等是否存在压痛，位置是否正常。触诊竖脊肌、腰背肌、臀肌、腘绳肌等是否紧张。

4. 主动运动

指导患者完成骨盆的前倾、后倾、上提、下沉、回旋等运动，观察活动度是否正常及左右是否对称。

5. 被动运动

检查骶骨、髂骨等被活动范围是否正常，是否存在疼痛，双侧对比。

6. 抗阻运动

检查腹横肌、盆底肌、腰背肌等肌肉力量及耐力。

7. 特殊检查

（1）进行骨盆挤压试验、骨盆分离试验、FABER试验、改良Gaenslen试验等，检查骶髂关节结构是否正常。

（2）进行Trendelenburg征检查、Ober试验、Ely试验、Thomas试验等检查周围肌肉是否紧张。

（3）进行直腿抬高实验和slump试验，检查是否存在神经症状。

8. 临近关节检查

对腰椎、髋关节、膝关节等进行排查，检查是否存在影响骶髂关节功能的因素。

案例2：女，50岁，主诉髋部和腰背部疼痛，疼痛会放射至大腿后方，行走时疼痛加重。患者为文职工作人员，平时不喜欢运动。请简述功能评定流程。

1. 问诊

（1）询问疼痛相关情况，包括是否存在放射痛，疼痛程度，用手指出疼痛的具体位置。除了走路，是否有其他动作使疼痛加重，例如上下楼梯、上陡坡等。询问疼痛是否影响睡眠，是否会因为姿势改变而影响疼痛程度。

（2）询问是否进行过诊断，有何治疗，是否有影像学检查结果。

（3）了解患者平时是否习惯身体偏向一侧的坐姿，是否习惯跷二郎腿，每日久坐时间等。

2. 观察

（1）观察髂嵴、髂前上棘、髂后上棘位置，是否出现骨盆前倾、后倾、侧倾、回旋等异常状况。

（2）观察梨状肌、臀肌、竖脊肌、腰部肌肉等是否存在萎缩或痉挛，双侧是否对称，尤其是梨状肌部位，观察是否存在萎缩等异常情况。

（3）观察脊柱曲度、下肢结构和生物力线是否正常。

（4）观察步行中是否存在跛行等异常步态，骨盆是否稳定，双侧是否存在不对称现象，步行过程有无疼痛。

3. 触诊

（1）触诊髂嵴、髂前上棘、髂后上棘、骶髂关节、坐骨结节等结构是否正常，是否存在疼痛或肿胀。

（2）触诊臀部肌肉，以梨状肌为主，检查是否存在条索、肌肉紧张、压痛、肿胀、温度升高等情况。

4. 主动运动

指导患者完成骨盆各个方向的活动和髋部的屈、伸、内收、外展、内旋、外旋等活动，尤其是屈髋情况下内旋、外旋检查梨状肌是否存在疼痛。

5. 被动运动

检查骶骨、髂骨等被活动范围是否正常，是否存在疼痛，双侧对比。

6. 抗阻运动

检查骨盆周围肌肉力量及髋关节周围肌肉力量，尤其是梨状肌，在屈髋60° 下外展、外旋抗阻收缩，观察是否出现疼痛或力量下降。

7. 特殊检查

（1）进行梨状肌试验、Trendelenburg征检查、Ober试验、Ely试验、Thomas试验检查周围肌肉功能和长度。

（2）进行直腿抬高试验和slump 试验，检查是否存在神经症状。

（3）进行骨盆挤压试验、骨盆分离试验、FABER试验、改良Gaenslen试验等，排除骶髂关节功能障碍。

8. 临近关节检查

对腰椎、髋关节、膝关节等进行排查，检查是否存在影响梨状肌综合征的因素。

思考题

1. 简述骶髂功能障碍的特殊检查。
2. 简述疑似下肢不等长患者，应如何确诊或排除。
3. 简述评定骨盆功能时，临近关节检查的内容。

参考文献

[1] 恽晓平.康复疗法评定学（第2版）[M].北京：华夏出版社，2014.

[2] HISLOP H. *Daniels and Worthingham's Muscle Testing: Techniques of Manual Examination and Performance Testing(ninth edition)*[M]. Philadelphia：W. B. Saunders，2013.

[3] MAGEE D J.骨科检查评估（第4版）[M].罗卓荆，译.北京：人民军医出版社，2007.

[4] DAVID I P. *Orthopedic Rehabilitation, Assessment, and Enablement*[M]. New York：Springer，2007.

[5] SEIDENBERG H P.髋与骨盆：运动医学与初级保健[M].张新涛，译. 北京：人民卫生出版社，2016.